"十四五"职业教育江苏省规划教材
人力资源和社会保障部规划教材
"十四五"江苏省职业教育首批在线精品课程配套教材

U0367535

路基路面工程

主　编　卢佩霞　仝小芳
副主编　陈　丰　王　群
　　　　胥民尧　殷成胜
主　审　吴书安

南京大学出版社

图书在版编目(CIP)数据

路基路面工程/卢佩霞,仝小芳主编.—南京：
南京大学出版社,2019.1(2023.1重印)
ISBN 978-7-305-21131-7

Ⅰ.①路… Ⅱ.①卢… ②仝… Ⅲ.①路基工程 ②路
面-道路工程 Ⅳ.①U416

中国版本图书馆 CIP 数据核字(2018)第 245721 号

出版发行 南京大学出版社
社　　址 南京市汉口路 22 号　　　邮　　编 210093
出 版 人 金鑫荣

书　　名 **路基路面工程**
主　　编 卢佩霞 仝小芳
责任编辑 朱彦霖　　　　　　　编辑热线 025-83597482
照　　排 南京开卷文化传媒有限公司
印　　刷 丹阳兴华印务有限公司
开　　本 787 mm×1092 mm 1/16 印张 16.75 字数 429 千
版　　次 2023 年 1 月第 1 版第 2 次印刷
ISBN 978-7-305-21131-7

定　　价 50.00 元
网　　址:http://www.njupco.com
官方微博:http://weibo.com/njupco
微信服务号:njuyuexue
销售咨询热线:(025)83594756

编　委　会

前　言

　　路基路面工程是高等职业院校道路与桥梁工程技术、市政工程技术专业的核心课程,是一门理实一体、工程性较强的课程。本书根据技术技能型道路工程专业人才培养目标和教学实践、结合路基路面一线施工员岗位标准,以内容求新、理论求浅、注重实用为原则,以突出职业能力培养、紧密追踪路基路面施工技术发展和紧贴最新行业标准、规范为核心目标编写而成。也可作为技工院校公路施工与养护、市政工程施工专业课程用书。

　　本书为"十四五"职业教育江苏省规划教材、人力资源和社会保障部规划教材,也是"十四五"江苏省职业教育首批在线精品课程配套教材,全书在编写过程中,通过深入道路施工企业调研,吸取目前国内外最新的研究成果和工程实践经验,同时与职业资格考试内容衔接,以典型项目任务为依托,全面介绍了路基路面相关基本概念、基本理论和基本方法与流程,并融入了本领域内的新技术、新理论和新进展。本书还是一本信息化教材,学习知识点时通过扫描二维码和播放 AR(增强现实),可以观看相关内容的动画、视频和自主拓展等内容,便于学生对重点、难点知识的掌握,满足不同层次人员需求。

　　本书共分总论和9个学习情境,总论由扬州工业职业技术学院卢佩霞编写;学习情境1、5、8由扬州工业职业技术学院卢佩霞和扬州市公路管理处殷成胜共同编写;学习情境2和4由盐城工业职业技术学院胥民尧和扬州市职业大学王群编写;学习情境3和6由扬州市职业大学陈丰编写;学习情境7和9由扬州市职业大学全小芳编写。全书由卢佩霞统稿,扬州市职业大学吴书安主审。

本书在编写过程中,得到了业界专家学者和同仁的支持,并获得南京大学出版社的大力支持。在此,谨向为本书编写与出版付出辛勤劳动的各位专家学者和同仁表示衷心感谢!书中部分资料及图片源自相关专业网站和图片网站,在此一并感谢!

本书既可作为高等职业院校道路与桥梁工程技术、市政工程技术及其他建筑类专业的教材,也可作为技工院校公路施工与养护、市政工程施工专业教材,同时也可供成人教育和职业培训指导使用,对从事道路工程生产、管理和相关工程技术人员也具有一定的参考价值。

由于编者水平有限,书中错误与疏漏在所难免,不妥之处恳请各位专家和读者批评指正。编者将不断改进和充实教材内容。

编者

2022 年 12 月

目 录

学习情境 9　水泥混凝土路面施工

参考文献

总　论

课程思政

中国公路 民族自豪

0.1　中国道路发展概况

　　中国从修建牛、马车路到建成现代化的公路网的发展过程,大体可划分为古代道路、近代道路、现代公路和高速公路四个时期。

　　中国古代道路(公元前 21 世纪~公元 1911 年)　早在公元前 2000 年前,中国已有可以行驶牛、马车的道路。据《古史考》记载:"黄帝作车,任重致远。"秦朝时期,秦始皇在道路修建方面强调"车同轨、书同文"(《史记》),并"为驰道于天下"(《汉书》),修建车马大道(图0-1),统一道路宽度采取了一系列措施。公元前 2 世纪,中国通往中亚细亚和欧洲的丝绸

图 0-1　秦直道

1

之路开始发展起来。唐代是中国古代道路发展的极盛时期,初步形成以城市为中心的四通八达的道路网。宋代、元代、明代对驿道网的建设和管理也有所发展。清代的道路网系统分为三等:①"官马大路",由北京向各方辐射,通往各省城;②"大路",自省城通往地方重要城市;③"小路",自大路或各地重要城市通往各市镇的支线。在各条道路的重要地点设驿站。"官马大路"分成东北路、东路、西路和中路四大干线,共长 4 000 余华里。

中国古代道路建设取得辉煌的成就,如李春创建的赵州桥,工程艰巨的栈道,在中国和世界道路发展史上都占有一定地位。

中国近代道路(1912~1949 年) 自 20 世纪初汽车输入中国以后,通行汽车的公路开始发展起来。中国最初的公路是 1908 年苏元春驻守广西南部边防时兴建的龙州~那堪公路,长 30 公里,但因工程艰巨,只修通龙州至鸭水滩一段,长 17 公里。早期公路修建一般是从军路开始,当时东南沿海各省处于军阀割据和混战情况下,大都各自为政,互不联系,修建的公路既无规划,又无标准。据统计,截至 1927 年,中国公路通车里程约为 29 000 公里。

1927 年,国民政府的交通部和铁道部草拟了全国道路规划及公路工程标准。仿照国外中央贷款筑路办法,筹集基金,贷给各省作为补助筑路之用。据统计,截至 1936 年 6 月中国公路通车里程达 117 300 公里。抗日战争时期,几条主要铁路(如平汉、粤汉等)运输干线,几乎全被日本侵略军切断,上海、广州等口岸也被封锁,为沟通大后方交通和打通国际道路,公路成为陆上交通主要通道。那时,为抗日战争的急需而抢修了一些公路如滇缅公路示意图(图 0 - 2)。这一时期新建公路共 14 431 公里,其中多数是远在地理与自然条件均较恶劣的边陲地区,不论勘测设计或施工,工程都是十分艰巨的,其使用多服务于军事,对标准和质量要求不高,而且时兴时废,往往修筑和破坏交替发生。据统计,截至 1946 年 12 月,中国公路总里程达 130 307 公里。抗战胜利后,由于进行解放战争,公路交通以军用为主,公路建设进展不大。特别是国民党军队溃退时,公路遭到严重破坏。截至中华人民共和国建立前夕全国公路能通车的只剩下 75 000 公里。

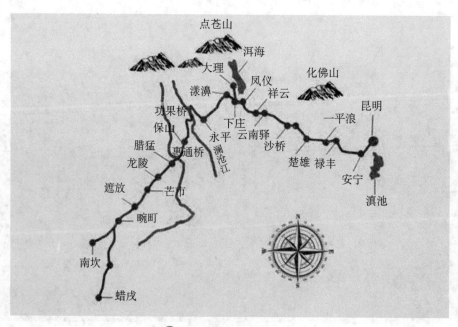

图 0 - 2　滇缅公路示意图

从中国近代道路的整个历史时期看,中国公路的发展是从无到有,从少到多,并随着交通量和车辆载重量的增大,线路和桥梁标准逐步有所提高。但因缺乏资金,导致公路建设缺乏规划,即使有规划,也难以起到应有的作用,因此建成的公路在分布上很不合理。

中国现代公路(1949～1983 年)　中华人民共和国成立以后,中国公路建设逐步进入了现代化的时期。截至 1983 年底,全国公路通车里程达到 91.5 万公里,比 1949 年增长 10.5 倍;铺有路面的里程达到 70.5 万公里,其中高级、次高级路面为 18 万公里,比 1949 年增长 570 倍。中国现代公路科学技术取得了巨大的进步。在路面工程方面创立和发展了泥结碎石路面和砂石路面的养护、改善技术;发展了石灰稳定土路面基层;研究利用国产多蜡渣油和沥青修筑了高级、次高级路面,使公路行车条件大大改善。在路基工程方面研究成功了一整套路基爆破新技术;在冰冻地区发展了防治公路翻浆的措施;在盐湖地区修筑了世界上少有的盐块路;在高原多年冻土地区修成了沥青路面。此外,还学习、引进了各种国外先进技术,如乳化沥青;各种勘测设计新技术以及交通工程学的理论和应用等,提高了公路的通行能力和抗御灾害能力。

中国高速公路(1988 年至今)　我国的高速公路发展比西方发达国家晚近半个世纪的时间,从 80 年代末开始起步,经历了 80 年代末至 1997 年的起步建设阶段和 1998 年至今的快速发展阶段。1988 年上海至嘉定高速公路建成通车,结束了我国大陆没有高速公路的历史。1989 年中华人民共和国交通部提出了"五纵七横"国道主干线建设规划,从 1991 年开始到 2020 年,用 30 年左右的时间,建成 12 条长 35 000 公里,主要由高等级公路(高速、一级、二级公路)组成的快速、高效、安全的国道主干线系统(实际上在 2007 年已经全部贯通)。2004 年,国务院审议通过了《国家高速公路网规划》,采用放射线与纵横网格相结合布局方案,由 7 条首都放射线、9 条南北纵线和 18 条东西横线组成,简称为"7918"网。截止 2017 年末,全国公路总里程 477.35 万公里,高速公路 13.65 万公里,已跃居世界第一位。

0.2　道路的分类与分级

0.2.1　道路分类

道路是指供各种无轨车辆和行人通行的基础设施;按其使用特点分为公路、城市道路、厂矿道路、林业道路等等。

1. 公路

公路是指联接城市之间、城乡之间、乡村之间和工矿基地之间的,按照《公路工程技术标准》(JTG B01—2014)修建的道路,包括高速公路、一级公路、二级公路、三级公路和四级公路五个技术等级。

高速公路为专供汽车分方向、分车道行驶并全部控制出入的多车道公路,高速公路年平均日设计交通量宜在 15 000 辆小客车以上。

一级公路为供汽车分方向、分车道行驶,可根据需要控制出入的多车道公路,一级公路年平均日设计交通量宜在 15 000 辆小客车以上。

二级公路为供汽车行驶的双车道公路,二级公路年平均日设计交通量宜在 5 000～15 000 辆小客车。

三级公路为供汽车、非汽车交通混合行驶的双车道公路,三级公路年平均日设计交通量宜在 2 000～6 000 辆小客车。

四级公路为供汽车、非汽车交通混合行驶的双车道或单车道公路,双车道四级公路年平均日设计交通量宜在 2 000 辆小客车以下。单车道四级公路年平均日设计交通量宜在 400 辆小客车以下。

2. 城市道路

城市道路是指在城市范围内,供车辆及行人通行的具备一定技术条件和设施的道路。按照其在城市道路网中的地位、交通功能以及对沿线的服务功能等,分为快速路、主干路、次干路和支路四个等级。

快速路应中央分隔、全部控制出入、控制出入口间距及形式、交通连续通行、单向设置不少于两个车道,并有配套的交通安全与管理设施。

主干路应连接城市各主要分区,以交通功能为主。

次干路应与主干路组合成干路网,以集散交通功能为主,兼有服务功能。

支路应与次干路和居住区、工业区、交通设施等内部道路相连,解决局部地区交通,以服务功能为主。

3. 厂矿道路

厂矿道路指主要为工厂、矿山运输车辆通行的道路。通常分为厂内道路、厂外道路和露天矿山道路。厂外道路指厂矿企业与国家公路、城市道路、车站和港口相衔接的道路或厂矿企业分散的车间和居住区之间连接的道路。

4. 林区道路

林区道路是指修建在林区,主要供各种林业运输工具通行的道路。由于林区地形及运输木材的特征,其技术要求应按专门制定的林区道路工程技术标准执行。

0.2.2 道路分级

道路按路面结构所承受的交通荷载进行分级,见表 0-1。

表 0-1 设计交通荷载等级

设计交通荷载等级	极重	特重	重	中等	轻
设计使用年限内车道累计大型客车和货车交通量($\times 10^6$,辆)	≥50.0	50.0～19.0	19.0～8.0	8.0～4.0	<4.0

课程思政

继往开来 与时俱进

学习目标

1. 能描述路基路面的结构组成与功能要求；
2. 能根据路基土的分类方法识别路基土，掌握路基土的工程特性及强度指标；
3. 能识别工程项目的公路自然区划；
4. 能依据路基的湿度来源，判别路基的湿度状态。

重　点

1. 路基路面的结构组成与功能要求；
2. 路基土的类别及判别路基的湿度状态。

难　点

路基土的类别及判别路基的湿度状态。

任务 1　认识路基路面

1.1　基本概念

微课扫一扫

　　道路是一种由路基工程、路面工程、桥梁工程、隧道工程、交通安全设施和绿化工程组合而成的带状构造物。路基与路面是构成道路的主体构造物，路基是按照路线位置和一定技术要求修筑的带状构造物，路基是路面的基础，它承受着本身土体的自重和路面结构的重量，同时还承受由路面传递而来的交通荷载，因此路基是道路的主要承重结构。路面是在路基顶面的行车部分用各种混合料铺筑而成的层状结构物。如图 1-1 所示。

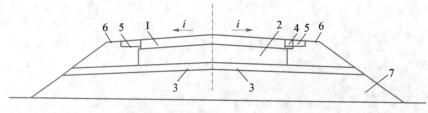

图 1-1　路基路面结构示意图

i—路拱横坡度；1—面层；2—基层；3—垫层；4—路缘石；5—硬路肩；6—土路肩；7—路基

1.2　路基路面工程结构的功能要求

为了保证公路与城市道路最大限度地满足车辆运行的要求，提高行车速度，增强安全性和舒适性，降低运输成本和延长道路使用年限。要求路基路面具有下述基本性能：

1. 承载能力

行驶在路面上的车辆，通过车轮把荷载传给路面，由路面传给路基，在路基路面结构内部产生应力、应变及位移。如果路基路面结构整体或某一组成部分的强度或抗变形能力不足以抵抗这些应力、应变及位移，则路面会出现变形过大或断裂。路基路面结构会出现沉陷或裂缝，路面表面会出现波浪或车辙，使路况恶化，服务水平下降。因此要求路基路面结构整体及其各组成部分具有与行车荷载相适应的承载能力。

结构承载能力是路面结构承受荷载的能力。路面结构应具有足够的强度以抵抗车轮荷载引起的各个部位的各种应力，如压应力、拉应力、剪应力等，使路面各个部位的各种应力在规定的范围内，保证路面结构不发生压碎、拉断、剪切等各种破坏。或者路面结构应能抵抗车轮荷载引起的各个部位的各种应变，如压应变、拉应变、剪应变等，使路面各个部位的各种应变在规定的范围内，使得在车轮荷载作用下不发生过量的应变或变形，保证不发生车辙、沉陷或波浪等各种病害。

2. 稳定性

路基路面结构的稳定性包括路基的整体稳定性和局部稳定性；路面的高温稳定性、低温抗裂性和水稳定性。

在天然地表面建造的道路结构物改变了自然的平衡，在达到新的平衡状态之前，道路结构物处于一种暂时的不稳定状态。新建的路基路面结构裸露在大气之中，经常受到大气温度、降水与湿度变化的影响，结构物的物理、力学性质将随之发生变化，处于另外一种不稳定状态。路基路面结构能否经受这种不稳定状态而保持工程设计所要求的几何形态及物理力学性质，称为路基路面结构的稳定性。

在地表上开挖或填筑路基，必然会改变原地面地层结构的受力状态。原来处于稳定状态的地层结构，有可能由于填挖筑路而引起不平衡，导致路基失稳。如在软土地层上修筑高路堤，或者在岩质或土质山坡上开挖深路堑时，有可能由于软土层承载能力不足，或者由于坡体失去支承，而出现路堤沉落或坡体坍塌破坏。路线如选在不稳定的地层上，则填筑或开挖路基会引发滑坡或坍塌等病害出现。因此在选线、勘测、设计、施工中应密切注意、并采取必要的工程措施，以确保路基有足够的稳定性。

大气降水使得路基路面结构内部的湿度状态发生变化、低洼地带路基排水不良，长期积水，会使得矮路堤软化，失去承载能力。山坡路基，有时因排水不良，会引发滑坡或边坡滑塌。水泥混凝土路面,如果不能及时将水分排出结构层。会发生唧泥现象,冲刷基层,导致结构层提前破坏。沥青混凝土路面中水分的侵蚀,会引起沥青结构层剥落,结构松散。砂石路面,在雨季时,会因雨水冲刷和渗入结构层而导致强度下降,产生沉陷、松散等病害,因此防水、排水是确保路基路面稳定的重要方面。

大气温度周期性的变化对路面结构的稳定性有重要影响,高温季节沥青路面软化,在车轮荷载作用下产生永久性变形,水泥混凝土结构在高温季节因结构变形产生过大内应力,导致路面压曲破坏。北方冰冻地区,在低温冰冻季节,水泥混凝土路面、沥青路面、半刚性基层由于低温收缩产生大量裂缝,最终失去承载能力。在严重冰冻地区,低温引起路基的不稳定是多方面的,低温会引起路基收缩裂缝,地下水源丰富的地区,低温会引起冻胀,路基上面的路面结构也随之发生断裂。春天融冻季节,在交通繁重的路段,有时引发翻浆,路基路面发生严重的破坏。

3. 耐久性

路基路面工程投资昂贵,从规划、设计、施工至建成通车需要较长的时间,对于这样的大型工程都应有较长的使用年限,因此路基路面工程应具有耐久的性能。

知识链接

公路路面结构
设计使用年限

路基路面在车辆荷载的反复作用与大气水温周期性的重复作用下,路面使用性能将逐年下降,强度与刚度将逐年衰变,路面材料的各项性能也可能由于老化衰变,而引起路面结构的损坏。至于路基的稳定性也可能在长期经受自然因素的侵袭后,逐年削弱。因此,提高路基路面的耐久性,保持其强度、刚度、几何形态经久不衰,除了精心设计、精心施工、精选材料之外,要把长年的养护、维修、恢复路用性能的工作放在重要的位置。

4. 表面平整度

路面表面平整度是影响行车安全、行车舒适性以及运输效益的重要使用性能。特别是高速公路,对路面平整度的要求更高。不平整的路表面会增大行车阻力,并使车辆产生附加的振动作用。这种振动作用会造成行车颠簸,影响行车的速度和安全,驾驶的平稳和乘客的舒适。同时,振动作用还会对路面施加冲击力,从而加剧路面和汽车机件的损坏和轮胎的磨损,并增大油耗。而且,不平整的路面还会积滞雨水,加速路面的破坏。因此,为了减少振动冲击力,提高行车速度和增进行车舒适性、安全性,路面应保持一定的平整度。优良的路面平整度,要依靠优良的施工装备,精细的施工工艺,严格的施工质量控制以及经常和及时的养护来保证。同时,路面的平整度同整个路面结构和路基顶面的强度和抗变形能力有关,同结构层所用材料的强度、抗变形能力以及均匀性有很大关系。强度和抗变形能力差的路基路面结构和面层混合料,经不起车轮荷载的反复作用,极易出现沉陷、车辙和推挤破坏,从而形成不平整的路面表面。

5. 表面抗滑性能

路面表面要求平整,但不宜光滑。汽车在光滑的路面上行驶时,车轮与路面之间缺乏足够的附着力或摩擦力。雨天高速行车,紧急制动与突然启动,或爬坡、转弯时,车轮也易产生空转或打滑,致使行车速度降低,油料消耗增多,甚至引起严重的交通事故。通常用摩擦系数表征抗滑性能,摩擦系数小,则抗滑能力低,容易引起交通事故。

路面的抗滑性能在低速时主要取决于集料表面的微观纹理、高速时主要取决于路面表面的宏观纹理。路面表面的抗滑能力可以通过采用坚硬、耐磨、表面粗糙的粒料组成路面表层材料来实现,有时也可以采用一些工艺措施来实现,如水泥混凝土路面的拉毛或刻槽等。此外,路面上的积雪、浮冰或污泥等,也会降低路面的抗滑性能,必须及时予以清除。

1.3 路基构造

1.3.1 路基横断面形式

路基横断面是指垂直道路中心线剖切而成的平面。一般常见的路基横断面形式有路堤、路堑和半填半挖三种。道路设计高程高于天然地面的填方路基称为路堤,如图 1-2 所示。填方路堤结构 0~30 cm 范围称为上路床。交通等级为轻、中及重时,30~80 cm 称为下路床,80~150 cm 称为上路堤,150 cm 以下称为下路堤;当交通等级为特重或极重时,30~120 cm 称为下路床,120~190 cm 称为上路堤,190 cm 以下称为下路堤。低于天然地面的挖方路基称为路堑,如图 1-3 所示。当天然地面横向倾斜,路基一部分以填筑方式构成而另一部分以开挖方式构成时称为半填半挖,如图 1-4 所示。

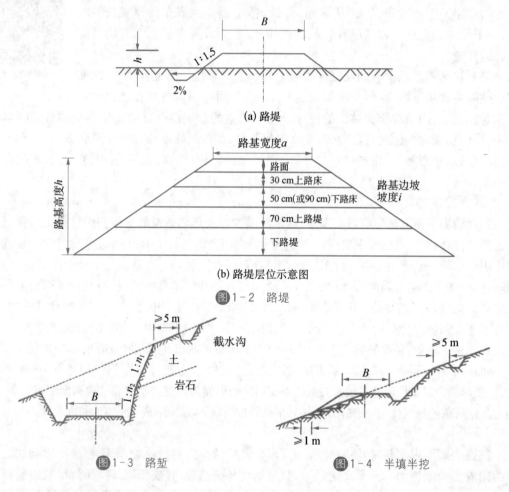

(a) 路堤

(b) 路堤层位示意图

图 1-2 路堤

图 1-3 路堑

图 1-4 半填半挖

1.3.2 路基宽度

公路路基宽度为车道宽度与路肩宽度之和,如图 1-5 所示。当设有中间带、加(减)速车道、爬坡车道、紧急停靠带、超车道、错车道、慢车道、侧分隔带、非机动车道、人行道时,应计入这些部分的宽度。行车道宽度根据设计通行能力及交通量大小而定,一般每个行车道宽度为 3.00~3.75 m。路肩的作用是保

扫码查看工程图

护行车道稳定,并兼供错车、临时停车、行人和非机动车通行。每侧最小为 0.25 m,有条件时不小于 1.0 m,技术等级高的公路及城镇近郊的一般公路,路肩宽度尽可能增大,一般取 1.0～3.0 m,并铺筑硬质面层,以保证路面行车不受干扰。公路路基宽度按《公路工程技术标准》(JTG B01—2014)的规定进行设计,某些特殊地质条件下,需要采用特殊横断面形式的路基,如软土地区的路基设置反压护道;沙漠或雪害在区设计成流线型路基横断面;地形起伏大或用地受限地段可考虑采用分离式路基横断面;滑坡地带或沿河等路段路基横断面相应有所变化。

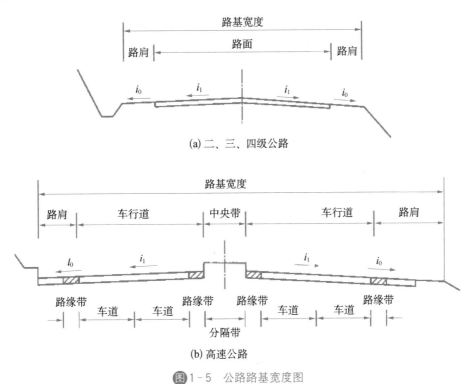

(a) 二、三、四级公路

(b) 高速公路

图 1-5 公路路基宽度图

1.3.3 路基高度

路基高度是指路堤的填筑高度和路堑的开挖深度,是路基设计标高和地面中心线标高之差。路基设计标高,无中央分隔带的公路,应为路基边缘高度;有中央分隔带的公路,应为中央分隔带外侧边缘的高度;在设置超高加宽路段,则为设置超高加宽前的路基边缘高度。路基的填挖高度,是在路线纵断面设计时,综合考虑路线纵坡要求、路基稳定性和工程经济等因素确定的。从路基的强度和稳定性要求出发,路床部分土层应处于干燥或中湿状态,路基高度设计应使路肩边缘高出路基两侧地面积水高度,同时考虑地下水、毛细水和冰冻的作用,不使其影响路基的强度和稳定性。

高路堤和深路堑的土石方数量大,占地多,施工困难,边坡稳定性差,行车不利,应尽量避免使用,不得已而一定要用时,应进行个别特殊设计。

沿河及受水浸淹的路基,其高度应根据技术标准所规定的设计洪水频率如表 1-1 所示,求得设计水位,再增加 0.5 m 的余量。如果河道因设置路堤而压缩过水面积,致使上游有壅水,或河面宽阔而有风浪,就应增加壅水高度和波浪冲上路堤的高度(即波浪侵袭高度)。所以沿河浸水路堤的高度,应高出上述各值之和,以保证路基不致淹没,并据此进行路基的防护与加固。

表 1-1 路基设计洪水频率

公路等级	高速公路	一级公路	二级公路	三级公路	四级公路
设计洪水频率	1/100	1/100	1/50	1/25	按具体情况确定

1.3.4 路基边坡坡度

公路路基的边坡坡度用边坡高度 H 与边坡宽度 b 之比值表示,并取 $H=1$,如图 1-6 所示,$H:b=1:0.5$(路堑边坡)或 $1:1.5$(路堤边坡),通常用 $1/n$(路堑)或 $1:m$(路堤)表示其坡率,称为边坡坡率。

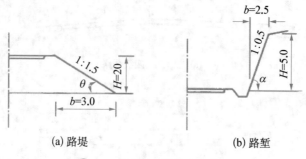

(a) 路堤　　　　　　　　(b) 路堑

图 1-6 路基边坡坡度示意图

路基边坡坡度的大小,取决于边坡的土质、岩石的性质及水文地质条件等自然因素和边坡的高度。在陡坡或填挖较大的路段,边坡稳定不仅影响到土石方工程量和施工的难易,而且是路基整体稳定性的关键。因此,确定边坡坡度对于路基的稳定性和工程的经济合理性至关重要。一般路基的边坡坡度可根据多年工程实践经验和设计规范推荐的数值采用,特殊路基的边坡坡度宜通过边坡稳定性验算确定。

1.4 路基附属设施

为了确保路基的强度、稳定性和行车安全,与一般路基工程有关的附属设施有取土坑、弃土堆、护坡道、碎落台、堆料坪及错车道及护栏等。

1.4.1 取土坑与弃土堆

路基土石方工程不可避免地在全线会出现借方和弃方,路基土石方的借弃,首先要合理选择地点,即确定取土坑或弃土堆的位置。选点时要兼顾土质、数量、用地及运输条件等因素,还必须结合沿线区域规划因地制宜,综合考虑,维护自然平衡。防止水土流失,做到借之有利、弃之无害。借弃所形成的坑或堆,要求尽量结合当地地形,充分加以利用,并注意外形规整,弃堆稳固。

平坦地区,如果用土量较少,可以沿路两侧设置取土坑,与路基排水和农田灌溉相结合。路旁取土抗大致如图 1-7 所示。深度约 1 m 或稍深一些,宽度按用土数量和用地允许而定。为防止坑内积水危害路基,当堤顶与坑底高差不足 2.0 m 时,在路基坡脚与坑之间需设宽度≥1.0 m 的护坡平台,坑底设纵横排水坡及相应设施。

河水淹没地段的桥头引道近旁,一般不设取土坑,如设取土坑要距河流水位边界 10 m

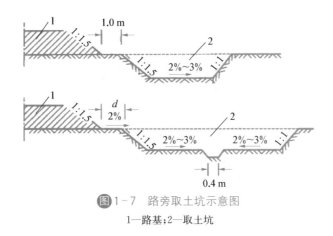

图 1-7　路旁取土坑示意图

1—路基；2—取土坑

以外,并与导治结构物位置相适应。此类取土坑要求水流畅通,不得长期积水危及路基或构造物的稳定。

废方一般选择在路旁低洼地,就近弃堆。原地面倾斜坡度小于 1∶5 时,路旁两侧均可设弃土堆,地面较陡时,宜设在路基下方。沿河路基爆破后的废石方,往往难以远运,条件许可时可以部分占用河道,但要注意河道压缩后,不致壅水危及上游路基及附近农田等。

图 1-8 所示为路旁弃土堆一例,要求堆弃整平,顶面具有适当横坡,并设平台、三角土块及排水沟,宽度 d 与地面土质有关,最少 3.0 m,最大可按路堑深度加 5.0 m,即 $d \geqslant H + 5.0$ m。积砂或积雪地段的弃土堆,宜有利于防砂防雪,可设在迎面一侧,并具有足够距离。弃土堆一般可堆成梯形横断面,边坡不应陡于 1∶1.5,并应与周围环境相协调。

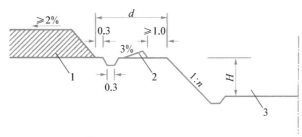

图 1-8　路旁弃土堆示意图

1—弃土堆；2—三角土块；3—路基

1.4.2　护坡道与碎落台

护坡道是保护路基边坡稳定性的措施之一,设置的目的是加宽边坡横向距离,减小边坡平均坡度,如图 1-9 所示。护坡道宽度最少为 1.0 m,护坡道越宽,越有利于边坡稳定,但宽度大,则工程数量亦随之增加,要兼顾边坡稳定性与经济合理性。通常护坡道宽度 d 视边坡高度 h 而定,$h \leqslant 3.0$ m 时,$d = 1.0$ m;$h = 3 \sim 6$ m 时,$d = 2$ m;$h = 6 \sim 12$ m 时,$d = 2 \sim 4$ m。

碎落台设于土质或石质土的挖方边坡坡脚处,主要供零星土石碎块下落时临时堆积,以保护边沟不致阻塞,亦有护坡道的作用。碎落台宽度一般为 1.0～1.5 m,如兼有护坡作用,可适放宽。碎落台上的堆积物应定期清理。

1.4.3　堆料坪与错车道

路面养护用矿质材料,可就近选择路旁合适地点堆置备用。亦可在路肩外缘设堆料坪,

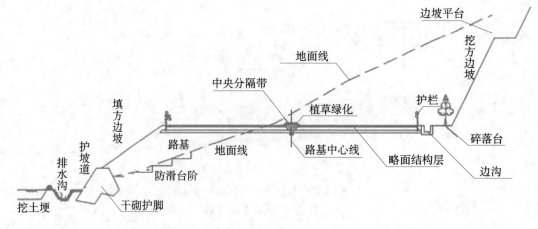

图 1-9　护坡道和碎落台

其面积可结合地形与材料数量而定,例如每隔 50～100 m 设一个堆料坪,长约 5～8 m,宽 2 m。高级路面或采用机械化养护的路段,可以不设,或另设集中备用料场。以维护公路外形的视觉平顺和景观优美。

　　单车道公路,由于双向行车会车和相互避让的需要,通常应每隔 200～500 m 设置错车道一处。按规定错车道的长度不得短于 30 m,两端各有长度为 10 m 的出入过渡段,中间 10 m 供停车用。单车道的路基宽度为 4.5 m,而错车道地段的路基宽度为 6.5 m。错车道是单车道路基的一个组成部分,应与路基同时设计与施工。

1.5　路面结构、层次划分

1.5.1　路面横断面

　　路面横断面的形式随道路等级的不同而有所差别,通常分为槽式和全铺式两类,如图 1-10 所示。

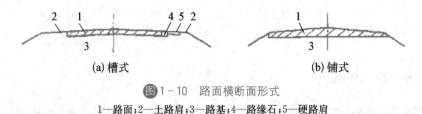

(a) 槽式　　　　　　　　　(b) 铺式

图 1-10　路面横断面形式

1—路面;2—土路肩;3—路基;4—路缘石;5—硬路肩

1. 槽式横断面

　　在路基上按路面行车道及硬路肩设计宽度开挖路槽,保留土路肩,形成浅槽,在槽内铺筑路面。

2. 全铺式横断面

　　在路基宽度范围内全幅铺筑路面。在高等级公路建设中,有时为了将路面结构内部有水分迅速排出。在全宽范围内铺筑基层材料,保证由横向排入边沟。有时考虑到道路交通的迅速增长,为适应扩建的需要,将硬路肩及土路肩的位置全部按行车道标准铺筑面层。

1.5.2 路面层位及功能

行车荷载和自然因素对路面的影响,随路面结构深度的增加而逐渐减弱。为适应这二特点,路面结构通常是分层铺筑的,按照使用要求、受力状况、土基支承条件和自然因素影响程度的不同,分成若干层次。路面结构可由面层、基层、底基层和必要的功能层组合而成。如图 1-11 所示。

扫码看工程图

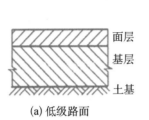
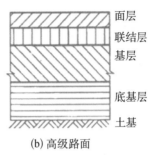

(a) 低级路面　　　　　　(b) 高级路面

图 1-11 路面结构层示意图

1. 面层

面层包括最表面的磨耗层,是直接同行车和大气接触的表面层,它承受较大的行车荷载的垂直力、水平力和冲击力的作用,也直接经受降水和气温变化的影响。因此,同其他层相比,面层应具备较高的结构强度、抗变形能力,以及较好的水稳定性和温度稳定性,而且应当耐磨,不透水,其表面还应有良好的抗滑性和平整度。

修筑面层所用的材料主要有沥青混凝土、水泥混凝土、沥青碎石混合料、砂砾或碎石掺土的混合料及块料等。

面层可分两层或三层铺筑,如高速公路沥青面层总厚度为 18~20 cm,可分为上、中、下三层铺筑,并根据各分层的要求采用不同的级配等级。水泥混凝土路面也可分上下两层铺筑,分别采用不同强度等级的水泥混凝土材料。水泥混凝土路面上加铺 4 cm 厚的沥青混凝土,这样的复合式结构也是常见的。但是砂石路面上所铺的 2~3 cm 厚的磨耗层或 1 cm 厚的保护层,以及厚度不超过 1 cm 的简易沥青表面处治,不能作为一个独立的层次,应将其看作面层的一部分。

2. 基层和底基层

基层和底基层应具有足够的承载能力、抗疲劳开裂性能、足够的耐久性和水稳定性。沥青结合料和粒料类基层尚应具有足够的抗永久变形能力。

基层和底基层的材料类型可分为四类,分别是无机结合料稳定类、粒料类、沥青结合料类和水泥混凝土类,可按照交通荷载等级和层位选用。

遇有以下情况,应在基层或底基层下设置垫层。

(1) 季节性冰冻地区,路面结构厚度小于最小防冻层厚度要求时,应设置防冻垫层,使路面结构厚度符合要求;

(2) 水文地质条件不良的土质路堑,路床土湿度较大时,宜设置排水垫层。

1.5.3 路面的分类

路面类型可以从不同角度来划分,但是一般都按面层所用的材料划分,如水泥混凝土路面、沥青路面、砂石路面等。但是在工程设计中,主要从路面结构的力学特性和设计方法的相似性出发,将路面划分为柔性路面、刚性路面和半刚性路面三类。

1. 柔性路面

柔性路面的总体结构刚度较小,在车辆荷载作用之下产生较大的弯沉变形,路面结构本身的抗弯拉强度较低,它通过各结构层将车辆荷载传递给土基,使土基承受较大的单位压力。柔性路面主要包括各种未经处理的粒料基层和各类沥青面层组成的路面结构。

2. 刚性路面

刚性路面主要是指用水泥混凝土做面层或基层的路面结构。水泥混凝土的强度高,与其他筑路材料比较,它的抗弯拉强度高,并且有较高的弹性模量,故呈现出较大的刚性。在车辆荷载作用下,水泥混凝土结构层处于板体工作状态,竖向弯沉较小,路面结构主要靠水泥混凝土板的抗弯拉强度承受车辆荷载,通过板体的扩散分布作用,传递给基础上的单位压力较柔性路面小得多。

3. 半刚性路面

用水泥、石灰等无机结合料处治的土或碎(砾)石及含有水硬性结合料的工业废渣修筑的基层,在前期具有柔性路面的力学性质,后期的强度和刚度均有较大幅度的增长,但是最终的强度和刚度仍远小于水泥混凝土基层。由于这种材料的刚性处于柔性路面与刚性路面之间,因此把这种基层和铺筑在它上面的沥青面层统称为半刚性路面,这种基层称为半刚性基层。

刚性路面、柔性路面和半刚性路面,这种以力学特性为标准的分类方法主要是为了便于从功能原理和设计方法出发进行定性区分,并没有绝对的定量分界界限。近年来材料科学的发展正在逐步改变这种属性,如水泥混凝土的增塑研究,正在使它的刚性降低而保留它的高强性质;沥青的改性研究使得沥青混凝土随气候而变化的力学性质趋向于稳定,大幅度提高其刚度。

任务 2 路基土的分类及工程特性

2.1 路基土的分类

土是最常用的填筑材料,由于土的种类不同,工程性质也不相同,因此必须按照一定规则进行分类。世界各国公路用土的分类方法虽然不尽相同,但是分类的依据大致相近,一般都根据土颗粒的粒组组成,颗粒的矿物成分或其余物质的含量,土的塑性指标进行区划。我国《公路土工试验规程》(JTG E40—2007)依据土的颗粒组成特征,土的塑性指标和土中有机质存在的情况,将公路用土分为巨粒土、粗粒土、细粒土和特殊土四类,并进一步细分为 12 种土,如图 1-12 所示。

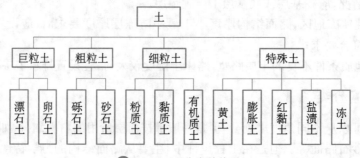

图 1-12 土分类总体系

土的颗粒组成特征用不同粒径粒组质量占土总质量的百分数表示。不同粒组的划分界限及范围见表1-2。

表1-2 粒组划分表

粒径/mm	>200	200~60	60~20	20~5	5~2	2~0.5	0.5~0.25	0.25~0.075	0.075~0.002	≤0.002
粒组	巨粒组		粗粒组						细粒组	
	漂石	卵石	砾			砂			粉粒	黏粒
			粗	中	细	粗	中	细		

1. 巨粒土

巨粒组质量分数多于总质量75%的土称为巨粒土。巨粒土可分为漂(卵)石(巨粒质量分数>75%);漂(卵)石夹土(50%<巨粒质量分数≤75%);漂(卵)石质土(15%<巨粒质量分数≤50%)。

2. 粗粒土

巨粒组土粒质量分数少于或等于总质量15%,且巨粒组土粒与粗粒组土粒质量分数之和多于总质量50%的土称为粗粒土。

粗粒土分为砾类土和砂类土两种。粗粒土中砾粒组质量多于砂粒组质量的土称砾类土。粗粒土中砾粒组质量少于或等于砂粒组质量的土称砂类土。砾类土根据其中细粒质量分数和类别可分为砾(细粒质量分数≤5%);含细粒土砾(5%<细粒质量分数≤15%);细粒土质砾(15%<细粒质量分数≤50%)。砂类土根据其中细粒质量分数和类别可分为砂(细粒质量分数≤5%);含细粒土砂(5%<细粒质量分数≤15%);细粒土质砂(15%<细粒质量分数≤50%)。

3. 细粒土

细粒组土粒质量分数多于或等于总质量50%的土称为细粒土。细粒土中粗粒组质量分数少于或等于总质量25%的土称粉质土或黏质土。细粒土中粗粒组质量分数为总质量25%~50%(含50%)的土称为含粗粒的粉质土或含粗粒的黏质土。有机质质量分数多于或等于总质量的5%,且少于总质量的10%的土称有机质土。有机质质量分数多于或等于10%的土称为有机土。

2.2 路基土的工程特性

各类公路用土具有不同的工程性质,在选择路基填筑材料,以及修筑稳定土路面结构时,应根据不同的土类分别采取不同的工程技术措施。

1. 巨粒土

巨粒土包括漂石和卵石有很高的强度和稳定性,是填筑路基的良好材料。对于漂石土,亦可用于砌筑边坡,在码砌边坡时应正确选用边坡值,以保证路基稳定。对于卵石土,填筑时压实较为困难,必须采取一定的措施保证其压实度。

2. 粗粒土

级配良好的砾类土,密实程度好,强度和稳定性均能满足要求。除了填筑路基之外,可以用于铺筑中级路面,经适当处理后可以铺筑高级路面的基层、底基层。对于级配不良的砾类土,填筑时应保证密实度,防止由于空隙大而造成路基积水、不均匀沉陷或表面松散等破坏。

砂和含细粒土砂(又称砂土)无塑性,透水性强,毛细上升高度小,具有较大的内摩擦系数,强度和水稳定性均好,但黏结性小,易于松散,压实困难,但是经充分压实的砂土路基,压缩变形小,稳定性好。为了加强压实和提高稳定性,可以采用振动法压实.并可掺加少量黏土以改善级配组成。

砂性土既含有一定数量的粗颗粒,又含有一定数量的细颗粒。级配适宜,强度、稳定性等都能满足要求。遇水不黏结、不膨胀,雨天不泥泞,晴天不扬尘,便于施工,是理想的路基填筑材料。

3. 细粒土

粉质土含有较多的粉土颗粒,干时虽有黏性,但易于破碎,浸水时容易成为流动状态。粉质土毛细作用强烈,毛细上升高度大(可达 1.5 m)。在季节性冰冻地区容易造成冻胀、翻浆等病害。粉质土属于不良的公路用土,如必须用粉质土填筑路基,则应采取技术措施改良土质并加强排水或隔离水等措施。

黏质土中细颗粒含量多,土的内摩擦系数小而黏聚力大,透水性小而吸水能力强,毛细现象显著,有较大的可塑性。黏质土干燥时较坚硬,施工时不易破碎。浸湿后能长期保持水分,不易挥发,因而承载力小。对于黏质土如在适当含水率时加以充分压实和设置良好的排水设施,筑成的路基也能获得稳定。

有机质土(如泥炭、腐殖土等)不宜作为路基填料,如遇有机质土均应在设计和施工上采取适当措施。

4. 特殊土

黄土属大孔和多孔结构,具有湿陷性;膨胀土受水浸湿发生膨胀,失水则收缩;红黏土失水后体积收缩量较大;盐渍土潮湿时承载力很低;冻土融化后承载力大大降低,压缩性急剧增大,使地基产生融陷,在冻结过程中又产生冻胀,对地基均不利。因此,特殊土不宜作为路基填料。

任务3 公路自然区划与路基干湿类型

3.1 公路自然区划

我国地域辽阔,又是一个多山国家。从北向南处于寒带、温带和热带。从青藏高原到东部沿海高程相差 4 000 m 以上,因此自然因素变化极为复杂。不同地区自然条件的差异同公路建设有密切关系。为了区分各地自然

微课扫一扫

区域的筑路特性,经过长期研究,制定了《公路自然区划标准》(JTJ 003 - 86)。公路自然区划的划分主要根据以下原则制定:

1. 道路工程特征相似原则

在同一区划内,在同样的自然因素下筑路具有相似性,例如,北方不利季节主要是春融时期,有翻浆病害;南方不利季节在雨季,有冲刷、水毁等病害。

2. 地表气候区划差异性原则

地表气候是地带性差异与非地带性差异的综合结果。通常,地表气候随着当地纬度而变,如北半球,北方寒冷,南方温暖,这称为地带性差异。除此之外,还与高程的变化有关,即沿垂直方向的变化,如青藏高原,由于海拔高,与纬度相同的其他地区相比,气候更加寒冷,

即称为非地带性差异。

3. 自然气候因素既有综合又有主导作用原则

自然气候的变化是各种因素综合作用的结果,但其中又有某种因素起着主导作用。例如道路冻害是水和热综合作用的结果,但是在南方,只有水而没有寒冷气候的影响,不会有冻害,说明温度起主导作用;西北干旱区与东北潮湿区,同样都有负温度,但前者冻害轻于后者,说明水起主导作用。

我国公路自然区划,采用三级分区。一级区划主要按大范围的气候、地理和地貌等条件的差异,将全国划分为冻土、湿润、干湿过渡、湿热、潮湿、干旱和高寒7个大区。二级区划是在一级区划基础上以潮湿系数 K(年降水量与年蒸发量之比)为主进行划分。三级区划是在二级区划内划分更低一级的区域或类型单元。

3.1.1 一级自然区划

一级区划以全国性的纬向地带性和构造区域性为依据,根据对公路工程具有控制作用的地理、气候因素来拟定,对纬向性的,特别是东部地区的界线,采用了气候指标;对非纬向性的,特别是西部地区的界线,则较多地强调构造和地貌因素;中部个别地区则采用土质作为指标。

(1) 以全年均温−2℃等值线作为多年冻土和季节性冻土的分界线。

(2) 以一月份均温 0℃等值线,作为季节性冰冻区的分界线。

(3) 按我国自然地形的特点,以 1 000 m 和 3 000 m 等高线为界划分三级阶梯。三级阶梯的存在使气候具有不同的特色,成为划分一级区的主要标志。

(4) 秦岭淮河以南不冻区,因雨型、雨量、不利季节与不利月份的差异,划分为东西两大片。

(5) 根据黄土对筑路的特殊性及其处于过渡的地区位置,同其他区域分开。

这样根据气候、地理、地貌等综合性指标相互交错与迭合,将全国划分为7个一级区(扫码查看)。即:Ⅰ区——北部多年冻土区;Ⅱ区——东部湿润季冻区;Ⅲ区——黄土高原干湿过渡区;Ⅳ区——东南湿热区;Ⅴ区——西南潮暖区;Ⅵ区——西北干旱区;Ⅶ区——青藏高寒区。

全国公路自然区划图

3.1.2 二级自然区划

在一级区划的基础上,以潮湿系数 K 为主要指标,综合考虑其他气候、地貌、土质、地下水和自然病害等多种因素,将全国划分为 33 个二级区和 19 个副区(亚区)。

潮湿系数 K 值按其大小分为 6 个等级:

过湿区	$K>2.0$	润干区	$1.0 \geqslant K>0.5$
中湿区	$2.0 \geqslant K>1.5$	中干区	$0.5 \geqslant K>0.25$
润湿区	$1.5 \geqslant K>1.0$	过干区	$K<0.25$

3.1.3 三级区划

三级区划是二级区划的进一步具体化,按各区内气候、地貌、土质、水文等方面的差异,划分为更低一级的区划单位或类型单位。三级区划目前未列入全国区划图内,由各省、市、自治区结合当地自然条件自行划分。

各级区划的范围不同,在公路工程上的应用也各有侧重。一级区划主要为全国性的公路总体规划和设计服务;二级区划主要为各地的公路路基路面设计、施工、养护提供较全面的地理、气候依据和有关计算参数,如土基和路面材料的回弹模量、路基临界高度、土基压实标准等。

3.2 路基干湿类型

路基的强度与稳定性,同路基的干湿状态有密切关系,并在很大程度上影响路面结构设计。路基湿度状况受大气降水和蒸发、地下水、温度和路面结构及其透水程度等多种因素的影响。许多观察资料表明,在路面完工后的2～3年内,路基的湿度变化逐渐趋于某种平衡湿度状态。依据路基的湿度来源,可将路基的平衡湿度状态分为潮湿、中湿和干燥三类,并按下列条件判别路基湿度状态:

(1)地下水或地表长期积水和水位高,路基工作区均处于地下水毛细润湿影响范围内,路基平衡湿度由地下水或地表长期积水的水位升降所控制,路基湿度状态可定为潮湿类路基。

(2)地下水位很低,路基工作区处于地下水毛细润湿面之上,路基平衡湿度由气候因素所控制,路基湿度状态可定为干燥类路基。

(3)中湿类路基的湿度兼受地下水和气候因素影响,路基工作区被地下水毛细润湿面分为上、下两部分,下部受地下水毛细润湿的影响,上部则受气候因素影响。

我国现行《公路路基设计规范》(JTG D30—2015)中规定,路基土的湿度状态用饱和度来表征。

潮湿类路基的平衡湿度可根据路基土组类别及地下水位高度,按表1-3确定距地下水位不同高度处的饱和度。$S_r \leqslant 50\%$稍湿;$5\% \leqslant S_r \leqslant 80\%$很湿,$S_r > 80\%$,饱和。

干燥类路基的平衡湿度可根据路基所在自然区划的湿度指标 TMI 和路基土组类别确定,即先根据不同自然区划由表1-4查取相应的 TMI 值,再按路基所在地区的 TMI 值和路基土组类别,根据表1-5得到该地区的路基饱和度。

表1-3　各路基土距地下水位不同高度处的饱和度(%)

土 组	计算点距地下或地表长期积水水位的距离(m)						
	0.3	1.0	1.5	2.0	2.5	3.0	4.0
粉土质砾 GM	69～84	55～69	50～65	49～62	45～59	43～57	—
黏土质砾 GC	79～96	64～83	60～79	56～75	54～73	52～71	—
砂 S	89～95	50～70	—	—	—	—	—
粉土质砂 SM	79～93	64～77	60～72	56～68	54～66	52～64	—
黏土质砂 SC	90～99	77～87	72～83	68～80	66～78	64～76	—
低液限粉土 ML	94～100	80～90	76～86	73～83	71～81	69～80	—
低液限粉土黏土 CL	93～100	80～93	76～90	73～88	70～87	68～85	66～83
高液限粉土 MH	100	90～95	86～92	83～90	81～89	80～87	—
高液限黏土 CH	100	93～97	90～93	88～91	86～90	85～89	83～87

注:① 对于砂(含级配好的砂 SW、级配差的砂 SP),D_{60}大时,平衡湿度取低值,D_{60}小时,平衡湿度取高值;② 对于其它含细粒的土组,通过 0.075 mm 的筛的颗粒含量大和塑性指数高时,取低值,反之,取高值。

表 1-4　不同自然区划的 TMI 值范围

区　划	亚　区		TMI 值范围	区　划	亚　区	TMI 值范围
I	I_1		$-5.0 \sim -8.1$	IV	IV_6	$27.0 \sim 64.7$
	I_2		$0.5 \sim -9.7$		IV_{6a}	$41.2 \sim 97.4$
II	II_1	黑龙江	$-0.1 \sim -8.1$		IV_7	$16.0 \sim 69.3$
		辽宁、吉林	$8.7 \sim 35.1$		IV_{7a}	$-5.4 \sim -23.0$
	II_{1a}		$-3.6 \sim -10.8$	V	V_1	$-25.1 \sim 6.9$
	II_2		$-7.2 \sim -12.1$		V_2	$0.9 \sim 30.1$
	II_{2a}		$-1.2 \sim -10.6$		V_{2a}	$39.6 \sim 43.7$
	II_3		$-9.3 \sim -26.9$		V_3	$12.0 \sim 88.3$
	II_4		$-10.7 \sim -22.6$		V_{3a}	$-7.6 \sim 47.2$
	II_{4a}		$-15.5 \sim 17.3$		V_4	$-2.6 \sim 50.9$
	II_{4b}		$-7.9 \sim 9.9$		V_5	$39.8 \sim 100.6$
	II_5		$-1.7 \sim -15.6$		V_{5a}	$24.4 \sim 39.2$
	II_{5a}		$-1.0 \sim -15.6$	VI	VI_1	$-15.3 \sim -46.3$
III	III_1		$-21.2 \sim -25.7$		VI_{1a}	$-40.5 \sim -47.2$
	III_{1a}		$-12.6 \sim -29.1$		VI_2	$-39.5 \sim -59.2$
	III_2		$-9.7 \sim -17.5$		VI_3	-41.6
	III_{2a}		-19.6		VI_4	$-19.3 \sim -57.2$
	III_3		$-19.1 \sim -26.1$		VI_{4a}	$-34.5 \sim -37.1$
	III_4		$-10.8 \sim -24.1$		VI_{4b}	$-2.6 \sim 37.2$
IV	IV_1		$21.8 \sim 25.1$	VII	VII_1	$-3.1 \sim -56.3$
	IV_{1a}		23.2		VII_2	$-49.4 \sim -58.1$
	IV_2		$-6.0 \sim 34.8$		VII_3	$-22.5 \sim 82.8$
	IV_3		$34.3 \sim 40.4$		VII_4	$-5.1 \sim -5.7$
	IV_4		$32.0 \sim 67.9$		VII_5	$-20.3 \sim 91.4$
	IV_5		$45.2 \sim 89.3$		VII_{5a}	$-10.6 \sim 25.8$

表 1-5 各路基土组在不同 TMI 时的饱和度(%)

土 组	TMI					
	−50	−30	−10	10	30	50
砂 S	20~50	25~55	27~60	30~65	32~67	35~70
粉土质砂 SM	45~48	62~68	75~77	84~86	91~92	92~93
黏土质砂 SC						
低液限粉土 ML	41~46	59~64	75~77	84~86	91~92	92~93
低液限黏土 CL	39~41	57~64	75~76	85	91	92~94
高液限粉土 MH	41~42	61~62	76~79	85~88	90~92	92~95
高液限黏土 CH	39~51	58~69	85~74	86~92	91~95	94~97

任务 4　路基强度

路基一定范围内的受力状态对路基的强度与稳定性关系密切,必须控制路基的荷载在一定的范围内。

4.1　路基受力状况

路基承受着路基(含路面)自重和汽车轮重这两种荷载。在两种荷载共同作用之下,在一定深度范围内。路基土主要处于受压状态。设计时应使路基所受的应力在弹性限度范内,而当车辆驶过后,路基能完全恢复,以保证路基相对稳定,路面不致引起破坏。

路基土在车轮荷载作用下所引起的垂直应力 σ_z 可以用近似公式(1-1)计算。计算时假定车轮荷载为圆形均布垂直,路基为一弹性均质半空间体,则

$$\sigma_z = \frac{P}{1 + 2.5\left(\dfrac{Z}{D}\right)^2} \tag{1-1}$$

式中:P——车轮的单位压力(kPa);

D——圆形均布荷载作用面积的直径(m);

Z——圆形均布荷载中心下应力作用点的深度(m)。

自重引起土基中的压应力,考虑到在一定深度以下,同路基自重相比较,路面重力的影响不大,所以在研究荷载作用最大深度时,为简化计算,近似地将路面材料看着土基材料,则路基土本身自重在路基内深度为处所引起的垂直压应力按式(1-2)计算。

$$\sigma_B = \gamma z \tag{1-2}$$

式中:γ——土的重度(kN/m³);

Z——应力作用点深度(m)。

路基内任一点处的垂直应力包括由车轮荷载引起的 σ_z 和由土基自重引起的 σ_B，两者的共同作用，如图 1-13 所示。

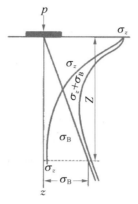

图 1-13　土基应力分布示意图

4.2　路基工作区

在路基某一深度 Z_a 处，当车轮荷载引起的垂直应力 **σ_z** 与路基土自重引起的垂直应力 **σ_B** 之比大于 **0.1** 时，该深度范围内的路基称为路基工作区。在工作区范围内的路基，对于支承路面结构和车轮荷载影响较大，在工作区范围以外的路基，影响逐渐减少。

路基工作区深度 Z_a 可以用公式（1-3）计算。

$$Z_a = \sqrt[3]{\frac{KnP}{\gamma}} \qquad (1-3)$$

式中：Z_a——路基工作区深度（m）；

　　　P——一侧车轮荷载（kPa）；

　　　K——系数，取 $K = 0.5$；

　　　γ——土的重度（kN/m³）；

　　　n——系数，$n = 5 \sim 10$。

由式（1-3）可见，路基工作区随车轮荷载的加大而加深。

路基工作区内，土基的强度和稳定性对保证路面结构的强度和稳定性极为重要，对工作区深度范围内的土质选择，路基的压实度应提出较高的要求。

当工作区深度大于路基填土高度时，行车荷载的作用不仅施加于路堤，而且施加于天然地基的上部土层，因此，天然地基上部土层和路堤应同时满足工作区的要求，均应充分压实。路基高度与路基工作区深度关系如图 1-14 所示。

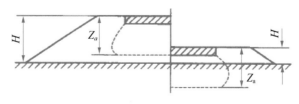

(a) 路堤高度 H 大于 Z_a　　　　(b) 路堤高度 H 小于 Z_a

图 1-14　工作区深度和路基高度

4.3 路基强度

路基在外力作用下将产生变形,路基强度是指路基抵抗外力作用的能力,亦即抵抗变形的能力。在一定应力作用下,变形越大,路基强度越低;反之,则路基强度越高。因此,路基作为路面的基础,它抵抗车轮荷载能力的大小,主要取决于路基顶面在一定应力作用下抵抗变形的能力。用于表征路基强度的参数指标主要有回弹模量、CBR 和抗剪强度。

1. 回弹模量

回弹模量是指路基、路面材料在荷载作用下产生的应力与其相应的回弹应变的比值。土基回弹模量表示土基在弹性变形阶段内,在垂直荷载作用下,抵抗竖向变形的能力,如果垂直荷载为定值,土基回弹模量值愈大则产生的垂直位移就愈小;如果竖向位移是定值,回弹模量值愈大,则土基承受外荷载作用的能力就愈大,因此,路面设计中采用回弹模量作为土基抗压强度的指标。路基填料的回弹模量应按《公路路基设计规范》(JTG D30—2015)附录 A 试验方法获得,受试验条件限制时,可按附录 B,根据土组类别及粒料类型查取回弹模量参考值。

2. 加州承载比(CBR)

加州承载比是表征路基土、粒料、稳定土强度的一种指标。即标准试件在贯入量为2.5 mm 时所施加的试验荷载与标准碎石材料在相同贯入量时所施加的荷载之比值,以百分率表示。

3. 抗剪强度

当路基土强度不足以抵抗剪应力作用时,其相邻的两部分土体将沿某剪切面(滑动面)产生相对移动,最后导致边坡下滑崩塌。这种沿剪切面使土体破坏的现象称为剪切破坏。土的抗剪强度按下式(1-4)计算:

$$\tau = \sigma \tan \varphi + c \tag{1-4}$$

式中:τ——土的抗剪强度(kPa);

σ——作用于剪切面上的法向压应力(kPa);

C——土的黏聚力(kPa);

φ——土的内摩擦角(°)。

由式(1-4)可知,土体的抗剪强度是由黏聚力 C 和内摩擦力 $\sigma \tan \varphi$ 组成的。

复习思考题

一、名词解释

1. 路基

2. 路面

3. 路基工作区

4. 回弹模量

5. 路床

二、填空题

1. 路基宽度是指在一个横断面_____的宽度,一般是指行车道与路肩宽度之和。

2. 路基断面的基本形式有_____、_____和_____。

3. 为了保证路基稳定和行车安全,根据实际需要设置_____、_____、_____、_____、_____等路基附属设施,这些都应视为路基主体工程不可缺少的部分。

4. 高速公路和一级公路的路肩包括_____和_____两部分;二、三、四级公路的路肩一般只设_____。

5. 路面结构一般划分为三个层次,即_____、_____和_____。

6. 基层是主要的承重层,应具有足够的_____、_____和_____。

三、简答题

1. 公路自然区划的原则是什么?

2. 如何判别路基湿度状态?

3. 路基土的分类依据是什么? 试述各类路基土的工程特性。

学习情境 2
路基路面施工准备

课程思政

精心准备 谋于未兆

学习目标

1. 能描述路基施工常用的方法。
2. 能描述路基路面工程施工准备的主要内容
3. 能进行施工前路基路面的测量放样等的准备工作。
4. 能根据工程需要选择合适的施工机械,并能简单地进行机械的组合。
5. 会描述路基安全和环保工作的内容和方法。

重　点

1. 路基路面工程的施工准备的主要内容。
2. 路基路面施工主要机械及适用场景。

难　点

1. 施工机械的合理选用。
2. 开工前的技术准备。

案例导入

本工程为江苏省省道 S418,主线按具备城市主干道功能的一级公路标准设计,设计速度 80 km/h,路基标准横断面总宽 50 m。本项目位于扬州市邗江区及仪征市新集镇境内,起点桩号:WK0+000,终点桩号:WK3+783.753,路线起于西北绕城互通的东匝道口,沿文昌路方向西延,与甘八线平交,上跨宁启铁路后,经新杨村、官塘庄跨越友谊河,即邗江界,再往西于潘庄南侧与规划 S307 相交,终点顺接 S353 扬州西段,路线总长 3.784 km。工程范围包括路基土石方、路基防护、路面底基层、基层、面层、特殊路基处理、路基排水、桥涵工程、市政管网工程等。计划工期:2013 年 8 月 18 日—2014 年 12 月 17 日,共 15 个月。请完成该工程的施工准备。

图 2-0　工程施工效果图

任务 1　施工准备工作内容

　　路基路面工程,涉及范围广,影响因素多。特别是路基土石方工程量大、分布不均匀,不仅与路基工程相关的设施(如路基排水、防护与加固等)相互制约,而且与公路工程的其他工程项目(如桥涵、隧道、路面及附属设施等)相互交错,因此必须采取合理的施工方法,采用先进的施工技术和设备并安排周密的施工组织和科学的管理,来保证施工质量。

微课扫一扫

　　施工前的准备工作极为重要,它是组织施工的第一步,无准备的施工或准备不充分的施工,均会使路基路面施工的基本工作难以顺利进行。施工的准备工作内容较多,包括施工的前期准备工作和施工测量放样。前期准备工作可归纳为组织准备工作、技术准备工作和物质准备工作三个方面。

1.1　组织准备工作

　　组织准备工作是做好一切准备工作的前提。主要是建立和健全施工队伍和管理机构,明确施工任务,制定必要的规章制度,确立施工所应达到的目标等。施工企业取得施工任务后,首先应组建好工程项目部,确定工程项目领导班子与工程项目经理,项目部在项目经理领导下开展工作。为了充分发挥项目部在项目管理中的主导作用应贯彻"少而精"的原则合理设置机构,做到规章制度完备、岗位职责具体、目标任务明确、各项措施到位和运行功能齐全。

　　项目部一般由生产系统与职能部门组成。如图 2-1 所示。生产系统是直接从事生产的组织机构(如施工队、施工班组),要由有实际生产经验及组织管理才能的人员领导,通常

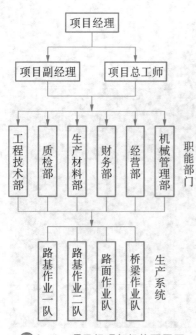

图2-1 项目经理部机构配置图

由管理生产工作的项目副经理负责。职能部门是直接保证生产系统完成施工任务所需的一系列管理工作的机构，它按工程施工计划及项目部领导的意图和指示进行工作，必须有明确的责任、权限和分工，同时要与其他部门有密切的协作。根据工程规模的实际需要，可以设置计划、生产、材料、统计、安全、质检等机构，负责办理各项业务的具体工作。

项目部应在遵守企业规章制度的前提下，根据项目管理的需要，制定施工过程中必要的组织与技术管理规章制度。

1.2 技术准备工作

工程开工前，施工单位应在全面熟悉设计文件和设计交底的基础之上进行施工现场的勘查，核对设计文件，发现问题应及时根据有关程序提出修改意见并报请变更设计，编制施工组织计划，恢复路线，施工放样与清除施工场地，搞好临时工程的各项工作等。

1. 现场勘查与核对设计文件

目的是熟悉和掌握施工对象特点、要求和内容。

（1）进行施工前的现场调查，核对设计计算的假定和采用的处理方法是否符合实际情况，工程质量能否保证，施工是否有足够的可靠性，对保证安全施工有无影响。

（2）核对施工图设计和提供的施工方案是否合理，如需采用特殊施工方法和特定技术措施时，技术上和设备条件上有无困难。

（3）结合生产工艺和使用上的特点核对有哪些技术要求，施工能否满足设计规定的标准。

（4）施工图设计有无特殊的材料要求，这些材料的品种、规格、数量能否解决。

（5）图纸说明有无矛盾，规定是否明确、齐全。

（6）图纸各构造物的主要尺寸、位置、高程有无错误。

（7）土建工程与设备安装有无矛盾，施工中如何交叉衔接。

（8）通过熟悉图纸，安排临时工程所需材料的采购、物资、预制场地的建设等。

在有关施工人员熟悉设计文件，充分准备的基础上，由建设单位负责人召集设计、施工、监理、科研人员参加图纸会审会议。设计人员向施工方作设计交底，讲清设计意图和对施工的主要要求。施工人员可对图纸和有关问题提出质询。最终由设计单位对图纸会审中提出的合理化建议，按程序进行变更设计或作补充设计。

施工组织计划是指导性文件，其中包括选择施工方案、确定施工方法、布置施工现场（施工总平面布置），编制施工进度计划，拟订关键工程的技术措施等，报业主及监理工程师审批。亦是其他各项工作的依据。

2. 临时工程

包括施工现场的供电、给水，修建便道、便桥，架设临时通信设施，建设施工用房（生活和生产所必需）等，这些均为展开基本工作的必备条件。

（1）工地临时供电。工地临时供电主要是为保证生活用电和施工用电。生活用电主要是照明用电；施工用电包括施工设施用电、主体工程施工用电及其他临时设施用电。

工地临时供电设施的主要任务是确定用电量及其分布,选择电源,设计供电系统。用电量分动力用电量和照明用电量。另外,应考虑施工中用电高峰所需的最高数量。电源应尽量使用外供电,没有或不能使用外供电时,才考虑自发电。

(2)工地临时供水。工地临时供水主要是为保证施工用水、生活用水及消防用水。水源选择可分江水、水库蓄水等地面水,泉水、井水等地下水及现有管道供水。选择时应考虑水量充足,可靠;取水、输水等设施安全经济;施工、运输管理及维护方便;施工用水与生活饮用水应符合水质标准。

(3)临时交通道路与通信设施。道路工程大部分处在野外,交通不便,因此为保证施工期工地与外界的正常交通,使施工机具、材料、人员和给养能顺利运送,在正式施工前,必须修筑临时交通道路(便道或便桥)。临时交通道路工程通常不包含在工程标书内。工地布设临时交通网,可遵循下列原则:

① 以承包人工程项目经理部为中心,道路应以最短路径通往主体工程施工场所,并连接主路,使内外交通畅行。

② 充分利用原有道路,对不满足使用要求的原有道路,应尽量在原有基础上改建,使路基宽度不小于 4.5 m,平曲线最小半径不小于 15 m,纵坡不大于 10%,以节约投资和施工准备时间。

③ 尽量避开洼塘水地和河流,不建或少建临时桥梁。

④ 因地制宜,充分利用现场地形、地物,就地取材,节约投资。

当有不同的临时交通网方案可供选择时,应作技术经济指标的综合分析比较,确定实施方案。

承包人工程指挥部与监理人相距较远时,应架设电话等通信设施,以便及时联系工作。特别是施工出现特殊情况时,可减少由于交通或通信不便给工程施工带来的损失。

(4)工地临时用房。工地临时用房即施工用房,包括行政办公用房、宿舍、仓库、机械维修车间、伙房等。

3. 施工测量

路基开工前应做好施工测量工作。其内容包括导线、中线、水准点复测,横断面检查与补测,增设水准点等。(详见任务 2)施工人员还应对路基工程范围内的地质、水文情况详细调查,通过取样、试验确定其性质和范围。

4. 清理场地

清除路基用地范围内一切障碍物等,是施工前的技术准备工作,亦是基本工作的一个组成部分,宜协调进行。

(1)房屋及其他构造物的拆除。此项工作一般由建设单位在承包人进驻工地前完成。

(2)清除树木和灌木丛。公路工程占地范围内的树木、灌木丛、孤石等必须移植或清除。高等级公路和路基填高小于 1 m 的其他公路,应将路基范围内的树根全部挖除,并将坑穴填平夯实;填土高度大于 1 m 时,允许保留树根。采用机械化施工的路堑及取土坑,均应将树根全部挖除。

在填方和挖方地段的原地面应进行表面清理,清理深度应根据种植土厚度决定,清出的种植土应集中堆放。填方地段在清理完地表面后,应整平压实到规定要求,方可进行填方作业。

5. 施工场地排水

当路基作业面有积水时,必须排除积水。通常采用小型排水系统(如排水沟或抽水机)

强制排水,为机械施工创造良好的作业条件。

1.3 物质准备工作

物质准备工作包括各种材料与机具设备的购置、采集、加工、调运与储存,以及生活后勤供应等。为使供应工作能适应基本工作的需要,物质准备工作必须制定具体计划。其中有些计划内容,如机具配置及主要材料供应计划,必须保证前述施工组织计划顺利实施,故亦常被列为施工组织计划的一个组成部分。

原材料见证取样

1. 材料准备

当地采购或开采加工的材料(如砂、石等),必须对其产地、品质、数量、运输和价格做详细的调查分析。需要临时开采加工的材料,要了解可否发包给当地生产供应部门,并与自行组织生产做经济比较。特别要注意在设计文件提供的材料产地以外,可否找到材料品质符合要求运距更近的产地。

自采材料和外运材料,经检验和选择,按需要的规格和数量运到现场,堆放位置应根据实施性施工组织计划进行合理安排。

路面工程材料运输,可利用当地已有的运输力量,必须了解当地可利用的运输工具的类型、数量、运输能力和运价。如果当地运输力量不能满足要求或经比较不经济时,可自行组织运输。

2. 施工机械、机具准备

应按照施工合同规定,配备足够的施工机械、设备及器具,并保证均处于良好的技术状态及满足施工的需要,且应有相匹配的维修措施。

根据实施性施工组织计划,一次或分批配齐足够的施工机械和相关工具。有些不常使用的机械设备可以采用租赁方式,施工单位只要向租赁者按合同规定定期交付一定的租赁费便可取得设备的使用权,从而可以减少或根本就不需要购买那些不常使用的设备。在租赁设备调查中,首先要了解出租设备的型号、功能、数量等能否满足施工时的要求,同时还要将租赁与自购作经济比较,以便择优选用,如选择租赁设备,要签订租赁合同。另外,机械设备的放置应考虑到施工的要求。

3. 安全防护准备

应严格执行《公路工程施工安全技术规程》(JTG F90—2015)的规定要求,加强安全生产管理,落实安全生产责任,提高作业人员的安全意识,准备好各种安全防护设施和劳动防护用品,正确使用安全防护用品。

项目部办公区、员工生活区、施工现场、拌和场地等,应先确定危险源,并制订相应的防范措施及应急预案。项目部所有员工和施工人员(包括合同工、农民工)均应选择合适的保险种类进行投保。安全防护措施是施工组织设计的重要组成部分,这些措施必须有效、可靠。

任务2 路基施工测量放样

路基施工前,测量放样工作有恢复中线、复查水准点、划定路界和路基放样等。

2.1 恢复路线

从路线勘察到工程施工，一般要经过一年左右的时间。在这段时间内原钉的桩志可能有部分丢失，有的可能发生了移动。因此，监理人向承包人交桩后，承包人必须按设计图表对路线进行复测，把决定路线位置的各测点加以恢复。其内容有导线、中线的复测和固定，水准点的复测和增设，横断面的检查与补测。

1. 导线、中线的复测和固定

导线复测就是把控制路线中线的各导线点在地面上重新钉出。导线复测应采用红外线测距仪或其他满足测量精度的仪器，其测量精度应满足设计要求。复测导线时，必须和相邻施工段的导线闭合。对有碍施工的导线点，在施工前应设护桩加以固定。

中线复测就是把标定路线平面位置的各点在地面上重新钉出，有时还要在平曲线上、地形有突变或土石方成分有变化处增钉加桩，并复核路线的长度。如发现丈量错误或需要局部改线，均应作断链处理，相应调整纵坡、设置断链点，注明前后里程关系及长（或短）链距离。对高等级公路，应采用坐标法恢复主要控制点桩。复测中常会发现有些桩丢失了，要及时补上。当交点桩丢失时，可由前、后的直圆点和圆直点定出切线并延长切线，交出丢失的交点桩，并钉护桩固定。转点桩丢失时，可用正倒镜延长直线，重新补设。曲线特征点桩丢失时，可对曲线重新测设补桩。对路线的主要控制点，如交点、转点、曲线的起讫点，以及起控制作用的百米桩和加桩，应视当地的地形条件和地物情况，采用有效的方法加以固定。通常在所需固定的桩点附近设置保护桩，如图 2-2 所示。

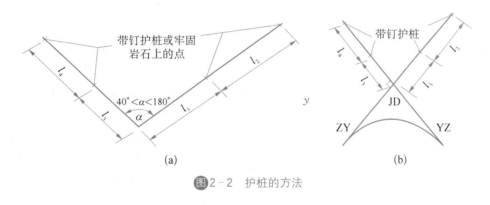

图 2-2　护桩的方法

位于路基范围内的桩因施工无法保留时，应另用桩志移钉于路基范围之外。当地形许可时，移钉各点的方向，直线上为垂直于中线，曲线上为垂直于该点的切线方向。当地形条件受限制时，也可用其他方法将主要控制点移钉于路基范围以外。但在移钉的桩上和记录簿中，均应注明桩号及移钉距离。

加钉护桩的方法，一般是以所需要固定的控制点桩为中心，沿两条大致互相垂直的方向，将桩点移到路基施工范围以外，在每条方向线上，在相距一定距离处，钉上两个带钉木桩。桩上标出相应的桩号和量出的距离，同时绘草图，并记入记录簿内，以备查用。

恢复中线时应注意与结构物中心、相邻施工段的中线闭合，发现问题应及时查明原因，并报监理人。

2. 水准点的复测与加设

中线恢复后，对沿线的水准点作复核性水准测量，以复核水准点一览表中各点的水准基点高程和中桩的地面高程。当相邻水准点相距太远时,为便于施工期间引用,可加设一些临时水准点。在较大的构造物,如桥涵、挡土墙、集中土石方地段附近及高路堤、深路堑附近应加设水准点。临时水准点的高程必须符合精度要求。

3. 横断面的检查与补测

路线横断面应详细检查与核对,发现错误或有怀疑时,必须进行复测。在恢复线路时,对新设的桩点应进行横断面的补测。横断面的方向,在直线段为与路中线垂直的方向,曲线段为垂直于所测点的切线方向。

应当注意,凡是在恢复路线时发现原设计中的一切不正确之处,都应在图纸上明确地记录下来,并与复测的结果一起呈报给监理人复核或审批。

2.2 划定路界

此项工作一般由建设单位(业主)完成。个别地段尚未划定的,应马上报告监理人,并会同建设单位尽快解决。

新建公路路堤两侧排水沟外边缘(无排水沟时为路堤或护坡道坡脚)以外,路堑坡顶截水沟外边缘(无截水沟为坡顶)以外不少于1 m的土地为公路用地范围;在有条件的地段,高速公路、一级公路不少于3 m,二级公路不少于2 m的土地为公路用地范围。高填深挖路段,为保证路基的稳定,应根据计算确定用地范围。种植多行林带的路段,应根据实际情况确定用地范围。

2.3 路基放样

路基施工前,应根据中线桩和设计图表在实地定出路基的几何轮廓形状,作为施工的依据,其主要内容有如下几个方面。

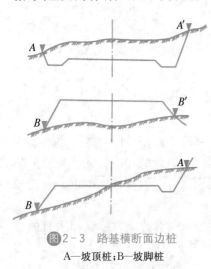

图2-3 路基横断面边桩
A—坡顶桩;B—坡脚桩

横断面放样,首先用十字架确定横断面的方向,然后确定填方断面的坡脚点、挖方断面的坡顶点、半填半挖断面的坡脚点和坡顶点,放置边桩,画出作业界限,如图2-3所示。有了边桩后,还要按设计的边坡坡度、高度确定边坡位置。具体做法如下:

1. 放置路基边桩

(1)利用横断面图放边桩

利用供施工用的路基横断面图确定中桩与边桩的实际水平距离,沿横断面方向测量定点并钉桩。

(2)根据路基中心填挖高度放边桩

当只知道现场的填挖高度,而缺乏横断面图时,在平地上放边桩,可先求出中桩至边桩的距离,根据计算结果测量定点并放边桩,如图2-4所示。

路堤坡脚至中桩的距离: $l=B/2+mH$ (2-1)

路堑坡顶至中桩的距离: $l=B_1/2+mH$ (2-2)

式中:B——路基设计宽度(m);

B_1——路基与两侧边沟宽度之和(m);

m——边坡设计坡度(%);

H——路基中心设计填挖高度(m)。

对于坡地,简单的方法就是利用坡度板放边桩。

边桩放好后,用拉绳、画灰线或挖槽痕等方法,将各横断面相应的边桩连起来,即得填方或挖方的边线(坡脚线)。

2. 边坡放样

(1) 路堤的边坡放样

采用分层挖土、分层挂线的方法进行边坡放样,如图 2-5 所示。事实上路堤填筑中,由于压路机碾压时,其碾压轮不可能碾压至边坡边缘处,为保证路堤边坡能碾压密实,目前工程上常在施工放样时两侧各加宽 30～50 cm,待填到路床顶面时,再按边坡坡度用平地机整坡,得到要求的边坡。

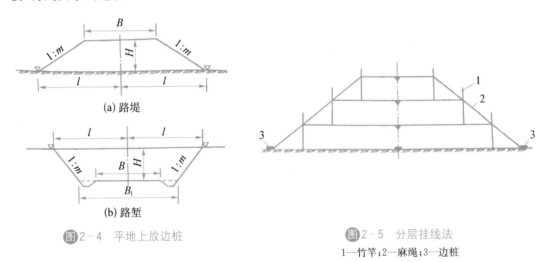

图 2-4　平地上放边桩

(a) 路堤

(b) 路堑

图 2-5　分层挂线法

1—竹竿;2—麻绳;3—边桩

(2) 路堑的边坡放样

在坡顶点外侧钉上固定的坡度样板,如图 2-6 所示。

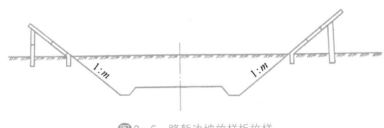

图 2-6　路堑边坡放样板放样

横断面放样的距离,视地形复杂程度和机械施工方法而定,一般为 20～30 m 作一次断面放样,在平坦地区,放样间距可适当放宽。

曲线现场放样应根据弯道曲线数学解析方法,计算曲线上各点平面坐标值,然后在现场测量放样确定。

线路转角顶点必须设置保护桩加以固定,一般可在切线延长线上、路基施工范围以外,用加钉护桩固定。

任务3 路面施工测量放样

路面施工测量放样是在路基施工完成后,放出各结构层施工的中线和边线,并把每层施工的松铺挂线(或摊铺机导引绳挂线)高度和压实厚度相应的挂线高程位置放样出来。

在路面施工前,应根据路线导线点或控制点恢复中线,钉设中心桩和边线桩,并在两侧路肩边缘外 0.3~0.5 m 处设置指示桩。一般直线段桩距为 15~20 m,曲线段为 10~15 m。此外,还应测量原有路基顶面的断面高程,在两侧的指示桩上标记路面基层(底基层或垫层)的顶面高程位置线。

在路面施工中要充分考虑路面层次的特点,做到"层层放样,层层抄平",即每施工一层都要进行放线和高程测量,从垫层、底基层、基层直至面层。

3.1 路面中线放样

3.1.1 低精度公路中线放样

对于二、三、四级公路,其中线放样可采用传统的方法,使用经纬仪、钢尺(或皮尺)等仪器和工具。其施工放样的基本步骤是:

(1)恢复交点和转点。根据原设计资料,对路线各交点和转点逐一查找或恢复。

(2)直线段中桩放样。根据交点、转点用经纬仪、钢尺(或皮尺)按规定桩距钉设中线桩。

(3)曲线段中桩放样。首先根据设计的曲线要素放样各曲线主点桩,然后按切线支距法、偏角法或弦线支距法等详细放样曲线上各桩。

3.1.2 高精度公路中线放样

高速公路和一级公路中线放样应采用自由测站法放线,以恢复主要控制桩。

自由测站法放线的基本思路:原设计单位在路线附近设置了一系列控制点,这些控制点的连线称为"自由导线",并利用全站仪测定其导线边长、角度等,当各项观测误差和闭合差都符合相应的限差规定时进行平差计算,直至求出这些控制点的坐标。中线放样时以"自由导线"为基础,再根据中线点的角度、距离或坐标确定中桩位置。

全站仪或 GPS"自由测站法"中线放样示意图如图 2-7 所示。全站仪架在"自由导线"点 C_i 上,棱镜架在相邻的"自由导线"点 C_{i-1} 或 C_{i+1} 上,然后指挥拟定中线桩上的 M 点或 K 点的棱镜移动,直至满足桩点定位要求,最后用木桩标点。其放线方法有角度距离法放线和坐标法放线两种。

1. 角度距离法放线

角度距离法放线确定图中 M 点时,是将全站仪置于 C_i 点,利用计算好的夹角 γ_M 和距离 S_M 确定 M 点位。角度距离法放样的关键是计算 M 点位的夹角 γ_M 和距离 S_M。其放样步骤为:

(1)将全站仪架设在"自由导线"点上,瞄准后导线或前导线点,然后读数归零。

(2)按照有关公式计算待放桩点与安置仪器点的连线和后导线或前导线点与置仪点的

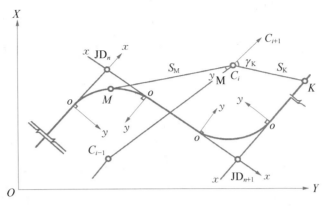

图 2 - 7 全站仪或 GPS"自由测站法"中线放样示意图

连线之间的夹角 γ，以及待放桩点与置仪点之间的距离 S。

（3）转动全站仪照准部使水平角的读数等于 γ 并使距离等于 S，指挥持棱镜人员挪动棱镜正好在该点位置即为待放桩点。

2. 坐标法放线

全站仪坐标法进行中线放样测量时，控制导线点和待测点的坐标应已知，且通视条件良好。坐标法放样的步骤如下：

（1）架设全站仪于"自由导线"点 C_i 上，后视 C_{i+1} 点。

（2）从路线"导线坐标表"中查取置仪点 C_i 的坐标 (X_i,Y_i,Z_i) 和后视点 C_{i+1} 的坐标 $(X_{i+1},Y_{i+1},Z_{i+1})$ 输入全站仪；并将测站数据（仪器高、后视方位角等）输入。

（3）从路线"逐桩坐标表"中查取待放桩点 K 的坐标，并输入全站仪。

（4）松开水平制动，转动照准部使水平角为 $0°00'00''$。

（5）在 C_i 到 K 的方向上设置反射棱镜并测距，直到面板显示的距离值为 0.000 m 时为止。

在第（3）步输入 K 点的坐标后，仪器在计算夹角的同时，也计算出了 C_i 到 K 点的距离 S 并自动存储起来。测距时将量测到的距离 d 自动与 S 进行比较，面板显示其差值 $\Delta S = d - S$ 当 $\Delta S > 0$ 时，应向 C_i 方向移动反射棱镜 ΔS；当 $\Delta S < 0$ 时，应远离 C_i 方向移动反射棱镜 ΔS；当 $\Delta S = 0$ 时，即为 K 点的准确位置。

（6）在中桩位置定出后，随即测出该桩的地面或路基顶面高程（Z 坐标）。

重复上述（3）～（6）步，测设其他中桩位置。

3.2 路面边桩放样

1. 路面各结构层边桩坐标计算

由于路面各结构层中桩的坐标值相等，而边桩坐标值则由于各结构层的宽度不同而不同，所以在路面边桩放样前，对各结构层的边桩坐标值要分别进行计算，先要根据"路面横断面结构图"计算出各结构层中桩至边桩的宽度，即底基层中桩至边桩的宽度、基层中桩至边桩的宽度、路面层中桩至边桩的宽度。

2. 案例

如图 2 - 8 所示，路面层半幅路宽 OA 为 12.75 m。则基层半幅路宽 OB 为 12.75＋

$0.16 \times 1.5 = 12.99(\text{m})$，下基层半幅路宽 OC 为 $12.75 + 0.36 \times 1.5 = 13.29(\text{m})$。结构层中桩至边桩的宽度确定之后，即可根据宽度来计算各结构层边桩坐标。一般是根据曲线要素表进行计算：先根据已知特征点的坐标，计算出中桩的坐标；再根据该断面所处的曲线情况和宽度，计算边桩的坐标，计算结果应经过校核无误后，方可使用。为了方便施工，应根据计算的中桩、左右边桩坐标值，编制成"逐桩坐标表"，以方便放样。

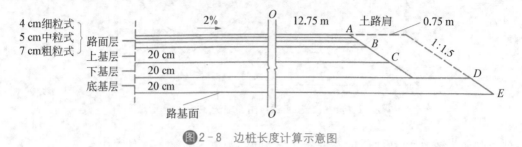

图 2-8　边桩长度计算示意图

3. 路面边桩放样步骤

传统的路面边桩放样方法使用经纬仪、钢尺等仪器和工具。其施工放样的基本步骤是：

(1) 根据道路中心线的放样结果，用经纬仪等找出横断面方向（中心线垂直方向）。

(2) 用钢尺沿中心线垂直方向分别水平量取半个路面结构层宽度（$B/2$，以 m 表示），即为路面结构层边缘位置（可钉设边线桩或撒石灰线）。

(3) 在两侧路面结构层边缘外 0.3～0.5 m 处设置指示桩。

重复上述 (1)～(3) 步，测设其他边桩和指示桩位置。

测量时，钢尺要保持水平，不得将尺紧贴地面量取，也不得使用皮尺。测量的精度：对高速公路、一级公路，准确至 0.005 m；对于其他等级公路，准确至 0.01 m。另外，底基层所放桩位常采用钢钉（端部系上彩色包装绳便于识别）、竹桩（或木桩）标志；基层、面层由于其表面坚硬在放样进行中，可先用钢钉标出其位（天气好时亦可用粉笔标出其位），然后在施工铺筑前用钢钎（用钢筋做）标志。对于没有中央分隔带的，在放样时可一并放出分隔带边桩，也可在放出中桩、边桩后，在中边桩连线上用皮尺（基层、面层应用钢卷尺）量距法加设分隔带边桩，满足施工需要。

路面边桩放样亦可使用全站仪按角度距离法或坐标法进行。

3.3　路面结构层厚度(高程)放样

路面结构层铺筑施工时，其厚度控制分为松铺厚度控制和压实厚度（设计厚度）控制两项。对于预先埋设路缘石或安装模板铺筑施工的路段，可在路缘石上或模板上用明显标志标出路面结构层边缘的松铺厚度和设计高度；对于无路缘石的路段，可在两侧指示桩上用明显标志标出路面结构层边缘的松铺厚度（或松铺挂线）和设计高度；对于用摊铺机摊铺的结构层路面结构层的松铺厚度由摊铺机导引绳挂线标示。

采用培槽法（培路肩）施工时，路面结构层厚度施工放样的基本步骤是：

(1) 根据道路设计高程的纵断面位置和设计高程，以及施工结构层设计的宽度、厚度、横坡度，计算各待放样桩号处施工结构层边缘的设计高程。

(2) 根据试验确定的结构层松铺系数和设计厚度计算松铺厚度（或松铺层边缘的高程）。

（3）将水准仪（精密水准仪）或全站仪架设在路面平顺处调平，以路线附近的水准点高程作为基准。

（4）以仪器高和结构层边缘的设计高程（或松铺层边缘的高程）反算测定位置的塔尺读数。

（5）将塔尺竖立在路缘石或模板或边缘指示桩的测定位置处，水准仪（精密水准仪）或全站仪前视塔尺，上下移动塔尺，当水准仪的读数与反算的塔尺读数一致时，在塔尺的底面位置画标记线，即为结构层边缘的顶面位置（或松铺层边缘的顶面位置）。

（6）连续测定全部测点，并与水准点闭合。

采用挖槽法（挖路槽）施工时，可在结构层两侧的边缘桩或指示桩处挖一个小坑，在小坑中钉桩，使桩顶高程符合路槽底的边缘高程，以指导路槽的开挖。

任务 4　路基施工常用工程机械

4.1　公路工程机械化施工的特点和要求

公路工程的机械化施工是减轻劳动强度、提高工效、加快建设速度、保证工程质量、节约资金和降低成本的重要手段，与人力施工相比，具有其特殊性，因而在施工的技术、组织和管理上有更高的要求。

微课扫一扫

4.1.1　机械化施工的特点

（1）能完成独特的施工任务。有些工程或工序是人力所无法做到的，或者具有一定的危险性，必须借助于机械才能按一定的设计要求完成。

（2）能改善劳动条件。使用操作灵活、威力巨大的机械可以代替大量的体力劳动，并能在一定工期内和有限的工作面上完成大量作业。

（3）大幅度提高劳动生产率。一台斗容 0.53 m³ 的挖掘机可以代替 80～100 个工人的体力劳动，一台中型推土机相当于 100～200 人的工作量。由此可见，机械施工与人力劳动相比，其效率可提高几十倍甚至百倍以上。

（4）机动灵活。由于公路工程施工战线长，随着工程的进展，施工队伍转移是经常性的，相对而言，机械的调转比起大批的人员转移方便得多，适用于流动性大的工程施工。

4.1.2　机械化施工的要求

（1）需要有严密的、科学的施工组织与管理；需要有充足的燃料能源；要有附属设施和维修设备，良好的零配件供应及相适应的运输条件；更需要具有一定业务专长的技术干部和技术工人。

（2）在整个施工过程中，为了使各个作业、各道工序均衡协调，需要有足够数量、种类及规格的机械设备，因此需要巨大的投资。

4.2　公路工程施工常用的挖运机械

1. 推土机

推土机是修筑路基和其他土建工程最常用的机械，推土机可以纵向短距离运土或横向推土,可用以平整场地、挖基坑、填埋沟槽,也可以配合其他机械进行辅助工作,如堆积、整平、碾压等。

施工机械扫一扫

推土机适用于高度在 3 m 以内的路堤和路堑土方,运距在 10～100 m 的土方工程。填铺与压实、傍山坡修筑半填半挖路基土方。

推土机最大切土深度 10～20 cm,推土距离不宜过长,可以用 2～3 台推土机并列作业以提高工效。在用推土机填筑路堤时,应充分发挥推土机在推送往返行程中的压实作用。

推土机加附属设备后可用于松土、清除树根等工作。

2. 铲运机

铲运机是土方工程使用最广泛的机械,有拖式和自行式两种。铲运机的斗容量一般为 6～10 m³,它可以进行自挖、自装、自运、自卸,并有铺平和压实的作用,可以用来填筑路堤、开挖路堑、填挖和整平场地。

铲运机行驶到预定挖土地点,在行驶中放下铲斗,行进 2～3 m 达到最大切土深度(30 cm),随行进不断装土直至装满,提离铲斗关闭斗门,即可运土到一定距离(运距 60～700 m),至卸土地点打开斗门,随行进不断铺卸土料。

施工时铲运机的运行路线一般是环形,也可以是直线回转运行(铲土和卸土在同一直线上)。

铲运机的经济运距与铲斗容积有关,容积为 4～8 m³ 的铲运机适用于 400 m 以内的运距,9～12 m³ 的铲运机适用于 600 m 以内的运距。铲运机运行通路的坡度一般应不大于 15%。

3. 平地机

平地机是路基施工中常用的平整机械,它的机动性大,工效高,可用以进行大面积场地平整,修筑路基表面和路拱,修筑 0.75 m 以下矮路堤和 0.5～0.6 m 的浅路堑,平整边坡,开挖排水沟、边沟等。

平地机刀片铲切深度视土壤类别及工作性质在 0.08～0.25 m 范围内选定。在进行整修工作时,坚硬土应预先挖松,树根要预先挖除。

用平地机修刷边坡时,边坡高度以不超过 1.5 m 为宜。

4. 挖掘机

公路工程施工中常用全回转的履带式挖掘机。斗容量为 0.25 m³、0.50 m³、0.75 m³、1.0 m³、1.5 m³、2.0 m³ 等几种。常用的工作装置有正铲和反铲,此外还有拉铲和抓铲等类型,挖掘机只完成挖土和装土的工作,必须配备运土机具(如汽车和其他运输机械)共同作业。挖掘机工作效率高,但机动性差,调运困难,仅当工程数量大且集中(数万立方米以上),并有运土车辆在数量上能予以保证时方可采用。

施工中根据工程性质、土质、数量、工期及现场情况等选择挖掘机的类型。

(1)正铲可直接开挖 Ⅰ～Ⅳ类土,常用于挖土坑高于挖掘机所在位置的情况,如开挖路堑、集中取土等。

(2)反铲适合于非石质土壤,地下水位较高或水下挖土。反铲土斗容量为 0.25～1.0 m³ 时,其土斗工作行程可以低于挖掘机停留面以下 3～6 m。常用于挖基坑、沟槽等。

(3)工程数量不大而必须使用挖掘机施工时,可选用斗容量小、机动性大的汽车轮胎式挖掘机或装载机。

5. 装载机

装载机是一种工作效率较高的铲土运输机械,它兼有推土机和挖掘机两者的工作能力,可以进行铲掘、推运、整平、装卸和牵引等多种作业,其优点是适应性强、作业效率高、操纵简便,是一种发展较快的循环作业式机械。

装载机按工作装置不同可分为单斗式、挖掘装载式和斗轮式三种;按动臂形式的不同可分为全回转式、半回转式和非回转式三种;按自身结构特点可分为刚性式和铰接式两种;按行走方式分为轮胎式与履带式两种。

装载机的适用范围主要取决于使用场所、土石料特性和工作环境,选用时应注意以下几点:

(1)装载机的经济合理运距。装载机在运距和道路坡度经常变化的情况下,如果整个采装、运作业循环时间少于 3 min 时,自铲自运是经济合理的。

(2)装载机的斗容量与自卸汽车车厢容积的匹配。通常以 2~4 斗装满一车厢为宜,车厢长度要比装载斗宽大 25%~75%,装载机铲斗 45°倾斜卸载时,斗齿最低点的高度要比车厢侧壁高 20~100 cm。

(3)充分发挥装载机的效率。装载机作业循环时间:小型的不超过 15 s,大型的不超过 20 s,而且应考虑装载机走行与转弯速度。

6. 自卸汽车

自卸汽车的特点是靠自身的动力驱动车辆行驶,车厢是直接安装在汽车车架之上的,对于自卸汽车的车厢,一般是向后倾翻卸料,侧翻卸料的车型不多,按照转向方式,可分为偏转车轮转向和铰接转向两种。采用铰接式转向机构的车辆,其转弯半径较小,且有良好的越野性能。按照公路运输车辆轴荷和总重的法规限制,公路型双轴汽车的总重不超过 20 t,三轴汽车的总重不超过 30 t,单后轴重不超过 13 t,双后轴重不超过 2×12=24 t。

4.3 公路工程施工常用的压实机械

路基工程应采用专门的压实机械压实。压实机械的选择应根据工程规模、场地大小、填料种类、压实度要求、气候条件、压实机械效率等因素综合考虑确定。

1. 压实机械的分类

按压实力作用原理分为静作用碾压机械、振动碾压机械和夯实机械三种类型。

(1)静作用碾压机械。静作用碾压机械是依靠机械自重的静压力作用,利用滚轮在碾压层表面往复滚动,使被压实层产生一定程度的永久变形而达到压实目的。这类压实机械包括各种型号的钢轮压路机、轮胎压路机、羊角压路机及各种拖式压滚等。

(2)振动碾压机械。振动式碾压机械是利用专门的振动机构,以一定的频率和振幅振动,并透过滚轮往复滚动传递给压实层,使压实材料的颗粒在振动和静压力联合作用下发生振动位移而重新组合,使之提高密实度和稳定性,达到压实目的,这类机械包括各种拖式和自行式振动压路机。

(3)夯实机械。夯实机械又可分为冲击夯实和振动夯实两类。冲击夯实是利用机械在运动过程中离开地面上升到一定高度,然后自由落下所产生的冲击力把材料层压实,这类机械包括各种内燃式和电动式夯土机等。

振动夯实除具有冲击夯实力外,还有振动力同时作用于被压实层。

这类机械包括振动平板夯和快速冲击夯等。

2. 使用范围

(1)钢轮压路机

钢轮压路机按其质量可分为特轻型、轻型、中型、重型和特重型五种。这种压路机由于

单位线压力小,压实深度浅,适用于一般的筑路工程。其应用范围见表2-1

表2-1　钢轮压路机按质量的应用范围表

按质量分类	加载后质量(t)	单位直线压力	应 用 范 围
特轻型	0.5～2.0	>800～2 000	压实人行道和修补沥青类路面
轻 型	>2～5	>2 000～6 000	压实人行道、沥青表处层、公园小道、体育场和土路
中 型	>5～10	>4000～6 000	压实路基、砾石、碎石基层沥青混合料层
重 型	>10～15	>6 000～8 000	砾石、碎石类基层、沥青混合移层的终压作业
特重型	>15～20	>8 000～12 000	压实大块石填筑的路基和碎石结构层

（2）羊脚（凸块）压路机

羊脚（凸块）压路机有较大的单位压力（包括羊脚的挤压力），压实深度大而均匀,并能挤碎土块,因而有很好的压实效果和较高的生产率。

（3）轮胎压路机

轮胎压路机机动性好,便于运输,进行压实工作时,土与轮胎同时变形,接触面积大,并有糅合的作用,压实效果好。其适用于压实黏性土、非黏性土及沥青混合料的复压。

（4）振动压路机

振动压路机单位线压力大,振动力影响深,因此压实深度较大,压实遍数相应减少。振动压路机种类繁多,应用广泛。

（5）夯实机械

夯实机械分振动夯实和冲击夯实,其体积小、质量轻,主要用于狭窄工作面的铺层压实。各种土质适宜的碾压机械见表2-2。

表2-2　各种土质适宜的碾压机械表

机械名称 ＼ 土的类别	细粒土	砂类土	砾石土	巨粒土	备 注
6～8 t 两轮钢轮压路机	A	A	A	A	用于预压整平
12～18 t 三轮钢轮压路机	A	A	A	B	最常使用
25～50 t 轮胎压路机	A	A	A	A	最常使用
羊足碾	A	C 或 B	C	C	粉、黏土质砂可用
振动压路机	B	A	A	A	最常使用
凸块式振动压路机	A	A	A	A	最宜使用于含水率较高的细粒土
手扶式振动压路机	A	A	A	C	用于狭窄地点
振动平板夯	B	A	A	B 或 C	用于狭窄地点
手扶式振动夯	A	A	A	B	用于狭窄地点
夯锤（板）	A	A	A	A	夯击影响深度最大
推土机、铲运机	A	A	A	A	仅用于摊平土层和预压

　　注：① 表中符号 A 代表适用；B 代表无适当的机械时可用；C 代表不适用。
　　　　② 土的类别按《公路土工试验规程》(JTG E40—2007)的规定划分。
　　　　③ 对特殊土和黄土(CLY)、膨胀土(CHE)、盐渍土等的压实机械选择可按细粒土考虑。
　　　　④ 自行式压路机宜用于一般路堤堑基底的换填等的压实,宜采用直线式进退运行。
　　　　⑤ 羊足碾（包括凸块式碾、条式碾）应有钢轮压路机配合使用。

4.4　石方施工主要机械

在公路施工过程中,除了需要填筑、开挖土方路堤路堑等路基工程外,常常在线路通过山岭、丘陵以及沿溪傍山地带时,会遇到集中或分散的岩层和大块石,在开挖路堑或半填半挖半路堑时,就需要填筑、开挖石方;在公路的施工过程中为了修筑桥涵、防护物,还需要大量的块(片)石与各种规格的碎石。这些石方的填筑、开挖和石料的开采、加工过程称为石方工程施工,石方的填筑、开挖和石料的开采、加工所用的机械与设备称为石方施工机械。石方施工机械主要有空气压缩机(简称空压机)、凿岩机、破碎机和筛分机等。公路施工中常用空压机、凿岩机和破碎机。

1. 空压机

空压机是一种以内燃机或电动机作为动力,将自由空气压缩成高压空气的机械。它所制配出来的压缩空气是驱动各种风动工具的动力来源,故有时又称它为动力机械。

在筑路工程中,活塞式空压机使用极为广泛。

2. 凿岩机

石方工程的主要工作就是凿岩打孔。凿岩打孔即钻炮眼,是为实现爆破、大规模进行石方路基施工的基础。凿岩机是石质隧道和石料开采等石方工程钻炮眼的主要工具。凿岩机还可以用来改作破坏器,用于破碎原有混凝土之类的坚硬层,以便消除或重新修造。

凿岩机通常按其动力的来源,可分为风动、内燃和电动三种基本类型。所有类型的凿岩机,他们的工作都是在旋转过程中进行冲击钢钎。如果将机头加以改装,使之只冲击不旋转,便成了破凿机具(又称风镐)。

3. 破碎机

用凿岩机在岩层上凿击炮眼,放进炸药经爆破后所得到的是一些大小不等的石块,不能用来铺筑路面和制配混凝土材料。为了获得各种规格的碎石,还必须将大的石块破碎成碎石(常常要经过多次破碎,才能符合要求),破碎机的用途就是机械化地破碎石块。

破碎机按其结构不同,可分为鄂式、锥式、锤式和滚筒式四大类。这些破碎机根据加工前后石块尺寸大小,又可分为粗碎、中碎和细碎三类。

任务 5　路面施工常用工程机械

路面机械是指在公路建设中完成路面材料的生产与施工的机械设备。由于路面是用多种材料铺筑成的多层建筑物,公路等级及地理位置的不同造成采用的筑路材料种类繁多,加之施工方法多样,因此路面工程施工机械的品种多种多样,其范围涉及大多数工程建设机械、运输车辆、化工和发电设备,甚至农业机械等。本节所介绍的路面机械主要是公路路面工程专用机械,即主要用于修建路面的机械。

路面机械根据其结构、性能、用途的不同可以有多种分类方法。对于路面结构层,根据机械用途的不同,路面机械可分成面层施工机械、基层施工机械、沥青材料加工处理设备、石材集料加工处理设备等 4 类,如图 2-9 所示。

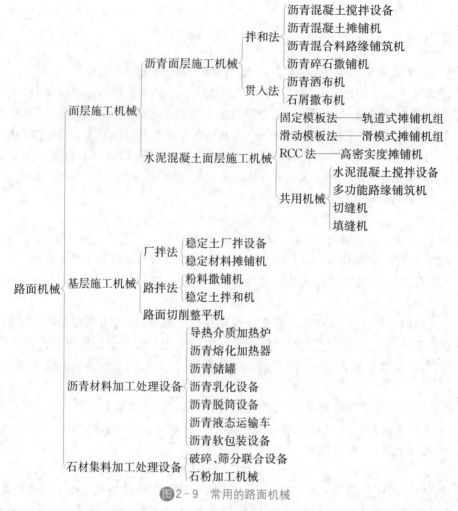

图 2-9　常用的路面机械

　　路面机械的发展与路面施工新技术、新工艺和新材料的发展密切相关,两者相辅相成,均在不断地发展。其主要表现在广泛采用液压传动技术和电子技术,实现机电液一体化,提高自动化控制程度,提高机械操作性能及舒适性,提高施工质量并减轻环境污染。

5.1　稳定土拌和机械

　　对基层的土壤进行加固,使基层具有一定的承载强度,能够承受车辆给予公路的负荷。为了达到这个目的,可以在基层土壤中加入各种不同剂量的稳定材料(稳定剂),从而使基层土壤获得所要求的稳定性和强度。稳定土拌和机械就是最初用于处理基层而发展起来的一种专用施工机械。

　　稳定土拌和机械的主要功能是将土粉碎,并与稳定剂(石灰、水泥、沥青、乳化沥青或其他化学剂)均匀拌和,以提高土的稳定性,形成稳定混合料,用来修建稳定土路面或加强路基。

　　稳定土拌和机械根据其设备与拌和工艺不同可分为稳定土厂拌设备和稳定土拌和机两类。

5.1.1　稳定土厂拌设备

1. 功能与分类

稳定土厂拌设备是路面工程机械的主要机种之一,是专用于拌制各种以水硬性材料为结合剂的稳定混合料的搅拌机组。由于混合料的拌制是在固定场地集中进行,厂拌设备具有物料计量精度高、级配准确、拌和均匀、节省材料、便于计算机自动控制统计打印各种数据等优点,因而广泛用于公路和城市道路的基层、底基层施工,也适用于货场、停车场等需要稳定材料的工程,是当前高等级公路修筑中的一种高效能的路面基层修筑设备,如图 2 - 10 所示。

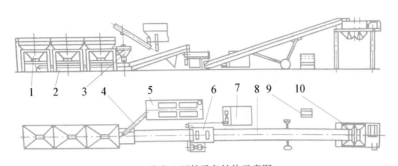

(a) 稳定土厂拌设备结构示意图

1—砂石配料斗;2—集料机;3—粉料配料斗;4—螺旋输送机;5—卧式存仓;
6—搅拌机;7—给水系统;8—上料带式输送机;9—电气控制柜;10—混合料存仓

(b) 稳定土厂拌设备现场实景图

图 2 - 10　稳定土厂拌设备

稳定土厂拌设备可根据主要结构、工艺特性、生产率、机动性及拌和方式等进行分类。

(1) 根据生产率大小,稳定土厂拌设备可分为小型(生产率小于 200 t/h)、中型(生产率为 200～400 t/h)、大型(生产率为 400～600 t/h)和特大型(生产率大于 600 t/h)四种。

(2) 根据设备拌和工艺和方式不同,稳定土厂拌设备可分为非强制跌落式、非强制跌落连续式、强制间歇式和强制连续式四种。强制连续式又可分为单卧轴式和双卧轴式。在诸多形式中,双卧轴式最常用。

(3) 根据设备布局及机动性不同,稳定土厂拌设备可分为移动式、部分移动式、可搬式、固定式等多种形式。

(4) 根据物料计量形式不同,稳定土厂拌设备可分为容积计量和电子动态称重计量拌和设备两种。

2. 稳定土厂拌设备的技术特点

稳定土厂拌设备在技术特点上已经相对较为完善,在集料的计量方面大多采用了先进的工业电脑控制体系,实现了集料、水泥和水的主动配比,具有计量正确、牢靠性好、搅拌平均操作方便和环保等优点；在结构方面需安装在固定地点作业，整机庞大、占地面积大，还需配置运输车辆和装卸机械才能将成品料运至施工现场，因此使用成本高。

3. 稳定土厂拌设备的选型

设备选择的目的在于挑选技术先进、经济合理和使用可靠的最好设备，以保证工程任务按时按量的完成。合理选择施工机械的依据是：工程量施工进度计划、施工条件、现有机械的施工状况及相应的配套情况等。

一般来说应注意遵循以下原则：

（1）设备应能适合工作的性质、施工对象的特点、场地大小和运输条件等施工状况，应能分发挥设备的效能。所选设备的生产能力应能满足施工强度的要求，施工质量应能满足设计要求。

（2）设备在技术上应是先进的，能满足施工中的要求。即结构先进、性能可靠，生产率稳且易于检修，并具有良好的安全性能和环保性能等。

（3）设备的购置和运转费用要少，能源消耗要低，并通过技术经济比较优先选用生产率单位产品费用低的设备。

（4）所选用的设备技术含量要与使用、维护能力相适应，以此来充分发挥其潜在效能。

5.1.2　稳定土拌和机(路拌设备)

1. 功能与分类

稳定土拌和机是一种在行驶过程中，以其工作装置——转子就地完成对道路施工现场土壤的切削、翻松、破碎作业并将土与加入的稳定剂（乳化沥青、水泥、石灰等）搅拌均匀的机械。

稳定土拌和机主要用于道路工程中稳定土基层的现场拌和作业。由于路拌法就地取材，施工简便，成本低廉，有厂拌法不可替代的优点。根据结构特征，稳定土拌和机的分类及其特点如下：

（1）按行走形式，分为履带式、轮胎式和复合式（履带与轮胎结合），如图 2-11(a)、(b)、(c)所示。履带式稳定土拌和机质量大，附着性、通过性好，但机动性不好；轮胎式稳定土拌和机机动性好、转场方便；复合式稳定土拌和机结构较复杂。

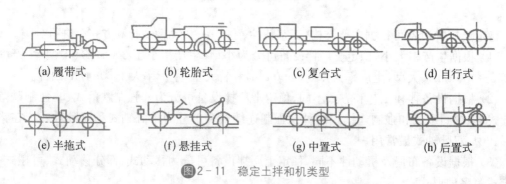

(a) 履带式　　　　(b) 轮胎式　　　　(c) 复合式　　　　(d) 自行式

(e) 半拖式　　　　(f) 悬挂式　　　　(g) 中置式　　　　(h) 后置式

图 2-11　稳定土拌和机类型

（2）按移动方式，分为自行式、半拖式和悬挂式，如图 2-11(d)、(e)、(f)所示。自行式稳定土拌和机总体尺寸小，机构简单，质量轻；半拖式和悬挂式稳定土拌和机的主机可以一机多用。

（3）按动力传动形式，分为机械式、液压式和混合式（机械、液压结合）。机械式稳定土拌和机属传统结构形式，其设计理论较为成熟，制造、装配、维护简单，但消耗材料多、质量大、机械的性能较差。液压式稳定土拌和机的优点较多,如功率密度大,结构紧凑,质量轻,可无级调速,调速范围大,布局灵活,基本不受机械结构的限制,运转平稳,工作可靠,能自行润滑,寿命较长,易实现过载保护和自动化,操作方便、省力等。液压传动是稳定土拌和机的发展方向,越来越多的稳定土拌和机采用液压传动。但液压传动的稳定土拌和机对制造精度和维护质量要求较高。混合式传动的稳定土拌和机属过渡机型,即吸取液压传动的优点,在机械传动结构基础上,部分采用液压元件,以提高稳定土拌和机的性能。

(4) 按工作装置在机械上的位置,分为中置式和后置式,如图 2-11(g)、(h)所示。一般来说中置式稳定土拌和机的轴距较大,转弯半径大,机动性较差。后置式稳定土拌和机更换转子及拌和铲容易,维修保养方便,但其整机的纵向稳定性较差。

(5) 按转子旋转方向,分为正转和反转两种。正转,即转子由上而下切削土壤,其切削及拌和阻力小,消耗功率小。反转,即转子由下而上切削土壤,对土壤破碎好,并可反复拌和,因此稳定土的拌和质量好。

2. 稳定土拌和机的选型

目前,稳定土拌和机的种类较多,市场上主要使用的是轮胎式路拌机,且传动系统向着全液压的方向发展。根据不同的施工条件,选择稳定土拌和机的拌和转子的旋转切削方向在较松的土层上进行拌和作业时,可以采用正转方式;在坚硬的土层上进行拌和作业时,多采用反转方式。

5.2　沥青混凝土搅拌设备

1. 功能与分类

沥青混凝土搅拌设备是沥青混凝土路面施工中主要配套机械设备之一,它的主要用途及功能是将一定温度下的道路施工用不同粒径的集料、填料(矿粉)和一定温度下的沥青,按适当的比例要求,搅拌而制成符合施工技术规范的沥青混合料。适用于公路、城市道路、机场、码头、停车场、货场等工程。常用的沥青混合料有沥青混凝土、沥青碎石、沥青砂等。沥青混凝土搅拌设备是沥青混凝土路面施工的关键设备之一,其性能直接影响到所铺筑的沥青路面的质量。

沥青混凝土搅拌设备可按生产能力、搬运方式、工艺流程等方法进行分类。

(1) 按生产能力,沥青混凝土搅拌设备可分为小型(生产率小于 40 t/h)、中型(生产率为 40~400 t/h)和大型(生产率大于 400 t/h)。

(2) 按搬运方式,沥青混凝土搅拌设备可分为移动式(将设备装置于拖车上,可随施工地点转移,多用于公路工程)、半固定式(将设备装置在几个拖车上,在施工地点拼装,多用于公路施工)和固定式(设备作业地点固定,又称沥青混凝土加工工厂,适用于工程集中城市道路施工)。

(3) 按工艺流程,沥青混凝土搅拌设备可分为间歇强制式(集料的加热烘干和混合料的搅拌为连续进行,混合料的搅拌是强制周期性进行的。按国内外规范要求,高等级公路建设应使用间歇强制式)和连续滚筒式(集料的加热烘干和混合料的搅拌均在同一个滚筒中连续进行的,多用于普通公路、场地建设)。此外,按工艺流程还可分为连续强制式和间歇滚筒式。

不同机型的沥青混凝土搅拌设备,其工艺流程也不尽相同。目前,国内外最常用的是间歇强制式和连续滚筒式沥青混合料搅拌设备。下面将分别进行详细介绍。

2. 间歇强制式沥青混凝土搅拌设备

间歇强制式沥青混凝土搅拌设备基本构成(图 2 - 12):冷集料配料及供给装置、干燥筒总成、热集料提升机、振动筛分装置、矿料储存及供给装置、称量—搅拌及成品料输送系统、除尘系统、气动系统、沥青储存及供给系统、电气控制系统。

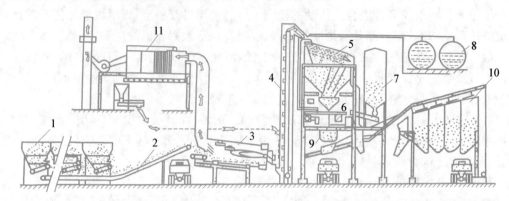

图 2 - 12　间歇强制式沥青混凝土搅拌设备总体结构

1—冷集料储存及配料装置;2—带式输送机;3—冷集料烘干加热筒;4—热集料提升机;5—热集料筛分储存装置;
6—热集料计量装置;7—石粉供给及计量装置;8—沥青供给装置;9—搅拌器;10—成品料储存仓;11—除尘装置

其工作原理是:不同粒径的集料经冷集料定量给料装置 1 初配后,由冷集料输送机 2 输送到干燥筒 3 进行加热烘干至一定温度后,由热集料提升机 4 提升至振动筛分装置 5 进行二次筛分,筛分后的集料按粒径的大小分别储存在热集料仓的分隔仓中,然后,在电气控制系统的操纵下,按设定的比例先后进入热集料称量斗 6 内进行累加式称量,直至达到设定要求。同时储存在石料储存仓 7 中的矿粉以及储存在沥青供给装置 8 中的热沥青分别由矿粉称量螺旋和沥青循环泵输送至矿粉称量斗和沥青称量斗中。搅拌完成后的集料、矿粉以及沥青被先后投入到搅拌器 9 内进行搅拌,搅拌完成后形成的沥青混合料,通过成品料输送系统送入到成品料储存仓 10 进行储存或直接卸入到运输车辆中。沥青混凝土搅拌设备在运行过程中产生的粉尘、废气和水蒸气,经除尘系统 11 过滤后排入大气。

由于结构的特点,间歇强制式搅拌设备能保证矿料的级配,矿料与沥青的比例可达到相当精确的程度,另外也易于根据需要随时变更矿料级配和油石比,所以拌制出的沥青混凝土质量好,可满足各种施工要求。因此,这种设备在国内外使用较为普遍。其缺点是工艺流程长、设备庞杂、建设投资大、耗能高、搬迁困难、对除尘设备要求高(有时所配除尘设备的投资高达整套设备费用的 30%～50%)。

3. 连续滚筒式沥青混凝土搅拌设备

连续滚筒式沥青混凝土搅拌设备主要由以下部分组成(图 2 - 13):冷集料供给及配料计量装置、烘干—搅拌筒总成、矿粉储存及计量供给系统、沥青储存及供给系统、除尘系统、成品料输送及储存系统、电气控制系统。

其工作原理是:不同粒径的集料经冷集料供给及配料计量系统 1 计量后,由皮带输送机 2 至烘干—搅拌滚筒总成 3 内,集料在烘干—搅拌滚筒的前部被烘干加热至要求的温度,与此同时,石粉供给系统 4 中的矿粉经计量装置计量后,被连续的输送至烘干—搅拌滚筒内。经过干燥后的集料与矿粉,以及来自沥青储存及供给系统 5 经过计量后的沥青,在烘干—搅拌滚筒的后部被混合搅拌,形成的沥青混合料由输送机运至成品料料仓中储存待运。在烘

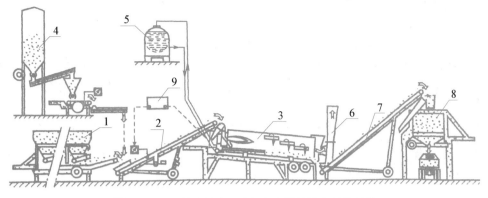

图 2 – 13 连续滚筒式沥青混凝土搅拌设备总体结构

1—冷集料储存及配料装置；2—带式输送机；3—烘干-搅拌滚筒；4—石粉供给系统；5—沥青供给系统；
6—除尘系统；7—成品料输送机；8—成品料储存仓；9—油石比控制仪

干——搅拌滚筒产生的油烟和含尘气体经除尘系统 6 过滤后排入大气。需要说明的是，为了提高混合料的配合比精度，冷集料在进入烘干—搅拌滚筒之前，某些设备常配备集料含水率测试仪，测试冷集料含水率的数据被动态的输入到电气控制系统中的计算机中，由计算机换算出干集料的实际质量，并根据干集料的实际质量动态的自动调节矿粉和沥青的添加量，从而达到准确控制混合料配比的目的。

与间歇强制式沥青混凝土搅拌设备相比，连续滚筒式沥青搅拌设备工艺流程大为简化，设备也随之简化，不仅搬迁方便，而且制造成本、使用费用和动力消耗可分别降低 15%～20%、5%～12% 和 25%～30%；另外，由于湿冷集料在干燥滚筒内烘干、加热后即被沥青裹覆，使细小粒料和粉尘难以逸出，因而易于达到环保标准的要求。

5.3 沥青混凝土摊铺机

1. 功能与分类

沥青混凝土摊铺机是沥青路面专用施工机械。它的作用是将拌制好的沥青混凝土材料均匀地摊铺在路面底基层或基层上，构成沥青混凝土基层或沥青混凝土面层，经压路机进一步碾压成型。摊铺机能够准确保证摊铺厚度、宽度、路面拱度、平整度。因而广泛用于公路、城市道路、大型货场、停车场、码头和机场等工程中的沥青混凝土摊铺作业，也可用于稳定材料和干硬性水泥混凝土材料（RCC）的摊铺作业。它可大幅度降低施工人员的劳动强度，减少压路机的碾压遍数（约减少 2/3），加快施工进度，降低工程成本，又可提高所铺路面的质量。

（1）按摊铺宽度分类，将摊铺机可分为小型、中型、大型和超大型四种。

小型：最大摊铺宽度一般小于 3 600 mm，主要用于路面养护和城市巷道路面修筑工程。

中型：最大摊铺宽度在 4 000～6 000 mm 之间，主要用于一般公路路面修筑和养护。

大型：最大摊铺宽度一般在 7 000～9 000 mm 之间，主要用于高等级公路路面工程。

超大型：最大摊铺宽度为 12 000 mm，主要用于高速公路路面施工。使用装有自动调平装置的超大型摊铺机摊铺路面，纵向接缝少，整体性及平整度好，尤其摊铺路面表层效果最佳。

(2) 按走行方式分类,可将摊铺机分为拖式和自行式两种,其中自行式又分为履带式、轮胎式。

拖式摊铺机:拖式摊铺机是将收料、输料、分料和熨平等作业装置安装在一个特制机架上组成的摊铺作业装置。工作时靠运料自卸车牵引或顶推进行摊铺作业。它的结构简单,使用成本低;但其摊铺能力小,摊铺质量低,所以仅适用于三级以下公路路面的养护作业。

履带式摊铺机:履带式摊铺机一般为大型摊铺机,其优点是接地比压小、附着力大,摊铺作业时很少出现打滑现象,运行平稳。其缺点是机动性差、对路基凸起物吸收能力差、弯道作业时铺层边缘圆滑程度较轮胎式摊铺机低,且结构复杂,制造成本较高。履带式摊铺机多为大型和超大型摊铺机,用于大型公路工程的施工。

轮胎式摊铺机:轮胎式摊铺机靠轮胎支撑整机并提供附着力,它的优点是转移运行速度快、机动性好、对路基凸起物吸收能力强、弯道作业易形成圆滑边缘。其缺点是附着力小,在摊铺路幅较宽、铺层较厚的路面时易产生打滑现象,另外它对路基凹坑较敏感。轮胎式摊铺机主要用于城市道路和已有道路的罩面,在中小型摊铺机上广泛应用。

(3) 按动力传动方式分类,可将摊铺机分为机械式和液压式两种。

(4) 按熨平板的延伸方式分类,可将摊铺机分为机械加长式和液压伸缩式两种。

机械加长式熨平板:它是用螺栓把基本(最小摊铺宽度的)熨平板和若干加长熨平板组装成所需作业宽度的熨平板。其结构简单、整体刚度好,分料螺旋(亦采用机械加长)贯穿整个摊铺槽,使布料分布均匀。因而大型和超大型摊铺机一般采用机械加长式熨平板,最大摊铺宽度可达 8 000~12 500 mm。

液压伸缩式熨平板:液压伸缩式熨平板是靠液压缸伸缩无级调整其长度,使熨平板达到要求的摊铺宽度。这种熨平板调整方便省力,在摊铺宽度变化的路段施工更显示其优越性。但与机械加长式熨平板相比其整体刚性较差;在调整不当时,基本熨平板和可伸缩熨平板间易产生铺层高差;并因分料螺旋不能贯穿整个摊铺槽,可能造成混合料不均而影响摊铺质量。因而,采用液压伸缩式熨平板的摊铺机最大摊铺宽度不超过 9 000 mm。

(5) 按熨平板的加热方式分类,可将摊铺机分为电加热、液化石油气加热和燃油加热三种。

2. 总体结构与工作原理

(1) 总体结构

一般说来,沥青混合料摊铺机是由主机和熨平装置两大部分以及连接它们的牵引大臂组成的。履带式沥青混凝土摊铺机如图 2 - 14 所示,主机主要包括柴油发动机及动力传动系统 3、驾驶控制台 4、行走机构 13、螺旋分料器 12、刮板输送器 1、接收料斗 14、大臂提升液压油缸 7 和调平浮动油缸(即调平系统液压油缸)。主机用以提供摊铺机所需要的动力和支承机架,并接收、储存和输送沥青混合料给螺旋摊铺器。熨平装置 9 主要包括振动机构、振捣机构、熨平板、厚度调节器、路拱调节器和加热系统。熨平板是对铺层材料作整形与熨平的基础机件,并以其自重对铺层材料进行预压实;厚度调节器为手动调节装置,用以调节平板底面的纵向仰角,以改变铺层的厚度;路拱调节器是一种位于熨平板中部的螺旋调节装置,用以改变熨平板底面左右两半部分的横向倾角,以保证摊铺出符合给定路拱要求的铺层;加热系统用于加热熨平板的底板以及相关运动部件,使之不与沥青混合料相粘、保证铺层的平整即使在较低的气温下也能正常施工;振捣机构和振动机构则先后依次对螺旋分料器分布好的铺层材料进行振捣和振实,予以初步压实。

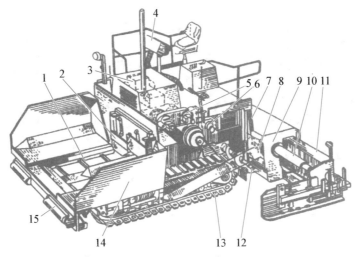

图2-14　履带式沥青混凝土摊铺机总体结构

1—液压独立驱动刮板输送器；2—闸门；3—发动机；4—操作台；5—变速器；6—轴承集中润滑装置；
7—大臂升降液压油缸；8—牵引臂；9—振捣熨平装置；10—熨平装置液压油缸；11—伸缩振捣熨平装置；
12—螺旋分料器；13—履带行走装置；14—料斗；15—顶推辊

（2）工作原理

作业前，首先把摊铺机调整好，并按所铺路段的宽度、厚度、拱度等施工要求，调整好摊铺机的各有关机构和装置，使其处于"整装待发"状态；装运沥青混合料的自卸车对准接收料斗 14 倒车，直至汽车后轮与摊铺机料斗前的顶推辊 15 相接触，汽车挂空挡，由摊铺机顶推其运行，同时自卸车车厢徐徐升起，将沥青混合料缓缓卸入摊铺机的接收料斗 14 内；位于接收料斗 14 底部的刮板输送器 1 在动力传动系统的驱动下以一定的转速运转，将接收料斗 14 内的沥青混合料连续均匀地向后输送到螺旋分料器 12 前通道内的路基上；螺旋分料器 12 则将这些混合料沿摊铺机的整个摊铺宽度向左右横向输送，分摊在路基上；分摊好的沥青混合料铺层熨平装置 9 的振捣梁初步捣实，振动熨平板的再次振动预压、整形和熨平而成为一条平整的有定密实度的铺层；最后经压路机终压而成为合格的路面（或路面基层）。

在此摊铺过程中，自卸车一直挂空挡由摊铺机顶推着同步运行，直至车内混合料全部卸完才开走。另一辆运料自卸车立即驶来，重复上述作业，继续给摊铺机供料，使摊铺机不停顿地进行摊铺作业。

3. 沥青混凝土摊铺机的选型

沥青混凝土摊铺机的选型就是根据道路的设计宽度、摊铺工艺及摊铺质量等要求，综合选择沥青混凝土摊铺机的最大摊铺宽度、最大摊铺厚度、摊铺速度、摊铺机生产率（t/h）、摊铺成型精度和摊铺成型质量。

5.4　沥青洒布车

沥青洒布车是一种历史最长的路面工程机械，如图 2-15 所示。在采用沥青贯入法或沥青表面处治法铺筑、养护沥青（或渣油）路面时，沥青洒布车可用来运输和喷洒各种液态沥青（热态沥青、乳化沥青和渣油等），也可向就地破碎的土壤喷洒沥青结合料，以修建稳定土路面。大量的沥青洒布车在工程中也可作为沥青和乳化沥青等的运载工具，因此常被称作沥青撒布车。沥青洒布车在公路、城市道路、机场、港口码头、水库等工程中被广泛应用。

图2-15 沥青洒布车

沥青洒布车可按其用途、沥青容量、运行方式、喷洒方式及沥青泵的驱动方式等进行分类。

（1）按用途，沥青洒布车可分为养路用和筑路用两种。养路工程使用的沥青洒布车储料箱容量一般不超过400 L；而筑路工程使用的沥青洒布车一般为1 000 L以上，有的高达6 000 L。

（2）按运行方式，沥青洒布车可分为手推式、自行式和拖运式三种。

（3）按喷洒方式，沥青洒布车可分为泵压洒布和气压洒布两种形式。

根据道路施工要求，对沥青洒布车的作业性能有如下基本要求：

① 沥青熔化基地能将热态沥青吸出，或转输沥青。

② 热态沥青迅速运往工地，并保持其工作温度（150～170℃），沥青温度降低时能对其重新加热。

③ 洒布沥青时有足够的喷洒压力（300～500 kPa），使沥青喷洒均匀，并能调节其洒布率。

④ 洒布作业结束时能抽空管路中的残留沥青，以免沥青凝固、堵塞管路和喷嘴。

5.5 同步碎石封层车

同步碎石封层技术是指利用同步碎石封层车将沥青结合料的喷洒和集料的撒布同时进行，使沥青结合料与集料之间有最充分的接触，以达到它们之间最大限度的黏结与普通的碎石封层相比，同步碎石封层缩短了喷洒黏结剂与撒布集料之间的时间间隔，使集料颗粒能更好的植入黏结剂中以获得更多的裹覆面积。其更容易保证黏结剂和石屑之间稳定的比例关系，提高作业生产率，减少了机械配置，降低了施工成本。沥青路面经过同步碎石封层后，具有更好的防滑和防渗水性能，能有效治愈路面贫油、掉粒轻微网裂、车辙，沉陷等危害。无论是高等级公路还是普通公路，都可以使用此项技术，同步碎石封层技术具有极强的防水性极高的抗滑性，并且具有处理路面裂缝的良好性能，在无集料流失的情况下，可确保7～10年的道路养护性能。

同步碎石封层车用于公路路面的下封层、上封层施工，新旧路面加铺磨耗层施工，沥青路面的层铺法施工，沥青碎石特殊情况下的分别洒（撒）布等。

同步碎石封层车的特点：

（1）同一地点的沥青碎石落地时间间隔不超过1 s，大大提高了它们的黏结度。

（2）沥青罐和石料仓装载在同一个底盘上，降低了成本。

（3）全自动电脑控制。

（4）前进式的工作方向，增加了施工安全性，对身体的害处大大减少，对环境影响也不是很大。

5.6 水泥混凝土搅拌设备

1. 功能与分类

水泥混凝土搅拌设备是制备新鲜混凝土料的成套专用机械，其功能是将水泥混凝土的原材料——水泥、水、砂、石料和附加剂等，按预先设定的配合比，分别进行输送、上料、储存、称量、搅拌出料，生产出符合质量要求的成品混凝土。这种设备广泛用于道路、建筑、水坝、码头、机场等工程施工。水泥混凝土搅拌设备，按其生产能力和自动化程度高低，可分为大、中、小型混凝土搅拌设备。大型混凝土搅拌设备主要是用于预搅拌混凝土工厂和混凝土制品厂的混凝土搅拌楼，生产效率可达 $100 \sim 200 \ m^3/h$，且均采用计算机控制，自动化程度很高；中型混凝土搅拌设备主要是作为中小型建筑工程和道路修建工程现场使用的各种混凝土搅拌站，其生产能力一般为 $60 \sim 100 \ m^3/h$；小型混凝土搅拌设备，主要指那些适用于零散浇筑的简易式单机站，生产率一般在 $20 \ m^3/h$ 以下，控制方式以程序控制和手动控制较常见。

（1）按其现场安装和搬运方式分类，可分为固定式搅拌设备和移动式搅拌设备。其中，固定式搅拌设备因其整体布置形式的不同，可分为垂直式搅拌设备和水平式搅拌设备两种；移动式搅拌设备因其移动的方式不同，可分为拆迁式、拖行式和集成式三种。

（2）按所采用的搅拌主机的工艺特征分类，可分为自落式搅拌设备和强制式搅拌设备两大类。

自落式搅拌设备的搅拌过程，是靠搅拌筒体内壁上设置的刮料叶片在随筒体转动中，将砂、石、水泥和外掺剂等组成集料提升到一定高度，在物料自重作用下沿叶片的斜面向下滑落产生相互混合而实现均匀拌和的。这种搅拌设备适用于建筑工程中坍落度低、集料粒径大的混凝土。

强制式搅拌设备区别于自落式搅拌设备的显著特点是，它所采用的搅拌机是强制式单机，如立轴圆盘式搅拌机、单卧轴搅拌机、双卧轴搅拌机等，通过安装在搅拌轴上的若干对铲板（或叶片）将砂石、水泥和水等集料进行强制性铲、刮、翻来实现物料搅拌。其优点是搅拌作用剧烈，搅拌时间短，搅拌质量好。这种搅拌设备可拌制低塑性混凝土，适用于水泥混凝土路面工程。

（3）若按搅拌过程的生产方式分类，还可以分为周期式搅拌设备和连续式搅拌设备。

2. 总体结构与工作原理

水泥混凝土搅拌设备的类型和品种虽然很多，其结构组成和安装方式也不尽相同，但都是由上料机构、集料储存装置、计量装置、搅拌主机、卸料装置和辅助设备组合而成的。下面结合混凝土搅拌楼和混凝土搅拌站两种主要设备形式简略介绍其有关结构及工作原理。

一般混凝土搅拌楼的总体结构主要由皮带输送机、水平螺旋输送机、斗式提升机、回转配料器、集料仓、水泥筒仓、集料称量器、称水器、搅拌机、成品料储存斗、控制台以及其他辅助装置组成，如图 2-16 所示。

立式水泥混凝土搅拌楼工艺流程为：砂、石集料由皮带输送机提升到搅拌楼的顶部，通过回转配料器送入集料仓的各个储料斗，水泥则经由下部螺旋输送机和斗式提升机装进水

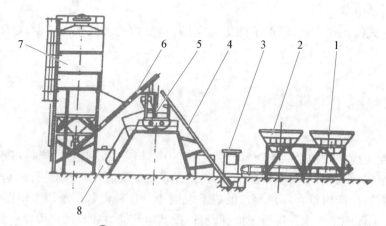

图2-16　混凝土搅拌楼总体结构简图

1—集料计量装置；2—集料装置；3—操作控制系统；4—上料机构；
5—搅拌机；6—水泥上料机构；7—水泥筒仓；8—供水系统

泥筒仓,水和掺加剂通过专设的泵和相应的管路直接送入称量容器,从而完成上料和储存工序。称量是由集料称量斗、水泥称量斗和水(含掺加剂)称量斗分别进行的,经过称量的各种集料一起投入设在进料槽下方的搅拌机里进入搅拌工序。成品料可以直接卸进运输车内或送入成品料斗暂存。

水泥混凝土搅拌站的总体结构一般采用水平式布置,主要由集料存储装置(包括砂石集料、水泥、水和附加剂的存储设备)、集料一次提升机构、称量机构、集料二次提升机构、搅拌机、成品料斗、控制台以及辅助设备等组成。

其工艺流程为:砂、石集料经一次提升装进集料斗仓。集料斗仓的个数不少于3~4个,根据级配设计中集料品种的多少确定,斗容一般为 $2\sim3\ m^3$/个,同样,水泥经一次提升装进水泥筒仓备用。砂、石集料的称量斗置于斗仓的下方,便于斗仓直接投料,一般采用累计称量的方进行集料计量。经称量的集料放入提升斗中,经二次提升加进搅拌机中。水泥由筒仓底部的料门经斜架式螺旋输送机提到位于搅拌机上方的水泥称量斗中,进行单独计量。计量过后直接投入搅拌机。水和附加剂分别由水泵和附加剂泵,从储存箱直接输入搅拌机。搅拌机的卸料口下方一般设有容量不大的成品料储存斗,用于运输车辆间隔期间的成品料暂存。

5.7　水泥混凝土摊铺机

1. 功能与分类

水泥混凝土摊铺机是修筑水泥混凝土路面的主导施工机械,也是铺筑机场跑道、停机坪水库坝面等设施的关键设备。随着公路、市政和航空事业的发展,为了提高水泥混凝土路面的施工速度和施工质量,水泥混凝土设备不断得到发展和应用。其主要功能是把已经搅拌好的水泥混凝土料均匀、平整地摊铺在路基上,再经过振实和光整作面等工序,使之形成符合标准规范要求的混凝土路面。为此,水泥混凝土摊铺机应满足以下技术要求:

(1) 布料必须均匀,不能产生集料离析现象。

(2) 摊铺在路基或其他作业面上的虚方混凝土料,能够留出均等的余留厚度,以确保经振实和光整工序后符合规定的铺筑厚度。

(3) 能对所铺设的混凝土层进行充分而有效的振实,确保路面或设施的内在质量。

（4）所铺筑的路面或设施，应达到表面平整度的设计要求，误差应控制在标准规范要求之内。

水泥混凝土摊铺机的施工方法一般有固定模板法和滑动模板法。前者是最早采用的施工方法，主要特点是靠固定在路基上的边模轨道控制摊铺厚度和平整度；后者是当今世界比较先进的施工方法，其特点是通过随机移动的滑动模板一次成型路面，生产效率非常高。在给定摊铺宽度（或高度）上，能将新拌混凝土混合料进行布料、计量、振动密实和滑动模制成型并抹光，从而形成路面或水平构造物的处理加工机械统称为滑模式水泥混凝土摊铺机。

水泥混凝土摊铺机按其行走方式的不同，可以分为轨道式摊铺机和履带式摊铺机。轨道式摊铺机采用固定模板铺筑作业，而履带式摊铺机采用随机滑动的模板进行施工，所以又分别称之为固定模板式摊铺机和滑模式摊铺机。

按摊铺作业的功能和施工对象，水泥混凝土摊铺机也可以分为路面摊铺机、路缘边沟摊铺机和路基修整机等。在结构形式上，有的从属于滑模式，有的从属于轨道式。

按主机架形式的不同，可分为箱形框架伸缩式滑模摊铺机和桁架型滑模摊铺机。

2. 总体结构与工作原理

（1）轨道式水泥混凝土摊铺机

轨道式水泥混凝土摊铺施工方法是指采用两条固定模板或轨道模板（钢制或混凝土）作为路面侧面支撑和路型定位，模板顶面作为表面基准，在两条固定边模中对混凝土路面进行摊铺、捣实、成型和拉毛养生的施工技术。

轨道式摊铺机组由行走机构、传动系统、机架操纵控制系统和作业装置构成（如图2-17所示）。作业装置包括布料机构、计量整平、振动捣实和光整作面机构。虽然各类轨道式摊铺机的结构形式各具特点，所采用的作业执行机构也不尽相同，但每一种摊铺机都是由若干上述机构有机组合。

图2-17 轨道式水泥混凝土摊铺机施工图

轨道式摊铺机组的优点是结构简单、造价低廉、工作可靠、容易操作、故障少、易维修以及对混凝土要求较低等，因此至今仍然受到许多发展中国家的青睐。其缺点是自动化程度较低，铺筑的路面纵坡、横坡、平直度和转弯半径的精度，在很大程度上取决于钢轨和模板的铺设质量,钢轨模板需要量大、装卸工作频繁而笨重。

轨道式摊铺机,因其作业方式、执行机构和整体功能的差异,又可进一步分为列车型轨道摊铺机、综合型轨道摊铺机和桁架型轨道摊铺机。

(2)滑模式水泥混凝土摊铺机

滑模式摊铺机是一种自动化程度高技术性能先进的施工机械。一般由机架、履带行走机构操纵控制系统和悬挂在机架下面的一整套作业装置组成(如图2-18所示),可以完成混凝土路面铺筑的绝大多数工序,如布料、虚方计量、密实、提浆、实方计量、成型、抹光等。它的基本组成部分包括:动力系统、传动系统、行走系统摊铺工作装置、控制系统、主机架和一些辅助装置组成。

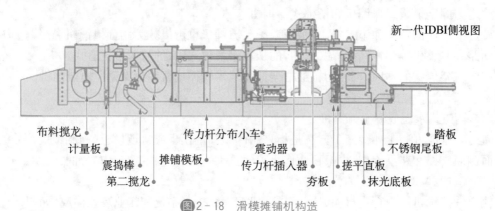

新一代IDBI侧视图

布料搅龙　计量板　震捣棒　第二搅龙　摊铺模板　传力杆分布小车　传力杆插入器　震动器　夯板　搓平直板　抹光底板　踏板　不锈钢尾板

图2-18　滑模摊铺机构造

与轨道式摊铺机相比,在使用性能方面主要有以下优点:

① 整机采用全液压驱动,操纵控制系统采用电—液伺服、传感器自控技术,只需1~2人即可完成施工作业。

② 摊铺路面时,路拱、纵坡、横坡和弯道均可通过调整成型板和导引机构,自动实现。整个路面可以全幅施工,一次成型。

③ 生产准备工作简单,无须铺设模板和轨道,只需架设钢丝基准导引拉线即可施工。

滑模摊铺机的结构较为复杂,操纵技术难度较大,对操纵人员的素质要求比较高。同时对所用混凝土的级配和坍落度等技术指标的要求也比较严格。这些也给它的具体应用造成一定局限。从经济技术角度来看滑模式施工适合于大规模的高速公路水泥混凝土工程。

滑模式摊铺机因其主机功率的大小和作业宽度、作业对象的不同,其行走机构有双履带三履带和四履带等几种形式。

滑模摊铺机的工作原理是:滑模摊铺机上所有部件根据所摊铺水泥混凝土的各种要求,摊铺出满足高密实度,保证弯拉强度,完成路面所有钢筋配置、光滑规矩的外型尺寸和严格的平整度技术要求。工作前,根据需要选择传感器的安装方式,将水平传感器和转向传感器安装在预定的基准线上;工作过程中,摊铺路面的高程和方向由传感器根据导线自动控制。螺旋分料器将其前方的水泥混凝土均匀地分布在滑模摊铺机的前面,摊铺机以设定的工作速度前进,计量门控制进入振动仓的水泥混凝土的数量。液压振动棒以一定的振捣频率将大集料压入成型模板以下位置并使混凝土进一步密实。随着摊铺机的前进,成型模板依靠自身的质量将振捣过的水泥混凝土挤压成型。中间拉杆插入装置和侧拉杆插入装置根据需要在成型模板的前部和侧部插入拉杆。最后,由抹光器对已成型的路面进行搓揉,以消除表面气泡和少量麻面等缺陷。

操纵控制机构关系到摊铺机各作业机构能否正常工作,因而是摊铺机的核心组成部分对摊铺机的操纵控制,基本包含两个方面的工作内涵。其一是随机对各作业机构,诸如布料机构、整平机构和振实作面机构等下发指令,令其按照作业工况的变化作相应调整,以期达到最佳的施工效果;其二是对所铺筑路面的几何形状,即如路面的线形、路拱、纵坡、横坡和平整度等进行随机调控,使之达到设计要求。

3. 水泥混凝土摊铺机的选型

高速公路、一级公路施工,宜选配能一次摊铺不少于 2 个车道宽度的滑模摊铺机;二级及以下公路路面的最小摊铺宽度,并宜连体一次摊铺路缘石。

滑模摊铺机选型的具体要求是:

(1)高速、一级公路推荐整幅滑模摊铺机。高速公路、一级公路施工,宜选配能一次摊铺 2～3 个车道宽度的滑模摊铺机。推荐并提倡高速公路、一级公路尽量使用整幅 12.5 m 宽度的大型滑模摊铺机,以减少纵向连接纵缝部位的不平整及存水现象。

(2)二级公路推荐 9 m 整宽滑模摊铺机。二级及以下公路路面的最小摊铺宽度不得小于单车道设计宽度。推荐在二级公路上有条件时,采用中央设路拱的 8～9 m 宽滑模摊铺机。一般情况下,在三、四级公路水泥混凝土路面上,由于软路肩宽度不足,履带行走宽度及设置基准线位置不够,不适宜使用滑模摊铺机施工。滑模摊铺机与技术,在我国仅适用于二级及以上高等级公路水泥混凝土路面的施工。

(3)硬路肩推荐与路缘石连体摊铺。硬路肩的摊铺宜选配中、小型多功能滑模摊铺机,并宜连体一次摊铺路缘石。

无论是哪种设备,首先必须满足施工路面,路肩、路缘石和护栏等的基本施工要求;其次摊铺机本身的工作配置件要齐全,应配备螺旋或刮板布料器、松方高度控制板、振动排气仓、夯实杆或振动搓平梁、自动抹平板、侧向打拉杆及同时摊铺双车道的中部打拉杆装置等。

5.8　施工机械选择与组合的基本原则

施工机械种类、规格繁多,各种机械都有着自身独特的技术性能和作业范围,一种机械可能有多种用途,而某一施工内容往往可以采用不同机械去完成,或者需要若干机种联合工作。为了获得最佳的技术经济效果,根据具体的施工条件,对施工机械进行合理的选择和组合,使其尽可能发挥大的效能,是机械化施工中的一个非常重要的环节。

工程量和施工进度是合理选择机械的重要依据。一般为了保证施工进度和提高经济效益,施工量大时采用大型机械,而施工量小时则采用中型、小型机械。但这不是绝对的,因为影响施工机械的因素是多方面的。例如,一项大的工程,由于受道路、桥梁等条件的限制,大型机械不易通过,如果为了运输问题而再修道路,这是很不经济的,因此,考虑使用较小型的机械进行施工,更为合理。因此,施工机械选择与组合时应遵循下述原则。

1. 保证工程工期和质量要求

选择施工机械,一般应考虑施工机械的技术性能是否与施工质量及技术规范的要求相适应,所选机械能否达到相应的施工质量要求。对于技术要求高的作业项目,应考虑采用性能优良或专用的机械,以保证工程质量和较高的生产率。但应注意不可片面追求高性能专用机械的高效率,而忽视了大材小用所造成的机械效率损失。通常,在满足工程质量要求的前提下只要工期允许,就要考虑选择适宜的机械,避免造成机械损失。应在满足工程质量要求的前提下,与机械的通用性相结合。

2. 保证施工安全性

在工程施工中,机械作业应具有可靠的安全性能,如行驶稳定,有翻车或落体保护装置、防尘隔音装置、危险施工项目可遥控作业等。此外,在保证施工人员、设备安全的同时,应注意保护自然环境。施工现场及其附近已有的其他建筑设施,不应因采用机械施工而受到破坏或质量降低。

3. 充分体现经济性

施工机械经济性选择的基础是施工单价,主要和机械固定资产消耗及运行费等因素有关固定资产消耗与施工机械的投资成正比,包括折旧费、大修费和投资的利息等费用;而机械的运行费用则是与完成施工量成正比的费用,包括劳动工资、直接材料费、燃料费、润滑材料费、劳保设施费等。采用大型机械进行施工,虽然一次性投资大,但它可以分摊到较大的工程量当中,对工程成本影响较小。因此在选择机械时,必须权衡工程量与机械费用的关系,同时要考虑机械的先进性和可靠性,这是影响经济效益的重要因素。采用先进的机械设备,由于其技术性能优良、构造简易、易于操作、故障与维修费大大降低,最终可取得较好的经济效益。

4. 保证施工机械的适应性

在公路工程施工中,施工范围非常广泛,施工条件千变万化,选用的施工机械一方面其类型应适合于工地的气候、地形、土质、施工场地大小、运输距离、施工断面形状尺寸、工程质量要求等;另一方面,机械的容量要与工程进度及工程量任务相符合,尽量避免因机械工作能力不足或剩余,造成延缓工期或机械利用效率太低的现象,在条件允许的情况下,尽量选择最能满足施工内容的机种和机型。

5. 施工机械配套要合理组合

合理地进行机械组合是发挥机械设备效能的重要因素,也是机械化施工的一个基本要求,它包括技术性能和机械类型及其数量两个方面合理配置的问题。

(1)主要机械与配套机械的组合。与主要机械相配套的配套机械,其工作容量、数量及生产率应稍有储备。机械的工作能力应配合适宜,以充分发挥主要机械的生产率。例如,挖掘机与运输车辆配合作业时,挖掘机的铲土容量与运输车车厢容量应协调,一般以3~5斗能装满运土车车厢为宜,以保证作业的连续性。

(2)牵引车与配套机具的组合路基施工中,经常会有些辅助性机具或拖式机械没有独立的动力行走装置,需要配以另外的牵引车牵引工作。这时,两者组合要协调、平衡,应避免动力剩余过大,造成浪费;或动力不够而不能完成要求的作业。

(3)配合作业机械组合数尽量少。组合数越多,其总的效率就越低,例如,两台效率均为0.9的机械组合时,其总效率只有:0.9×0.9=0.81,而且每一组合中,当其中一台发生故障停车时,组合中的其他机械便无法正常工作。因此,在能完成作业内容的前提下,应尽量减少机械组合的数量。

为了避免上述不利情况的发生,应尽可能地组织多个系列的组合,并列进行施工,从而减少因组合中一台机械停驶而造成全面停工的现象,减少配合机械工作能力的损失。

(4)尽量选用系列产品。整个机械化施工中,应减少同一功能机械的品种类型,力求尽可能使用统一、标准化的系列产品,以便于维修和管理。

任务 6　路基施工安全及环境保护

6.1　施工前的现场调查工作

现场调查的目的：一是核对设计文件与现场的符合程度，二是为制订合理的安全技术措施和环境保护措施，掌握第一手资料。制订安全技术措施应坚持"预防为主"的方针，必须要根据工程的特点，具有针对性，切忌泛泛而谈。制订环境保护措施应根据工程的周边环境情况，着重考虑由于路基施工而引发的环境保护问题，如施工扬尘、噪声、废水、废弃物排放、水土保持、生物保护等。

路基施工现场易发生安全事故的部位主要有易燃、易爆物品仓库，爆破区，高边坡路基施工段，高边坡路基防护、沿河路基施工段，交通干扰路段，居民密集区，施工便道急弯，陡坡处，建筑物拆除、支挡结构基础施工段，悬崖、陡坎等，上述部位应加强防范，保证安全防护设施到位，确保施工安全。

6.2　安全施工

1. 便道、便桥施工

施工便道、便桥（包括涵洞）应根据施工机械类型、运输机械类型、载质量等进行专门设计，并设置相应的交通标志牌。

施工便道、便桥应根据路况和交通流量情况，设专人维护和指挥交通，以防止扬尘和道路坑洼不平而引发环境污染、运输机械损坏和发生交通安全事故。

2. 路堤施工

路堤边缘一般比较松散，因此机械靠近路堤边缘作业时易发生倾覆事故，要特别小心，应根据路堤高度留有必要的安全距离并采取设专人指挥、设置安全警示标志等必要的安全措施。

推土机多机在同一作业面作业时，前后两机相距不应小于 8 m，左右相距应大于 1.5 m；多台拖式铲运机同时作业时，前后净距不得小于 10 m，左右净距不得小于 2 m；两台以上压路机同时作业时，其前后间距不得小于 3 m。

3. 路堑施工

开挖前，应对相邻的结构物进行调查，并制订相应的临时加固方案进行加固，防止因路基开挖引发相邻结构物下沉和变形。开挖工作完成后，应按设计及时修建永久加固防护设施。

路基施工宜在路基范围内的公用设施拆迁完成后进行。对于在路基范围内暂时不能迁移的结构物，应根据结构物的类型、特点、重要程度等，在结构物周围通过计算确定预留土台大小，确保结构物在开挖施工期间的安全。

支撑防护是路基排水和防护结构基础开挖时关系到施工安全的一项重要工作，其中包含支撑的设计、施工、维护和拆除。对这些内容必须精心设计、施工，以免坑壁失稳，出现塌方，造成人身安全事故。

采用人工开挖时，如沟槽（基坑）较深，不能直接将土扔到沟槽（基坑）外，就应采取分层开挖、层间留台的措施。分层高度一般不宜超过 1.5 m，层间留台宽度不宜小于 0.8 m。

沟槽（基坑）上边缘暂时堆放的土方距沟槽（基坑）边不得小于 0.8 m，堆放高度不得超过 1.5 m。

开挖至基底高程后，应尽快安排结构物施工，以尽量避免沟槽（基坑）因长时间暴露而可能引发的坑壁坍塌事故。

在施工过程中应经常检查坑壁土质稳固情况，发现有裂缝、疏松或支撑走动，要随时采取加固措施。

6.3 环境保护

1. 防止水土污染和流失

（1）合理利用土地和切实保护耕地是我国的基本国策。施工过程中要严格控制临时用地数量，各种临时设施尽可能设置在公路用地范围内或利用荒坡、废弃地解决。施工过程中要采取有效措施保护水土资源，防止水土流失和农田污染。

（2）弃土场的支挡结构应根据弃土或弃石等堆放的数量、位置和地形特点，选择合理的结构形式并进行专门设计，以有效地控制水土流失。

（3）生活污水以及清洗施工机械、设备、工具的废水、废油等有害物质，如果直接排放，会污染水质、土质，影响人们的饮用水源和鱼类的生存、农作物的生长，因此必须采取必要的净化措施处理后，方可排放。

（4）在自然保护区、森林、草原、湿地及风景名胜区进行路基施工时，要从有利于生态环境保护的角度来制订施工方案。例如：当公路通过林地时，应严格控制林木的砍伐数量，严禁砍伐公路用地范围之外不影响视线的林木，公路用地范围内，应按绿化设计要求进行栽植；当公路经过草原时，应注意保护草原植被，取、弃土场地应选择在牧草生长差的地方；当公路进入法定保护的湿地时，工程方案应避免造成生态环境的重大改变，施工废料应弃于湿地之外等。

2. 噪声、空气污染的防治

（1）"噪声敏感建筑物"是指住宅、医院、学校、机关、科研单位等需要保持安静的建筑物。对于噪声超过限值规定的，可采取调整作业时间，优化施工机械设备组合，改变施工方法、增加消声设施等措施，以达到减少噪声的效果。

（2）路基施工的堆料场、拌和站、材料加工厂等要远离居民区、学校一定的距离，以防止在操作过程中产生的粉尘、废气和噪声对人们居住、工作和学习环境的污染。

3. 生物保护

在有国家级保护的野生动物出没路段进行路基施工时，应设置预告、禁止鸣笛等标志，注意维护野生动物的栖息环境，并根据野生动物的种类、习性及迁徙季节、路线和活动规律，合理安排施工计划，为动物横向过路设置必要的通道。

砍伐林木必须申请砍伐许可证，按许可证的规定进行砍伐；农村居民砍伐自留地和房前屋后个人所有的零星林木除外。

在草、木较密集的地区焚烧清除的丛草、树木易引发火灾和空气污染，严禁焚烧。

4. 文物保护

根据《中华人民共和国文物保护法》规定，文物保护单位的保护范围内不得进行其他建设工程或者爆破、钻探、挖掘等作业。但是，因特殊情况需要在文物保护单位的保护范围内进行其他建设工程或者爆破、钻探、挖掘等作业的,必须保证文物保护单位的安全,并经核定公布该文物保护单位的人民政府批准,在批准前应当征得上一级人民政府文物行政部门同意;在全国重点文物保护单位的保护范围内进行其他建设工程或者爆破、钻探、挖掘等作业的,必须经省、自治区、直辖市人民政府批准,在批准前应当征得国务院文物行政部门同意。

根据《中华人民共和国文物保护法》的规定,在进行建设工程中发现的文物属于国家所有,任何单位或者个人不得哄抢、私分、藏匿。

复习思考题

一、单项选择题

1. 图纸综合会审工作,一般由(　　)负责组织。

A. 设计单位　　　　B. 建设单位　　　　C. 监理单位　　　　D. 施工单位

2. 工程开工前,在业主主持下,由(　　)向施工单位进行交桩。

A. 业主代表　　　　B. 监理　　　　C. 设计单位　　　　D. 勘察单位

3. 项目经理部的技术交底工作是(　　)。

A. 由项目经理组织,项目总工程师主持实施

B. 由项目总工程师组织,项目经理主持实施

C. 由项目经理组织,技术主管主持实施

D. 由项目总工程师组织,技术主管主持实施

4. 水泥混凝土拌和站基本组成一般不包括(　　)。

A. 物料储存系统　　　　　　　　　B. 物料称重系统

C. 烘干加热系统　　　　　　　　　D. 搅拌主机和电气控制系统

5. 实际施工经验表明,沥青混合料摊铺机作业速度为(　　),可使结构层有较好的平整度和较高的作业效率。

A. 2～5 m/min　　　　　　　　　B. 4～8 m/min

C. 5～10 m/min　　　　　　　　　D. 8～12 m/min

6. 配电系统应采用的配电方式是(　　)

A. 配电柜或总配电箱、分配电箱、开关箱三级配电方式

B. 配电柜或总配电箱、分配电箱、开关箱四级配电方式

C. 配电柜或总配电箱、分配电箱、开关箱一级配电方式

D. 配电柜或总配电箱、分配电箱、开关箱二级配电方式

二、多项选择题

1. 图纸会审的主要内容有(　　)。

A. 施工图是否符合业主要求

B. 安装工程各分项专业之间有无重大矛盾

C. 现有的技术力量及现场条件有无困难

D. 能否保证工程质量和安全施工的要求

E. 图纸的份数及说明是否齐全

2. 开工前施工技术准备工作的主要内容包括(　　)。

A. 图纸复核　　　　　　　　　　B. 划分单位、分部、分项工程

C. 建立控制测量网 D. 筹集建设资金

E. 技术培训和学习

3. 技术交底的主要内容包括（　　）。

A. 施工技术方案 B. 季节性施工措施

C. 安全、环保方案 D. 分部、分项工程的概算编制

E. 工程合同技术规范、使用的工法或工艺操作规程

4. 根据不同的对象，交底可采取（　　）等形式。

A. 书面 B. 口头

C. 样板 D. 现场示范

E. 记录

5. 下列属于沥青面层施工机械的有（　　）。

A. 切缝机 B. 沥青洒布机

C. 石屑撒布机 D. 沥青混凝土摊铺机

E. 稳定材料拌和机

6. 施工现场临时用电工程，电源中性点直接接地的 220/380 V 三相四线制低压电力系统，下列各项中符合相关规定的有（　　）。

A. 采用 TN-S 接零保护系统 B. 采用二级配电系统

C. 采用三级配电系统 D. 采用二级漏电保护系统

E. 采用三级漏电保护系统

三、简答题

1. 施工准备工作包括哪些内客？

2. 施工前熟悉设计文件有什么作用？

3. 施工现场有哪些准备工作？

4. 叙述路基边桩放样的几种方法及各自的使用条件。

5. 路基施工机械有哪些类型？

6. 挖运机械主要包括哪些机械？各有什么特点及适用范围？

7. 压实机械有哪几种？叙述各种压实机械的适用范围？

8. 石方施工主要机械有哪些？各自有什么用途？

学习情境 3
路基本体施工

学习目标

1. 掌握路基基底施工的工作要点。
2. 了解各种特殊路基的地基处理技术。
3. 掌握一般土石路基填筑的各种方法。
4. 掌握土方路堑的开挖方法及适用范围
5. 了解路堑开挖的注意事项。
6. 了解爆破的原理,爆破的方法及适用范围。
7. 了解爆破的注意事项。
8. 掌握路基压实度的概念、影响压实度的原因、压实的方法及压实标准。

重 点

1. 路基的填筑方法及应用。
2. 土质路基的开挖方法。
3. 常用的爆破方法。
4. 压实度的影响因素、压实度的确定及施工方法。

难 点

1. 根据工程的实际情况选择路基的填筑方法。
2. 土质路堑的开挖方法和适用范围
3. 石方爆破的方法和施工程序。
4. 路基压实度的评价。

案例导入

重庆云阳至万州某高速公路 E 合同段路基起始桩号为 K159+485.2,止点桩号 K160+037,全长 551.8 m。公路等级为高速公路,路基宽度 24.5 m,计算行车速度 80 km/h,沥青混凝土路面。路基土方开挖 43 234 m³,石方开挖 94 603 m³,最高为 13.19 m,最低为 2.32 m。挖方集中在 K159+640～K159+768。路基填方总计 6 532 m³,最高为 8.60 m,最低为 0.15 cm。其中利用土方为 347 m³,利用石方为 3 699 m³。本段共计废弃土方 133 701 m³,弃土位置按集中弃土原则设置在桩号 K160+200 左侧 220 m 处。

图 3-0　路基施工实景图

任务 1　一般路基施工前基底处理

路堤是在天然地基上人为构筑的土体,一般利用当地的土、石作为填料,按一定方案在原地面上填筑起来的。基底是指路堤填料与经过清理后的原地面接触的部分,是自然地面的一部分。为使两者结合紧密,避免路堤沿基底发生滑动,防止因草皮、树根腐烂而引起路堤沉陷保证路堤具有足够的强度和稳定性,必须重视基底和填筑高度等情况,认真清除地表植被、杂物、淤泥质和表土,处理坑塘,并对基底进行认真压实和处理,使达到设计要求的压实度。

1.1　伐树、挖根及表土的处理

路堤填筑时,如果不清除结合面的草木残株等有害于路堤稳定的杂物,路堤成形后,一旦杂物腐烂变质,地基将发生松软和不均匀沉降。因此,必须在填筑之前做好伐树、挖根及表土处理工作。特别是填筑高度小于 1 m 时,应将路基范围内的树根、草丛等全部挖除。如基底的表土为腐殖土,则需将其表土清除换填。换填厚度视具体情况而定,一般不小于 3 cm,并予以分层压实,压实度应符合要求。

1.2　基底的处理

1. 做好原地面临时排水工作

临时排水设施排出的雨水不得流入农田、耕地,也不得引起水沟淤塞和冲刷路基;原地面易积水的洞穴、坑槽等应用土填平并按规定压实。路堤基底范围内由于地表水或地下水影响路基稳定,应采取拦截、引排等措施,或在路堤底部填筑不易风化的片石、块石或砂、砾等透水性材料。地下水位较高时,应按设计要求进行处理对于有泉眼或露头的地下水路段,应采用有效的导措施后才可以填筑路基。

2. 耕地或较松的土的基底处理

路堤基底为耕地或较松的土时,应在填筑前压实,高速公路、一级和二级公路路堤基底的压实度不应小于 90%,路基填土高度小于路床厚度(80 cm)时,基底的压实度不宜小于路床的压实度标准;基底松散土层厚度大于 30 cm 时,翻挖后再分层回填压实。

3. 稳定的斜坡上的基底处理

陡坡地段、土石混填地基、填挖界面、高填方地基等都应按设计要求进行处理。

(1) 地面横坡缓于 1:5 时,清除地表的草皮、殖土后,可直接在天然地面上修筑路堤。

(2) 地面横坡为 1:5~1:1.25 时,在清除草皮杂物后,还应将原地面挖成台阶状,台阶宽度不小于 2 m,高度不小于 0.5 m,台阶顶面做成向内倾斜 3%~5% 的斜坡。当基岩面上的覆盖层较薄时,宜先清除覆盖层再挖台阶;当覆盖层较厚且稳定时,可予以保留。

(3) 对于山坡路堤,在地面坡度陡于 1:5 的稳定斜坡上填筑路堤时,为使填方部分与原地面紧密结合,基底应挖成台阶状,以防堤身沿斜坡下滑。台阶宽度不小于 1.0 m,台阶高度为路堤分层填土厚度的 2 倍,台阶底应有 2%~4% 向内倾斜的坡度。

(4) 对于石质地面应将原地面凿毛。原地面倾斜度陡于 1:2.5(考虑地震作用时为 1:3),则宜设置石砌护脚等横断面形式或按陡坡路堤设计。倾斜地面的填方上方脚,需采取措施阻止地面水渗入路堤内。

4. 水田、池塘或洼地的基底处理

路线经过水田、池塘或洼地时,应根据积水和淤泥等的具体情况,采取排水疏干、清淤换填(二级以下公路可抛填砂砾或石块)、晾晒或掺灰及其他处理措施。如图 3-1 所示,当基底土质湿软而深厚时应按软土地基处理。

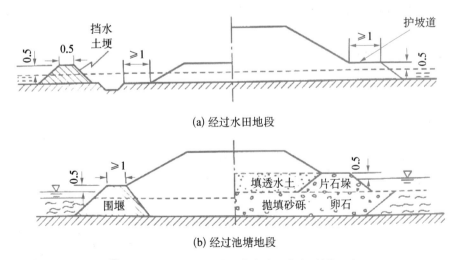

(a) 经过水田地段

(b) 经过池塘地段

图 3-1　水田或池塘地段基底处理方案(单位:m)

5. 矮路堤基底的处理

矮路堤基础填筑高度为 1.0~1.5 m,接近或等于路基工作区。为提高路基的强度和稳定性,应对矮路堤基底进行认真的处理。处理措施有:挖除种植土、换土、挖松压密、加铺砂砾石垫层。

6. 基底强度不足的处理

当路堤基底的原状土强度不符合要求时,应进行换填处理,挖深不小于30 cm,并分层找平压实。对于原地面坑、洞、穴等,应在清除沉积物后,用合格填料分层回填、分层压实,压实度应符合规定。

1.3 路堤基底压实度应符合规定

(1)二级及二级以上公路路段基底的压实度应不小于90%,三、四级公路不应小于85%。

(2)路基填土高度小于路面和路床总厚度时应将地基表土进行超挖、分层回填压实,其处理深度应不小于重型汽车荷载作用下的路基工作区深度,基底的压实度不宜小于路床的压实标准。

任务2 特殊路基的地基处理

特殊路基是指在软土、膨胀土、黄土、盐渍土、多年冻土与季节性冻土以及多雨潮湿等地区的土体上修筑的路基。由于这些土体的性质与一般路基土体有较大的区别,因此,在施工时应特殊对待。

特殊地区路基施工,应根据其特点和个体情况以及必要的基础试验资料,进行经济、技术综合考虑,因地制宜地制定施工方案并实施。特殊地区路基处治一般要注意以下四个环节:

(1)对地质资料、土工试验的详细检查,对设计图和实践经验的调查研究。

(2)室内试验和现场试验,特别是对重要工程。

(3)精细施工并注意现场的监测和数据的收集。

(4)反复分析,验证设计,监测工程安全。

2.1 软土地基的处理

软土地基就是指压缩层主要由淤泥及淤泥质土、回填土、杂填土或其他高压缩性土层组成的地基。一般认为,只要外荷载加在地基上,有可能出现有害的过大变形和强度不够等问题使建筑物(路基、桥涵等构造物)出现下沉、裂缝甚至破坏,这种地基都应该视为软土地基。在公路建设中,软土地基可引起如下几个大的问题。

(1)由于道路等级高,路堤填土高引起路基的沉降、路堤的失稳;

(2)桥头路堤与桥台的沉降差,在高速行驶的情况下,引起跳车;

(3)软基沉降量超出工后允许范围;

(4)软基上结构物的沉降、涵管弯曲;

(5)软基上各类路面结构类型的设计与施工存在的问题。

路基直接填筑在这些地基上,往往会因地基承载力不足,或在自然因素作用下产生过大的变形,导致路基产生各种破坏。因此,有必要采取措施对

软土路基换填土法施工

湿软地基进行加固,其关键是治水和固结。

1. 换填土层法

换填土层法是采用人工、机械或爆破等方法,将基底一定深度及范围的湿软土层(厚度小于 3 m)挖除,换以强度大、稳定性好的砂砾、软石、碎石、石灰土、素土等回填,并分层压实至规定的密实度。若厚度较大时,可部分换填。各种回填材料,其应力分布规律、极限承载力沉降特点,基本上与砂砾垫层相接近。因此,填土层厚度、宽度以砂砾垫层作为计算模型,如图 3-2 所示。

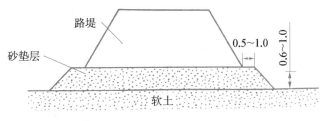

路堤

砂垫层

0.5~1.0

0.6~1.0

软土

图 3-2 砂垫层断面图(单位:m)

2. 碾压夯实法

对非黏性土及松散杂填土、地表松散土,如矿渣、碎砖瓦等建筑垃圾填土,予以碾压,可提高地基强度,降低压缩性。振动效果因土坡和振动时间而异,一般振动时间愈长,效果愈好,但时间过长对压实无明显捉高。对细颗粒填料振动时间以 3~5 min 为宜;对建筑垃圾,振动碾压时间略大于 1 min 为宜。

重锤夯实加固地基,是利用起重设备将锤体直径为 1~1.5 m、质量为 1.5 t 左右的钢筋混凝土圆锤体(底部垫钢板),提升 2.5~4.5 m 高度后,重锤自由落下,锤体夯实土基。这种方法可显著降低湿陷性黄土的湿陷性,提高地基表层土的强度,使杂填土表层强度一致。夯实次数,以最后两次的平均夯实沉降量不超过规定值来控制,一般黏性土和湿陷性黄土为 1~2 m;砂土为 0.5~1.9 cm。实践表明,一般为 8~12 遍,作用厚度可达锤底直径的 1 倍左右。

强夯法是在重锤夯实的基础上发展而来的。它的夯锤重达 8~12 t(甚至 200 t),自由落差 8~20 cm(最高达 40 m)。经过对土基的强力夯击,利用冲击波和动应力,使地基土密实,达到地基加固的目的,可显著地提高承载力,降低压缩性。强夯法具有施工简单、加固效果好、使用经济、适用面较广等优点,但是需要相应的机具设备,操作时噪声振动较大,不宜在人口密集或附近防振要求高的地区使用。

3. 排水固结法

排水固结法是在湿软地基中设置垂直排水井缩短排水距离,用堆载预压的方法加快土中水的排出,加速土体固结,提高土体的抗剪强度。因此,该法适用于含水率过大、土层较厚的软弱地基。按垂直排水井材料的不同,可分为砂井法和排水板法。

砂井法是指采用振冲、螺钻、射水等方法成孔,孔内灌入中砂或粗砂,用荷载预压,加速湿软地基排水固结的方法。砂井表面铺设 0.5~1.0 m 厚的砂层或砂沟。排水固结速度与堆载量大小,加载速度,砂井直径、间距、深度等因素有关。就路基而言,加载工作往往直接填土取代。填土速度根据施工工期、地基强度增长情况分级填筑,以每昼夜地面沉降量不超过 1.5 cm、坡脚侧向位移不超过 0.5 cm 来控制。砂井的直径多为 30~40 cm,间距 2~4 m,平面上呈三角形或正方形布置,尤以三角形布置为佳。砂井长度以穿越地基可能的滑动面为宜。若软土层较浅,有透水性下卧层,则经常深入透水层,对排水固结更有利。

为了缩短砂井排水距离,往往预先在直径约 7 cm 的圆筒状编织袋内装满砂,然后放入成孔中。此法称袋装砂井法,该法能保证砂井的密实度和连续性,并具有施工机具简单、成本低等特点。

排水板法是用纸板、纤维、塑料板代替砂井的砂做成排水板。其原理和方法同砂井排水法一致。目前基本上以带沟槽的塑料芯板作为排水板,因此,又称塑料板法。

4. 挤密法

土基成孔后在孔内灌以砂、石、土、石灰土或石灰等材料,捣实而成直径较大的桩体。利用桩体横向之间的挤压作用,使地基土相互紧密,减少孔隙,形成复合地基,提高地基承载力,达到加固地基的目的。向桩孔内填石灰而形成的石灰桩,主要是利用生石灰的吸水、膨胀、发热及离子交换作用,使桩体硬化,达到挤密软土、加固地基。因此要求生石灰是新鲜的,灰块必须粉碎至一定粒径要求。

砂桩和砂井相比,虽然形成相似,但两者有着质的区别。砂桩是分散体,承载力较低,其主要作用是挤密地基土。砂桩主要适用于处理松砂、杂填土和黏粒含量不大的普通黏性土。砂井主要是排水固结,因而适用于湿软土层。

砂桩桩径一般为 20～30 cm,桩距通常为桩径的 3～5 倍。桩的平面布置以梅花形较好。桩的长度与加固土层厚度、加固要求有关。软土层较薄,砂桩可穿透软土层;软土层过厚则通过计算桩底处软土的应力,要求其值小于或等于软土容许承载力。

5. 化学加固法

化学加固是用压力将化学溶液或胶结剂通过注浆管均匀地注入软基土层中,使土颗粒胶结起来凝成整体,达到对土基加固的目的,同时起到防渗的作用。目前化学溶液主要有下列几类:水玻璃溶液为主的浆液,价格昂贵;丙烯酸氨为主的浆液,效果较好,价高难以推广;水泥浆;以及纸浆废液为主的浆液等。

化学加固的施工工艺有灌浆法、高压旋喷法和深层搅拌法。灌浆法是将浆液注入土中赶走孔隙内的水或气体,将土胶结成整体。高压旋喷法是利用高压(20～25 MPa)射流的强度使浆液与土混合,从而在射流影响的有效范围内使土体速凝成一圆柱形的桩。深层搅拌法是使用深层搅拌机械,在地层深处将软土和固化剂强制搅拌在一起,使软土硬结成具有足够强度的地基处理方法。

6. 土工织物法

土工织物是以人工合成的聚合物制成的各种类型产品,是岩土工程中应用的各种合成材料的总称。有土工网、土工格栅、土工织物、工垫、提供复合排水材料等。在湿软地基与路基之间铺设土工织物,可起扩大基础分散荷载的作用,使地基沉降均匀,增强地基和软土的强度。土工织物对路堤的沉降量无过大的影响,但能明显改善路堤的稳定性,保持沉降均匀,并起到排水、反滤、分隔、加固的作用。

2.2 膨胀土地区路基施工

膨胀土是指土中黏粒成分主要由亲水性矿物组成,同时具有吸水膨胀、失水收缩两种变形的高液限黏土。凡是同时具备下列两个条件的黏土即可判断为膨胀土:液限大于或等于 40%;自由膨胀率大于或等于 40%。

膨胀土根据其膨胀率大致可分为强、中、弱三级,一般在设计文件中有规定,也可取样通过土工试验而定。按照土的自由膨胀率 F_s，可分为：

弱膨胀土：$40\% \leqslant F_s < 65\%$；

中等膨胀土：$65\% \leqslant F_s < 90\%$；

强膨胀土：$F_s \geqslant 90\%$。

强膨胀土难于捣碎压实，故不应作为路堤填料。对于中、弱性膨胀土，经处理（一般掺石灰）可作为路床填料，石灰土用作高速公路路面底基层便是成功实例。

要求处治后的中、弱膨胀土的塑性指数降到满足施工要求，便于粉碎压实，浸水 CBR 强度符合规定。在这样的条件下，处治后的土，经压实之后是稳定的。

作为路堤填料的膨胀土，高速公路及一级公路宜进行处治；如采用包边的方法，并及时采用浆砌片石护坡，亦可不加处治。对于弱性膨胀土可用于三、四级公路的路堤填料，在水文条件较好时，为保持这类土的水稳性亦可不作处理

中、弱膨胀土改性后作为路堤填料已在公路建设中普遍使用，并取得成功。在使用时，通过在膨胀土中掺一定量的石灰，对土进行改性，即以"砂化"，使膨胀土的塑性指数、含水率降低，便于粉碎、压实；同时也降低了膨胀土的膨胀量，提高膨胀土的强度和水稳定性。石灰掺量的多少与膨胀土的矿物组成有关，与改性后的性能要求有关，必须由试验确定。

膨胀土地区路堑施工前，先施工截、排水设施，将水引至路幅以外。边坡施工过程中，必要时，宜采取临时防水封闭措施保持土体原状含水率。边坡不得一次挖到设计线，应预留厚度 300～500 mm，待路堑完成时，再分段削去边坡预留部分，并立即进行加固和封闭处理。路床底高程以下应按照设计要求进行处理。宜用支挡结构对强膨胀土边坡进行防护。支挡结构基坑应采取措施防止曝晒或浸水，基础埋深应在大气风化作用影响深度以下。

膨胀土路基填筑松铺厚度不得大于 300 mm；土块粒径应小于 37.5 mm。填筑膨胀土路堤时，应及时对路堤边坡及顶面进行防护。路基完成后，当年不能铺筑路面时，应按设计要求做封层，其厚度应不小于 200 mm，横坡不小于 2%。

施工时还应注意以下几点：

（1）中、弱膨胀土改性掺石灰的用量应由试验确定。

（2）掺石灰宜分两次进行，第一次掺石灰是为"砂化"降低塑性指数，便于粉碎；第二次掺石灰是为提高强度，控制膨胀量。"砂化"的时间视块程度而定，第二次掺石灰的剂量视浸水 CBR 值大小而定。

（3）膨胀土掺石灰后，土与石灰在化学与物理作用下，进行离子交换作用、碳酸化作用、结晶作用、灰结作用，随着时间的延长，混合料中的钙、镁含量要衰减，最终为零，灰土的干密度也要随之衰减，而灰土的强度随之增大。

（4）掺石灰后，一定要控制土块粉碎后的大小，宜将 16 mm 粒径以上的土块控制在 15% 以内。否则大土块多，达不到改性的目的，吸水后强度下降，将造成质量问题。

2.3 黄土地区路基施工

黄土是一种特殊的土，由于黄土具有垂直节理、多孔性、大孔性、含可溶盐等特性，遇水之后强度变化很大。黄土经水的冲蚀形成的暗沟、暗洞、暗穴等统称陷穴，它的危害很大。当黄土类土受水浸泡时，水一方面溶解黄土中的可溶盐，另一方面在黄土微粒间起着润滑作

用,使黄土微粒在自重作用下发生位移下沉,使地表发生沉陷现象。

黄土路堤的边坡容易遭受雨水冲掏,防水措施极为重要,故成型后的路堤应及时拍紧、整平、刷顺,做好排水防护工程,防止受雨水的侵害。为防止黄土地基受水浸而发生湿陷,可按设计要求或根据实际情况采用垫层法、强夯法、冲击压实法、素土桩(石灰桩、碎石桩)挤密加固法、重锤法、换填土、预浸水法、灰土改性加强、压力注浆法、单液硅化或碱液加固法等措施加固黄土地基,加固的目的是提高土层的承载力,减少路堤下沉量。地基处理范围应按设计要求或大于基础的平面尺寸,或每边宽出基础外缘的宽度不宜小于3 m。

黄土地区路床的土基强度应符合设计要求,当不能满足要求时,应对原土进行处治。压实质量的好坏直接影响路基的整体强度、稳定性,压实是公路工程施工过程中的一个重要环节。

1. 用黄土填筑路堤应符合要求

(1) 新老黄土均为路堤适用填料。老黄土透水性差,干湿难以调节,大块土料不易粉碎使用前应通过试验决定措施,路床填料不得用老黄土。新黄土为良好填料,可用于填筑路床,黄土路堤应分层填筑,分层压实;大于10 cm的块料,必须打碎,并应在接近土的压实最佳含水率时碾压密实。

(2) 黄土路堤施工时,应做好填挖界面的结合(纵向),清除坡面杂草,挖好向内倾斜台阶。如结合面陡立,无法挖成台阶时,可用土工钉加强结合。

(3) 黄土路堤的边坡应刷顺,整平拍实,并应及时予以防护,防止路表水冲刷。

(4) 不应使用黄土填筑浸水路堤。必须使用时,应采取措施,并报请审批。

2. 黄土路堤的压实应符合要求

(1) 如黄土含水率过小,应均匀加水再碾压;如含水率过大,可翻松晾晒至需要含水率再进行碾压,也可掺入适量石灰处理,降低含水率。掺灰后应将土、灰拌匀,其最大干密度应通过击实试验确定。

(2) 黄土地区路床的土基应在两侧或一侧(超高段)设临时阻水、拦水设施,以防止雨水冲毁边坡。路堤填至设计高程后,应根据设计及时修建外侧边缘的拦水、截水沟构造物和急流槽,将水引至坡脚以外。对于高度大于20 m的路堤,应按设计预留竣工后路堤自重压密固结产生的压缩下沉量。

3. 黄土路堑施工应符合规定

(1) 黄土路堑边坡,应严格按设计坡度开挖,如设计为陡坡时,施工中不得放缓,以免引起边坡冲刷。

(2) 路堑施工,当挖到接近设计高程时,应对上路床部分的土基整体强度和压实度进行检测。

(3) 如路堑路床土质不符合设计规定,则应将其挖除,另行取土分层摊铺、碾压至规定的压实度,挖除厚度应根据道路等级对路床的要求而定。高速公路及一级公路宜挖除50 cm,其他公路可挖30 cm。

(4) 如路堑路床的密实不足,土质符合设计规定,则视其含水率情况,经洒水或经翻松晾晒至要求含水率,再行整平碾压至规定压实度。

4. 黄土路基排水及陷穴处理应符合要求

黄土地区应特别注意路基排水,对地表水采取截、分散、防冲、防渗、远接远送的原则,根据设计及时做好综合排水设施,将水迅速引离路基。在填挖交界处引出边沟时,应做好出水口的加固。湿陷性黄土路基的地下排水管道与地面排水设施,应根据设计进行加固和采取防渗措施。黄土路基水沟加固类型,宜用浆砌片石或混凝土板。如用预制板拼砌时,其接缝处应牢固无渗漏。黄土陷穴应进行处理。处理时,首先要查清陷穴的供给来源、水量、发展方向及对路基可能造成的危害,视具体情况采取以下相应的处理方法:

(1)在路堑顶部及路堤的靠山侧做好排水工程,将地表水、地下水引入在防渗层的水沟内排走。

(2)对通过路基路床的陷穴,要向上游追踪到发源地点。在发源地点把陷穴进口封填好,并引排周围地表水,使其不再向陷穴口流入。

(3)对现有的陷穴、暗穴,可以采用灌砂、灌浆开挖回填等措施,开挖的方法可以采用导洞、竖井和明挖等。

① 灌砂法。本法适用于小而直的陷穴,以干砂灌实整个洞穴。

② 灌浆法。本法适用于洞身不大,但洞壁起伏曲折较大的陷穴。在陷穴顶部每隔 4～5 m 打钻孔作为灌浆孔,待灌好的土浆凝固收缩后,再在各孔作补充灌浆,一般需重复 2～3 次,有时为了封闭水道也可以灌水泥砂浆。

③ 开挖回填夯实。本法适用于各种形状的陷穴,填料一般用就地黄土分层夯实。

④ 导洞和竖井。本法适用于较大、较深的洞穴。由洞内向外逐步回填夯实,在回填前,应将穴内虚土和杂物彻底清除干净。当接近地面 0.5 m 时,应用老黄土或新黄土 10% 的石灰拌匀回填夯实。

(4)处理好的陷穴,其土层表面均应用石灰与土比例为 3:7 的石灰土填筑夯实或填老黄土等不透水材料加以改善。石灰土厚度应按设计严格执行。如原设计未要求时,其厚度不宜小于 30 cm。将流向陷穴的附近地面水引离,防止形成地表积水或水流集中产生冲刷。

(5)黄土陷穴的处理范围,应视具体情况而定,宜在路基填方或挖方边坡外,上侧 50 cm,下侧 10～20 cm。若陷穴倾向路基,虽然在 50 cm 以外,仍应作适当处理。对串珠状陷穴应进行彻底处治。

2.4　盐渍土地区路基施工

盐渍土是指地表 1 m 内易溶盐含量超过 0.3% 时的土层,土中最常遇到的易溶盐主要有:氯化钠、氯化镁、氯化钙、硫酸钠、硫酸镁、碳酸钠、碳酸氢钠,有时也可遇到不易溶解的硫酸钙和很难溶解的碳酸钙。盐渍土在我国沿海和内陆地区都有分布,按形成条件可分为盐土、碱土和胶碱土。盐渍土干燥时整体呈板体状,遇水后强度明显下降,因此盐渍土路基容易产生溶蚀、盐胀、冻胀翻浆等病害。盐渍土地区路基施工要采取相应措施保证路基的稳定性。

1. 路堤填料要求

(1)路堤填料应符合表 3-1 的规定。强烈干旱地区的盐渍土经过论证酌情选用

(2)对填料的含盐量及其均匀性应加强施工控制检测,路床以下每 1 000 m³ 填料、路床部分每 500 m³ 填料应至少作一组测试,每组 3 个土样,填方不足上列数量时,亦应做一组试件。

(3)根据以往公路、铁路多年实践经验,石膏土或石膏粉均可作为路堤填料。蜂窝状和纤维状石膏土,由于其疏松多孔,用做填料时,应破碎其蜂窝状结构,以保证达到要求的压实度。

表3-1 盐渍土地区路堤填料的可用性

公路等级		高速公路、一级公路			二级公路			三、四级公路	
填土层位		0~80 cm	80~150 cm	150 cm 以下	0~80 cm	80~150 cm	150 cm 以下	0~80 cm	80~150 cm
土类及盐渍化程度									
细粒土	弱盐渍土	×	○	○	□₁	○	○	○	○
	中盐渍土	×	×	○	□₁	○	○	□₃	○
	强盐渍土	×	×	□₁	×	□₁	□₁	×	□₁
	过盐渍土	×	×	×	×	×	□₁	×	□₂
粗粒土	弱盐渍土	×	□₁	○	□₁	○	○	□₁	○
	中盐渍土	×	×	○	×	○	○	×	□₄
	强盐渍土	×	×	×	×	×	□₂	×	□₂
	过盐渍土	×	×	×	×	×	□₂	×	×

注:表中○——可用;×——不可用;□₁——氯盐渍土及亚氯盐渍土可用;□₂——强烈干旱地区的氯盐渍土及亚氯盐渍土经过论证可用;□₃——粉土质(砂)、黏土质(砂)不可用;□₄——水文地质条件差时的硫酸盐渍土及亚硫酸盐渍土不可用。

2. 基底(包括护坡道)处治

(1)盐土地区路基基底的处理,主要与基底的地表含盐量和地下水位有关。一般含盐量大的土层多分布于地表,所以路堤基底的含盐量如超过表3-1规定允许值时,在填筑时先要挖除。路堤高度小于表3-2的规定时,除应将基底土挖除外,还应按设计要求换填透水性较好的土。

表3-2 盐土地区路堤最小高度(单位:m)

土质类别	高出地面		高出地下水位或地表长期积水位	
	弱、中盐渍土	强、过盐渍土	弱、中盐渍土	强、过盐渍土
砾类土	0.4	0.6	1.0	1.1
砂类土	0.6	1.0	1.3	1.4
黏性土	1.0	1.3	1.8	2.0
粉性土	1.3	1.5	2.1	2.3

注:① 二级公路最小高度可为表中数值的1.2~1.5倍。

② 一级公路、高速公路最小高度可为表中数值的2倍。

(2)含水率超过液限的原地基土,应按设计要将基底以下1 m全部换填为透水性材料;含水率界于液限和塑限之间时,应按设计要换填100~300 mm厚的透水性材料;含水率在塑限以下时,可直接填筑黏性土。

(3)地下水位以下的软弱土体应按设计要求采用透水性好的粗粒土换填,高度宜高出地下水位300 mm以上。

(4)在内陆盆地干旱地区,路面为沥青混凝土、水泥混凝土或沥青表处时,应按设计要求在路堤下部设置封闭性隔断层。

(5)地表为过盐渍土的细粒土、有盐结皮和松散土层时,应将其铲除,铲除的深度通过试验确定。地表过盐渍土土层过厚时,如仅铲除一部分,则应设置封闭隔断层,隔断层宜设置在路床顶以下 800 mm 处;若存在盐胀现象,隔断层应设在产生盐胀的深度以下。

3. 路基施工的要求

(1) 盐渍土路堤应分层填筑、分层压实,每层松铺厚度不宜大于 200 mm,砂类土松铺厚度不宜大于 300 mm。碾压时应严格控制含水率,碾压含水率不宜大于最佳含水率 1%。雨天不得施工。

(2) 盐渍土路堤的施工,应从基底处理开始,连续施工。在设置隔断层的地段,宜一次做到隔断层的顶部。

(3) 地下水位高的黏性盐渍土地区,宜在夏季施工;砂性盐渍土地区,宜在春季和夏初施工;强盐渍土地区,宜在表层含盐量较低的春季施工。

4. 路基排水

盐渍土地区水对盐土所造成的溶蚀是影响路基稳定的主要因素,雨水、融雪水的地面径流以及人为的排水、灌水、流动水和积水携盐侵入路基,使路基土体聚积过量的含盐水分,导致路基失稳破坏,因此施工中应及时合理地做好排水系统。

(1) 施工中应及时合理设置排水设施,路基及其附近不得积水。

(2) 取土坑底面应高出地下水位至少 150 mm,底面向路堤外侧应有 2%~3% 排水横坡。

(3) 在排水困难地段或取土坑有可能被水淹没时,应在取土坑外采取适当处治措施。

(4) 在地下水位较高地段,应加深两侧边沟或排水沟,以降低路基下的地下水位。

(5) 盐渍土地区的地下排水管与地面排水沟渠,必须采取防渗措施。盐渍土地区不宜采用渗沟。

5. 隔离层的设置

(1) 盐土地区的地下水位一般离地表是比较浅的,如果地下水的毛细水能进入路堤土体内,则土体的含盐量将逐渐增加,产生次生盐渍化,铺填渗水性好的大颗粒土或铺隔离层,可隔断毛细水使其不进入路堤土体。

(2) 在修建沥青混凝土路面和水泥混凝土路面地段,仅采用渗水性填料,虽能隔离毛细水进入路堤土体,但不能防止强烈蒸发所产生的气态水携盐上升,聚积于路面下面造成破坏。因此在路堤下部设置封闭性的隔水层是必要的。

6. 压实要求

采用重型压实标准,可以增大填筑土的密度(密度对盐胀量有一定影响)。密度大的路基对水和盐分的上升起阻碍、减缓作用,可使次生盐渍化大为减轻。压实时,应控制土体含水率略低于最佳含水率为好。在干旱缺水地区含水率不足时,应补水到最佳含水率的 60%~70%,也可采用增大压实功能的方法来达到要的压实度。限制压实层松铺厚度是保证压实度达到规定的重要措施。

2.5 多年冻土及季节性冻土地区路基施工

凡温度为负温或零温并含有冰的各种土均称为冻土。如果土中只有负温度而不含冰时则称为寒土。冬季冻结、夏季全部融化的土层称为季节冻土,季节冻结层又称季节作用层、活动层。冬季冻结 1~2 年内不融化的土层称为隔年冻土。冻结状态持续 3 年以上的土层称为多年冻土。

多年冻土地区主要有冰丘、冰锥、地下冰和冻土沼泽等不良地质现象,这些不良的地质现象会使路基产生融沉、冻胀、冰害等病害。

（1）融沉。融沉多发生在含冰量大的黏质土地段。当路基基底的多年冻土上部或路堑边坡上分布有较厚的地下冰层时，由于地下冰层埋藏较浅，在施工及使用过程中，因原来的自然环境条件发生变化，使多年冻土局部融化，覆土层在土体自重力及外力的作用下产生沉陷造成路基变形。融沉主要表现为路堤向阳侧路肩及边坡开裂、下滑，路堑边坡溜坍等。

（2）冻胀。冻胀多发生在季节冻结深度较大的地区及多年冻土地区，多年冻土地区较严重。发生的原因是地基土及填土中的水冻结时体积膨胀。水分的来源是地表水或地下水对路基土的浸湿。冻胀的程度与土质及土中的含水率高低有关。

（3）冰害。冰害主要是指在路堤上方出露地的泉水，或开挖路堑后地下水自边坡流出在隆冬季节随流随冻，形成积冰掩埋路基或边坡挂冰、堑内积冰等病害。

冰害在严寒的多年冻土地区尤为严重。对路基工程来说，路堑地段较路堤地段冰害要多，尤其发生在浅层地下水发育的低填浅挖及零填挖地段的冰害，危害程度更大。

2.5.1 多年冻土地区

路床填料宜优先选择矿渣、炉渣、粉煤灰、砂、砂砾石及碎石等抗冻稳定性较好的材料。路床或上路堤采用粉土、黏土填筑时，可按设计要求使用石灰、水泥、土壤固化剂等单独或混合进行稳定处理，填料的改善或处理应根据路基抗冻胀性能要求，结合填料性质经试验确定。

多年冻土地区路基施工应核查沿线冻土情况、地面水、地下水以及有无其他的热融湖（塘）、冰丘、冰锥等不良地质情况，结合设计要求制订施工方案。施工必须严格遵循保护冻土的原则，使路基施工后仍处于热学稳定状态。

1. 填方路基

多年冻土地区填方路基施工过程中，采取措施保持路基及周围冻土处于冻结状态。根据设计要求和实际情况对基底应采取换填、设置毛细水隔断层等措施。路基取土应符合以下规定：

（1）宜设置集中取土场，取土位置宜在路堤坡脚 500 m 以外。

（2）斜坡地表上的路堤，取土坑应设在上坡一侧。

（3）取土坑深度不得超过当地多年冻土上限以上土层厚度的 80%，坑底应设纵横坡和排水口。

（4）取土坑的外露面，应进行处理。

路基填料宜选用保温、隔水性能均较好的填料，严禁使用塑性指数大于 12、液限大于 32% 的细粒土和富含腐殖质的土及冻土。高含冰的土不宜用于路基填料。采用黏性土或透水性不良土填筑路堤时，应控制土的含水率，碾压时含水率控制在最佳含水率±2% 范围内。通过热融湖（塘）的路堤，水下部分必须用透水性良好的填料填筑，填筑高度应高于最高水位 0.5 m 以上。

靠近基底部位有饱冰冻土层且有可能融化时，宜设保温护道和护脚。

应根据设计要求采用土工格栅等技术措施，增强路基的整体性和强度。路基填筑应分层碾压，压实度应符合《公路工程技术标准》（JTG B01—2014）中表 5.0.4 的要求。

冻土、非透水性过湿土不得直接填筑下路堤。非全冻路堤在冻深范围内的填筑应符合下列规定：

（1）冻深范围内的填土严禁混杂，冻胀性质不同的土，应分层填筑；同一

压实度标准

类土的填筑,总厚度不宜小于 600 mm;抗冻性强的土应填在高层位。

(2) 同一层土的含水率应基本一致,允许偏差为±2%。

(3) 施工期间每层土顶面应设置不小于 2.5% 的排水横坡。

全冻路堤施工前,应在路堤两侧先完成排水沟或边沟,应结合永久排水设计完成渗沟、渗井等地下排水设施。

2. 挖方路基

挖方路基处于地下水发育地段,路基边沟应有防渗措施。挡水堰等构造物施工应按设计要求采取加固措施。加固土质边坡的铺砌厚度应满足设计和保温要求。饱冰冻土、含土冰层地段路堑,可根据设计要求换填足够厚度的水稳性好的填料。施工应速度快,保温措施有效。

路基处于其他不良地质地段时,应符合下列规定:

(1) 冰锥、冰丘地段路基施工,应按设计要求做好排水。

(2) 松软基底两侧宜设反压护道。

(3) 沼泽冻土地段路堤下部应按设计做好隔离层或隔温层,并保护好两侧地表植被。

(4) 冻胀丘较重地段,应在上游主流处按设计要求做好地下渗沟,将水引到一定距离外的地面积冰场。

挖方段路基应符合下列规定:

(1) 路床换填。路床地基土挖除、换填深度应符合设计要求。应分层开挖,一般宜从外侧向内侧挖掘,最后一层应从内向外挖掘。使用粗颗粒填料换填时,填料应均匀,小于 0.075 mm 的含量应不大于 5%;采用石灰、水泥对填料进行改性处理时,应掺拌均匀,改性剂的剂量应符合设计要求或经试验确定。换填应分层填筑,压实度达到规定要求。

(2) 排水。施工前应完成截水沟,填筑拦水埝,填平坡顶的冲沟、水坑。施工中,应采取措施阻止边界外的水流入路基中;应保持排水沟通畅,将水迅速排出路基之外。填挖交界段应设置过渡边沟。在路基开挖面接近设计高程时,应及时施工地下排水构造物,尽快形成各式沟管、井、涵等,组成完整、有效的排水系统,严禁路基完成后才进行地下排水构造物施工。

(3) 石质挖方、零填路段不宜超挖。超挖或清除软层后的凸凹面,严禁用挖方料和未经稳定处理的混合料回填,岩面凸出部分应凿除,超挖的坑槽及岩石凹面可用贫水泥混凝土浇注,混凝土最小厚度应大于 80 mm。

2.5.2　季节性冻土地区

季节性冻融地区的路基在冰冻过程中,土中的水分不断地向上移动,使路基上部的水分含量大大增加并冻结成冰,使路面冻裂或隆起,发生冻胀。春融期间,由于土基含水率过多,强度急剧降低,再加上行车的作用,路面会发生弹簧、裂缝、鼓包、冒泥等现象,形成翻浆。这种现象主要发生在我国北方各省及南方的季节性冰冻地区。翻浆的发生,不仅会破坏路面,妨碍行车,严重的还会中断交通。因此,在翻浆地区修筑公路,对水文及水文地质不良地段,要注意详细调查沿线地面水、地下水、路基土和筑路料的情况,以便采取相应的处理措施。

1. 影响翻浆的因素

影响公路翻浆的主要因素有土质、温度、水、路面与行车荷载等。其中,土质、温度、水是形成翻浆的三个自然因素,三者同时作用,才能形成翻浆。

(1) 土质的影响。 粉性土是最容易翻浆的土,这种土的毛细水上升较高且快,在负温作用下水分聚流严重,而且土中水分增多时强度降低很快,容易丧失稳定。黏性土毛细水上升虽高,但上升速度慢。因此,只有在水源供给充足,并且在土基冻结速度缓慢的情况下,才能形成比较严重的翻浆。粉性土和黏性土含有大量腐殖质和易溶盐时，则更易形成翻浆。砂土在一般情况下都不会发生翻浆，这种土毛细水上升高度小，在冻结过程中水分聚流现象很轻，同时这种土即使含有大量水分，也能保持一定的强度。

（2）温度的影响。一定的冻结深度和一定的冷量（冬季各月负气温的总和）是形成翻浆的重要条件。在同样的冻结深度和冷量的条件下，冬季负气温作用的特点和冻结速度的大小对形成翻浆的影响也是很大的。除此之外，春天气温的特点和化冻速度对翻浆也是有影响的。

（3）水。翻浆的过程，就是水在路基土中转移、变化的过程。路基附近的地表积水及浅的地下水，能提供充足的水源，是形成翻浆的重要条件。秋雨及灌溉会使路基土的含水率增加，使地下水位升高，所以也会影响翻浆的发生。

（4）路面的破损程度。公路翻浆是通过路面的变形破坏而表现出来，并按路面的变形破坏程度来划分等级的。因此，翻浆和路面是密切相关的。路面结构对翻浆也有一定的影响。

（5）行车荷载情况。公路翻浆是通过行车荷载的作用，最后形成和暴露出来的。当其他条件相同时，在翻浆季节，交通量越大，车辆越重，则翻浆也会越多，越严重。

2. 翻浆防治措施

（1）防止地面水、地下水或其他水分在冻结前或冻结过程中进入路基上部。例如，在路基中设置隔离层，做好路基排水，提高路基等。

（2）在化冻时期，可以将聚冰层中的水分及时排除或暂时蓄积在渗水性好的路面结构层中，如设置排水或蓄水砂（砾）垫层等。

（3）加强路面，改善土基。如路基换土或采用石灰土、煤渣石灰土等结构层。

（4）在有些情况下，用一种处理措施，往往不能收到预想效果或不够经济合理，可采用两种或两种以上综合措施。

3. 季节性冻融翻浆路基施工要点

（1）排水

在施工前应认真了解地形及水文地质情况，凡是可能危害路基强度稳定性的地面水和地下水，均应采取有效的临时性或永久性措施，使水迅速排出路基之外。路床面应保持良好的排水状态。从路堑到路堤必须修建过渡边沟并无阻塞现象。各层填土应有路拱，表面无积水尽快形成各式沟、管、井、涵等，组成完整、有效的排水系统。

（2）路堤的填筑

① 原地面处理。水文地质不良和湿软地段，可视情况在地表铺填厚度不小于 30 cm 的砂砾，或做局部挖除换填处理。当路堤高度低于 20 cm 时（包括挖方土质路段），应翻松 30～50 cm，并分层整形压实，其压实度为 93%～95%，高速公路、一级公路取高限，其他公路取低限。

② 填料。宜选用水稳性良好的土填筑路基。路基上部受冰冻影响部位，应选用水稳性和冻稳性均较好的粗粒土。冻土、非渗水性过湿土、腐殖土禁止用于填筑各层路堤。压实时的含水率应控制在最佳含水率±2%范围内。

③ 取土场。宜设置集中取土场，排水困难地段更宜集中取土。

④ 碾压。各层表面碾压前应用平地机进行整平和修整路拱，切实控制松铺厚度以及填料的均匀性。压实后各层表面的平整度，用 3 m 直尺测量，其间隙高度不宜大于 20 mm；成型后路床顶面应进行弯沉检查，或用不小于 20 t 的压路机碾压，检验有无软弹现象。

⑤ 路堤高度。应使路基能全年处于干燥或中湿状态。修低路堤时，应根据具体情况采取相应技术措施。

⑥ 为使地基预拱度和稳定性满足设计要求，施工中各类冻融翻浆防治方法可综合

选用。

（3）路堑段的施工

① 石方段超挖回填部位应选用符合要求的石渣,压实度不得低于95%,禁止使用劣质开山料或覆盖土进行回填或找平。超挖部分不规则或超挖不超过8 cm时,可用混凝土修补找平。整平层宜采用级配碎石或水泥稳定碎石、二灰稳定碎石类等半刚性材料。

② 土质路或遇水崩解软化的风化泥质页岩类等路堑的路床压实度如不符合规定要求时应翻松压实或根据土质情况,换填符合路床强度并满足压实度要求的足够厚度的好土,然后加强排水措施,如封闭路肩、浆砌边沟等。

③ 有裂隙水、层间水、潜水层、泉眼等路段,应分别采取切断、拦截、降低等措施,如加深边沟和设置渗沟、渗管、渗井等。

任务3　一般土石路基填筑施工

3.1　土质路基填筑

3.1.1　一般土质路堤填筑工艺流程

路基施工动画

一般土质路堤填筑工艺流程见图3-3。

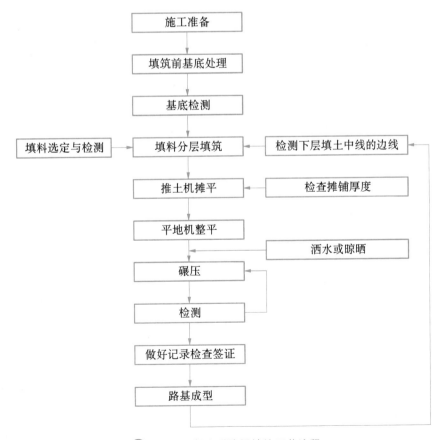

图3-3　一般土质路堤填筑工艺流程

其中,路堤的填筑施工主要工序为填料选择、基底处理、填筑和碾压。

1. 填料选择

填筑路堤的材料以强度高、水稳定性好、压缩变小、便于施工压实以及运距短的土、石材料为宜。在选择填料时,一方面要考虑料源和经济性,另一方面要顾及填料的性质是否合适。

(1)含草皮、生活垃圾、树木根、腐殖质的土严禁作为填料。

(2)泥炭、淤泥、冻土、强膨胀土、有机质土及易溶盐超过允许含量的土,不得直接用于填筑路基;确需使用时,必须采取技术措施进行处理,经检验满足设计要求后方可使用。

(3)液限大于50%、塑性指数大于26、含水率不适宜直接压实的细粒土,不得直接作为路堤填料;需要使用时,必须采取技术措施进行处理,经检验满足设计要求后方可使用。

(4)粉质土不宜直接填筑于路床,不得直接填筑于冰冻地区的路床及浸水部分的路堤。

(5)填料强度和粒径,应符合表3-3和3-4的规定。

表3-3 路床填料最小承载比要求

路基部位		路面底面以下深度/m	填料最小承载比(CBR)/%		
			高速公路、一级公路	二级公路	三、四级公路
上路床		0~0.3	8	6	5
下路床	轻、中等及重交通	0.3~0.8	5	4	3
	特重、极重交通	0.3~1.2	5	4	—

注:① 该表CBR试验条件应符合现行《公路土工试验规程》(JGE40—2007)的规定。
② 年平均降雨量小于400 mm地区,路基排水良好的非浸水路基,通过试验论证可采用平衡湿度状态的含水率作为CBR试验条件,并应结合当地气候条件和汽车荷载等级,确定路基填料CBR控制标准。

表3-4 路堤填料最小承载比要求

路基部位		路面底面以下深度/m	填料最小承载比(CBR)/%		
			高速公路、一级公路	二级公路	三、四级公路
上路堤	轻、中等及重交通	0.8~1.5	4	3	3
	特重、极重交通	1.2~1.9	4	3	—
下路堤	轻、中等及重交通	1.5以下	3	2	2
	特重、极重交通	1.9以下	3	2	2

注:① 当路基填料CBR值达不到表列要求时,可掺石灰或其他稳定材料处理。
② 当三、四级公路铺筑沥青混凝土和水泥混凝土路面时,应采用二级公路的规定。

2. 基底处理

路堤基底的处理是保证路堤稳定、坚固极为重要的措施。在路堤填筑前进行基底处理,能使填土与原来的表土密切结合;能使初期填土作业顺利进行;能使地基保持稳定,增加承载能力;能防止因草皮、树根腐烂而引起的路堤沉陷。

3. 填筑

路堤填筑必须考虑不同的土质,从原地面逐层填筑,并分层压实,每层厚度随压实方法而定。

4. 碾压

碾压是保证路堤填筑质量的关键。为此,必须控制土的含水率和压实度,选择合适的压实机械、压实厚度以及合理的施工填筑方案等。

3.1.2 路基填筑的要求

路堤一般都是利用当地土石作填料,按一定方案在原地面上填筑起来的。为了保证路堤的填筑质量,要满足以下几点:

(1) 性质不同的填料,应水平分层、分段填筑分层压实。同一水平层路基的全宽应采用同一种填料,不得混合填筑。每种填料的填筑层压实后的连续厚度不宜小于 500 mm。填筑路床顶最后一层时,压实后的厚度应不小于 100 mm。

(2) 对潮湿或冻融敏感性小的填料应填筑在路基上层。强度较小的填料应填筑在下层。在有地下水的路段或临水路基范围内,宜填筑透水性好的填料。

(3) 在透水性不好的压实层上填筑透水性较好的填料前,应在其表面设 2%~4% 的双向横坡,并采取相应的防水措施。不得在由透水性较好的填料所填筑的路堤边坡上覆盖透水性不好的填料。

(4) 每种填料的松铺厚度应通过试验确定。

(5) 每一填筑层压实后的宽度不得小于设计宽度。

(6) 路堤填筑时,应从最低处起分层填筑,逐层压实;当原地面纵坡大于 12% 或横坡陡 1∶5 时,应按设计要求挖台阶,或设置坡度向内并大于 4%、宽度大于 2 m 的台阶。

(7) 填方分几个作业段施工时,接头部位如不能交替填筑,则先填路段,应按 1∶1 坡度分层留台阶;如能交替填筑,则应分层相互交替搭接,搭接长度不小于 2 m。

3.1.3 路堤填筑基本方法

1. 分层填筑法

分层填筑法是按照路堤设计横断面,自下而上填筑的施工方法。它可以将不同性质的土,有规则地分层填筑和压实,获得必要的压实度和稳定性。每层填土的厚度,视土质、压实机具的有效压实厚度和要求的压实度而定。

正确的分层填筑方案[图 3-4(a)]应满足以下要求:不同土质分层填筑;透水性差的土填筑在下层时,其表面应做成一定的横坡,以保证来自上层透水性填土的水分及时排除;为保证水分蒸发和排除,路堤不宜被透水性差的土层封闭;根据强度与稳定性要求,合理地安排不同土质的层位;为防止相邻两段用不同土质填筑的路堤在交接处发生不均匀变形,交接处应做成斜面,并将透水性差的土填在斜面下部(图 3-5)。

不正确的分层填筑方案[图 3-4(b)]包括:未水平分层、有反坡弱透水性土、夹有大土块和粗大石块,以及油斗破斜面等,其基本特点是强度不均和排水不利。

桥涵、挡土墙等结构物的回填土,为防止不均匀沉陷,应严格按图 3-5 不同透水土质路堤接头示意图有关操作规程回填和夯实。

2. 竖向填筑法

竖向填筑法是指沿路中心线方向逐步向前深填的施工方法,如图 3-6 所示。路线跨越深谷或池塘时,地面高差大、填土面积小、难以水平分层卸土,以及陡坡地段上半填半挖路基、横坡较陡或难以分层填筑的局部路段,可采用竖向填筑法。

竖向填筑因填土过厚不易压实,施工时需采取下列措施:

(1) 选用高效能压实机械。

(2) 采用沉陷量较小的砂性土或附近开挖路堑的废石方,并一次填足路堤全宽度。

（3）在底部进行强夯。

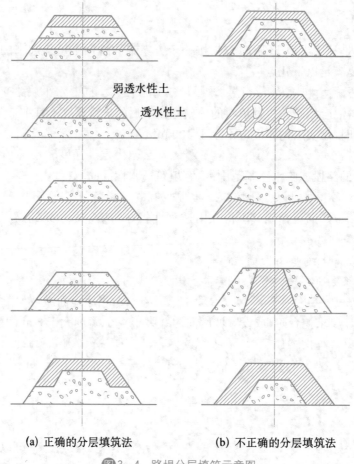

（a）正确的分层填筑法　　　　（b）不正确的分层填筑法

图3-4　路堤分层填筑示意图

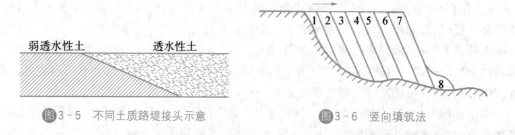

图3-5　不同土质路堤接头示意　　　　图3-6　竖向填筑法

3. 混合填筑法

如因地形限制或堤身较高，不能按前两种方法自始至终进行填筑时，可采用混合填筑法，如图3-7所示。即路堤下层用竖向填筑，而上层用水平分层填筑，使上部填土经分层压实获得需要的压实度。

此外对于旧路拓宽改造需要加宽路堤时，所用填土应与原路堤用土尽量接近或为透水性好的土，并将原边坡挖成向内倾斜的台阶，分层填筑，碾压到规定的密实度。严禁将薄层新填土贴在原边坡的表面。

图3-7　混合填筑法

3.2　填石路堤的填筑

填石路堤是指用粒径大于 **40 mm** 且含量超过总质量 **70%** 的石料填筑的路堤。填石路堤的施工要求如下：

（1）填石路堤施工前，应先修筑试验路段，确定满足空隙率标准的松铺厚度、压实机械型号及组合、碾压速度及碾压遍数、沉降差等参数。

（2）填石路堤的路床施工前，应先修筑试验路段，确定达到最大干密度的松铺厚度、压实机械型号及组合、碾压速度及碾压遍数、沉降差等参数。

（3）二级及二级以上公路的填石路堤应分层填筑压实。

（4）岩性相差较大的填料路堤应分层或分段填筑，严禁将软质石料与硬质石料混合使用。

（5）中硬、硬质石料填筑路堤时，应进行边坡码砌。边坡码砌与路基填筑宜基本同步进行。

（6）压实机械宜选用自重不小于 18 t 的振动压路机。

（7）在填石路堤顶面与细粒土填土层之间应设计要求设置过渡层。

3.3　土石路的填筑

土石路堤是指石料含量占总质量 **30%～70%** 的土石混合材料修筑的路堤。土石路堤混填时的施工要点如下：

（1）压实机械宜选用自重不小于 18 t 的振动压路机。

（2）施工前，应根据土石混合材料的类别分别进行试验路段施工，确定达到最大干密度的松铺厚度、压实机械型号及组合、碾压速度及碾压遍数、沉降差等参数。

（3）土石路堤不得倾覆，应分层填筑压实。

（4）碾压前应使大粒径石料均匀分散在填料中，石料间空隙填充小粒径填料、土和石渣。

（5）压实后透水性差异大的土石混合材料，应分层或分段填筑，不宜纵向分幅填筑；如确需纵向分幅填筑，应将压实后渗水良好的土石混合材料填筑于路堤两侧。

（6）土石混合材料来自不同料场，其岩性或土石比例相差较大时，宜分层或分段填筑。

（7）填料由土石混合材料变换为其他材料时，土石混合材料最后一层的压实厚度应小于 300 mm，该层填料最大粒径宜小于 150 mm，压实后，该层表面应无孔洞。

（8）中硬、硬质石料的土石路堤，应进行边坡码砌。码砌边坡的石料强度、尺寸及码砌厚度应符合设计要求。边坡码砌与路堤填筑宜基本同步进行。软质石料土石路堤的边坡按土质路堤边坡处理。

3.4　高填方路堤的填筑

高填方路堤宜优先采用强度高、水稳定性好的材料或轻质材料。受水淹、浸的部分，应采用水稳定性较好的材料。

高填方路堤填筑应符合下列规定：

(1) 施工中应按设计要求预留路堤高度与宽度，并进行动态监控。

(2) 施工过程中宜进行沉降观测，按照设计要求控制填筑速率。

(3) 高填方路堤宜优先安排施工。

任务 4　土方路堑开挖方法

4.1　路堑开挖工艺流程图

路堑开挖工艺流程见图 3-8。

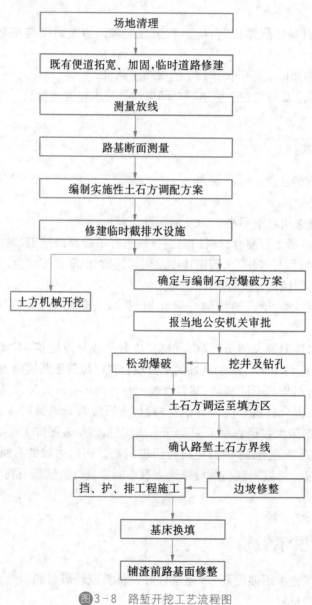

图 3-8　路堑开挖工艺流程图

4.2 路堑开挖基本方案

土方路堑开挖前,应做好现场伐树除根等清理工作,如果移挖作填时,还需将表层土壤单独压实。路堑的开挖根据路堑深度和纵向长度、现场的施工条件选择不同的开挖方式。按照不同的掘进方向,路堑开挖方案主要有横向全宽挖掘法、纵向挖掘法和混合开挖法三种。

4.2.1 横向全宽挖掘法

对路堑整个横断面的宽度和深度从一端或两端逐渐向前开挖的方式称为横向全宽挖掘法,此方法适用于较短的路堑。图3-9(a)所示为一层全断面横挖法,其适用于开挖深度小的路堑,一次挖掘的深度,视施工操作的方便和安全而定,一般为2m左右。若路堑很深,为了增加工作面,可分成几个台阶,同时在几个不同高程的台阶上进行开挖,图3-9(b)所示为多层全断面横挖法,适用于开挖深且土方量大的路堑。每一台阶均应有单独的运土路线和临时排水沟渠,以免相互干扰,影响工效,造成事故。施工时各层纵向前后拉开,多层出土,可安排较多的劳动力和机械,以加快施工进度。每层挖掘台阶深度:人工施工时,一般为1.5~2m;机械施工时,可大到3~4m。同时,各层要有独立的临时排水沟。

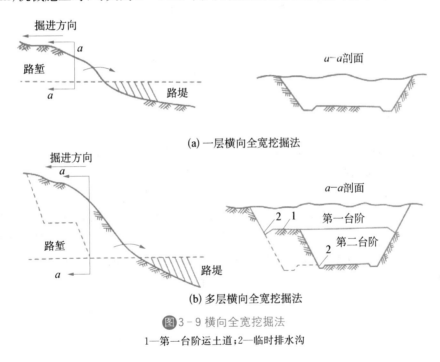

(a) 一层横向全宽挖掘法

(b) 多层横向全宽挖掘法

图3-9 横向全宽挖掘法
1—第一台阶运土道;2—临时排水沟

4.2.2 纵向挖掘法

纵向挖掘法适用于较长的路堑。纵向挖掘法又分为分层纵挖法、通道纵挖法和分段纵挖法三种。

分层纵挖法是沿路堑全宽以深度不大的纵向分层进行挖掘[图3-10(a)]。挖掘的地表应保持倾斜,以利于排水。此方案适用于较长的路堑开挖,要求施工机械能够到达路线上方的堑顶,并在堑顶能够展开推土施工;一般用铲运机和推土机施工。

通道纵挖法是先沿路堑纵向挖出一条通道,然后再把通道向两侧拓宽[图3-10(b)],以扩大工作面,并利用该通道作为运土路线及场内排水的出路。通道纵挖法便于土方挖掘和外运的流水作业。

分段纵挖法是在路堑纵方向选择一个或几个适宜的位置,先从一侧挖成一个或几个出口把路堑分为两段或几段[图 3-10(c)],再分别于各段沿纵向开挖。此方案适于路堑过长、纵向弃土运距过远的傍山路堑。这种方法由于增加了许多工作面,使得施工进度大大加快。

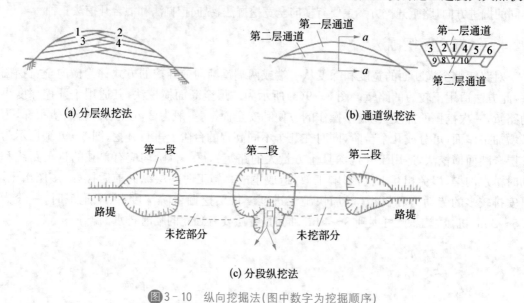

(a) 分层纵挖法 (b) 通道纵挖法

(c) 分段纵挖法

图 3-10 纵向挖掘法(图中数字为挖掘顺序)

4.2.3 混合开挖法

当土方量很大时,为扩大工作面,可将横向全宽挖掘法与通道纵挖法混合使用称为混合开挖法。先沿路堑纵向挖出一条通道,然后沿横向坡面挖掘,以增加开挖坡面[图 3-11(a)],或再沿横向挖出横向通道[图 3-11(b)]。每一开挖坡面的大小,应能容纳一个施工组或一台机械正常工作。该法适用于路堑纵向长度和挖深都较大,工期紧张的情况,并以铲式挖掘机和自卸汽车配合使用为宜。先将路堑纵向挖通后,然后沿横向坡面挖掘,以增加开挖坡面。每个坡面应设一个机械班组作业。混合开挖法具体实施时,对各种机械尤其是运土车辆的进出,必须统一调配、相互协调,以保证运行通畅。

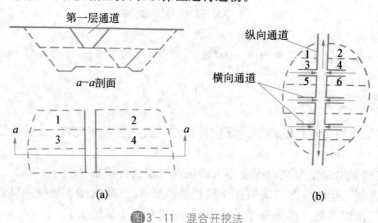

a-a 剖面

(a)

(b)

图 3-11 混合开挖法

注:箭头表示运土与排水方向;数字表示工作面号数

选择挖掘方案,除考虑当地的地形条件、采用的机具等因素外,还需考虑土层的分布及利用。如利用挖方填筑路堤,则应按不同的土层分层挖掘,以满足路堤填筑的要求。

4.3　路堑开挖应注意的问题

实践表明,路堑地段的病害主要是排水不畅、边坡过陡或缺乏适当支挡结构物。因此在路堑开挖时应注意以下几点:

1. 路堑开挖要求

(1) 开挖前应对沿线土质进行检测。对可做路基填料的土方,应分类开挖,分类使用,对非适用材料可作为弃方处理。

(2) 土质路堑的边坡稳定极为重要。开挖时,论工程数量和开挖深度大小,均应自上而下进行,不得乱挖超挖,严禁掏底开挖。

(3) 路基开挖中,如需修改设计边坡坡度时,应及时规定报批。边坡上的孤石应保留。

(4) 开挖过程中,应采取措施保证边坡稳定。开挖至边坡线前,应预留一定宽度,预留的宽度应保证刷坡过程中设计边坡线外的土层不受扰动。

(5) 开挖至零填、路堑路床部分后,应尽快进行路床施工。

(6) 挖方路基施工高程应考虑压实的下沉值。绝不能将路基的施工高程与路基的设计高程混同,造成超挖或少挖。下沉值应通过试验确定。

2. 路堑排水

无论在整个施工过程中或竣工后都必须充分重视路堑地段的排水,设置必要而有效的排水设施。应先在适当的位置开挖截水沟,并设置排水沟,以排除地面水和地下水。必要时应采取临时排水设施,确保施工作业面不积水。边沟和截水沟应从下游向上游开挖。截水沟通过地面凹陷时,应将凹处填平夯实,然后开挖,防止不均匀沉陷和变形。

3. 废方处理

路堑挖出的土方,除利用外,多余的土方按设计的弃土堆进行废弃,不得妨碍路基的排水和路堑边坡的稳定。同时,弃土尽可能用于改土造田,美化环境。

4. 设置支挡工程

路堑边坡应按设计坡度,开挖时由上而下逐层开挖,以防边坡塌方,并适时进行边坡修整和砌筑必要的防护设施,尤其在地质不良地段,应分段开挖,分段支护。

此外,必须做好施工组织计划,选择合适施工方法,有效地扩大作业面,以提高生产效率,保证施工安全。

任务5　路基的压实

5.1　路基压实的意义

路基施工破坏了土体的天然状态,致使其结构松散,颗粒重新组合。试验研究表明,土基压实后,土体的密实度提高,透水性降低,毛细水上升高度减小,避免了因水分积聚和侵蚀而致的土基软化,或因冻胀而引起的不均匀变形,从而提高了路基的强度和水稳定性。因此基的压实工作,既是路基施工过程中的一个重要工序,也是提高路基强度与稳定性的根本技术措施之一。

5.2 路基压实机理

路基土是由土粒、水分和空气组成的三相体系。三者具有各自的特性,并相互制约共存于一个统一体中,构成土的各种物理特性——渗透性、黏滞性、弹性、塑性和力学强度等。若三者的组成情况发生改变,则土的物理性质也随不同。因此,要改变土的特性,得从改变其组成着手。压实路基就是利用机械的方法,来改变土的结构,以达到提高土的强度和稳定性的目的。

路基土受压时,土中的空气大部分被排除土外,土粒则不断靠拢,重新排列成密实的新结构。土粒在外力作用下不断地靠拢,使土的内摩阻力和黏结力也不断地增加,从而提高了土的强度。同时,由于土粒不断靠拢,使水分进入土体的通道减少,阻力增加,于是降低了土的渗透性。

5.3 影响压实效果的因素

路基压实的效果受很多因素影响,对具有塑性的细粒土,影响压实效果的因素包括内因和外因两方面,内因主要是土质和含水率,外因主要是压实功能、压实机具和压实方法等。

1. 含水率对压实效果的影响

在路基压实过程中,如能控制土的含水率为最佳含水率就能获得最好的压实效果。试验表明,一般性土的最佳含水率(按轻型击实标准)大致相当于该种土液限含水率的 0.58～0.62,平均约为 0.6。

2. 土质对压实效果的影响

不同的土质有不同的最佳含水率及最大干密度,其压实效果也不同。分散性(液限、黏性)较高的土,其最佳含水率较高而最大干密度较低,这是由于土粒越细,比面积越大,土粒表面的水膜越多,另外黏土中含有亲水性较高的胶体物质。对于砂土,由于其颗粒粗并且呈松散状,水分易于散失,故最佳含水率对其没有更多的实际意义。

3. 压实功能对压实效果的影响

压实功能是指压实机具重力、辗压次数、作用时间等。压实功能是影响压实效果的又一重要因素。通常对同一种土,随着压实功能的增大,最佳含水率会随之减小而最大干密度会随之增加。因此,增大压实功能是提高土基密实度的又一种方法。然而这种方法有一定局限性,因为压实能增加到一定程度后,土的密度增长就不明显了,因此最经济的办法是严格控制工地现场含水率,使碾压在接近最佳含水率时进行,这样便容易达到规定的压实度。

4. 压实机具和压实方法对压实效果的影响

不同的压实机具,其压力传递作用深度不同,因而压实效果也不同。根据以往工程实践经验的总结,路基压实机械的技术性能参照表 3-5。通常夯击式作用深度最大,振动式次之,静力辗压式最浅。

压路机压实视频

表 3-5 压路机的技术性能

机具名称	最大有效压实厚度/m	碾压行程次数				适宜的土类
		黏性土	亚黏土	粉砂土	砂性土	
人工夯实	0.10	3～4	3～4	2～3	2～3	黏性土与砂性土
牵引式光面碾	0.15	—	—	7	5	黏性土与砂性土
羊足碾	0.20	10	8	6	—	黏性土
自动式光面碾 5 t	0.15	12	10	7	—	黏性土与砂性土
自动式光面碾 10 t	0.25	10	8	6	—	黏性土与砂性土
气胎路碾 25 t	0.45	5～6	4～5	3～4	2～3	黏性土与砂性土
气胎路碾 50 t	0.70	5～6	4～5	3～4	2～3	黏性土与砂性土
夯击机 0.5 t	0.40	4	3	2	1	砂性土
夯击机 1 t	0.60	5	4	3	2	砂性土
夯击板 1.5 t 落高 2 m	0.65	6	5	2	1	砂性土
履带式	0.25	6～8		6～8		黏性土与砂性土
振动式	0.40	—		2～3		砂性土

不同压实机具,适用于不同土质及不同十层厚度等条件,这也是选择压实机具的主要依据。正常条件下,对于砂性土的压实效果,振动式较好,夯击式次之,碾压式较差;对于黏性土则宜选用碾压式或夯击式,振动式较差甚至无效。各种土质适宜的碾压机械的建议见第二章表 2-2。

不同的压实厚度其压实效果也不同。通常情况下,夯击不宜超过 20 cm;8～12 t 光面碾不宜超过 20～30 cm。压实作用时间越长,土密实度越高,但随时间进一步加长,其密实度的增长幅度会逐渐减小。故压实时,要求压实机具以较低速度行驶,以便达到预期的压实效果。

5.4 土基压实标准

1. 压实度

为了便于检查和控制压实质量,土基的压实标准通常用压实度来表示。所谓压实度,是指筑路材料压实后的干密度与标准最大干密度之比,以百分率 K 表示,即

$$K = \frac{\rho}{\rho_0} \times 100\% \qquad (2-1)$$

显然,压实度是一个以 ρ_0 为标准的相对值,意为压实的程度。

2. 压实度标准

压实度 K 就是现行规范规定的路基压实标准。正确选定 K 值,关系到土基受力状态、路基路面设计要求、施工条件,必须兼顾需要与可能,讲究实效与经济。

根据大量分析可知,路基表层承受行车作用力最大,由顶部向下,受力急剧减小,在一般汽车荷载情况下,其影响深度 $Z = 1.0～2.0$ m,Z 更大时路基主要承受路基本身重量。因此,路基填土的压实度,应是由下而上逐渐提高标准。

路面等级越高,对路基强度要求相应越大;自然条件越差,对路基的强度与稳定性越不

利;路基挖填不同,对于路基的强度与稳定性也有影响。基于上述分析,现行规范关于路基压实度 K 的规定,见表 3-6。

表 3-6　路基压实度 K(重型)

路 基 部 位		路床顶面以下深度(m)	压实度(%)		
			高速公路、一级公路	二级公路	三、四级公路
上路床		0～0.3	≥96	≥95	≥94
下路床	轻、中等及重交通	0.3～0.8	≥96	≥95	≥94
	特重、极重交通	0.3～1.2	≥96	≥95	—
上路堤	轻、中等及重交通	0.8～1.5	≥94	≥94	≥93
	特重、极重交通	1.2～1.9	≥96	≥94	—
下路堤	轻、中等及重交通	>1.5	≥93	≥92	≥90
	特重、极重交通	>1.9			

注:① 表列压实度数值以重型击实试验法为准。
　　② 特殊干旱或特殊潮湿地区的路基压实度,表列数值可适当降低。
　　③ 三、四级公路修筑沥青混凝土或水泥混凝路面时,其路基压实度应采用二级公路标准。

5.5　碾压原则和方法要求

压路机碾压路基时,应遵循先轻后重,先稳后振,先低后高、先慢后快以及轮迹重叠等原则,具体要求为:

(1) 检查填土松铺厚度、平整度、含水率,符合要求后进行碾压。根据现场压实试验提供的松铺厚度和压实遍数进行压实。若控制压实遍数超过 10 遍,应考虑减少填土层厚,经检验合格后,方可转入下道工序。

(2) 填土层在压实前应先整平,可自路中线向路堤两边作 2%～4% 的横坡。

(3) 采用振动压路机碾压时,第一遍应不振动压,然后由慢到快,由弱振到强振。

(4) 各种压路机开始碾压,均应慢速,最快不宜超过 4 km/h(66～67 m/min),碾压直线路段由边到中,小半径曲线段由内侧向外侧,纵向进退式进行。

(5) 注意纵、横向碾压接头且必须重叠。横向接头对振动压路机一般要求重叠 0.4～0.5 m,三轮压路机一般重叠后轮的 1/2,前后相邻两区段的纵向接头处重叠 1.0～1.5 m,并达到无漏压,无死角。

(6) 压实时,应特别注意均匀,对于压不到的边角,应辅以人力或小型机具夯实,否则可能会发生不均匀沉陷。

(7) 压实全过程中,经常检查土的含水率和密实度,并视需要采取相应措施,以达到符合规定压实度的要求。

5.6　压实度检测

检查压实度一般采取灌砂法、环刀法、蜡封法、灌水法(水袋法)和核子密度仪法。环刀法适用于细粒土,灌砂法适用于各类土。采用核子密度仪时应先进行标定,并与灌砂法作对比试验,找出相关的压实度修正系数。尤其是当填土种类发生变化时,必须重新标定,方能保证压实度检测的准确可靠性。

土方路基施工压实度检测要求:

(1) 用灌砂法、灌水法(水袋法)检测压实度时,取土样的底面位置为每一压实层底部;用环刀法试验时,环刀中部处于压实层厚的 1/2 深度;用核子仪试验时,应根据其类型,按说明书要求操作。

(2) 施工过程中,每一压实层均应检验压实度,检测频率为每 1 000 m² 至少检验 2 点,不足 1 000 m² 时检验 2 点,必要时可根据需要增加检验点。

知识链接

《高速公路路基施工方案》
《路基施工规范》(JTGF10—2006)

自主学习

石方爆破与爆破方法

* 任务 6　石方爆破与爆破方法

复习思考题

一、填空题

1. 液限大于_____、塑性指数大于_____的土,不得直接作为路堤填料。

2. 常用的路基土方机械有松土机、推土机、铲运机、_____挖土机及各种_____。

3. 土基的压实程度对路基的_____和_____影响极大。

4. 压实工具不同,压力传布的有效深度也不同,以夯击式机具传布最深,_____次之,_____最浅。

5. 土方路堤填筑至路床顶面最后一层的最小压实厚度,不应小于_____。

6. 土质路堤每一压实层均应检测压实度,检测频率为每 1 000 m² 至少检验 2 点,不足 1 000 m² 时,应至少应检测_____个点。

二、单项选择题

1. 对于黏性土、粉性土和砂性土,当用作路基填料时,它们的优先次序为(　　)。

A. 黏性土,砂性土,粉性土率　　　　　　B. 黏性土,粉性土,砂性土

C. 砂性土,黏性土,粉性土　　　　　　　D. 粉性土,黏性土,砂性土

2. 矮路堤是指路堤填土高度小于(　　)m 的路堤。

A. 0.4　　　　　　B. 1.0　　　　　　C. 1.5　　　　　　D. 2.0

3. 在路堤填筑前,当地面横坡陡于 1:5 时,在清除地面草皮杂物后,还应将坡面挖成台阶,其高度为 0.2～0.3 m,其台阶宽不小于(　　)m。

A. 1.0　　　　　　B. 1.5　　　　　　C. 2.0　　　　　　D. 3.0

4. 土方路堤必须根据设计断面,分层填筑、分层压实。采用机械压实时,分层的最大松铺厚度,高速公路和一级公路不应超过(　　)cm

A. 20　　　　　　B. 30　　　　　　C. 40　　　　　　D. 50

5. 以下可作浸水部分路堤的填料为(　　)。

A. 微风化砂岩　　B. 强风化石灰岩　　C. 粉质土　　　　D. 高岭土

6. 高速公路、一级公路和填方高度小于(　　)m 的其他公路应将路基范围内的树根全

部挖除并将坑穴填平夯实。

    A. 1   B. 2   C. 3   D. 4

    7. 雨季开挖路堑宜分层开挖,每挖一层均设置排水纵横坡。挖方边坡不宜一次挖到设计高程,应沿坡面留( )cm 厚,待雨季过后再整修到设计坡度。

    A. 20   B. 25   C. 30   D. 40

    8. 关于填石路基填料的选择,下列说法正确的是( )

    A. 天然土混合材料中所含石料强度大于 20 MPa 时,石块的最大粒径不得超过压实层厚度的 2/3

    B. 天然土所含石料强度小于 15 MPa 时,石料最大粒径不得超过压实层厚

    C. 高速公路和一级公路的路床顶面以下 50 cm 范围内,填料最大粒径不大于 15 cm

    D. 二、三、四级公路的路床顶面以下 50 cm 范围内,填料最大粒径不大于 20 cm

三、多项选择题

    1. 路基的基本类型有( )。

    A. 挖方路基   B. 填方路基

    C. 半填半挖路基   D. 不填不挖路基

    E. 填石路基

    2. 下列关于雨季填筑路堤,错误的做法有( )。

    A. 在填筑路堤前,应在填方坡脚以外挖掘排水沟,保持场地不积水,如原地面松软,应采取换填等措施

    B. 利用挖方土作为填方时应放置一段时间后方可压实

    C. 雨季填筑路堤需借土时,取土坑距离填方坡脚不宜小于 2 m

    D. 应选取透水性好的碎、卵石土,沙砾,石方碎渣和砂类土作为填料

    E. 路堤应分层填筑,每一层的表面,应成 2%～4% 的排水横坡

    3. 关于路堤填筑方式下列说法正确的是( )

    A. 填筑路堤宜按横断面全宽分成水平层次逐层向上填筑

    B. 原地面不平,填筑路堤时应由低处分层填起

    C. 山坡路堤地面横坡陡于 1:5 时,原地面应挖成台阶

    D. 若填方分成几个作业段施工,两段交接处,不在同一时间填筑,则先填地段,应按 1:1 坡度分层留台阶

    E. 若填方分成几个作业段施工,两段交接,若两个地段同时填,则应分层相互交叠衔接,其搭接长度不得小于 1 m

四、简答题

    1. 地基处理要注意哪些问题? 特殊地基都有哪些他们各自的特点是什么?

    2. 简述路基填筑的顺序及方法、要求。

    3. 土质路开挖的方法有哪些? 各适用于什么情况?

    4. 路堤填筑可采用何种方式? 各种方式的适用性如何?

    5. 路堑开挖时应注意哪些问题?

    6. 压实度的概念是什么? 如何测定? 影响压实度的因素有哪些?

路基路面工程

学习目标

1. 了解路基路面排水的目的和方法。
2. 掌握路基路面常见排水结构物的特点和施工方法。

重　点

路基路面常见的排水结构物的特点和施工方法。

难　点

路基路面常见的排水结构物的施工方法。

案例导入

某高速公路为双向 4 车道,2011 年开工建设,穿越秦巴腹地,2013 年年底建成通车。该工程位于山岭地区,地势起伏较大,地形变化多样,排水设计是否完善将直接影响工程的耐久性。本工程需综合考虑所在地的地理条件、地质条件、气候条件、水文条件来制定排水方案。工程范围包括路基排水,具体有地面排水和地下排水;路面排水,具体有一般路段路面排水、超高路段路面排水、中央分隔带排水、路面内部排水等。

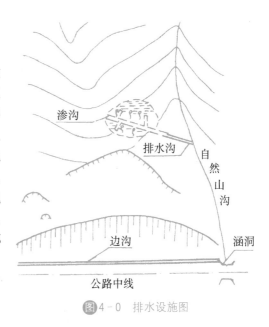

图4-0　排水设施图

任务 1　路基排水设施及施工

水是造成路基病害的主要因素之一，路基强度和稳定性同水的关系十分密切。公路路基排水包括地表排水和地下排水两大部分，路基排水施工是路基施工技术的关键之一。

影响路基路面的水流：地面水和地下水两大类。

路基排水任务：将路基范围内的土基湿度降低到一定的限度以内，保持路基常年处于干燥状态，确保路基及路面具有足够的强度与稳定性。

路基排水目的：将降落在路界范围内的表面水有效地汇集并迅速排除出路界，同时把路界外可能流入的地表水拦截在路界范围外，以减少地表水对路基和路面的危害以及对行车安全的不利。

1.1　排水一般原则

(1) 排水设施要因地制宜、全面规划、合理布局、综合治理、讲究实效、注意经济。

(2) 注意与农田水利相配合。

(3) 设计前必须进行调查研究，重点路段要进行排水系统的全面规划。

(4) 要注意防止附近山坡的水土流失。

(5) 路基排水要结合当地水文条件和道路等级等具体情况，就地取材，以防为主。

(6) 尽量阻止水进入路面结构，提供良好的排水措施，迅速排除路面结构内的水。

1.2　地表排水设施施工技术要求

公路路基地表排水的主要任务是排出路基范围内的地表径流、地表积水、边坡雨水及公路邻近地带影响路基稳定的地表水。路基地表排水设施包括边沟、截水沟、排水沟、跌水与急槽、蒸发池、油水分离池、排水泵站等，应结合地形和天然水系进行布设，并做好进出口的位置选择和处理，防止出现堵塞、溢流、渗漏、淤积现象，排放的水流不得直接排入饮用水水源、养殖池。

1.2.1　边沟

边沟分为路堑边沟和路堤边沟，一般设置在路堑、零填零挖路基的路肩外侧或矮路堤、陡坡路堤的路堤边缘外侧或坡脚外侧，用以汇集和排除路基范围内和流向路基的少量地面水，如图 4-1 所示。

边沟的排水量不大，一般不需要进行水文和水力计算，依据沿线具体条件，选用标准横断面形式。其他排水沟渠的水流通常不允许引入边沟，若不得已，应计算该段边沟的总流量，必要时扩大边沟断面尺寸和采取相应的防护加固措施，施工技术要求主要有：

(1) 设计没有规定时，边沟深度不得小于 400 mm，底宽不得小于 400 mm。

(2) 边沟沟底纵坡应衔接平顺。

(3) 土质地段的边沟纵坡大于 3% 时，应采取加固措施。

图 4-1　路堑边沟

汇集于边沟的水应顺势排至低洼地段或天然河流,受地形的限制,为防止水流漫溢或冲刷,边沟不宜过长。一般边沟单向排水长度不宜超过 300～500 m,若超过此值,则应添设排水沟或涵洞,将水引至路基范围之外或指定地点。在边沟出水口附近,水流冲刷比较严重,必须慎重布置和采取相应措施,具体有以下几种情况:

(1) 在路堑和高路堤的衔接处,如边沟沟底到填土坡脚高差过大,应设置排水沟(必要时可设置急流槽)将路堑边沟水沿出口的山坡引到路基范围之外,而不致冲刷路堤坡脚,如图 4-2 所示。

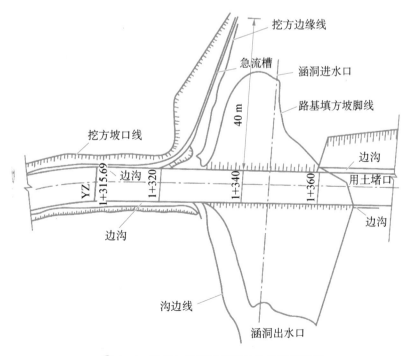

图 4-2　路堑与高路堤衔接处边沟出口示意

（2）边沟水流流向桥涵进水口时，为避免边沟流水产生冲刷，应作适当处理，在涵洞进水口处设置窨井、急流槽或跌水等构造物，将水流引入涵洞。此外，还应根据地形条件，在桥涵进口前或在其他水流落差较大处，设置急流槽与跌水等结构物，将水流引入桥涵或其他指定地点。

（3）边沟水流流至回头曲线处，一般边沟水较满，且流速较大，此时宜顺着边沟方向沿山坡设置引水沟，将水引至路基范围以外的自然沟中，或设急流槽或涵洞等结构物，将水引下山坡或路基另一侧，以免对回头曲线路段产生冲刷。

土质边沟宜采用梯形，石质边沟宜用矩形，矮路堤或机械化施工时采用三角形，积雪、积砂路段用流线形，如图 4-3 所示。

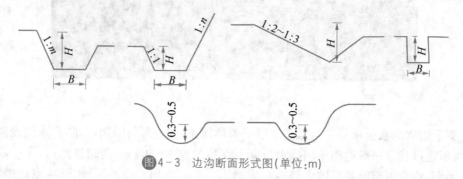

图 4-3　边沟断面形式图(单位:m)

梯形边沟，内侧边坡为 $1:1 \sim 1:1.5$，外侧边坡坡度与挖方边坡坡度相同。矩形边沟，石方路段，其内侧边坡直立，外侧边坡坡度与挖方边坡相同。三角形边沟，少雨浅挖地段的土质边沟，其内侧边坡宜采用 $1:2 \sim 1:3$，外侧坡度与挖方边坡坡度相同。流线型边沟，适用于沙漠或积雪地区的路基。

1.2.2　截水沟

截水沟根据路基填挖情况和所处位置可以分为路堤截水沟、堑顶截水沟和平台截水沟，一般设置在挖方路基边坡坡顶以外，或山坡路堤坡脚上方的适当地点。它的主要用途是拦截并排除路基上方流向路基的地面水流，保护挖方边坡和填方坡脚不受流水冲刷，如图 4-4 所示。

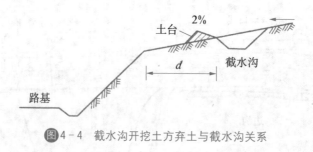

图 4-4　截水沟开挖土方弃土与截水沟关系

当雨水较少、坡面较低且土质坚硬时，可不设截水沟。反之，如果降水量较多，山坡覆盖层比较松软，植被较差，汇水面积较大，必要时可设置两道或多道截水沟。施工技术要求主要有：

（1）截水沟应先施工，沟底纵坡不应小于 0.5%，与其他排水设施应衔接平顺，以免水流停滞。

（2）截水沟应按设计要求进行防渗及加固处理。地质不良地段、土质松软路段、透水性大或岩石裂隙较多地段，截水沟沟底、沟壁、出水口都应进行加固处理，防止水流渗漏和冲刷。

（3）截水沟内的水流应避免流入边沟，而是将水流排入截水沟所在山坡一侧的自然沟或直接引入到桥涵进口处，以防止在山坡上任其自流，造成冲刷。加固后的截水沟在山坡上方一侧的砌体与山坡土体连接处，容易产生渗漏水，应严格进行夯实和防渗处理，以防止顺山坡下来的水渗入而影响山坡稳定。

1.2.3 排水沟

主要用途在于引水，将路基范围内各种水源的水流（如边沟、截水沟、取土坑、边坡和路基附近积水），引至桥涵或路基范围以外指定地点，如图 4-5 和 4-6 所示。

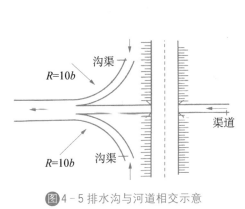

图 4-5 排水沟与河道相交示意   图 4-6 排水沟位置示意

排水沟的断面形式：一般为梯形断面，底宽不小于 0.5 m，深度根据流量而定，但不宜小于 0.5 m，边坡坡度视土质情况而异，一般可取 1∶1～1∶1.5，排水沟应尽量做成直线，如必须转弯时，其半径不宜小于 10～20 m，水沟长度按实际需要而定，通常不宜大于 500 m。当排水沟中的水流流入河道或沟渠时，应使原河道不产生冲刷或淤积。一般应使排水沟与原河道两者水流的流向成锐角相交，并力求小于 45°，保证汇流处水流畅通。如限于地形，锐角连接有困难时，可用半径为 $R=10b$（b 为排水沟顶宽）的圆弧相连。

1.2.4 急流槽

急流槽主要用于陡坡地段的排水，以达到水流的消能或减缓流速，是山区公路普遍采用的排水结构物。急流槽的构造如图 4-7 所示。按水力计算特点分为进口、主槽（槽身）和出口三部分。急流槽各个部分的尺寸依水力计算而定。一般急流槽的壁厚，浆砌片石为 0.3～0.4 m，混凝土为 0.2～0.3 m，壁应高出计算水深至少 0.2 m，槽底厚度为 0.2～0.4 m，且宜砌成粗糙面或嵌坚硬小块，以达到消能和减小流速的目的。为了基础稳固，应在其底部每隔 2.5～5.0 m 设置 0.3～0.5 m 深的耳墙。急流槽很长时应分段修筑，每 10 m 设置伸缩缝，缝用防水材料填充。进水口与槽身连接处因断面不同需设过渡段，为使出水口水流流速与下游的容许流速相适应，槽底可采用几个坡度，上面较陡，向下逐渐放缓。

施工技术要求：片石砌缝应不大于 40 mm，砂浆饱满，槽底表面粗糙。急流槽分节长度

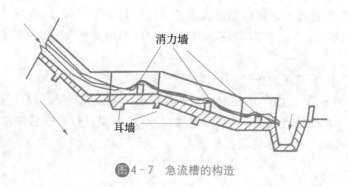

图4-7 急流槽的构造

宜为5～10 m,接头处应用防水材料填缝。混凝土预制块急流槽分节长度宜为2.5～5 m,接头采用榫接。如设计没有规定,可采用断面尺寸为:槽底厚度200～400 mm,槽壁厚度300～400 mm,槽宽最小250 mm。

1.2.5 跌水

跌水的基本构造按水力计算特点,可分为进水口、消力池和出水口三个组成部分,如图4-8所示。跌水可分为单级跌水和多级跌水,对于在较长陆坡地段,为减缓水流速度和消能,可采用多级跌水,如图4-9所示。多级跌水底宽和每级长度可以采用各自相等的对称形,亦可根据实地需要相应确定。

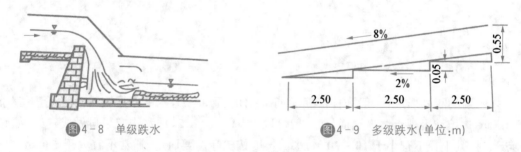

图4-8 单级跌水 图4-9 多级跌水(单位:m)

跌水各个组成部分的尺寸,应通过水力计算确定。一般情况下,如果地质条件良好,地下水位较低,设计流量小于1～2 m³/s,跌水台阶(护墙)高度≤2 m。常用的简易多级跌水,台高为0.3～0.6 m,每阶高度与长度之比应大致等于地面坡度。护墙用石砌或混凝土浇筑,墙基埋置深度为水深 α 的1～1.2倍,并不小于1 m,且应深入冰冻线以下,浆砌片石为0.25～0.4 m,混凝土为0.25～0.3 m。消力池起消能作用,要求坚固耐用,底部应有1‰～2‰的纵坡,底厚为0.3～0.35 m,壁高应比计算水深至少大0.2 m,壁厚与护墙厚度可相同。消力池末端设有消力槛,槛高依计算而定,应低于池内水深,一般为护墙墙度的1/5～1/4,一般取15～20 mm。消力槛顶部宽不小于0.4 m,底部预留孔径为5～10 cm的泄水孔,间距1～2 m,以便水流中断时排除池内的积水。跌水两端的土质沟渠应适当加固,避免产生水流冲刷或淤积。

1.2.6 蒸发池

蒸发池仅适用于我国北方气候干旱、蒸发量大且排水困难的地段。平原地区排水较困难,挖成取土坑后其底部比原地面低,排水更困难。以取土坑作为蒸发池,在雨水较少地区是一种较好的经济选择。施工技术要求有以下几点:

（1）蒸发池与路基之间的距离应满足路基稳定要求。湿陷性黄土地区，蒸发池与路基排水沟外缘的距离应大于湿陷半径。

（2）不得因设置蒸发池而使附近地基泥沼化或对周围生态环境产生不利影响。

（3）蒸发池池底宜设 0.5% 的横坡，入口处应与排水沟平顺连接。

（4）蒸发池四周应进行围护，防止行人落入池中。

1.2.7　油水分离池

（1）污水进入油水分离池前应先通过格栅和沉沙池处理。

（2）不得由于设置油水分离池而污染当地生态环境。

（3）池底、池壁和隔板应采用浆砌片石或现浇混凝土进行加固。

1.2.8　排水泵站

（1）路基汇水无法自流排出时，可设置排水泵站。排水泵站包括集水池和泵房。

（2）集水池的容积应根据汇水量、水泵能力和水泵工作情况等因素确定。

（3）水泵抽出的水应排至路界之外。

油水分离池和排水泵站这两种排水设施在已建和在建的公路工程中应用较少。

1.2.9　倒虹吸与渡水槽

设置于水流需要横跨路基，同时受到设计高程的限制，从路基底部或上部架空跨越。前者称为倒虹吸，后者称为渡水槽。

1. 倒虹吸

水流横跨路基且受到设计高程限制时，通过多次改变水流方向从路基下方跨越的排水设施。倒虹吸是利用上下游沟渠水位差作用，管道为有压管道，水流条件较差，结构要求高，应谨慎使用。

倒虹吸由进水口、沉淀池、出水口等组成，如图 4-10 所示。管身尺寸需水力计算获得。

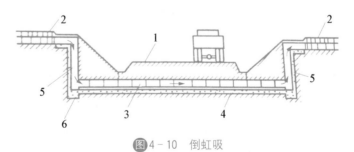

图 4-10　倒虹吸

1—路基；2—原沟渠；3—洞身；4—垫层；5—竖井；6—沉淀池

2. 渡水槽

水流横跨路基且受到路基高程限制时，水流从路基上方跨越的排水设施。渡水槽应满足道路对净空与美化的要求，结构与桥梁相似，主要作用是沟通水流，在效能上应满足结构强度和排水要求，防止冲刷和渗漏。

渡水槽由进出水口、槽深、下部支撑组成，如图 4-11 所示。其尺寸都需水力计算获得。

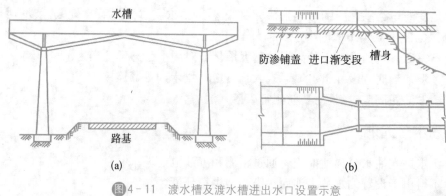

水槽

路基

(a)

防渗铺盖 进口渐变段 槽身

(b)

图4-11 渡水槽及渡水槽进出水口设置示意

《公路工程质量
检验评定标准》
(JTGF801—2017)

1.3 地表排水工程质量要求与检验评定

地表排水设施的技术要求和质量标准应符合《公路工程质量检验评定标准》(JTG F80/1—2017)的规定。其中对于跌水、急流槽、水簸箕等其他排水工程的质量标准可参照土沟或浆砌排水沟要求,不再单列项目。

按照评定标准,公路排水工程质量检验评定的内容包括基本要求、实测项目、外观鉴定和质量保证资料四大部分。地表排水工程各类设施分别进行质量检验和评定。

1.3.1 土沟

土沟包括边沟、排水沟和截水沟。

1. 基本要求

土沟边坡必须平整、坚实、稳定,严禁贴坡。沟底应平顺整齐,不得有散土和其他杂物,排水畅通。

2. 实测项目

土沟实测项目包括沟底高程、断面尺寸、边坡坡度和边棱顺直度 4 个检查项目,检查评定方法见表 4-1。

表4-1 土沟检查评定方法

项次	检查项目	规定值或允许偏差	检查方法和频率
1	沟底高程(mm)	0,-30	水准仪:每 200 m 测 4 点,且不少于 5 点
2	断面尺寸(mm)	不小于设计	尺量:每 200 m 测 2 点,且不少于 5 点
3	边坡坡度	不陡于设计	尺量:每 200 m 测 2 处
4	边棱直顺度(mm)	50	尺量:20 m 拉线,每 200 m 测 2 点,且不少于 5 点

3. 外观鉴定

沟内不得有杂物,无排水不畅。

1.3.2 浆砌排水沟

1. 基本要求

(1)砌体砂浆配合比准确,砌缝内砂浆均匀饱满,勾缝密实。

(2)浆砌片(块)石、混凝土预制块的质量和规格,应符合国家和行业强制性标准以及合同约定的其他标准的规定,并满足设计要求。

（3）基础中缩缝应与墙身缩缝对齐。

2. 实测项目,见表4-2。

表 4-2　浆砌排水沟实测项目

项次	检查项目	规定值或允许偏差	检查方法和频率
1△	砂浆强度(MPa)	在合格标准内	按《公路工程质量检验评定标准》(JTG F80/1—2017)附录 F 检查
2	轴线偏位(mm)	50	全站仪或尺量:每 200 m 测 5 点
3	沟底高程(mm)	±15	水准仪:每 200 m 测 5 点
4	墙面直顺度(mm)	30	20 m 拉线:每 200 m 测 2 点
5	坡度	满足设计要求	坡度尺:每 200 m 测 2 点
6	断面尺寸(mm)	±30	尺量:每 200 m 测 2 个断面,且不少于 5 个断面
7	铺砌厚度(mm)	不小于设计值	尺量:每 200 m 测 2 点
8	基础垫层宽、厚(mm)	不小于设计值	尺量:每 200 m 测 2 点

3. 外观鉴定

（1）砌体抹面不得有空鼓。

（2）沟底不得有杂物,无排水不畅。

1.4　地下排水设施施工技术要求

路基地下排水主要是排出流向路基的地下水或降低地下水位。排水设施包括暗沟管、渗沟、渗井、仰斜式排水孔、检查疏通井等。地下排水设施的类型、位置及尺寸应根据工程地质和水文地质条件确定,并与地表排水设施相协调。

1.4.1　暗沟(管)

暗沟是设在地面以下引导水流的沟道。暗沟横断面一般为矩形,井壁和沟底、沟壁用浆砌片石或水泥混凝土预制块砌筑,沟顶设置混凝土或石盖板,盖板顶面上的填土厚度不应小于 0.5 m。近年来,采用暗管的形式也较多。一般情况下,暗沟主要用于把路基范围内的泉水或渗沟所拦截、汇集的水流引到路基范围之外,如图4-12所示。在高速公路、一级公路

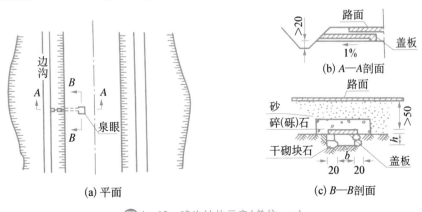

(a) 平面　　(b) A—A剖面　　(c) B—B剖面

图 4-12　暗沟结构示意(单位:cm)

等有中央分隔带的道路、宽阔的广场市区及街道中有雨水时,也可通过雨水口将地面水引入地下暗沟予以排除,暗沟可以设置在一侧或两侧边沟下面,主要是为了拦截流向路基的层间水,降低地下水位,减少路基工作区的水分,避免路基强度降低。

暗沟应在路基填土前或开挖后,按照泉眼的范围及流量的大小或渗沟汇集的水流情况,确定断面尺寸。其构造比较简单,可按需砌筑沟壁,上盖混凝土(或石)盖板,然后在盖板周围做反滤层,即将碎砾石按颗粒大小自上而下、由外及内,逐渐增大铺筑,每层厚不小于0.15 m。反滤层顶部设双层反铺草皮,再用黏土夯实,以免地下水下渗和黏土颗粒落入反滤层。横断面可做成矩形,也可做成管状,底宽或管径 b 应按泉眼大小或流量而定,一般为0.2～0.3 m;净高约 0.2 m。暗沟不宜过长,沟底应设有不小于 1% 的纵坡,出水口处应加大纵坡并应高出地表排水沟常水位 0.2 m 以上,以防水流倒灌,寒冷地区的暗沟应作防冻保温处理或将暗沟设在冻结深度以下。

暗沟施工技术要求如下:

(1) 沟底必须埋入不透水层内,沟壁最低一排渗水孔应高出沟底至少 200 mm。

(2) 暗沟设在路基旁侧时,宜沿路线方向布置;设在低洼地带或天然沟谷处时,宜顺山坡的沟谷走向布置。沟底纵坡应大于 0.5%,出水口处应加大纵坡,并高出地表排水沟常水位 200 mm 以上。

(3) 寒冷地区的暗沟应按照设计要求作好防冻保温处理,出口处也应进行防冻保温处理,坡度宜大于 5%。

(4) 暗沟采用混凝土或浆砌片石砌筑时,在沟壁与含水层接触面以上高度,应设置一排或多排向沟中倾斜的渗水孔,沟壁外侧应填筑粗粒透水性材料或土工合成材料形成反滤层。沿沟槽底每隔 10～15 m 或在软硬岩层分界处应设置沉降缝和伸缩缝。

(5) 暗沟顶面必须设置混凝土盖板或石料盖板,板顶上填土厚度应大于 500 mm。

1.4.2 渗沟

一般采用渗透方式来汇集、拦截并排出流向路基的地下水,使路基不因地下水产生病害的地下排水设施统称为渗沟,它适用于地下水量大、分布广的路段,可设置在边沟、路肩、路中线以下或路基上侧山坡适当的位置,当地下水埋藏较浅或有固定含水层时宜采用渗沟。根据使用部位、结构形式不同,渗沟可分为填石渗沟、管式渗沟、洞式渗沟(图 4－13)、边坡渗沟、支撑渗沟、无砂混凝土渗沟等,各类渗沟均应设置排水层、反滤层和封闭层,作用分别为:

(1) 排水层(填石、管或洞)。填石渗沟的排水层可采用石质坚硬、颗粒较大的碎(砾)石填充,以保证有足够的排水能力;管式渗沟的泄水管是用陶土、混凝土、石棉、聚乙烯等材料制作而成的带孔管道,管壁应设泄水孔并呈梅花形交错布置,间距不应大于 20 cm;洞式渗沟的排水层采用浆砌片石砌筑,能排除较大的水流。

(2) 反滤层。反滤层是用来汇集水流,防止细粒土石堵塞排水层而设的,反滤层应尽可能选用颗粒均匀的砂石材料,应按粒径由上而下、自外向内逐渐增大,分层填埋,相邻两层粒径之比不应小于 1∶4,每层厚度不小于 0.15 m 或采用渗水土工织物做反滤层。

(3) 封闭层。封闭层是为了避免土粒掉进填充石料的孔隙而堵塞渗沟,同时为了防止地面水渗入渗沟内而设的。它可用双层反铺草皮、沥青材料或浆砌片石制作。

渗沟宜从下游向上游开挖,开挖作业面应根据土质选用合理的支撑形式,并应随挖随支撑、及时回填,不可暴露太久。支撑渗沟应分段间隔开挖。深而长的暗沟(管)、渗沟,在直线段每隔一定距离及平面转弯、纵坡变坡点等处,宜设置检查井、疏通井。检查井内应设检查

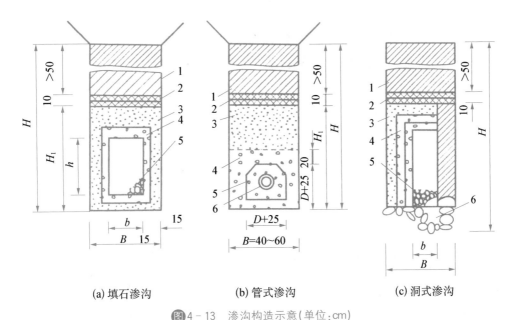

(a) 填石渗沟　　　　　(b) 管式渗沟　　　　　(c) 洞式渗沟

图 4-13　渗沟构造示意(单位:cm)

1—夯实黏土;2—双层反铺草皮;3—粗砂;4—石屑;5—碎石;6—浆砌片石沟洞

梯,井口应设井盖兼起渗井作用的检查井的井壁应设置反滤层。下面分别介绍填石渗沟、管式渗沟和洞式渗沟及相关配套结构的施工要点。

1. 填石渗沟

(1) 石料应洁净、坚硬、不易风化。砂宜采用中砂,含泥量应小于 2%,严禁用粉砂、细砂。

(2) 渗水材料的顶面(指封闭层以下)不得低于原地下水位。当用于排除层间水时,渗沟应埋置在最下面的不透水层。在冰冻地区,渗沟埋置深度不得小于当地最小冻结深度。

(3) 填石渗沟纵坡不宜小于 1%。出水口底面高程应高出渗沟外最高水位 200 mm。

2. 管式渗沟

为拦截含水层的地下水或降低地下水位,可设置管式渗沟。当管式渗沟长度大于 100 m 时,应在其末端设置疏通井,并设横向泄水管,分段排除地下水。管节宜用承插式柔性接头连接。

3. 洞式渗沟

在盛产石料地区,也可采用洞式渗沟在路基范围外拦截地下水。

(1) 洞式渗沟填料顶面宜高于地下水位。

(2) 洞式渗沟顶部必须设置封闭层,厚度应大于 500 mm。

4. 边坡渗沟

为疏干潮湿的土质路堑边坡坡体和引排边坡上局部的上层滞水或泉水,可采用边坡渗沟,如图 4-14 所示。

(1) 边坡渗沟的基底应设置在潮湿土层以下的干燥地层内,阶梯式泄水坡度宜为 2%~4%,基底应铺砌防渗层。

(2) 沟壁应设反滤层,其余部分用透水性材料填充。

5. 支撑渗沟

(1) 支撑渗沟的基底宜埋入滑动面以下至少 500 mm,排水坡度宜为 2%~4%。当滑动面较缓时,可做成台阶式支撑渗沟,台阶宽度宜大于 2 m。

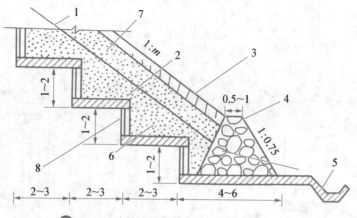

图 4-14 边坡渗沟布置和构造示意(单位:m)

1—干湿土层分界线;2—浆砌片石铺砌;3—干砌片石覆盖;4—干砌片石垛;
5—边沟;6—沟内回填粗粒料;7—上部回填细粒料;8—反滤织物或反滤层

（2）渗沟侧壁及顶面宜设反滤层。寒冷地区,渗沟出口应进行防冻处理。

（3）渗沟的出水口宜设置端墙。端墙内的出水口底高程应高于地表排水沟常水位
200 mm 以上,寒冷地区宜大于 500 mm。承接渗沟排水的排水沟应进行加固。

6. 反滤层

（1）在渗沟的迎水面设置粒料反滤层时,粒料反滤层应用颗粒大小均匀的碎石、砾石,
分层填筑。

（2）土工布反滤层采用缝合法施工时,土工布的搭接宽度应大于 100 mm。铺设时应紧
贴保护层,但不宜拉得过紧。土工布破损后应及时修补,修补面积应大于破坏面积的 4～5
倍。坑壁土质为黏性土或粉细砂土,采用无砂混凝土板做反滤层时,在无砂混凝土板的外
侧,应加设 100～150 mm 厚的中粗砂或渗水土工织物反滤层。

渗沟基底应埋入不透水层,沟壁的一侧应设反滤层汇集水流,另一侧用黏土夯实或浆砌
片石拦截水流。如渗沟沟底不能埋入不透水层,两侧沟壁均应设置反滤层。

无砂混凝土既可作为反滤层,也可作为渗沟,是近几年在公路地下排水设施中应用的新
型排水设施。用无砂混凝土作为透水的井壁和沟壁,以替代较复杂的反滤层和渗水孔设备,
并可承受适当的荷载,具有透水性和过滤性好、施工简便、省料等优点,值得推广应用。

预制无砂混凝土板块作为反滤层,用在卵砾石、粗中砂含水层中效果良好,如用于细颗
粒土地层,应在无砂混凝土板块外侧铺设土工织物作为反滤层,用以防止细颗粒土堵塞无砂
混凝土块的孔隙。

7. 封闭层

渗沟顶部应设置封闭层,封闭层宜采用浆砌片石或干砌片石水泥砂浆勾缝,寒冷地区应
设保温层,并加大出水口附近纵坡。保温层可采用炉渣、砂砾、碎石或草皮等。

1.4.3 渗井

渗井,是在地层中开凿立式孔洞,将地面水和上层地下水引向更深的地下层,符合自然
渗水规律,是一种立式地下排水设施。

其施工应符合以下规定:

（1）填充料含泥量应小于 5%,按单一粒径分层填筑,不得将粗细材料混杂填塞。下层透
水层范围内宜填碎石或卵石,上层不透水范围内宜填砂或砾石。井壁与填充料之间应设滤层。

（2）渗井顶部四周用黏土填筑围护，井顶应加盖封闭。

（3）渗井开挖应根据土质选用合理的支撑形式，并应随挖随支撑、及时回填。

1.4.4　隔离工程土工合成材料

隔离工程土工合成材料施工应符合以下规定：

（1）采用搭接铺设，搭接长度宜为 1000 mm。

（2）土工织物上填料为碎石、砂砾或矿渣时，其最大粒径宜小于 26.5 mm，通过 19 mm 筛孔的材料不得大于 10%，通过 0.075 mm 筛孔的材料塑性指数不得大于 6。

（3）排水隔离层顶面应高出地下水位 300 mm 以上。

1.4.5　仰斜式排水孔

仰斜式排水孔是采用小直径的排水管在边坡体内排除深层地下水的一种有效方法，它可以快速疏干地下水，提高岩（土）体抗剪强度，防止边坡失稳，并减少对岩（土）体的开挖，加快工程进度和降低造价，因而在国内外山区公路中得到广泛应用。

仰斜式排水孔施工应符合下列规定：

（1）钻孔成孔直径宜为 75～150 mm，仰角不小于 6°，孔深应延伸至富水区。

（2）排水管直径宜为 50～100 mm，渗水孔宜按梅花形排列，渗水段裹 1～2 层无纺土工布，防止渗水孔堵塞。

1.4.6　承压水的排除

（1）一般地区埋深较浅的承压水，宜采取在承压水出口处抛填片石或混凝土预制块等措施，使承压水消能为无压水流后再采用排水沟、渗沟等方式排走，也可用隔离层把承压水引入排水沟。

（2）一般地区层间重力水，可根据不同的含水情况和压力情况，采取渗沟、排水沟、渗井和暗沟（管）等措施排除。

（3）寒冷地区，埋藏于冻土层以下的承压水，宜采取渗沟、排水沟、渗井和暗沟（管）等措施排除。如果因地形条件所限，排水设施不能埋设于当地冰冻深度以下时，上层填土宜采取保温措施，与排水设施出口处相连接的沟槽应做成保温沟，保温沟的保温覆盖层的布设范围应在排水设施出口处向外延伸 2～5 m，并应加大出水口处排水沟纵坡。

在寒冷地区，山坡较平缓，含水量和覆盖层又较浅，且涌水量、动水压力不大的情况下，可在覆盖层中挖冻结沟，使含水层袒露于负温下冻结。

1.5　地下排水工程质量检验评定

1.5.1　管道基础及管节安装

1. 基本要求

管材必须逐节检查，不得有裂缝、破损。基础混凝土强度达到 5MPa 以上时，方可进行管节铺设。管节铺设应平顺、稳固，管底坡度不得出现反坡，管节接头处流水面高差不得大于 5 mm。管内不得有泥土、砖石、砂浆等杂物。管道内的管口缝，当管径大于 750 mm 时，应在管内作整圈勾缝。管口内缝砂浆平整密实，不得有裂缝、空鼓现象。抹带前，管口必须洗刷干净,管口表面应平整密实,无裂缝现象,抹带后应及时覆盖养生。设计中要求防渗漏的排水管须作渗漏试验,渗漏量应符合要求。

2. 实测项目,见表 4-3

表 4-3 管道基础及管节安装实测项目

项次	检查项目		规定值或允许偏差	检查方法和频率	权值
1	混凝土抗压强度或砂浆强度(MPa)		在合格标准内	按《公路工程质量检验评定标准》(JTG F80/1—2017)附录 D、F 检查	3
2	管轴线偏位(mm)		15	全站仪或尺量:每两井间测 3 处	2
3	流水面高程(mm)		±10	水准仪、尺量:每两井间进出水口各 1 处,中间 1~2 处	2
4	基础厚度(mm)		不小于设计	尺量:每两井间测 3 处	1
5	管座	肩宽(mm)	+10,-5	尺量:每两井间测 2 处	1
		肩高(mm)	±10		
6	抹带	宽度	不小于设计值	尺量:按 10% 抽查	2
		厚度	不小于设计值		

3. 外观鉴定

管道基础混凝土表面平整密实,侧面蜂窝不得超过该表面积的 1%,深度不超过 10 mm。不符合要求时,减 1~3 分。管节铺设直顺,管口缝带圈平整密实,无开裂脱皮现象。不符合要求时,每处减 1~2 分。抹带接口表面应密实光洁,不得有间断和裂缝、空鼓。不符合要求时,每处减 1~2 分。

1.5.2 检查(雨水)井砌筑

1. 基本要求

井基混凝土强度达到 5 MPa 时,方可砌筑井体。砌筑砂浆配合比准确、井壁砂浆饱满,灰缝平整。圆形检查井内壁应圆滑,抹面密实光洁,踏步安装牢固。井框、井盖安装必须平稳,井口周围不得有积水。

2. 实测项目,见表 4-4

表 4-4 检查(雨水)井砌筑实测项目

项次	检查项目		规定值或允许偏差	检查方法和频率
1	砂浆强度(MPa)		在合格标准内	按《公路工程质量检验评定标准》(JTG F80/1—2017)附录 F 检查
2	中心点位(mm)		50	全站仪:逐井检查
3	圆井直径或方井长、宽(mm)		±20	尺量:逐井检查,每井测 2 点
4	壁厚(mm)		-10,0	尺量:逐井检查,每井测 2 点
	井底高程(mm)		±20	水准仪:逐井检查
5	井盖与相邻路面高差(mm)	雨水井	0,-4	水准仪、水平尺:逐井检查
		检查井	0,+4	

3. 外观鉴定

井框、井盖安装不应松动,井口周围不得有积水。

任务 2　路面排水设施及施工

路面排水设施包括路面表面排水和路面内部排水。

路面排水不良的危害包括:浸湿各结构层材料和路基土,易造成无黏结粒状材料和地基土的强度降低;使混凝土路面产生唧泥,随之出现错台、开裂和整个路肩破坏;进入空隙的自由水在行车荷载的作用下,会形成高孔隙水压力和高流速的水流,引起路面基层的细颗粒产生唧泥,结果路面失去支撑;在冰冻深度大于路面厚度的地方,高地下水位会造成冻胀,并在冻融期间降低承载能力。水使冻胀土产生不均匀冻胀;与水经常接触将使沥青混合料剥落,影响沥青混凝土耐久性并产生龟裂。

2.1　路面表面排水

表面排水的任务就是迅速把降落在路面和路肩表面的降水排走,以免造成路面积水而影响行车安全。

2.1.1　路面表面排水的一般规定

路堑地段路面表面水应通过横向排流的方式汇集于边沟内。路堤较高且边坡坡面未作防护,或坡面虽有防护措施但仍有可能受到冲刷的路段,应采用路面集中排水系统排除路表水。路线纵坡平缓、汇水量不大、路堤较低且边坡坡面不易受到冲刷的路段,以及设置了具有截、排水功能的骨架护坡的高填方路段,可采用路面横向分散漫流排水方式排除路表水。设置拦水带汇集路表水时,高速公路及一级公路的设计积水宽度不得超过右侧车道外边缘,二级及二级以下公路不得超过右侧车道中心线。当硬路肩宽度较窄、汇水量大或拦水带形成的过水断面不足时,可采用沿土路肩设置 U 形路肩边沟等措施加大过水断面。路肩边沟宜采用水泥混凝土等预制件铺筑。采用路面横向分散漫流方式排除路表水时,宜对土路肩及坡面进行加固。

设直拦水带后,路面表面水会汇集在拦水带过水断面内而形成积水,如过水断面内的积水侵入行车道路面,会对行车的安全性造成不利影响,因此过水断面宽度须符合规范要求。采用横向分散漫流方式排除路表水,土路肩加固后,易在土路肩与坡面交界处产生冲刷,因此要求对坡面一并进行加固。

2.1.2　路肩拦水带

拦水带是指沿硬路肩外侧或路面外侧边缘设置的用来拦截路面和路肩表面水的堤埝。当路面排水采用集中排水方式时,需设置拦水带,将路面表面水汇集在拦水带内,通过间隔一定距离设置的泄水口和急流槽集中排放到路堤坡脚外。

路肩拦水带施工应符合以下规定:

(1)路肩拦水带宜采用水泥混凝土、沥青砂或当地其他材料预制或现场浇筑。在季冻区及受盐侵蚀破坏的路段,宜采用现浇沥青砂、花岗岩、陶瓷预制件等耐冻、耐盐蚀材料。拦水带宜采用梯形横断面。条文说明在季冻区地区,由于冻融循环以及融雪剂的腐蚀作用,水泥混凝土拦水带冻害较为严重,影响拦水功能,因此要求采用耐冻性好、耐盐蚀的材料。

（2）拦水带泄水口的间距应根据过水断面水面漫盖宽度的要求和泄水口的泄水能力确定,宜为 25～50 m,高速公路、一级公路车道较多时,宜采用较小的泄水口间距。在凹形竖曲线底部、道路交叉口、匝道口、与桥涵构造物连接、填挖交界等处应设置拦水带泄水口。凹形竖曲线的底部应加密设置泄水口。

（3）拦水带泄水口宜设置成喇叭口式。设在纵坡较大坡段上的泄水口,宜采用不对称的喇叭口式,喇叭口上游方向与下游方向的长度之比不宜小于 3：1,上游方向渐变段最小半径不宜小于 900 mm,下游方向最小半径不宜小于 600 mm。

2.1.3 中央分隔带排水

中央分隔带表面未采用铺面封闭时,分隔带内部宜设置由防水层、纵向排水渗沟、集水槽和横向排水管等组成的防排水系统,如图 4-15 所示。宽度大于 3 m 的中央分隔带表面宜设置成浅碟形。

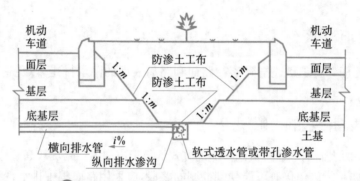

图 4-15　不铺面中央分隔带防排水系统示意图

（1）降雨量较大地区,中央分隔带未设置完善的防排水设施的路段,降雨渗入后不能及时排除,会造成路基土含水率过大等不利影响,降低路基路面承载能力,在季冻区还会加剧冻害。

（2）中央分隔带排水渗沟宜设置在通信管道之下,渗沟顶面与回填土之间应设置反滤层,渗沟两侧及底部应设置防水层。

（3）降雨量较小、中央分隔带较窄时,中央分隔带可采用表面铺面封闭分散排水。分隔带铺面应采用两侧外倾的横坡,坡度宜与路面横坡度相同,铺面材料可采用沥青处治材料或其他封闭材料,如图 4-16 所示。

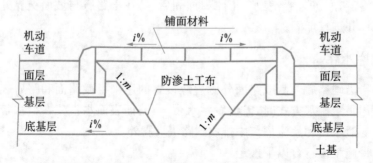

图 4-16　铺面中央分隔带防排水系统示意

（4）中央分隔带回填土与路面结构之间应设置防水层。

路基路面工程

2.1.4　超高段排水

超高段外侧排水,可根据降雨量及路面宽度,采取经内侧路面排除或设置地下排水设施排除的方案,并应符合以下规定:年降水量小于 400 mm 的地区,双向四车道公路,可采用在中央分隔带设开口明槽方案,路面水流经内侧路面排除。年降水量大于或等于 40 mm 的地区,或车道数超过四车道,外侧路面水宜通过地下排水系统排除。

超高路段的地下排水系统应由纵向集水沟(管)、集水井、检查井、横向排水管、急流槽等组成。

纵向集水沟(管)、集水井及检查井等排水设施应在中间带内设置,不得侵入行车道。

纵向集水沟(管)可采用缝隙式集水沟(管)、碟形浅沟或设带孔盖板的矩形沟等形式。沟底纵坡宜与路线纵坡一致,且不应小于 0.3%。

集水井的形式、数量和间距应根据超高路段的外侧半幅路面汇水面积、流量及出水口的泄流能力确定。集水井的间距宜为 20~50 m,纵向集水沟(管)串联集水井的个数不宜超过 3 个。路线纵坡小于 0.3% 的路段,可增加集水井数量。

纵向集水沟、集水井及检查井等的盖板材料应采用钢筋混凝土、铸铁或钢筋加强的复合材料,材料强度和盖板厚度应根据设计汽车荷载等级计算确定。

2.2　路面内部排水

路面内部排水系统叮由路面边缘排水系统、排水基层或排水垫层单独或组合构成。

2.2.1　路面边缘排水系统

(1)概念:路面边缘排水系统是由沿边缘设置的透水性填料集水沟、纵向排水沟、横向出水管和过滤织物组成的边缘排承系统。

(2)原理:将渗入路面结构内的自由水,先沿路面结构层间空隙或某一透水层次横向流入纵向集水沟和排水管,再由横向出水管排引出路基。

(3)特点:自由水在路面结构层内沿层间渗流的速率要比向下渗流的速率慢许多倍,并且部分自由水仍有可能被阻封在路面结构内,因而,边缘排水系统的渗流时间较长,路面结构处于潮湿状态的时间要比基层排水系统长许多。

(4)用途:常用于基层透水性小的水泥混凝土路面,特别是用于改善排水状况不良的旧水泥混凝土路面。

路面边缘排水系统应沿路面结构外侧边缘设置,宜由透水性填料集水沟、纵向排水管、横向出水管和过滤织物等组成,如图 4-17 所示。

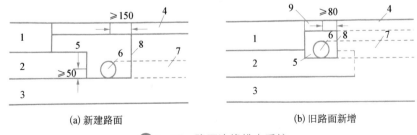

(a)新建路面　　　　　　　(b)旧路面新增

图 4-17　路面边缘排水系统

1—面层;2—基层;3—垫层;4—路肩面层;5—集水沟;
6—排水管;7—出水管;8—反滤织物;9—回填路肩面层

集水沟底面的最小宽度,对于新建路面,不宜小于 0.3 m,对于旧路面新增边缘排水,系统应能保证排水管两侧各有至少 0.1 m 宽的透水填料。透水填料底面和外侧应铺反滤织物。

透水性填料宜采用水泥处治开级配碎石。

纵向带孔排水管管径应按设计流量根据水力计算确定,宜在 70~150 mm 范围内选用。管材强度及埋设深度应保证不被车辆或施工机械压坏。新建路面时,排水管管底宜与基层底面齐平,旧路面新增边缘排水系统时,管中心应低于基层顶面。排水管的纵坡宜与路线纵坡相同,且不宜小于 0.3%。

纵向排水管宜选用聚氯乙烯(PVC)或聚乙烯(PE)塑料管,每延米排水管的开口总面积不宜小于 4 200 mm²。宜设 3 排槽口或孔口,沿管周边等间隔(1 200 mm)排列。设槽口时,槽口的宽度可为 1.3 mm,长度可为 15 mm,设孔口时,孔的直径可为 5 mm。

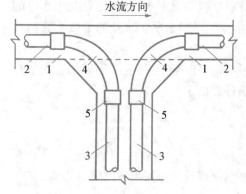

图 4-18　边缘排水系统出水管布置示意
1—集水;2—排水管;3—出水管;
4—半径不小于 300 mm 的弯管;5—承口管

横向出水管管径应不小于纵向排水管管径,其间距和安设位置应根据水力计算,并结合邻近地面高程和公路纵横断面情况确定,横向坡度不宜小于 5%。除了起端和终端外,中间段的出水管宜采用双管的布置方案,出水管与排水管之间应采用圆弧形承口管联结,圆弧半径不宜小于 300 mm,如图 4-18 所示。埋设出水管应采用反开槽法,并用低透水材料回填。出水管的外露端头应采取用镀锌铁丝网或格栅罩住等措施,出水口的下方应采取铺设水泥混凝土防冲刷垫板或者对泄水道的坡面进行浆砌片石防护等措施,防止冲刷路基边坡。出水水流应引排至排水沟或涵洞内。

2.2.2　排水基层

(1)概念:直接在面层下设置透水性排水基层,在其边缘设置纵向集水沟、排水管以及横向出水管等,组成排水基层排水系统。

(2)原理:采用透水性材料做基层,使渗入路面结构内的水分,先通过竖向渗流进入排水层,然后横向渗流进入纵向集水和排水管,再由横向出水管排出路基。

(3)材料:排水层的透水性材料可以采用经水泥或沥青处治,或未经处治的开级配碎石集料。

(4)特点:由于自由水进入排水层的渗流路径短,在透水性材料中渗流速率快,其排水效果要比边缘排水系统好得多。

(5)用途:一般在新建路面时采用此方案。

排水基层施工要求:

(1)透水性排水基层应直接设置在面层下,排水基层下应设置不透水层阻截自由水的下渗。排水基层可采用横贯路基整个宽度的形式,也可采用在排水基层边缘设置边缘排水系统的形式。

(2)排水基层可采用水泥或沥青处治的不含或含少量粒径 4.75 mm 以下细料的开级配碎石材料,也可采用未经结合料处治的开级配碎石材料,并应符合以下规定:① 集料应选用洁净、坚硬的碎石,其压碎值不得大于 28%。采用沥青处治时,最大公称粒径宜为 16 mm;采用水泥处治时,最大公称粒径宜为 19 mm。最大公称粒径不得超过层厚的 2/3,粒径 4.75 mm 以下细料的含量不得大于 10%。混合集料级配应满足透水性要求,且渗透系数不得小于 300 m/d。② 水泥处治碎石集料的水泥用量不得少于 160 kg/m³，其 7d 浸水抗压强度不得低于 3 MPa。沥青处治碎石集料的沥青用量可为集料烘干质量的 2.5%～4.5%。

（3）水泥混凝土面层的排水基层，宜采用水泥处治开级配碎石。沥青混凝土路面的排水基层，宜采用沥青处治碎石。

2.2.3　排水垫层

排水垫层宜采用横贯路基整个宽度的形式，也可采用结合边缘排水系统的形式，其厚度不宜小于 0.15 m。路基为路堑或半路堑时，挖方坡脚处还应设置纵向集水沟和排水管，如图 4-19 所示。

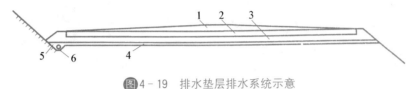

图 4-19　排水垫层排水系统示意

1—面层；2—基层；3—垫层；4—排水垫层；5—集水沟；6—排水管

复习思考题

一、选择题

1. 当路基上侧汇水面积较大时，应在挖方坡顶以外或填方路基上侧适当距离设（　　）

A. 边沟　　　　　　　B. 截水沟　　　　　　　C. 排水沟　　　　　　　D. 渗水沟

2. 为了排除路基范围内及流向路基的少量地表水，可设置（　　）

A. 排水沟　　　　　　B. 急流槽　　　　　　　C. 边沟　　　　　　　　D. 天沟

3. （　　）具有吸收、降低、汇集、排除地下水的功能。

A. 暗沟　　　　　　　B. 渗沟　　　　　　　　C. 截水沟　　　　　　　D. 渗水井

4. 路基下有泉水时，可采用（　　）引导水流到路基之外。

A. 渗沟　　　　　　　B. 排水沟　　　　　　　C. 渗水井　　　　　　　D. 暗沟

5. 截水沟在平面上布置的特点是（　　）

A. 与水流方向平行　　　　　　　　　　B. 与水流方向相反

C. 与水流方向垂直　　　　　　　　　　D. 因地形而已

6. 路基排水的目的是保护路基的（　　）

A. 强度　　　　　　　B. 稳定性　　　　　　　C. 强度和稳定性　　　D. 干燥

二、简答题

1. 地表排水设施施工技术要求有哪些？
2. 地表排水设施包括哪些？
3. 简述浆砌排水沟施工质量评定的方法。
4. 地下排水设施施工技术要求有哪些？
5. 地下排水设施包括哪些？
6. 简述路面内部排水系统的组成。
7. 排水基层的施工技术要求有哪些？

路基防护与支挡工程

课程思政

安全第一 警钟长鸣

学习目标

1. 掌握坡面防护、冲刷防护的类型、构造及施工方法。
2. 掌握挡土墙的类型、构造及施工方法。

重　点

1. 常见坡面防护、冲刷防护的类型、构造及施工方法。
2. 常见挡土墙的类型、构造及施工方法。

难　点

1. 重力式挡土墙的施工要点。
2. 重力式挡土墙的施工质量控制。

案例导入

　　上三高速公路 K100＋600 桩号附近的路肩式挡土墙,为衡重式直立挡土墙结构,高度为 5～8 m,宽 2 m.该挡土墙由浆砌片石而成。

图 5-0　某重力式挡土墙实景图

任务 1　认识路基防护与支挡工程

1.1　路基防护与支挡的目的

　　路基防护与支挡的目的,在于防止自然因素所引起的路基破坏和过量变形,同时稳定路基,美化路容,提高公路的使用品质。一般防护与支挡的重点是路基边坡,特别是不良地质与水文地段及沿河路基的边坡,有时也对附近可能危害路基的河流和山坡进行必要的防护,以保证防护加固工程能正常地工作。

　　随着公路等级的提高,为维护正常的汽车运输、确保行车安全以及保持公路与自然环境协调,做好路基的防护与支挡,具有重要意义。

1.2　防护与支挡工程的要求

　　防护与支挡工程是路基工程的组成部分。设计时要综合考虑。由于防护与支挡工程承受外力的能力很小,有的则完全不能承受外力作用,所以要求路基本身应是稳定的,否则路基得不到防护,加固工程也遭到破坏。

　　防护与支挡工程的施工,应分情况,按需要进行。对于挡土墙的施工,需与路基土石方施工配合进行;对于若不及时防护短期内就可能出现病害的地段,应在该段土石方施工结束后及时进行;一般的,可在路基土石方工程全部结束后进行。

　　对于沿河路基的边放防护,可综合考虑整治河道,使防护工程起到更好的效果;可设砌石护坡或石笼等一类直接防护构造物;也可修筑坝类间接防护构造物,用以改变水流状况,降低流速,减少冲刷;在冲刷严重地段,两者可兼用。

1.3　防护与支挡工程的分类

　　路基防护工程主要是指坡面防护和冲刷防护,支挡工程主要是指用于支撑路基填土或山坡土体,防止路基失稳的挡土墙工程。

1.3.1　防护工程

1. 坡面防护

　　坡面防护是指为防止边坡受冲刷在坡面上所做的各种铺砌和栽植的总称。主要用以防护易受自然因素影响而破坏的土质和岩质边坡。常用类型有植物防护(种草、铺草皮、植树)、砌石防护和坡面处治(抹面、勾缝、灌缝等)。植物防护又称为"生命"防护,以土质边坡为主,砌石防护和坡面处治又称为"无机"防护,以石质路堑边坡为主。

2. 冲刷防护

　　冲刷防护主要用以防护水流对路基的冲刷与淘刷,可分为直接防护和间接防护两类。直接防护类型有植物防护、砌石防护与支挡两种;间接防护主要指设置导治构筑物,如丁坝、顺坝,拦水坝等,必要时进行疏浚河床、改变河道,以改变流水方向,避免或缓解水流对路基的直接破坏作用。但改变水流流速、流向和原来状态,可能导致上下游路基及对面堤岸损害,因此,必须慎重对待,掌握流水运动规律,因势利导,防治结合,综合治理。

1.3.2　支挡工程

支挡工程主要用以防止路基变形或支挡路基本体或山体的位移,以保证其稳定性,常用的类型有路基边坡支撑(挡土墙、土垛、石垛及其他具有承重作用的构造物)和堤岸支挡(沿河驳岸、浸水挡土墙)。沿河驳岸与浸水挡土墙主要区别在于,前者主要起防水作用,后者既防水又兼起支挡路基的土侧压力。

路基防护与支挡工程中,一般把防止风化和冲刷,主要起隔离、封闭作用的措施称为防护工程。防护工程不能承受外力作用,所以要求路基本身必须是稳定的。把防止路基或山体因重力作用而坍滑,主要起支承作用的支挡结构物称为加固工程。事实上,它们除了具有其主要作用外,往往还兼有其他作用。例如,石砌护坡主要是防止水流冲刷路基边坡,但也具有一定的加固作用;挡土墙主要是支挡路基或山体,但同样也可以防止水流冲刷。因此,选择时很难截然分开,而应根据具体的地质、水文条件、路基稳定性及环境的主要要求,选用经济合理的方案。

任务2　防护工程施工

2.1　坡面防护

2.1.1　植物防护

植物防护的方法有种草、铺草皮和植树。采用植物覆盖层对坡面进行防护,可以减缓地面水流速度,调节边坡土的温湿状况以及美化路容和协调环境。植物根系深入土中后,在一定程度上对表层土起到了固结作用。不同的植被,还可起到交通诱导、安全、防眩、吸尘、隔音作用。因此,被视为"生命"防护的植物防护,在一定程度上优于无机物防护。它对于坡高不大,边坡比较平缓的土质坡面是一种简易有效的防护措施。

1. 种草

种草适宜于边坡坡度不陡于 1:1,不浸水或短期浸水但地面径流速度不大于 0.6 m/s 的土质边坡。经常浸水或长期浸水的路堤边坡,草类不宜生长,故不宜用此法防护。草的品种选用应适应当地的土质和气候条件,最好是根系发达,叶茎低矮,多年生长,几种草籽混种。种草还须注意选择合适的季节,播种均匀,经常检查补种和施肥等项。不宜种草的坡面,可以铺 5~10 cm 厚的种植土层,土层应与原坡面结合稳固。

2. 铺草皮

铺草皮适用于较高、较陡的边坡。当坡面冲刷比较严重,边坡较陡,径流速度大于 0.6 m/s,最大速度达 1.8 m/s 时,应根据具体条件(坡度与流速等),分别采用平铺(平行于坡面)、水平叠置。垂直坡面或与坡面成一半坡角的倾斜角度叠植草皮,还可采用片石砌成方格或拱式边框,方格或框内再铺草皮,如图 5-1 所示。

铺草皮需预先备料,草皮可就近培育,切成整齐块状,然后移铺到坡面上。铺时应自下而上,并用竹木小桩将草皮钉在坡面上,使之稳固。草皮根部土应随草切割,坡面要预先整平,必要时还应加铺种植土,草皮应随挖随铺,注意相互贴紧。铺草皮最好在春、秋季或雨季进行,不宜在冬季进行。如在气候干燥季节铺草皮,新铺草皮后,应注意浇水至草皮扎根为止。

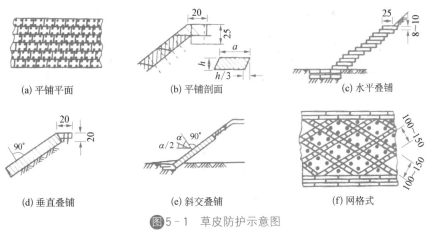

(a) 平铺平面　　　　　　(b) 平铺剖面　　　　　　(c) 水平叠铺

(d) 垂直叠铺　　　　　　(e) 斜交叠铺　　　　　　(f) 网格式

图 5-1　草皮防护示意图

h—草皮厚度，约 5～8 cm；a—草皮边长，为 20～25 cm

当边坡上有地下水时，应注意使铺设的草皮不阻塞地下水的出口，以免影响边坡稳定性。

3. 植树

植树主要用于堤岸边的河滩上，用来降低流速，促使泥沙淤积，防上水流直接冲刷路堤。多排林提岸与水流方向斜交，还可起挑水改交水流方向的作用。沙漠与雪害地区，防护林带可起阻沙防雪作用。还可以美化路容，调节气候，增加木材效益。树木的品种与种植位置及宽度，应根据防护要求、流水速度等因素，参考有关设计手册、结合当地经验而定。城市或风景区的植物防护，应与有关部门协调配合。

植树的形式可以是带状或条形，也可以是连续的，即将树植满整个防护区域。

植树可与种草配合使用，使坡面形成一个良好的覆盖层。用于冲刷防护的树种宜选用生长快的杨柳类或不怕水淹的灌木类。应尽量结合当地植树造林和公路绿化，统一规划。一般应选择根系发达、成活率高和枝叶茂密的树种。植树后树木未成长前，应防止流速大于 3 m/s 的水流侵害，必要时，可在树前设置障碍物，作为保护。

4. 土工合成材料

土质边坡防护也可采用拉伸网草皮、固定草种布或网格固定撒种，用土工合成材料进行土质边坡防护的边坡坡度宜在 1∶(1～2)。拉伸网草皮是在土工网或土工垫等土工合成材料上铺设 3～5 cm 的种植土层，经过撒种、养护后形成的人工草皮。固定草种布(也可称植生带)是在土工织物纺织时，将草种固定于土工织物中，然后到现场铺筑以促使草皮生长的一种土工合成材料草皮制品。网格固定撒种是先将土工网固定于需防护的边坡上，然后撒播草种形成草皮的一种边坡防护方法。

2.1.2　砌石防护

1. 砌石护坡

砌石护坡主要用于土质、风化岩质路堑或土质路堤边坡的坡面防护，也可用于浸水路堤及排水沟渠的冲刷防护。砌石护坡有干砌和浆砌两种。干砌片石的主要作用是防止水流冲刷边坡，要求被防护的边坡自身基本稳定。干砌片石可做成单层，也可做成双层，片石下面应设置垫层，起平整作用。干砌片石用砂浆勾缝，以防止水分浸入，并提高整体强度，如图 5-2 所示。浆砌片石护坡，常用于防护流速较大(4～5 m/s)的沿河路堤，也可与护面墙等综合使用，以防护不同岩层和不同位置的边坡。严重潮湿及可能发生冻害的土质边坡，应做好排水，否则不宜用。浆砌片石护坡厚度一般为 0.2～0.5 m，基础要求稳固，应深入水流冲刷线以下，同时对基础应加设防护措施。

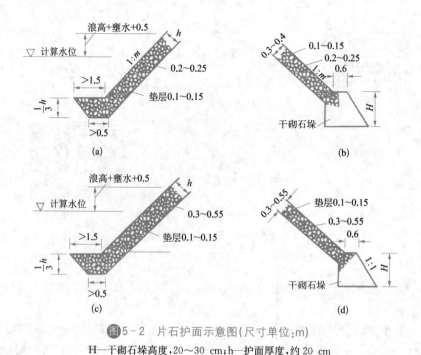

图5-2 片石护面示意图(尺寸单位:m)

H—干砌石垛高度,20~30 cm;h—护面厚度,约20 cm

2.护面墙

护面墙是一种浆砌片石覆盖层,常用于严重风化破碎、容易产生碎落坍方的岩石挖方边坡或易受冲刷、膨胀性较大的不良土质路堑边坡。其目的是使边坡免受自然因索影响,防止雨水下渗,保护边坡。护面墙除自重外,不承受其他荷载,也不承受墙背土压力。因此,要求边坡必须稳定,且边坡不宜陡于1:0.5。如图5-3所示。

护面墙高度一般不超过 **10 m**,可以分级砌筑,中间设平台,墙背可设耳墙,纵向每 10 m 设一条伸缩缝,墙身应预留 6 cm×6 cm 或 10 cm×10 cm 泄水孔,基础要求稳固,顶部应封闭。坡面开挖后形成的凹陷,应以石砌污工填塞平整,称为支补墙。以上构造的具体要求与尺寸,均可参考《公路路基设计手册(第三版)》。

2.1.3 矿料防护

对于不宜采用植物防护的岩石边坡,可以采用砂石、水泥、石灰等矿质材料进行坡面防护。其主要有砂浆抹面、喷浆、勾缝以及灌浆等形式。

1.砂浆抹面防护

砂浆抹面适用于易风化而表面平整、尚未剥落的岩石边坡,如页岩、泥岩、泥灰岩及千枚岩等软质岩层。常用的抹面材料有石灰炉渣混合浆、三合土或四合土等,其中石灰为胶结料,要求精选,炉渣颗粒宜细。抹面用料的配合比与用量,可参见有关手册。抹面厚度视材料及坡面状况而定,一般为2~10 cm。操作前,应清理坡面风化层、浮土与松动碎块,填坑补洞,洒水润湿。抹面后,应拍浆、抹平和养生。

2.喷浆防护

喷浆适用于易风化和坡面不平的岩石挖方边坡,浆层厚度一般为2 cm。喷浆的水泥用量较大,可用于重点工程地段。根据实践经验,比较经济的砂浆是用水泥、石灰、河砂及水四种原材料,按质量比1:1:6:3配合组成。喷浆前后的处治,与抹面相同。对坡面较陡或易风化的坡面,可以在喷浆前先铺设加筋材料。加筋材料可以用铁丝网或土工格栅,喷浆坡

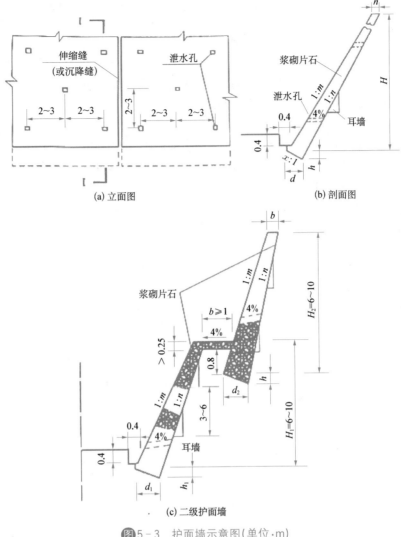

图5-3 护面墙示意图(单位:m)

面应设置泄水孔。

3. 勾缝防护

勾缝适用于质地坚硬,不易风化但节理裂缝多而细的岩石边坡,以防水分渗入岩层内造成病害。勾缝可用质量比为1∶(2～3)的水泥砂浆,也可用体积比为1∶0.5∶3或1∶2∶9的水泥石灰砂浆。

4. 灌浆防护

灌浆适用于质地坚硬,局部存在较大、较深缝隙或洞穴,并有进一步扩展而影响边坡稳定性的岩石路堑边坡。其目的是借助灰浆的黏结力把裂开的岩石黏在一起,使坡面表层成为防水的整体,保证边坡稳定。水泥砂浆质量比为1∶4或1∶5,必要时可用压浆机灌注。裂缝或洞穴较宽则可用混凝土灌注。

2.2 冲刷防护

沿河公路路基,直接受到水流侵害,冲刷防护就是为了防止水流直接危害岸坡而设置的。冲刷防护主要有直接防护和间接防护两种形式,可单独也可综合采用。

2.2.1 直接防护

堤岸直接防护的措施,包括植物防护、砌石防护、抛石与石笼防护,以及必要时设置的支挡(如驳岸)等。其中,植物防护和砌石防护与前述坡面防护基本相同,但堤岸的冲刷原因是洪水急流,水位变迁不定,水流速度较大,因此其相应的要求更高。

1. 抛石防护

抛石防护主要用于防护直接受水流冲刷的边坡和坡脚,对于季节性浸水和长期浸水的情况均适用。盛产石料地区,当水流速度大于 **3.0 m/s** 时,植树与砌石防护无效果,可采用抛石防护。

抛石防护类似于在坡脚处设置护脚,也称抛石垛,如图 5-4 所示。抛石垛的边坡坡度不应大于浸水后的天然体止角,边坡坡率 m_1 一般为 1.5～2,m_2 为 1.25～2;石料粒径视水深与;流速而定,一般为 15～50 cm。

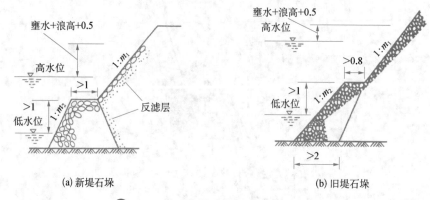

(a) 新堤石垛   (b) 旧堤石垛

图 5-4　抛石防护示意图(尺寸单位:cm)

2. 石笼防护

当水流速度达到或超过 **5 m/s** 时,可改用石笼防护。石笼防护是用铁丝编织成框架,内填石料,设置在坡脚处,以防急流和大风浪破坏堤岸,也可用来加固河床,防止淘刷。铁丝框架可以做成箱形或圆柱形,如图 5-5(a)、(b)所示。笼内填石的粒径最小不小于 4 cm,一般为 5～20 cm,大且棱角突出的石料,内层可用较小石块填充。石笼用于防止冲刷淘底时,在坡脚处的排列应平铺并与坡脚线垂直,且堤岸一端固定,另一端可不固定,淘刷后可以向下沉落贴于底面;用于防止堤岸边坡冲刷时,则垒码平铺成梯形,如图 5-5(c)、(d)所示。单个石笼的大小,以不被相应速度的水流冲动为宜,铺设时须用碎(砾)石垫层铺平底层,各角可用铁棒固定于基底。

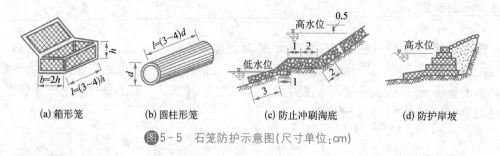

(a) 箱形笼   (b) 圆柱形笼   (c) 防止冲刷淘底   (d) 防护岸坡

图 5-5　石笼防护示意图(尺寸单位:cm)

3. 土工合成材料防护工程

(1) 土工织物软体沉排。土工织物软体沉排是在土工织物上以块石或预制混凝土块体为压重的护坡结构。土工织物软体沉排一般适用于水下工程及预计可能发生冲刷的河床和岸坡土面上,主要有单片垫和双片垫两种结构形式。

单片垫是利用土工织物拼接成大面积的排体;双片垫是将两块单片垫重叠后按一定距离和形式将两片垫连接在一起而构成管状或格状空间,其中再填充透水性土石料(如砂卵石等),起到防冲与反滤的作用。

(2) 土工模袋。土工模袋是一种双层织物袋,袋中充填流动性混凝土、水泥砂浆或稀石混凝土,凝固后形成高强度和高刚度的硬结板块。其主要应用场合及铺设形式如图 5-6 所示。采用土工模袋护坡的坡度不得陡于 1∶1。如在水下施工,水流速度不宜大于 1.5 m/s。膜袋选型应根据工程要求和当地土质、地形、水文、经济与施工条件等确定。应根据水流量选定膜袋滤水点分布数量,当选用无滤水点膜袋时,应增设渗水滤管。膜袋应用尼龙绳缝制。

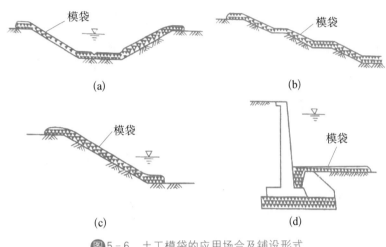

图 5-6　土工模袋的应用场合及铺设形式

2.2.2　间接防护

间接防护的措施,包括设置导治构筑物及改河工程。设置导治构筑物可以改变水流方向,消除和减缓水流对堤岸的直接破坏,同时可以使堤岸近旁缓慢淤积,彻底消除水流对局部堤岸的损害,起安全保护作用。导治构筑物是桥涵和路基的重要附属工程,由于涉及水流改向,影响范围较大,工程费用也较商,务必慎重。用于防护堤岸的改河工程,一般限于小型工程,如裁弯取直、挖滩改道、清除孤石等,可在小河的局部段落上进行。

1. 导治构筑物

设置导治构筑物主要措施是设坝,按其与河道的相对位置,一般可分为丁坝、顺坝或格坝几种。

(1) 丁坝。丁坝的作用是导流和挑流,把水流挑离河岸,改善水流状况,间接保护路基。

丁坝由坝头、坝身和坝根三部分组成,其断面为梯形。丁坝所受的外力较小,其断面尺寸主要依据构造要求、施工条件和使用要求等因素确定。根据丁坝的轴线与水流方向的关系不同,分为垂直式、下挑式和上挑式三种,如图 5-7 所示。

丁坝的布置,要慎重考虑对岸的情况,如对岸为农田、住房、土堤时,宜多导少挑;若对岸为岩石,要注意被挑过去的水流,在对岸折回后对下游的冲刷。

(2) 顺坝及格坝。顺坝的作用是导流,基本上不改变原有水流的流态。当河床断面窄小,不允许过多侵占或地质条件不宜修筑丁坝时,可以采用顺坝。布置顺坝前,必须先有一

(a) 垂直式　　　　　　(b) 下挑式　　　　　　(c) 上挑式

图5-7　不同形式的丁坝及冲淤情况示意图

个合理的导治线,顺坝与上、下游河岸的衔接必须协调,坝的起点应选在水流匀顺的过渡地段,以免强烈冲刷,终点可与河岸连在一块。顺坝的构造与丁坝相似,分为坝头、坝身和坝根三部分,坝身断面形状为梯形,结构要求大体与丁坝相同。

顺坝常与格坝联合使用,其布置形式如图5-8所示。

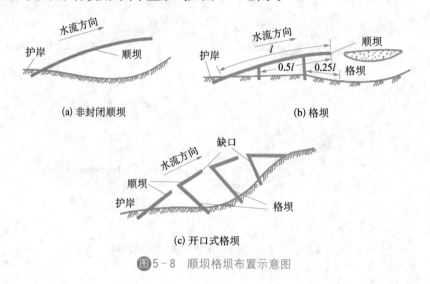

(a) 非封闭顺坝　　　　　　　　(b) 格坝

(c) 开口式格坝

图5-8　顺坝格坝布置示意图

2. 改河工程

公路工程中的改河工程,主要目的是将直接冲刷路基的水流引向旁处;路基占用河槽后,需要拓宽河道;挖滩改河,清除孤石,改移河道,以保护路基;裁弯取直,有利布置路线或桥涵。这些措施,如经过论证可行,确有必要且效益高时,方可通过设计计算,最后实施。

任务3　挡土墙施工

3.1　挡土墙基本知识

挡土墙是用来支撑路基填土或山坡土体,防止填土或土体变形失稳的一种构造物。在路基工程中,挡土墙可用以稳定路堤和路堑边坡,减少土石方工程量和占地面积,防止水流冲刷路基,此外,挡土墙还经常用于整治塌方、滑坡等路基病害。在山区公路中,挡土墙的应用更为广泛。

微课扫一扫

3.1.1　挡土墙的类型

挡土墙按照墙的位置、材料、结构形式可划分为以下几种类型:

（1）按照挡土墙设置的位置不同，可分为路堑墙、路堤墙、路肩墙和山坡墙等类型，如图5-9所示。

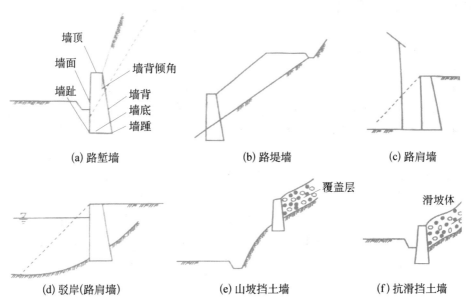

（a）路堑墙　　　　　　（b）路堤墙　　　　　　（c）路肩墙

（d）驳岸（路肩墙）　　　　（e）山坡挡土墙　　　　（f）抗滑挡土墙

图5-9　设置挡土墙的位置（注：图中虚线不设挡土墙时的路基边坡。）

（2）按照修筑挡土墙的材料不同，可分为石砌挡土墙、砖砌挡土墙、混凝土挡土墙、钢筋混凝土挡土墙和加筋土挡土墙等类型。

（3）按照挡土墙的结构形式不同，可分为重力式、衡重式、半重力式、悬臂式、扶壁式、锚杆式、柱板式、垛式等类型。其中，重力式、衡重式多用石砌；半重力式用混凝土浇筑，视需要也可在受拉区加少量钢筋，以节省圬工；其他类型多用钢筋混凝土就地制作或预制拼装。

3.1.2　挡土墙的特点与使用条件

1. 重力式挡土墙

重力式挡土墙依靠墙身自重支撑土压力来维持其稳定。一般多用片（块）石砌筑，在缺乏石料的地区有时也用混凝土修建。重力式挡土墙圬工量较大，但其形式简单，施工方便，可就地取材，适应性较强，故被广泛采用。

为适应不同地形、地质条件及经济要求，重力式挡土墙具有多种墙背形式。其中，墙背为直线形的是普通重力式挡土墙，如图5-10（a）、（b）所示，其断面形式最简单，土压力计算简便

（a）普通重力式挡土墙　　（b）普通重力式挡土墙　　（c）不带衡重台的折线形　　（d）衡重式挡土墙
　　　　　　　　　　　　　　　　　　　　　　　　　　墙背挡土墙

图5-10　重力式挡土墙

带衡重台的挡土墙，称为衡重式挡土墙，如图5-10（d）所示，其主要稳定条件仍凭借于墙身自重，但由于衡重台上填土的重量使全墙重心后移，增加了墙身的稳定，且因其墙面横

坡很陡,下墙墙背仰斜,所以可以减小墙的高度,减少开挖工作量,避免过分牵动山体的稳定,有时还可以利用台后净空拦截落石。衡重式挡土墙适于在山区公路建设中采用,但由于其基底面积较小,对地基承载力要求较高,因此应设置在坚实的地基上。不带衡重台的折线形墙背挡土墙,则介乎上述两者之间,如图5-10(c)所示。

2. 锚定式挡土墙

锚定式挡土墙通常包括锚杆式和锚定板式两种。

锚杆式挡土墙是一种轻型挡土墙,如图5-11所示。主要由预制的钢筋混凝土立柱、挡土板构成墙面,与水平或倾斜的钢锚杆联合组成。锚杆的一端与立柱连接,另一端被锚固在山坡深处的稳定岩层或土层中。墙后侧压力由挡土板传给立柱,由锚杆与岩体之间的锚固力,即锚杆的抗拔力,使墙获得稳定。它适用于墙高较大、石料缺乏或挖基困难地区,具有锚固条件的路基挡土墙,一般多用于墙身较高的路堑挡土墙或路肩墙。

锚定板式挡土墙的结构形式与锚杆式基本相同,只是锚杆的锚固端改用锚定板,埋入墙后填料内部的稳定层中,依靠锚定板产生的抗拔力抵抗侧压力,以保持墙的稳定,如图5-12所示。它主要适用于缺乏石料的地区的路堤墙与路堑墙。

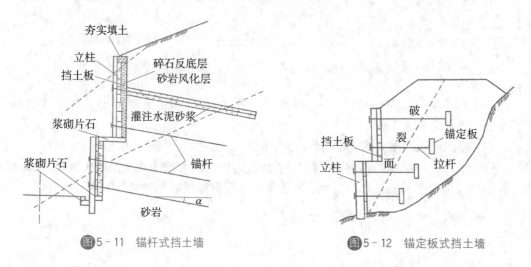

图5-11　锚杆式挡土墙　　　　　图5-12　锚定板式挡土墙

锚定式挡土墙的特点是构件断面小,工程量省,不受地基承载力的限制,构件可预制,有利于实现结构轻型化和施工机械化。

3. 薄壁式挡土墙

薄壁式挡土墙是钢筋混凝土结构,包括悬臂式和扶壁式两种主要形式。

悬臂式挡土墙由立壁和底板组成,具有三个悬臂,即立壁、趾板和踵板,如图5-13所示。当墙身较高时,沿墙长每隔一定距离筑肋板(扶壁)连接墙面板及踵板,称为扶壁式挡土墙,如图5-14所示。它们的共同特点是:墙身断面较小,结构的稳定性不是依靠本身的重量,而主要依靠踵板上的填土重量来保证。它们自重轻,圬工省,适用于墙高较大的情况,但需使用一定数量的钢材,经济效果较好。

4. 加筋土挡土墙

加筋土挡土墙是由填土、填土中布置的拉筋条以及墙面板三部分组成,如图5-15所示。在垂直于墙面的方向,按一定间隔和高度水平地放置拉筋材料,然后填土压实,通过填土与拉筋间

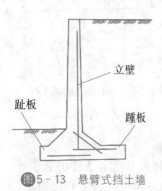

图5-13　悬臂式挡土墙

的摩擦作用,把土的侧压力传给拉筋,从而稳定土体。拉筋材料通常为镀锌薄钢带、铝合金、高强度塑料及合成纤维等。墙面板一般用混凝土预制,也可采用半圆形铝板。加筋土挡土墙属柔性结构,对地基变形适应性大,建筑高度大,适用于填土路基。它结构简单,圬工量少,与其他类型的挡土墙相比,可节省投资 30%～70%,经济效益好。

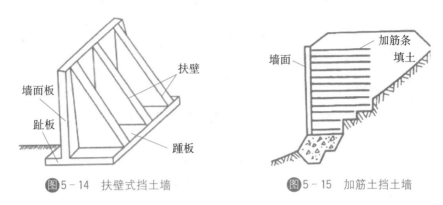

图5-14　扶壁式挡土墙　　　　图5-15　加筋土挡土墙

3.2　重力式挡土墙

3.2.1　重力式挡土墙分类及特点

重力式挡土墙一般是由墙身基础、排水设施和伸缩缝等几部分组成。重力式挡土墙的墙背,可做成垂直式、俯斜式、仰斜式、折线式和衡重式等形式,如图5-16所示。

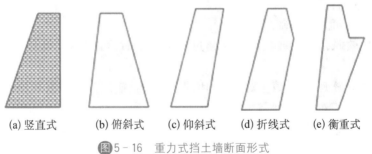

(a) 竖直式　　(b) 俯斜式　　(c) 仰斜式　　(d) 折线式　　(e) 衡重式

图5-16　重力式挡土墙断面形式

俯斜式墙背所受的土压力较大。在地面横坡陡峻时,俯斜式挡土墙可采用陡直的墙面,借以减小墙高。俯斜式墙背也可做成台阶形,以增加墙背与填料间的摩擦力。

仰斜式墙背所受的土压力较小,故墙身断面较经济。用于路堑墙时,墙身与开挖面边坡较贴合,故开挖量与回填量均较小。但当墙趾处地面横坡较陡时,会使墙身增高,断面增大,故仰斜式墙背适用于路堑墙及墙趾处地面平坦的路肩墙或路堤墙。仰斜式墙背的坡度不宜缓于 1:0.3,以免施工困难。

3.2.2　重力式挡土墙施工要点

1. 浆砌片石

(1) 片石宜分层砌筑,应长短相间地与里层砌块咬接成一体,上下层石块交错排列,避免竖缝成一直线。每层的水平缝大致齐平,竖缝应错开、不能贯通,砌缝宽度一般不应大于 4 cm。

(2) 砌筑较大的片石,宜用在下面,宽面朝下,片石间以砂浆隔开。

(3) 砌体中的片石应大小搭配,相互错叠,咬紧密实并配有小石块,作挤浆填缝之用。

2. 浆砌块石

(1) 用作镶面的块石,表面四周应修整。

(2) 块石应平砌,每层石料高度应做到基本齐平。外圈定位和镶面的石块应一丁一顺排列,丁石深入墙心不小于 25 cm,灰浆缝宽为 2～3 cm,上下层竖缝错开距离不应小于 10 cm。

3. 料石砌筑

(1) 每层镶面料石均应事先按规定灰缝宽及错缝要求配好石料,再用铺浆法顺序砌筑和顺砌随填立缝,并应先砌角石。

(2) 镶面石砌筑完毕后,方可砌填心石,其高度与镶面石齐平。

(3) 每层料石均应采用一丁一顺砌祛,缝宽一般为 1～1.5 cm,相邻两层立缝应错开不小于 10 cm。

4. 墙顶

墙顶宜用粗料石或现浇混凝土作成顶帽,路肩墙顶面宽宜用大石块砌筑,M5 砂浆勾缝和抹面,并均应在墙顶外缘线留出 10 cm 的帽檐。

5. 基础

重力式挡土墙一般采用明挖基础,当基底松软或水下挖基困难时,可采用换填基础、桩基础或沉井基础。

(1) 在松软地层或坡积层地段时,基坑不宜全段贯通.应采用跳槽办法开挖以防上部失稳。基底土质为碎石土、砂砾土、砂性土、黏性土等时,应将其整平夯实。地质、水文较特殊时,也可采用桩基、沉井等基础。

(2) 当基底软弱、地形平坦、墙身又超过一定高度时,可在墙趾处伸出一台阶,以拓宽基础。

(3) 当地层为淤泥土、杂填土等,可采用砂砾、碎石、矿渣灰土等材料换填,或用砂桩、石灰桩、碎石桩、土工织布、粉喷桩等方法处理。

(4) 当岩层有空隙裂缝时,应以水泥砂浆或小石子混凝土浇筑饱满。墙趾地面纵坡较大时,挡土墙基底可做成不大于 5% 的纵坡。

(5) 基坑底面开挖宽度应比设计尺寸各边增宽 0.5～1 m,并保持一定的开挖边坡坡度。

6. 墙趾的施工埋置深度:

(1) 无冲刷时,一般需在自然地面下至少 1.0 m。

(2) 有冲刷时,在冲刷线以下至少 1.0 m。

(3) 冻胀地区,应在冻结线以下至少 0.25 m;冻胀深度超过 1 m 时,基底应换填一定厚度的砂砾或碎石垫层等不冻胀填料,且垫层底面应在冻结线以下至少 0.25 m,但埋置深度不宜小于 1.25 m。

(4) 对于岩石地基,应清除表面风化层,如风化层较厚,基础应嵌岩 0.25～0.6 m(按照岩层的坚硬程度和抗风化能力确定),墙趾前应有足够的襟边宽度。

7. 墙背填料

(1) 砌体砂浆强度达到 70% 以上时,方可回填墙背填料,并应优先选择渗水性较好的砂砾土填筑,浸水挡土墙墙背应全部用水稳性和透水性较好的材料填筑。

（2）墙背回填要均匀摊铺平整,并设不小于 3‰的横坡逐层填筑,逐层夯实。每层压实厚不超过 20 cm。碾压机具和填料性质、厚度及碾压遍数应经过试验确定。

（3）压实时,临近墙背 1 m 范围内,应采用小型压实机具如蛙式打夯机、内燃打夯机、手扶式振动压路机、振动平板夯等。

砌筑前,应将石料表面泥垢清扫干净并用水保持湿润。砌筑时,外面线应顺直整齐,内面八线可大致顺适,砌筑过程中应经常校正。浆砌石底面应卧浆铺砌,立缝填浆补实,不得有空隙和立缝贯通现象。施工缝位置宜设在伸缩缝和沉降缝处,水平缝应一致。分段砌筑时,相邻段的高差不宜超过 1.2 m。砌体外的浆缝需留 1～2 cm 深的缝槽,以便砂浆勾缝。

3.2.3　重力式挡土墙施工质量控制

（1）石料的规格和质量应符合有关规范和设计要求。

（2）秒浆所用的水泥、砂、水的质量应符合相关规范的要求,按规定的配合比施工。

（3）地基承载力必须满足设计要求。

（4）砌筑应分层错缝。浆砌时坐浆挤紧,嵌填饱满密实,不得有空洞;干砌时不得松动、叠砌和浮塞。

（5）沉降缝、泄水孔、反滤层的设置位置,质量和数量应符合设计要求。

（6）检查验收的实测项目有砂浆强度、平面位置、顶面高程、坡度、断面尺寸、底面高程、表面平整度等。

（7）外观鉴定。砌体表面平整,砌缝完好、无开裂现象,勾缝平顺,无脱落现象。泄水孔坡度向外,无堵塞现象。沉降缝整齐垂直,上下贯通。

知识链接

重力式挡土墙设计实例

复习思考题

一、选择题

1. 锚杆挡土墙应（　　）进行施工。施工前,应清除岩面松动石块,整平墙背坡面;并按设计要求作锚杆拉拔试验。

　　A. 自下而上　　　　　　　B. 自上而下　　　　　　　C. 竖直

2.（　　）是我国目前最常见的一种挡土墙形式。

　　A. 加筋挡土墙　　　　　　B. 重力式挡土墙　　　　　C. 悬壁式和扶壁式挡土墙

3. 重力式挡土墙基坑应随基础施工分层回填夯实,顶面做成向外不小于（　　）的排水坡。

　　A. 3％　　　　　　　　　　B. 5％　　　　　　　　　　C. 4％

二、简答题

1. 路基防护与支挡工程的形式有哪几种?

2. 挡土墙的形式有哪几种?

3. 挡土墙的组成有哪些?

4. 冲刷防护有哪些常用方法?

5. 重力式挡墙施工要点有哪些?

学习情境 6
路基整修与交工验收

课程思政

百年大计 质量为先

学习目标

1. 掌握路基整修的目的。
2. 了解路基整修的内容与方法。
3. 掌握交工验收的意义及验收的程序。
4. 了解交工验收的内容与要求。

重　点

1. 路基整修的内容与方法。
2. 交工验收的内容与要求。

难　点

交工验收的程序及要求。

案例导入

本工程为某快速通道路基边坡修整工程,全长 4.7 公里,工期 40 天。路基工程路堤填筑宽度,如按设计断面填筑,路基边缘部分的压实度不能达到规定要求,路基质量得不到保证。因此在路基填筑过程中,采用了每侧增加填筑宽度的有效措施来保证路基全断面的压实质量,分层填筑至路基顶面后,进行路基整形和边坡修整,将两侧增宽填筑的宽度切除整修,整修后的坡面应顺直、美观、牢固、坡度符合设计要求,满足路基交工验收各项技术指标。

任务 1　施工质量控制与整修

1.1　路基整修

路基工程基本完工后,必须进行全线的竣工测量,包括中线测量、横断面测量及高程测量以作为竣工验收的依据。当路基土石方工基本完工时,应由施工单位会同施工监理人员,按设计文件要求检查路基中线、高程、宽度、边坡坡度和截、排水系统。根据检查结果编制整修计划,进行路基及排水系统整修。

1. 路基表面整修

土质路基表面的整修,可用机械配合人工切土或补土,并配合压路机械碾压。深路堑边坡整修应按设计要求坡度,自上而下进行削坡整修,不得在边坡上以土贴补。土质路基表面做到设计高程后宜用平地机刮平,石质路基表面应用石屑嵌缝紧密、平整,不得有坑槽和松石。

2. 边坡的整修

边坡需要加固地段,应预留加固位置和厚度,完工后的坡面与设计边坡一致。当路堑边坡受雨水冲刷形成小冲沟时,应将原边坡挖成台阶,分层填补,仔细夯实。如填补的厚度很小(12~20 cm),而又非边坡加固地段时,可用种草整修的方法,以种植土来填补,但应顺适、美观、牢靠。

填方边坡受雨水冲刷形成冲沟或坍缺口时,应自下而上,分层挖台阶加宽填补夯实,再按设计坡面削坡,弯道内侧路肩边缘,应修建路肩拦水带。填土经压实后,不得有松散、软弹、翻浆及表面不平整现象,如不合格,必须重新处理。

石质路基边坡,应做到设计要求的边坡比。坡面上的松石、危石应及时清除。整修路堤边坡表面时,应将其两侧超填的宽度切除。

3. 排水系统的整修

边沟的整修应挂线进行。对各种水沟的纵坡(包括取土坑纵坑)应仔细检查,应使沟底平整,排水畅通,凡不符合设计及规定要求的,应按规定整修。

截水沟、排水沟及边沟的断面、边坡坡度,应按设计要求办理。沟的表面应整齐、光滑。填补的凹坑应拍捶密实。

1.2 检查与验收

当每一分项、分部工程完成时,应按批准的设计图纸、设计文件、技术规范的要求,对施工质量进行中间检查。

1. 路基施工过程中

在下列情况或阶段时,应进行中间检查:

(1) 地基准备工作完成后(清除地面杂草、泥等,及时在斜坡上完成台阶后)。

(2) 边坡加固前,应对其加固方法、形式、填挖方边坡加固的适用性,以及边坡坡度是否适当进行检查。

(3) 发现已完工的土方工程及竣工后的路基被地面浸淹(暴雨、洪水等)损坏时。

(4) 取土坑及弃土堆超过原设计的数量时。

(5) 遇意外的填土下陷及填挖方的边坡坍塌需增加土方及边坡加固工程数量时。

(6) 在进行计划以外的附加土方工程(排水沟、截水沟、疏导工程等)时。

2. 遇隐蔽工程时

遇下列隐蔽工程时,必须按照设计要求和本规范有关规定进行中间检查验收,凡不符合要求的项目不得进行下一工序。

(1) 路基渗沟回填土之前。

(2) 填方或挖方地段,按设计规定所做的换土工作完成后。

（3）对需采取特殊措施才能保证填方稳定的路基，在地基处理后（如泉水、溶洞、地下水处理后）。

（4）路基隔离层上填土之前。

（5）各类防护加固工程基础开挖后，应检查基底地质、高程、地下水情况。

3. 交工竣工验收时

应对下列项目进行检查、验收：

（1）路基的平面位置。

（2）路基宽度、高程、横坡和平整度。

（3）边坡坡度及边坡加固。

（4）边沟和其他排水设施的尺寸及底面纵坡。

（5）防护工程的各部尺寸及位置。

（6）填土压实度和表面弯沉。

（7）取土坑、弃土堆、护坡道、截水沟、渗水井等位置和形式。

（8）隐蔽工程记录。

路基工程全部完成时的交工及竣工验收的质量检查评定应遵照《公路工程质量检验评定标准》（JTG F80/1—2017）（以下简称标准）有关规定办理。不符合设计、标准和规范的，应按标准和规定进行整修或处理。

1.3 路基维修

路基工程完工后路面未施工前及公路工程初验后至终验前，路基如有损毁，施工单位应负责维修，并保证路基排水设施完好，及时清除排水设施中淤积物、杂草等。

对较长时间中途停工和暂时不做路面的路基，也应做好排水设施，复工前应对路基各分项工程予以修整。

整修路基表面，应使其无坑槽，并保持规定的路拱，在路堤经雨水冲刷或其他原因发生裂缝沉陷时，应即修、加固或采取其他措施处理，并查明原因做出记录。遇路堑边坡坍方时，应及时清除。

在未经加固的高路堤和路堑边坡上，或在潮湿地区，对路基有害的积雪应及时清除。当构造物有变形时，应详细查明原因予以修复，并采取相应的稳定措施。

路基工程完成后，每当大雨、连日暴雨或积雪融化后，应控制施工机械和车辆在土质路基通行。若不可避免时，应将碾压的坑槽中的积水及时排干，整平坑槽，对修复部分重新压实。

1.4 施工质量控制

1.4.1 土方路基

路基必须分层填筑压实，表面平整坚实，无软弹和翻浆现象，路拱合适，排水良好，压实度，土基强度和路床的整体强度符合设计要求。

挖方地段遇有树根、洞穴等必须进行处理，上边坡要平整稳定。路床土质强度及压实度必须符合规定。

填方地段应在填土前排除地面积水和其他杂物、草皮、淤泥、腐殖土、冰块，并平整压实。

路堤边坡应修整密实、直顺、平整稳定、曲线圆滑,填料及路堤的整体强度必须符合设计要求。取土坑、弃土堆的位置适当、整齐、无水土流失和淤塞河道情况。土方路基实测项目见表 6-1。

表 6-1 土方路基实测项目

项次	检查项目			规定值或允许偏差			检查方法和频率
				高速公路一级公路	其他公路		
					二级公路	三、四级公路	
1	压实度(%)	上路床	0～0.3 m	≥96	≥95	≥94	按附录B检查;密度法:每200 m每压实层测2处
		下路床 轻、中及重交通荷载等级	0.3 m～0.8 m	≥96	≥95	≥94	
		下路床 特重、极重交通荷载等级	0.3 m～1.2 m	≥96	≥95	—	
		上路堤 轻、中及重交通荷载等级	0.8 m～1.5 m	≥94	≥94	≥93	
		上路堤 特重、极重交通荷载等级	1.2 m～1.9 m	≥96	≥94	—	
		下路堤 轻、中及重交通荷载等级	>1.5 m	≥93	≥92	≥90	
		下路堤 特重、极重交通荷载等级	>1.9 m				
2	弯沉(0.01 mm)			不大于设计验收沉值			按附录J检查
3	纵断高程(mm)			+10,-15	+10,-20		水准仪:中线位置每200 m测2点
4	中线偏位(m)			50	100		全站仪:每200 m测2点,弯道加HY、YH两点
5	宽度(mm)			满足设计要求			尺量:每200 m测4点
6	平整度(mm)			≤15	≤20		3 m直尺:每200 m测2处×5尺
7	横坡(%)			±0.3	±0.5		水准仪:每200 m测2个断面
8	边坡			满足设计要求			尺量:每200 m测4点

注:① 表列压实度系按现行《公路工试规程》(JTGE40)重型击实试验所得最干密度求得的压实度。评定路段内的压实度平均值下置信限不得不规定标准,单个测定不得小于极值(表列规定值减5个百分点)。按测定值不小于表列规定值减2个百分点的测点占总检查点数的百分率计算合格率。
② 特殊干旱、特殊潮湿地区或过湿土路基等,可按路基设计、施工规范所规定的压实度标准进评定。
③ 三、四级公路铺筑沥青混凝土或水泥混凝土路面时路基压实度应采用二级公路标准。

1.4.2 石方路基

开炸石方应避免超量爆破,上边坡必须稳定;坡面的松石、危石必须清除干净。路基表面应整修平整,边线直顺,曲线圆滑。填方路基表面不得露有直径大于 15 cm 的石块。石方路基实测项目见表 6-2。

表 6 - 2　石方路基实测项目

项次	检查项目		规定值或允许偏差		检查方法和频率
			高速公路 一级公路	其他公路	
1	压实①		孔隙率满足设计要求		密度法:每 200 m 每压实层测 1 处
			沉降差≤试验路确定的沉降差		精密水准仪:每 50 m 测 1 个断面,每个断面测 5 点
2	弯沉(0.01 mm)		不大于设计值		按附录 J 检查
3	纵断高程(mm)		+10,-20	+10,-30	水准仪:中线位置每 200 m 测 2 点
4	中线偏位(mm)		≤50	≤100	全站仪:每 200 m 测 2 点,弯道加 HY、YH 两点
5	宽度(mm)		满足设计要求		尺量:每 200 m 测 4 点
6	平整度(mm)		≤20	≤30	3 m 直尺:每 200 m 测 2 处×5 尺
7	横坡(%)		±0.3	±0.5	水准仪:每 200 m 测 2 个断面
8	边坡	坡度	满足设计要求		尺量:每 200 m 测 4 点
		平顺度	满足设计要求		

注:①上下路床填土时压实度检验标准同土方路基。

1.4.3　路肩

路肩必须表面平整密实,不积水。路肩边缘应直顺,曲线圆滑。路肩允许偏差见表 6 - 3。

表 6 - 3　路肩允许偏差

项　次	检　查　项　目		允　许　偏　差
1	压实度		不小于设计值
2	平整度(mm)	土路肩	20
		硬路肩	10
3	宽度(mm)		不小于设计值
4	横坡(%)		±0.5

1.4.4　边沟(排水沟、截水沟)

边沟线条直顺、曲线圆滑、沟底平整、排水通畅。浆砌片石边沟、砂浆应饱满密实,砂浆配合比符合设计要求。边沟勾缝平顺、缝宽均匀,无脱落现象。边沟断面均匀平整,无凸凹不平现象,沟底无积水现象。边沟(排水沟)允许偏差见表 6 - 4。

表 6 - 4　边沟(排水沟)允许偏差

项　次	检　查　项　目	允　许　偏　差
1	沟底高程(mm)	50
2	边沟断面尺寸	不小于设计值

项　次	检查项目	允许偏差
3	坡面坡度	不陡于设计值
4	铺砌厚度	不小于设计值(有铺砌时)

1.4.5　倒虹吸涵管

　　涵管的进出水口,所设的竖井,井身应竖直,井底高程应低于虹吸涵底高程。涵身应密实不漏水,浆砌结构应抹面。为防止泥砂堵塞虹涵管,在进水口竖井与虹吸道之间,应设网状拦泥栅。与倒虹涵、管进出口连接的沟渠,在一定长度内应进行加固。

1.4.6　砌体挡土墙

　　砌体挡土墙,当平均墙高小于 6 m 或墙身面积小于 1 200 m² 时,每处可作为分项工程进行评定;当平均墙高达到或超过 6 m 且墙身面积不小于 1 200 m² 时,为大型挡土墙,每处应作为分部工程进行评定。

　　砌体表面要求平整,砌缝完好、无开裂现象,勾缝平顺、无脱落现象。泄水孔坡度向外,无堵塞现象。沉降缝整齐垂直,上下贯通。石料或混凝土预制块的质量和规格应符合有关规范和设计要求。砂浆所用的水泥、砂、水的质量应符合有关规范的要求,并应按规定的配合比施工。地基承载力必须满足设计要求。砌筑应分层错缝。浆砌时坐浆挤紧,嵌填饱满密实,不得有空洞;干砌时不得松动、叠砌和浮塞。沉降缝、泄水孔、反滤层的设置位置、质量和数量应符合设计要求,砌体挡土墙实测项目见表 6-5、6-6。

表 6-5　浆砌挡土墙实测项目

项次	检查项目		规定值或允许偏差	检查方法和频率
1	砂浆强度(MPa)		在合格标准内	按附录 F 检查
2	平面位置(mm)		≤50	全站仪:测墙顶外边线,长度不大于 30 m 时测 5 点,每增加 10 m 增加 1 点
3	墙面坡度(%)		≤0.5	铅锤法:长度不大于 30 m 时测 5 处,每增加 10 m 增加 1 处
4	断面尺寸		≥设计值	尺量:长度不大于 50 m 时测 10 个断面,每增加 10 m 增加 1 个断面
5	顶面高程(mm)		±20	水准仪:长度不大于 30 m 时测 5 点,每增加 10 m 增加 1 点
6	表面平整度(mm)	块石	≤20	2 m 直尺:每 20 m 测 3 处,每处测竖直、墙长两个
		片石	≤30	
		混凝土预制块、料石	≤10	

表 6-6　干砌挡土墙实测项目

项次	检查项目	规定值或允许偏差	检查方法和频率
1	平面位置(mm)	≤50	全站仪:测墙顶外边线,长度不大于 30 m 时测 5 点,每增加 10 m 增加 1 点

项次	检查项目	规定值或允许偏差	检查方法和频率
2	墙面坡度(%)	≤0.5	铅锤法：长度不大于 30 m 时测 5 处，每增加 10 m 增加 1 处
3	断面尺寸	≥设计值	尺量：长度不大于 50 m 时测 10 个断面，每增加 10 m 增加 1 个断面
4	顶面高程(mm)	±20	水准仪：长度不大于 30 m 时测 5 点，每增加 10 m 增加 1 点
5	表面平整度(mm)	≤50	2 m 直尺：每 20 m 测 3 处，每处测竖直、墙长两个

任务 2　路基交工验收

路基作为道路的重要组成部分，其质量对道路使用功能及整体稳定性起着重要作用，交验前应对各项指标进行严格的自检。交工验收是检查施工合同的执行情况，评价工程质量是否符合技术标准及设计要求，是否可以移交下一阶段施工或是否满足通车要求，对各参建单位工作进行初步评价。

2.1　交工验收中各单位的职责

交工验收由项目法人负责。项目法人负责组织公路工程各合同段的设计、监理、施工等单位参加交工验收。拟交付使用的工程，应邀请运营、养护管理单位参加。参加验收单位的主要完成以下的工作：

1. 项目法人的主要工作

(1) 项目法人负责组织各合同段参建单位完成交工验收工作的各项内容，总结合同执行过程中的经验，对工程质量是否合格做出结论。

(2) 项目法人负责按《公路工程质量检验评定标准》(JTG F80/1—2017)的要求对各合同段的工程质量进行评定。

(3) 项目法人根据对工程质量的检查及平时掌握的情况，对监理单位所做的工程质量评定进行审定。各合同段工程质量评分采用所含各单位工程质量评分的加权平均值，即：工程各合同段交工验收结束后，由项目法人对整个工程项目进行工程质量评定。工程质量评分采用各合同段工程质量评分的加权平均值，即：工程质量等级评定分为合格和不合格，工程质量分值大于等于 75 分的为合格，小于 75 分的为不合格。

2. 设计单位负责的工作

设计单位负责检查已完成的工程是否与设计相符，是否满足设计要求。

3. 监理单位负责完成的工作

(1) 监理资料的汇总、整理，协助项目法人检查施工单位的合同执行情况，核对工程数量科学公正地对工程质量进行评定。

(2) 根据独立抽检资料对工程质量进行评定，当监理按规定完成的独立抽检资料不能满足评定要求时，可以采用经监理确认的施工自检资料。

4. 施工单位负责的工作

施工单位负责提交竣工资料,完成交工验收准备工作。

2.2　交工验收条件

公路工程交工验收工作一般按合同段进行,并应具备以下条件:

(1) 合同约定的各项内容已全部完成,各方就合同变更的内容达成书面一致意见。

(2) 施工单位按《公路工程质量检验评定标准》(JGF 80/1—2017)及相关规定对工程质量自检合格。

(3) 监理单位对工程质量评定合格。

(4) 质量监督机构按"公路工程质量鉴定办法"对工程质量进行检测,并出具检测意见。检测意见中需整改的问题已经处理完毕。

(5) 竣工文件按公路工程档案管理的有关要,完成"公路工程项目文件归档范围"(不含缺陷责任期资料)内容的收集、整理及归档工作。

(6) 施工单位、监理单位完成本合同段的工作总结报告。

2.3　路基交验的程序

路基交验时,监理、建设单位、项目部、路面施工单位的技术负责人必须同时参加。交验过程中若发现问题,应按规范和设计要求处理到位。路基交验合格资料必须经监理、建设单位项目部、路面施工单位当场书面确认后方可生效,生效后的资料应及时归档。

公路工程交工验收工作应当做到公正、真实和科学。验收基本的程序如下:

交工验收基本
程序及资料汇总

(1) 施工单位完成合同约定的全部工程内容,且经施工自检和监理检验评定均合格后,提出合同段交工验收申请报监理单位审查。交工验收申请应附自检评定资料和施工总结报告。

(2) 监理单位根据工程实际情况、抽检资料以及对合同段工程质量评定结果,对施工单位交工验收申请及其所附资料进行审查并签署意见。监理单位审查同意后,应同时向项目法人提交独立抽检资料、质量评定资料和监理工作报告。

(3) 项目法人对施工单位的交工验收申请、监理单位的质量评定资料进行核查,必要时可委托有相应资质的检测机构进行重点抽查检测,认为合同段满足交工验收条件时,应及时组织交工验收。

(4) 对若干合同段完工时间相近的,项目法人合并组织交工验收。对分段通车的项目,项目法人可按合同约定,分段组织交工验收。

(5) 通过交工验收的合同段,项目法人应及时颁发公路工程交工验收证书。

(6) 各合同段全部验收合格后,项目法人应及时完成公路工程交工验收报告。交工验收报告应包括工程名称、工程地点及主要控制点建设依据、技术标准与主要指标、建设规模及性质、开工日期、完工日期、批准概算、工程建设主要内容、实际征用土地数、建设项目工程质量交工验收结论以及附件等内容。

2.4　路基交验内容及要求

路基交工验收表

路基交验工作是对本合同段路基整体质量进行的一次系统检测，是对路基整体质量最后一次把关，对于下一步路面施工乃至竣工验收后的整体工程质量起着至关重要的作用。所有参加路基交验工作的技术人员必须认清自身的职责，熟练掌握路基验收的各项要求，认真、负责地做好施工管理工作，确保工程质量。

路基交验前，首先应保证填方路基的上路床、挖方路基、桥头路基及软土地基路段的填料质量符合规范和设计要求。上路床的分层厚度应不大于 20 cm，路基顶层填筑厚度不得小于 10 cm；软土地基路段和桥头路基的沉降量必须符合设计和规范要求。路基交验前应自检，在自检合格后，方可上报交验，在现场交验检测工作完成后，应尽快完成检测数据的整理工作，填写检验资料，并对所检路段是否合格予以评定。

2.4.1　路基交验具体检测项目

路基交验共包括八个检测项目：压实度、弯沉纵断高程、中线偏位、宽度、平整度、横坡、边坡。

1. 压实度

土方路基上路床交验压实度时检测采用灌砂法进行检测，检测方法同日常土方路基检验检测频率为每 200 m 测 4 点，要求必须无"弹簧"现象，压实度必须大于等于规范要求。路基交验在检测路基压实度时，应采用建设单位、设计代表、监理单位、项目部和路面施工单位均认可的标准密度试验数据，并按规范及设计要求进行压实度检测。对压实度达不到要求的路段要求施工队返工处理直至压实度达到交工要求。

2. 弯沉

弯沉检测前，应对全线路基进行一次全面检查，"弹簧"路段必须进行返工处理。凡是路基弯沉值超标的路段，必须由施工队进行处理，经重新检测合格后方可交验。弯沉一般是指路基或路面表面在规定标准车的荷载作用下轮位置产生的总垂直变形值（总弯沉）或垂直回弹变形值（回弹弯沉），以 0.001 mm 为单位。弯沉值用以评定路基路面整体承载能力，是表征公路路基路面整体强度的重要参数，在路基交验中是比较重要的检测指标，但是在平常的路基检测中很少接触到弯沉值的检测，所以路基交验时项目部主要以弯沉值为检测指标，检测弯沉值必须达到设计要求。路基交验弯沉值检测采用"贝克曼梁测定路基路面回弹弯沉试验方法"进行检测，标准车采用 10 t 标准轴载为 BZ - 100 的双轴、后轴双侧 4 轮载重车。［具体可参照《公路路基路面现场测试规程》（JTG E60—2008）中关于"贝克曼梁测定路基路面回弹弯沉试验方法"的介绍］。

路基路面回弹弯沉测试步骤：

（1）在测试路段布置测点，通常为每一评定段（不超过 1 km）每车道检测 40～50 个测点，检测前应在路基顶面使用白灰放出行车道线，并记出测点，测点应在行车车道的轮迹带上。

（2）将试验车后轮轮隙对准测点后约 3～5 cm 处的位置上。

（3）将弯沉仪插入汽车后轮之间的缝隙处，与汽车方向一致，梁臂不得碰到轮胎，弯沉仪测头置于测点上（轮隙中心前方 3～5 cm 处），并安放百分表于弯沉仪的测定杆上，百分表调零,用手指轻轻叩打弯沉仪,检查百分表是否稳定回零。弯沉仪可以是单侧测定,也可以是双侧同时测定。

(4) 弯沉仪准备就绪后,测定者指挥汽车缓缓前进,百分表随路基顶面变形的增加而持续向前转动。当表针转动到最大值时,迅速读取初读数 L_1。汽车仍在继续前进,表针反向回转,待汽车驶出影响半径(3 m 以上)后,指挥汽车停止。待表针回转稳定后,再次读取终读数 L_2。汽车前进速度宜为 5 km/h 左右。

(5) 结果计算,检测结果应不大于设计要求。弯沉检测结束后,由试验室对检测结果进行计算,在检测结果得到建设单位、设计代表、理单位的认可后方可用以评定该段路基弯沉是否满足交工验收要求。

3. 纵断面高程

纵断面高程采用水准仪检测,频率为每 200 m 测 4 个断面,可以在检测横坡的同时完成检测,土方路基允许偏差为 +10 mm、-15 mm,石方路基允许偏差为 +10 mm、-20 mm。在检测前应按照桩号放出路基中桩及边桩,并用白灰在路基表面标出测点桩号。水准点高程应闭合,精度必须满足规范要求。单幅路基每 20 m 检测一个断面,每个断面可在项目部自检时加密检测点,主线渐变段、互通区匝道高程检测频率应加密。严格控制路基顶面高程,路基表面严禁有贴薄层现象。

4. 中线偏位

中线偏位的检测采用全站仪测量,频率为每 200 m 测 4 个断面,弯道处加 HY、YH 两点,允许偏差为 50 mm。线形控制应根据设计提供的导线点,在加密后用全站仪检测路基中桩是否偏位。

5. 路基宽度

公路路基宽度为行车道路面及其两侧路肩宽度之和,当设有中间带、紧急停车带、爬坡车道、变速车道、错车道时,还包括这些部分的宽度。路基宽度采用米尺进行量测,频率为每 200 m 测 4 点,检测结果应符合设计要求(不小于设计宽度)。

6. 平整度

平整度采用 3 m 直尺进行检测,频率为每 200 m 测 2 处×10 尺,土方路基允许偏差为 15 mm,石方路基允许偏差为 20 mm。

7. 横坡

横坡的检测采用水准仪测量,频率为每 200 m 测 4 个断面,可以在检测纵断面高程时同时完成,允许偏差为设计横坡的 ±0.3% 之内。在检测前应按照桩号放出路基中桩及边桩,并用白灰在路基表面标出测量点。

8. 边坡

边坡采用尺量进行检测,频率为每 200 m 测 4 处,边坡坡度、平顺度要求检测结果必须符合设计要求。

2.4.2 路基交验要求

按照表 6-7 要求进行交验。

表 6-7 路基交验检测项目、使用设备和检查要求

分组	检测项目	设备与检查频率要求
外观组	基本要求与外观	详细见相关检查表
线形组	中线偏位	全站仪 1 台(套),每 40～50 m 测量路基实际中线坐标反算
	平整度	3 m 直尺、塞尺各 1 把,每 200 m 测 2 处×连续 10 尺(15 mm)
	边坡	2 m 直尺、5 m 钢尺各 1 把,木制坡度尺 1 个,50 m 测一处
测量组	宽度	50 m 钢尺 1 把,以中线为准分别测量左右幅宽度(每 20～40 m)
	(纵断)高程	水准仪 1 台(套),测量设计高程点(中线左右各 1 m 处)、紧急停车道外侧以及各个车道的分界线处
	横坡	根据上述高程、宽度测量结果计算得到横坡(0.3%)
	压实(度)	20 t 压路机一台,振动压实两遍无轮迹(选择 20%面积观察)
试验组	弯沉	后轴重 100kN 标准车 1 台、贝克曼梁 2 台及相应百分表(每车道每 20 m 测 2 点)。需在监理人及二期单位的共同监督下称重

知识链接

公路工程竣交工
验收办法实施细则

复习思考题

一、简答题

1. 路基修整的主要内容有哪些? 为什么要进行路基整修?

2. 路基质量控制都有哪些指标?

3. 交工验收要满足哪些条件?

4. 试述路基交验的程序。

5. 路基交验的检测项目有哪些? 如何检测?

6. 路基施工质量验收内容可分为几类?

路面基层（底基层）施工

学习目标

1. 熟悉各种路面基层材料的施工方法。
2. 会进行路面施工质量的控制和管理。

重　点

1. 常见类型路面基层的施工技术。
2. 路面基层施工的质量控制。

难　点

1. 各类结构层的施工质量控制。
2. 各类结构层的施工方案。

案例导入

　　某城市主干道辅道，桩号为 K0＋37.338—K1＋825.708，道路全长 1 863.046 m。路面基、垫层结构设计如下：垫层采用 20 cm 厚的 12％的石灰土，基层采用 20 cm 厚水泥稳定碎石（水泥含量 5％）。结构图如右：

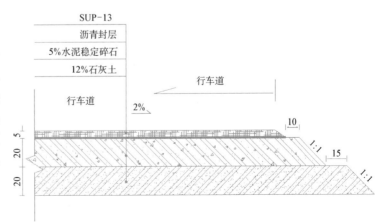

图 7-0　路面基、垫层结构设计

任务 1 粒料类基层(垫层)施工

1.1 填隙碎石施工

用单一尺寸的粗碎石做骨料,形成嵌锁结构,起承受和传递车轮荷载的作用,用石屑做填隙料,填满碎石间的孔隙,增加密实度和稳定性,这种材料称为填隙碎石。

1.1.1 一般规定

(1)填隙碎石可用于各等级公路的底基层和三、四级公路的基层。

(2)用单一粒径的粗碎石和石屑组成的填隙碎石可用干法施工,也可用湿法施工。干法施工的填隙碎石特别适宜于干旱缺水地区。

(3)填隙碎石的一层压实厚度,可取碎石最大粒径的1.5~2.0倍。

(4)缺乏石屑时,可以添加细砾砂或粗砂等细集料,但其技术性能不如石屑。

(5)填隙碎石施工时,应遵守下列规定:

① 细集料应干燥。

② 应采用振动轮每米宽质量不小于1.8 t的振动压路机进行碾压。填隙料应填满粗碎石层内部的全部孔隙。碾压后,表面粗碎石间的孔隙应填满,但不得使填隙料覆盖粗集料而自成一层,表面应看得见粗碎石,其棱角可外露3~5 mm。碾压后基层的固体体积率应不小于85%,底基层的固体体积率应不小于83%。

③ 填隙碎石基层未洒透层沥青或未铺封层时,禁止开放交通,其上面必须要有面层。

1.1.2 材料要求及原材料检测

(1)填隙碎石用做基层时,碎石的最大粒径不应超过53 mm;用做底基层时,碎石的最大粒径不应超过63 mm。

(2)粗碎石可以用具有一定强度的各种岩石或漂石轧制(宜用石灰岩),但漂石的粒径应为粗碎石最大粒径的3倍以上;也可以用稳定的矿渣轧制,矿渣的干密度和质量应比较均匀,且其干密度不小于960 kg/m³。材料中的扁平、长条和软弱颗粒的含量不应超过15%。

(3)填隙碎石使用的粗碎石的颗粒组成应符合《公路路面基层施工技术规范》(JTJ 034—2000)的规定。

(4)粗碎石的压碎值应符合下列规定:

① 用做基层,压碎值不大于26%。

② 用做底基层,压碎值不大于30%。

(5)细集料应干燥。

(6)凡是饮用水(含牲畜饮用水)均可用于施工。

(7)对原材料的检查与要求。施工过程中,对各种原材料进行抽样试验,质量应符合现行施工技术规范规定的技术要求,每个检查项目的平行试验次数或一次试验的试样数必须按相关试验规程的规定进行,并以平均值评价是否合格。

1.1.3 施工工艺流程

填隙碎石结构层施工的方法为层铺法施工,又可分为干法施工和湿法施工两种方案。

其施工工艺流程宜按图 7-1 的顺序进行。

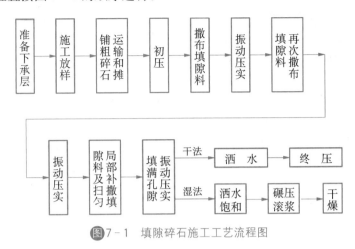

图 7-1 填隙碎石施工工艺流程图

1.1.4 施工技术要点

1. 准备下承层

不论填隙碎石下承层是底基层、垫层或土基都要求平整坚实无松散或软弱地点，具有规定的路拱，平整度和压实度要符合要求。

2. 施工放样

在下承层上恢复中线，直线段每 15~20 m 设一桩，平曲线段每 10~15 m 设一桩，并在两侧路肩外设指示桩。同时要进行水平测量，在两侧指示桩上标出基层（底基层）边缘的设计高程。

3. 备料

根据各路段基层或底基层的宽度、厚度及松铺系数，计算各段需要的粗碎石数量。根据运料车辆的车厢体积，计算每车料的堆放距离。填隙料的用量为粗碎石质量 30%~40%。

4. 运输和摊铺粗碎石

（1）碎石装车时，应控制每车料的数量基本相等。

（2）在同一料场供料的路段内，由远到近将粗碎石按"3. 备料"中所计算的距离卸置于下承层上。卸料距离应严格掌握，避免有的路段料不够或料过多。

（3）料堆每隔一定距离应留一缺口。

（4）用平地机或其他合适的机具将粗碎石均匀地摊铺在预定的宽度上，表面应力求平整，并有规定的路拱。应同时摊铺路肩用料。

（5）检查松铺材料层的厚度是否符合预计要求，必要时，应进行减料或补料工作。这里松铺厚度是指用各种不同方法摊铺任何一种混合料时，其密实度经常显著小于碾压后达到的规定密实度，这种未经压实的材料层厚度称为松铺厚度。

5. 撒铺填隙料和碾压

（1）干法施工。

① 初压。用 8 t 两轮压路机碾压 3~4 遍，使粗碎石稳定就位。在直线和不设超高的平曲线段上，碾压从两侧路肩开始，逐渐错轮向路中心进行；在设超高的平曲线段上，碾压从内侧路肩开始，逐渐错轮向外侧路肩进行。错轮时，每次重叠 1/3 轮宽。在第一遍碾压后应再次找平。初压终了时，表面应平整，并具有要求的路拱和纵坡。

② 撒铺填隙料。用石屑撒布机或类似的设备将干填隙料均匀地撒铺在已压稳的粗碎

石层上,松铺厚度为 2.5～3.0 cm。必要时,用人工或机械扫匀。

③ 碾压。用振动压路机慢速碾压,将全部填隙料振入粗碎石间的孔隙中。如没有振动压路机,可用重型振动板。碾压方法同①项,但路面两侧应多压 2～3 遍。

④ 再次撒布填隙料。用石屑撒布机或类似的设备将干填隙料再次撒铺在粗碎石层上,松铺厚度为 2.0～2.5 cm。用人工或机械扫匀。

⑤ 再次碾压。用振动压路机按③项进行碾压。在碾压过程中,对局部填隙料不足之处,人工进行找补,局部多余的填隙料应扫除。

⑥ 整修。再次碾压后,如表面仍有未填满的孔隙,则应补撒填隙料,并用振动压路机继续碾压,直到全部孔隙被填满为止。同时,应将局部多余的填隙料铲除或扫除。填隙料不应在粗碎石表面自成一层。表面必须能看得见粗碎石。如填隙碎石层上为薄沥青面层,应使粗碎石的棱角外露 3～5 mm。

⑦ 分层铺筑。当需分层铺筑时,应将已压成的填隙碎石层表面粗碎石外露约 5～10 mm,然后在上摊铺第二层粗碎石,并按①～⑥项要求施工。

⑧ 终压。填隙碎石表面孔隙全部填满后,用 12～15 t 三轮压路机再碾压 1～2 遍。在碾压过程中,不应有任何蠕动现象。在碾压之前,宜在表面先洒少量水,洒水量宜为 3kg/m² 以上。

(2) 湿法施工。

① 开始工序与干法施工中①～⑥项要求相同。

② 粗碎石层表面孔隙全部填满后,立即用洒水车洒水,直到饱和,但应注意避免多余水浸泡下承层。

③ 用 12～15 t 三轮压路机跟在洒水车后进行碾压。在碾压过程中,将湿填隙料继续扫入所出现的孔隙中。需要时,再添加新的填隙料。洒水和碾压应一直进行到填院料和水形成粉砂浆为止。粉砂浆应填塞全部孔隙,并在压路机轮前形成微波纹状。

④ 干燥。碾压完成的路段应让水分蒸发一段时间。结构层变干后,表面多余的细料以及细料覆盖层都应扫除干净。

⑤ 当需分层铺筑时,应待结构层变干后,将已压成的填隙碎石层表面的填隙料扫除一些,使表面粗碎石外露 5～10 mm,然后在上摊铺第二层粗碎石,并按①～④项要求施工。根据实施性施工组织计划,一次或分批配齐足够的施工机械和工具。机械设备的放置,应考虑到施工的要求。

1.1.5　施工过程质量控制

填隙碎石结构层在铺筑过程中必须随时对铺筑质量进行检查、评定、质量检查的内容、频度允许偏差参照表 7-1 的要求。

表 7-1　填隙碎石结构层施工过程中工程质量的控制标准

项　目	检查频度及单点检验评价方法	质量要求或允许偏差	
		高速、一级公路	其他公路
颗粒组成	每 2 000 m² 1 次	在规定范围内	
含水率	据观察、随时	在规定范围内	
压实度	每一作业段或不超过 2 000 m² 检查 6 次以上	基层固体体积率不小于 85％,底基层固体体积率不小于 83％	

项　目	检查频度及单点检验评价方法	质量要求或允许偏差	
		高速、一级公路	其他公路
承载比	每 3 000 m²1 次，根据观察随时增加试验	不小于规定要求	
弯沉值检测	每一评定段（不超过 1 km）每车道 40～50 个测点	97.7％概率的上波动界限不大于计算得到的容许值	95％概率的上波动界限不大于计算得到的容许值

1.2　级配碎石施工

粗、中、细碎石集料和石屑各占一定比例的混合料，当其颗粒组成符合规定的密实级配要求时，称作级配碎石。

1.2.1　一般规定

（1）级配碎石用于各级公路的基层和底基层，及用作较薄沥青面层与半刚性基层之间的中间层，也可用于四级公路的面层。

（2）用于二级及二级以上公路基层和底基层的级配碎石，应由预先筛分的几组不同粒径的碎石及石屑级配组成；其他等级公路上，级配碎石可采用未筛分碎石和石屑组配

（3）作中间层或二级以上公路的基层时，应采用集中厂拌法拌制混合料，并用摊铺机摊铺混合料。

（4）级配碎石施工中缺乏石屑时，可以添加细砂砾或粗砂，也可以用颗粒组成合适的含细集料较多的砂砾与未筛分碎石组配成级配碎砾石。

（5）级配碎石施工应遵循以下基本规定：

① 颗粒级配应符合规定。

② 配比必须准确。

③ 塑性指数应符合规定。

④ 混合料必须拌和均匀，没有粗细颗粒离析现象。

⑤ 在最佳含水率时进行碾压，当采用重型击实标准设计时，基层压实度成大于98％，CBR 值不应小于 100％；底基层压实度应大于 96％，CBR 值不应小于 80％。

（6）级配碎石应使用 12 t 以上的三轮压路机进行碾压，每层的压实度厚度不应超过15～18 cm。用重型振动压路机和轮胎压路机碾压时，每层的压实厚度可达 20 cm。

（7）级配集料（含未筛分碎石）底基层不宜做成槽式，宜做成满铺式，以利排除进入路面结构层的水，否则两侧要设置纵向盲沟。

（8）对未筛分碎石，一定要在较潮湿情况下才能往上铺撒石屑，否则一旦开始拌和，石屑就会落到底部。

（9）级配碎石基层未洒透层沥青或未铺封层时，禁止开放交通，以保护表层不受破坏。

1.2.2　材料要求及原材料检测

（1）各种类型的岩石（软质岩石除外）、圆石或矿渣均可作为轧制碎石的材料。圆石的

粒径应是碎石最大粒径的3倍以上;矿渣应是已崩解稳定的,其干密度不小于960 kg/m³,且干密度和质量比较均匀。碎石中针片状颗粒的总含量应不超过20%,且不含黏土块、植物等有害物质。

(2)石屑或其他细集料可以使用一般碎石场的细筛余料,也可以利用轧制沥青表面处治和贯入式用石料时的细筛余料,或专门轧制的细碎石集料。亦可用天然砂砾或粗砂代替石屑,但其颗粒尺寸应合适,必要时应筛除其中的超尺寸颗粒。天然砂砾或粗砂应有较好的级配。

(3)级配碎石分为骨架密实型和连续级配型,其集料的级配组成符合《公路路面基层施工技术规范》(JTJ 034—2000)的规定。

(4)级配碎石所用石料的压碎值应满足《公路路面基层施工技术规范》(JTJ 034—2000)的规定。

(5)对原材料的检查与要求。施工过程中,对各种原材料进行抽样试验,质量应符合现行施工技术规范规定的技术要求,每个检查项目的平行试验次数或一次试验的试样数必须按相关试验规程的规定进行,并以平均值评价是否合格。

1.2.3　施工工艺流程

级配碎石结构层施工的方法分为路拌法施工和厂拌法施工。用作高速公路、一级公路的基层时,级配碎石结构层宜采用厂拌法施工。

级配碎石路拌法施工的工艺流程通常按图7-2的顺序进行。

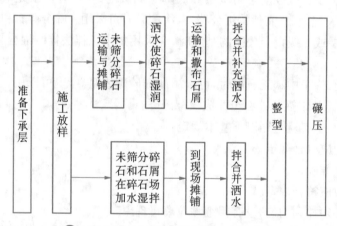

图7-2　级配碎石路拌法施工工艺流程图

1.2.4　施工技术要点

1. 路拌法施工

1)准备下承层

(1)下承层不宜做成槽式断面。

(2)下承层表面应平整、坚实,具有规定的路拱。下承层的平整度和压实度应符合检查验收规定要求。

2)施工放样

(1)在下承层上恢复中线,直线段每15~20 m设一桩,平曲线段每10~15 m设一桩,并在两侧路肩边缘外设指示桩。

（2）在两侧指示桩上标出基层（底基层）边缘的设计高程。

3）备料

（1）计算材料用量：

① 按照级配碎石规定的级配组成计算不同粒级碎石和石屑的配合比。

② 根据各路段基层或底基层的宽度、厚度及规定的压实干密度，并按确定的配合比分别计算各段需要的未筛分碎石和石屑的数量或不同粒级碎石和石屑的数量，并计算每车料的堆放距离。

（2）未筛分碎石的含水率较最佳含水率宜大 1% 左右。

（3）未筛分碎石和石屑可按预定比例在料场混合，同时洒水加限，使混合料的含水率超过最佳含水率约 1%。

4）运输和摊铺集料

（1）集料装车时，应控制每车料的数量基本相等。

（2）在同一料场供料的路段内，宜由远到近卸置集料。卸料距离应严格控制，避免料不够或过多。未筛分碎石和石屑分别运送时，应先运送碎石。料堆每隔一定距离应留一缺口。

（3）集料在下承层上的堆置时间不应过长。运送集料较摊铺集料工序宜只提前数天。

（4）通过试验确定集料的松铺系数和松铺厚度。人工摊铺时，其松铺系数为 1.40～1.50；平地机摊铺时，为 1.25～1.35。

（5）用平地机或其他合适的机具将料均匀地摊铺在预定的宽度上，表面应力求平整，并具有规定的路拱。应同时摊铺路肩用料。

（6）检查松铺材料层厚度，必要时，应进行减料或补料工作。

（7）未筛分碎石摊铺平整后，在较潮湿的情况下，将石屑计算堆放距离丈量好并卸下石屑，用平地机并辅以人工将石屑均匀摊铺在碎石层上。

（8）采用不同粒级的碎石和石屑时，应将大碎石铺于下层，中碎石铺于中层，小碎石铺于上层。洒水使碎石湿润后，再摊铺石屑

5）拌和与整形

（1）对于二级及二级以上公路，应采用专用稳定土拌和机拌和级配碎石。对于二级以下公路，在无稳定土拌和机的情况下，可采用平地机或多铧犁与缺口圆盘耙相配合进行拌和。其要点是：

① 用稳定土拌和机时，应拌和两遍以上，拌和深度应直到级配碎石层底。在进行最后一遍拌和之前，必要时先用多铧犁紧贴底面翻拌一遍。

② 用平地机进行拌和时，宜翻拌 5～6 遍，使石屑均匀分布于碎石料中。平地机拌和的作业长度，每段宜为 300～500 m。

③ 用缺口圆盘耙与多铧犁相配合拌和时，用多铧犁在前翻拌，圆盘耙紧跟后面拌和，即采用边翻边耙的方法，共 4～6 遍。应注意随时检查调整翻耙的深度。用多铧犁翻拌时，第一遍由路中心开始，将混合料向中间翻，且机械应慢速前进。第二遍从两边开始，将混合料向外翻。

（2）使用在料场已拌和均匀的级配碎石混合料时，摊铺后如有离析现象，应用平地机进行补充拌和。

（3）用平地机将拌和均匀的混合料按规定的路拱进行整平和整形，并注意消除粗细集料离析现象。

（4）用拖拉机、平地机或轮胎压路机在已初平的路段上快速碾压一遍，以暴露潜在的不平整。

（5）再用平地机进行整平和整形。

6）碾压

（1）整形后，当混合料的含水率等于或略大于最佳含水率时，立即用 12 t 三轮压路机、振动压路机或轮胎压路机进行碾压。直线和不设超高的平曲线段，由两侧路肩开始向路中心碾压；在设超高的平曲线段，由内侧向外侧路肩进行碾压。碾压时，后轮应重叠 1/2 轮宽，后轮必须超过两段的接缝处。后轮压完路面全宽时，即为一遍。碾压一直进行到要求的密实度为止。一般需压 6～8 遍，应使表面无明显轮迹。压路机的碾压速度，头两遍以 1.5～1.7 km/h 为宜，以后用 2.0～2.5 km/h。路面的两侧应多压 2～3 遍。

（2）严禁压路机在已完成的或正在碾压的路段上掉头或紧急制动。

（3）凡含土的级配碎石层，都应进行滚浆碾压，一直压到碎石层中无多余细土泛到表面为止。滚到表面的浆（或事后变干的薄土层）应消除干净。

7）接缝的处理

（1）横缝的处理要点。两作业段的衔接处，应搭接拌和。第一段拌和后，留 5～8 m 不进行碾压，第二段施工时，前段留下未压部分与第二段一起拌和整平后进行碾压。

（2）纵缝的处理要点。首先应避免纵向接缝。在必须分两幅铺筑时纵缝应搭接拌和。前一幅全宽碾压密实。在后一幅拌和时，应将相邻的前幅边部约 30 cm 搭接拌和，整平后一起碾压密实。

2. 厂拌法施工

级配碎石混合料中心站采用强制式拌和机、卧式双转轴桨叶式拌和机、普通水泥混凝土拌和机等多种机械进行集中拌和。在正式拌和前，必须先调试所用厂拌设备。

1）混合料拌和

（1）对用于高速公路和一级公路的基层和中间层，宜采用不同粒级的单一尺寸碎石和石屑，按预定配合比在拌和机内拌制混合料，使混合料的颗粒组成和含水率都能达到规定的要求。

（2）不同粒级的碎石和石屑等细集料应隔离分别堆放。细集料应有覆盖，防止雨淋。

（3）在采用未筛分碎石和石屑时，如未筛分碎石或石屑的颗粒组成发生明显变化，应重新调试设备。

2）混合料摊铺与整形

（1）将级配碎石用于高速公路和一级公路时，应用沥青混凝土摊铺机或其他碎石摊铺机摊铺混合料，推铺机后面应设专人消除细集料离析现象。

（2）对于二级和二级以下公路.如没有摊铺机，也可用自动平地机（摊铺箱）摊铺混合料。但应注意：

① 根据摊铺层的厚度和要求达到的压实干密度，计算每车混合料的摊铺面积。

② 将混合料均匀地卸在路幅中央，路幅宽时，亦可卸成两行。

③ 用平地机将混合料按松铺厚度摊铺均匀。

④ 设一个 3 人小组跟在平地机后面，及时消除粗细集料离析现象。对于粗集料"窝"和粗集料"带"，应添加细集料，并拌和均匀；对细集料"窝"，应添加粗集料，并拌和均匀。

（3）用平地机摊铺混合料后的整形与级配碎石路拌法施工要求相同。

3）碾压

采用振动压路机或三轮压路机进行碾压，其碾压方法与级配碎石路拌法施工要求相同。

4）接缝的处理

（1）横向接缝处理要点

① 用摊铺机摊铺混合料时，靠近摊铺机当天未压实的混合料，可与第二天摊铺的混会

料一起碾压,但应特别注意对其含水率的检查控制,必要时应人工补充洒水,使其含水率达到规定的要求。

② 用平地机摊铺时,工作缝处理与级配碎石路拌法施工要求相同。

(2) 纵向接缝处理要点。应避免纵向接缝。如一台摊铺机摊铺宽度不够时,宜采用两台一前一后相隔 5～8 m 同步向前摊铺。如仅有一台时,可先在一条摊铺带上摊铺一定长度后,再开到另一条摊铺带上摊铺,然后一起进行碾压。在不能避免纵向接缝的情况下,纵缝必须垂直相接,不应斜接,其处理要点是:

① 在前一幅摊铺时,在靠后一幅的一侧应用方木或钢模板作支撑,其高度与级配碎石层的压实厚度相同,并在摊铺后一幅之前,将方木或钢模板除去。

② 如在摊铺前一幅时未用方木或钢模板支撑,靠边缘的 30 om 左右难于压实,且形成个斜坡,则在摊铺后幅时,应先将未完全压实部分和不符合路拱要求部分挖松并补充洒水,待后一幅混合料摊铺后再一起进行整平和碾压。

1.2.5　施工过程质量控制

级配碎(砾)石结构层在铺筑过程中必须随时对铺筑质量进行检查、评定,质量检查的内容、频度、允许偏差参照表 7-2 的要求。

表 7-2　级配碎(砾)石结构层施工过程中工程质量的控制标准

项　目	检查频度及单点检查评价方法	质量要求或允许偏差	
		高速公路、一级公路	其他公路
级配	每 2 000 m² 一次	在规定范围内	
含水率	据观察,随时	在规定范围内	
压实度	每一作业段或不超过 2 000 m² 检查六次以上	底基层 96%,基层 98%,中间层 100%	
拌和均匀性	随时观察	无粗细集料离析现象	
承载比	每 3 000 m² 一次,根据观察随时增加试验	不小于规定要求	
弯沉值检验	每一评定段(不超过 1 km)每车道 40～50 个测点	97.7% 概率的上波动界限不大于计算得到的容许值	95% 概率的上波动界限不大于计算得到的容许值

1.3　级配砾石施工

粗、中、细砾石和砂各占一定比例的混合料,当其颗粒组成符合规定的密实级配要求时,称作级配砾石。

1.3.1　一般规定

(1) 级配砾石、级配碎砾石以及符合级配要求、塑性指数在 6(或 9)以下的天然砂砾,均适用于轻交通的二级和二级以下公路的基层以及各级公路的底基层,级配砾石也可用于四级公路的面层。

(2) 可在天然砂砾中掺加部分碎石或轧碎砾石,以提高材料的强度和稳定性。

（3）级配砾石施工应遵循以下基本规定；

① 颗粒级配应符合规定。

② 配料必须准确。

③ 塑性指数应符合规定。

④ 混合料必须拌和均匀，没有粗细颗粒离析现象。

⑤ 在最佳含水率时进行碾压，当采用重型击实标准设计时，基层压实度应大于98％，CBR 值不应小于 80％；底基层压实度应大于 96％，CBR 值对于轻交通的公路不应小于40％，对于中等交通的公路不应小于 60％。

（4）级配砾石应使用 12 t 以上的三轮压路机进行碾压，每层的压实度厚度不应超过 15 cm。用重型振动压路机和轮胎压路机碾压时，每层的压实厚度不应超过 20 em。

（5）级配砾石基层未洒透层沥青或未铺封层时，禁止开放交通，以保护表层不受破坏。

1.3.2 材料要求及原材料检测

（1）用级配砾石做基层时，砾石的最大粒径不应超过 37.5 mm；用做底基层时，砾石的最大粒径不应超过 53 mm。

（2）砾石颗粒中细长及扁平颗粒的含量不应超过 20％。

（3）级配砾石的级配组成应符合《公路路面基层施工技术规范》(JTJ 034—2000)中的要求。

（4）级配砾石所用石料的压碎值应符合《公路路面基层施工技术规范》(JTJ 034—2000)中的要求。

1.3.3 施工工艺流程

级配砾石施工的工艺流程如图 7-3 所示。

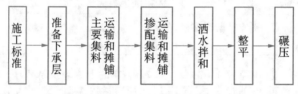

图 7-3　级配砾石施工工艺流程图

1.3.4 施工技术要点

1. 准备下承层和施工放样

有关要求与级配碎石路拌法施工相同。

2. 计算材料用量

根据各路段基层或底基层的宽度、厚度及预定的干密度，计算各段需要的集料数量。如级配砾石系用两种集料合成时，分别计算两种集料的数量；根据料场集料的含水率以及所用运料车辆的吨位，计算每车材料的堆放距离。

3. 运输和摊铺集料

（1）集料装车时，每车料的数量应基本相等。

（2）同一料场供料的路段内，由远到近将料按上述计算的距离卸置于下承层上。严格控制卸料距离，避免料不够或过多。采用两种集料时，应先将主要集料运到路上，待主要集料摊铺后，再运另一种集料并摊铺。如两种集料的最大粒径相差很多，则要特别注意应在粗集料潮湿状态下摊铺细集料。料堆每隔一定距离应留一缺口。

（3）集料在下承层上的堆置时间不宜过长。运送集料较摊铺集料工序只宜提前数天。

（4）通过试验确定松铺系数，并确定松铺厚度。人工摊铺时，其松铺系数为 1.40～1.50；平地机摊铺时，为 1.25～1.35。

（5）用平地机或其他合适的机具将料均匀摊铺在预定的宽度上，表面应力求平整，并有规定路拱。应同时摊铺路肩用料。

（6）检查松铺层厚度。

4. 拌和及整形

（1）用平地机拌和时，每一作业段长度宜为 300～500 m。

① 拌和时，平地机刀片安装的角度应符合《公路路面基层施工技术规范》（JTG 034—2000）中的规定。一般需拌和 5～6 遍。拌和过程中，用洒水车洒足所需的水分。

② 使用符合级配要求的天然砂砾时，如摊铺后混合料有粗细颗粒离析现象，应用平地机进行补充拌和。

③ 用平地机将拌和均匀的混合料按规定的路拱进行整平和整形。

④ 用拖拉机、平地机或轮胎压路机在已初平的路段上快速碾压一遍，以暴露潜在的不平整，并再用平地机进行整平和整形。

（2）用拖拉机牵引四铧犁或五铧犁进行拌和时，每一作业段长度宜为 100～150 m。第一遍由路中开始，将料向中间翻，同时机械慢速前进。第二遍则应从两边开始，将料向外翻。拌和过程中，用洒水车满足所需水分。拌和遍数以双数为宜，一般需拌六遍，且无离析现象。然后用平地机或其他机具按规定路拱整平和整形。整形过程中，严禁任何车辆通行。

碾压、横缝处理、纵缝处理等与级配碎石路拌法施工所述的要求相同。

1.3.5　施工过程质量控制

级配砾石结构层在铺筑过程中必须随时对铺筑质量进行检查、评定，质量检查的内容、频度、允许偏差应符合表 7－2 的要求。

任务 2　水泥稳定类基层施工

2.1　一般规定

（1）水泥稳定集料类材料适用于各级公路的基层和底基层，水泥稳定细粒土用于各级公路的底基层以及三、四级公路的基层。

微课扫一扫

（2）高速公路、一级公路的基层或上基层宜选用骨架密实型混合料。二级及二级以下公路的基层和各级公路的底基层可采用悬浮密实型混合料。均匀密实型混合料适用于高速公路、一级公路的底基层和二级及二级以下公路的基层。骨架空隙型混合料具有较高的空隙率,适用于需要考虑路面内部排水要求的基层。

(3) 水泥稳定类结构层混合料的配合比设计按无侧限抗压强度试验方法确定。

(4) 水泥稳定类材料的压实度、7d 龄期无侧限抗压强度代表值应符合《公路路面基层施工技术规范》(JTJ 034—2000) 的规定,且不宜超过高限。混合料试件成型宜采用振动成型方法。缺乏试验条件时,对悬浮密实和均匀密实型混合料可采用静压成型方法。

(5) 水泥稳定集料的水泥剂量一般为 3%～5.5%。水泥稳定中粒土和粗粒土的水泥剂量不宜超过 6%。必要时应首先改善集料的级配,然后用水泥稳定。在只能使用水泥稳定细粒土做基层或水泥稳定集料的强度要求明显大于规定时,水泥剂量不受此限制。

(6) 水泥稳定类结构层宜在春末和气温较高季节组织施工。施工期的日最低气温应在 5℃ 以上。在有冰冻的地区,应在第一次重冰冻(−3～−5℃)到来之前半个月到一个月完成。

(7) 在雨季施工水泥稳定类结构层,特别是水泥土结构层时,应特别注意气候变化,切勿使水泥和混合料遭受雨淋。降雨时应停止施工,但已经摊铺的水泥混合料应尽快碾压密实。路拌法施工时,应采取措施排除下承层表面的水,切勿使运到路上的集料过于潮湿。

(8) 水泥稳定类结构层施工时,应遵循以下基本规定:

① 土块尽可能粉碎,土块最大尺寸不应大于 15 mm。

② 配料应准确。

③ 路拌法施工时水泥应摊铺均匀。

④ 洒水、拌和应均匀。

⑤ 应严格控制基层厚度和高程,路拱横坡与面层一致。

⑥ 应在混合料处于最佳含水率或略大于最佳含水率(气候炎热干燥时,基层混合料可大于最佳含水率 1%～2%)时进行碾压,直至达到要求的压实度。

(9) 水泥稳定类混合料碾压时,压实机械与压实厚度应遵循以下规定:

① 水泥稳定类结构层应采用 12 t 以上的压路机进行碾压。

② 采用 12～15 t 三轮压路机碾压时,每层的压实厚度不应超过 15 cm。

③ 用 18～20 t 三轮压路机和振动压路机碾压时,每层的压实厚度不应超过 20 cm。

④ 对于水泥稳定中粒土和粗粒土,采用能量大的振动压路机碾压时,或对于水泥稳定细粒土,采用振动羊足碾与三轮压路机配合碾压时,每层的压实厚度可以根据试验适当增加。

⑤ 压实厚度超过上述规定时,应分层铺筑,每层的最小压实厚度为 10 cm,下层宜稍厚。

⑥ 对于稳定细粒土,以及用摊铺机摊铺的混合料,都应采用先轻型、后重型压路机碾压。

2.2　材料要求及原材料检测

2.2.1　水泥

水泥稳定类结构层使用的水泥应符合国家技术标准的要求。普通硅酸盐水泥、矿渣硅酸盐水泥和火山灰质硅酸盐水泥都可用于稳定集料和土。应选用初凝时间大于 4 h、终凝时间在 6 h 以上的水泥,不应使用快硬水泥、早强水泥以及已受潮变质的水泥。宜采用 42.5 级水泥。

2.2.2 土

(1) 对集料应满足如下要求:

① 水泥稳定类基层、底基层集料的压碎值,应符合《公路路面基层施工技术规范》(JTJ 034—2000)的要求。

② 悬浮密实型水泥稳定类基层集料的最大粒径不大于 31.5 mm,底基层集料的最大粒径不大于 37.5 mm;骨架密实型水泥稳定类基层集料的最大粒径不大于 31.5 mm。

(2) 对于二级和二级以下的公路,水泥稳定土所用的粗粒土、中粒土、细粒土应满足如下要求:

① 水泥稳定土用做底基层时,单个颗粒的最大粒径不应超过 53 mm(指方孔筛。如为圆孔筛,则最大粒径可为所列数值的 1.2~1.25 倍,下同),水泥稳定土的颗粒组成应符合要求,土的均匀系数应大于 5。细粒土的液限不应超过 40,塑性指数不应超过 17。对于中粒土和粗粒土,如土中小于 0.6 mm 的颗粒含量在 30% 以下,塑性指数可稍大。

实际工作中,宜选用均匀系数大于 10、塑性指数小于 12 的土。塑性指数大于 17 的土,宜采用石灰稳定,或用水泥和石灰综合稳定。

② 水泥稳定土用做基层时,单个颗粒的最大粒径不应超过 37.5 mm。集料中不宜含有塑性指数的土。

③ 级配碎石、未筛分碎石、砂砾、碎石土、砂砾土、煤矸石和各种粒状矿渣均适宜用水泥稳定。碎石包括岩石碎石、矿渣碎石、破碎砾石等。

(3) 对于高速公路和一级公路,水泥稳定土所用的粗粒土和中粒土应满足如下要求:

① 水泥稳定土用做底基层时,单个颗粒的最大粒径不应超过 37.5 mm。颗粒组成应在级配范围内,土的均匀系数应大于 5。细粒土的液限不应超过 40%,塑性指数不应超过 17。对于中粒土和粗粒土,如土中小于 0.6 mm 的颗粒含量在 30% 以下,塑性指数可稍大。

实际工作中,宜选用均匀系数大于 10、塑性指数小于 12 的土。塑性指数大于 17 的土,宜采用石灰稳定,或用水泥和石灰综合稳定。

② 水泥稳定土用做基层时,单个颗粒的最大粒径不应超过 31.5 mm。

水泥稳定土中碎石或砾石的压碎值应符合现行《公路路面基层施工技术规范》(JTJ 034—2000)的要求。有机质含量超过 2% 的土,必须先用石灰进行处理,闷料一夜后再用水泥稳定。硫酸盐含量超过 0.25% 的土,不应用水泥稳定。综合稳定土中用的石灰应是消石灰粉或生石灰粉。

2.2.3 水

凡是饮用水(含牲畜饮用水)均可用于水泥稳定类结构层施工。

2.3 施工工艺流程

水泥稳定类结构层施工的方法主要分为路拌法施工和厂拌法施工两种。用作高速公路、一级公路底基层和二级及二级以下公路基层的水泥稳定类结构层可采用路拌法施工;用作高速公路、一级公路基层的水泥稳定集料应采用厂拌法施工;用作高速公路、一级公路底基层时宜采用厂拌法施工,由于水泥稳定类结构层施工的相似性,故本教材以水泥稳定土施工为例进行讲解。

1. 路拌法施工工艺流程

路拌法施工的工艺流程通常按图7-4的顺序进行。

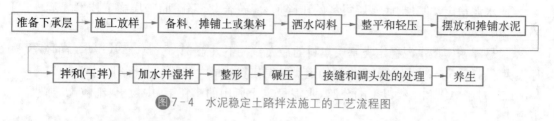

图7-4 水泥稳定土路拌法施工的工艺流程图

2. 厂拌法施工工艺流程

厂拌法施工的工艺流程通常按图7-5的顺序进行(以水泥稳定碎石为例)。

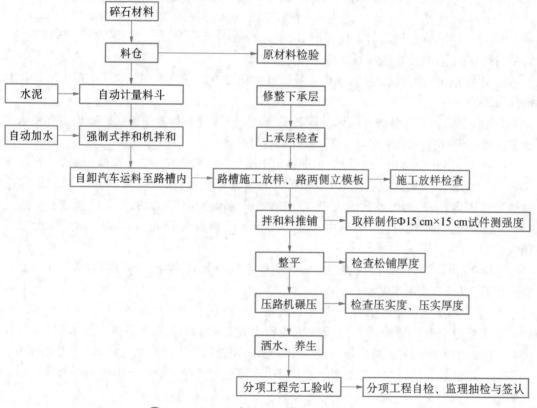

图7-5 水泥稳定土厂拌法施工的工艺流程图

2.4 施工技术要点

2.4.1 路拌法施工

1. 准备下承层

(1) 下承层表面应平整、坚实,具有规定的路拱。下承层的平整度和压实度应符合《公路面基层施工技术规范》(JTJ 034—2000)中的规定要求。

(2)当水泥稳定土做基层时,要准备底基层;做老路面的加强层时,要准备老路面;做底基层时,要准备土基。所有准备工作均应达到相应的规定要求。

(3)在槽式断面的路段,两侧路肩上每隔一定距离(5～10 m)可交错开挖泄水沟(或做盲沟)。

2.施工放样

(1)在底基层或老路面或土基上恢复中线,直线段每 15～20 m 设一桩,平曲线段每 10～15 m 设一桩,并在两侧路肩边缘外设指示桩。

(2)在两侧指示桩上用明显标记标出水泥稳定类结构层边缘的设计高程。

3.备料

根据实际需要,可以利用老路面或土基上部材料,也可以利用料场的土或集料。

(1)利用老路面或土基上部材料需注意的事项:

① 清除干净老路面上或土基表面的石块等杂物。

② 每隔 10～20 m 挖一小洞,使洞底高程与预定的水泥稳定土层的底面高程相同,并在洞底做一标记,以控制翻松及粉碎的深度。

③ 用犁、松土机或装有强固齿的平地机或推土机将老路面或土基的上部翻松到预定的深度,土块应粉碎并达到要求。

④ 应经常用犁将土向路中心翻松,使预定处治层的边部成一个垂直面,防止处治宽度超过规定。

⑤ 用专用机械粉碎黏性土。当无专用机械时,也可用旋转耕作机、圆盘耙粉碎塑性指数不大的土。

(2)利用料场的土(包括细、中、粗粒土)或集料需注意的事项:

① 在采集土之前,应先将树木、草皮、树根和杂土清除干净。

② 筛除土中超尺寸的颗粒。

③ 应在预定的深度范围内采集土,不应分层采集,不应将不合格的土采集一起。

④ 对于塑性指数大于 12 的黏性土,可视土质和机械性能确定土是否需要过筛。

(3)计算材料用量要点:

① 根据各路段水泥稳定土层的宽度、厚度及预定的干密度,计算各路段需要的干燥土的数量。根据料场土的含水率和所用运料车辆的吨位,计算每车料的堆放距离。

② 根据水泥稳定土层的厚度和预定的干密度及水泥剂量,计算每一平方米水泥稳定土需要的水泥用量,并确定水泥摆放的纵横间距。

(4)土或集料的运输要点:

① 在预定堆料的下承层上,在堆料前应先洒水,使其表面湿润,但不应过分潮湿而造成泥泞。

② 土装车时,应控制每车料的数量基本相等。

③ 在同一料场供料的路段内,由远到近将料按上述计算距离卸置于下承层表面的中间或上侧。卸料距离应严格掌握,避免有的路段料不够或过多。

④ 料堆每隔一定距离应留一缺口。

⑤ 土在下承层上的堆置时间不应过长,运送土只宜比摊铺土工序提前 1～2 d。

⑥ 当路肩用料与稳定土层用料不同时,应采取培肩措施,先将两侧路肩培好。路肩料层的压实厚度应与稳定土层的压实厚度相同。在路肩上,每隔 5～10 m 应交错开挖临时泄水沟。

4. 摊铺土

(1) 应事先通过试验确定土的松铺系数。松铺系数是指材料的松铺厚度与达到规定压实度的压实厚度之比值,亦即材料达到规定压实度的干密度与松铺材料干密度的比值。人工摊铺混合料时,其松铺系数可按《公路路面基层施工技术规范》(JTJ 034—2000)选用。

(2) 摊铺土应在摊铺水泥的前一天进行。摊铺长度按日进度的需要量控制,满足次日完成掺加水泥、拌和、碾压成型即可。雨季施工,如第二天有雨,不宜提前摊铺土。

(3) 应将土均匀地摊铺在预定的宽度上,表面应力求平整,并有规定的路拱。

(4) 摊料过程中,应将土块、超尺寸颗粒及其他杂物拣除。

(5) 如土中有较多土块,应进行粉碎。

(6) 检验松铺土层的厚度,应符合预计要求。

(7) 除洒水车外,严禁其他车辆在土层上通行。

5. 洒水闷料

(1) 如已整平的土(含粉碎的老路面)含水率过小,应在土层上洒水闷料。洒水应均匀,防止出现局部水分过多或水分不足的现象。

(2) 严禁洒水车在洒水段内停留和掉头。

(3) 细粒土应经一夜闷料;中粒土和粗粒土,视其中细土含量的多少,可缩短闷料时间。

(4) 如为综合稳定土,应先将石灰和土拌和后一起进行闷料。

6. 整平和轻压

对人工摊铺的土层整平后,用6~8 t两轮压路机碾压1~2遍,使其表面平整,并有一定的压实度。

7. 摆放和摊铺水泥

(1) 按前述方法计算出的每袋水泥的纵横间距,在土层上做安放标记。

(2) 应将水泥当日直接送到摊铺路段,卸在做标记的地点,并检查有无遗漏和多余。运水泥的车应有防雨设备。

(3) 用刮板将水泥均匀摊开,并注意使每袋水泥的摊铺面积相等。水泥摊铺完后,表面应没有空白位置,也没有水泥过分集中的地点。

8. 拌和(干拌)

(1) 对二级及二级以上公路,应采用专用稳定土拌和机进行拌和并设专人跟随拌和机,随时检查拌和深度并配合拌和机操作员调整拌和深度。拌和深度应达稳定层底并宜侵入下承层5~10 mm,以利上下层黏结。严禁在拌和层底部留有素土夹层。通常应拌和两遍以上,在最后一遍拌和之前,必要时可先用多铧犁紧贴底面翻拌一遍。直接铺在土基上的拌和层也应避免素土夹层。

(2) 对于三、四级公路,在没有专用拌和机械的情况下,可用农用旋转耕作机与多铧犁或平地机相配合进行拌和,但应注意拌和效果,拌和时间不能过长。

先用平地机或多铧犁(四铧犁或五铧犁)将铺好水泥的土翻拌两遍,使水泥分布到土中,但不应翻犁到底,防止水泥落到底部。第一遍由路中心开始,将混合料向中间翻,机械应慢速前进;第二遍应相反,从两边开始,将混合料向外侧翻。接着用旋转耕作机拌和两遍。再用多铧犁或平地机将底部料翻起。随时检查调整翻犁的深度,使稳定土层全部翻透。严禁在稳定土层与下承层之间残留一层素土,也应防止翻犁过深或过多而破坏下承层的表面,通常应翻犁两遍。接着,再用旋转耕作机拌和两遍,用多铧犁或平地机再翻犁两遍。

(3) 对于三、四级公路,在没有专用拌和机械的情况下,也可以用缺口圆盘耙与多铧犁或平地机相配合,拌和水泥稳定细粒土和中粒土,但应注意拌和效果,拌和时间不可过长。用平地机或多铧犁在前面翻拌,用圆盘耙跟在后面拌和。圆盘耙的速度应尽量快,使水泥与土拌和均匀。应翻拌四遍,开始的两遍不应翻犁到底,以防水泥落到底部。后面的两遍应翻犁到底,随时检查调整翻犁的深度,要求同前。

9. 加水并湿拌

(1) 在上述拌和过程结束时,如果混合料的含水率不足,应用喷管式洒水车(普通洒水车不适宜用作路面施工)补充洒水。水车起洒处和另一端掉头处都应超出拌和段 2 m 以上。洒水车不应在正进行拌和以及当天计划拌和的路段上掉头和停留,以防局部水量过大。

(2) 洒水后,应再次进行拌和,使水分在混合料中分布均匀。拌和机械应紧跟在洒水车后面进行拌和,减少水分流失。

(3) 洒水及拌和过程中,应及时检查混合料的含水率。含水率宜略大于最佳值。对于稳定粗粒土和中粒土,宜较最佳含水率大 0.5%~1.0%;对于稳定细粒土,宜较最佳含水率大 1%~2%。

(4) 在洒水拌和过程中,应配合人工拣出超尺寸颗粒,消除粗细颗粒"窝"以及局部过分潮湿或过分干燥之处。

(5) 混合料拌和均匀后应色泽一致,没有灰条、灰团和花面,即无明显粗细集料离析现象,且水分合适和均匀。

10. 整形

(1) 混合料拌和均匀后,应立即用平地机初步整形。在直线段,平地机由两侧向路中心进行刮平;在平曲线段,平地机由内侧向外侧进行刮平。必要时,再返回刮一遍。

(2) 用拖拉机、平地机或轮胎压路机立即在初平的路段上快速碾压一遍,以暴露潜在的不平整。

(3) 再用平地机按(1)要求进行整形,整形前应用齿耙将轮迹低洼处表层 5 cm 以上耙松,并按(2)要求再碾压一遍。

(4) 对于局部低洼处,应用齿耙将其表层 5 cm 以上耙松,并用新拌的混合料进行找平。

(5) 再用平地机整形一次。应将高处料直接刮出路外,不应形成薄层贴补现象。

(6) 每次整形都应达到规定的坡度和路拱,并应特别注意接缝必须顺适平整。

(7) 当用人工整形时,应用锹和耙先将混合料摊平,用路拱板进行初步整形。用拖拉机初压 1~2 遍后,根据实测的松铺系数,确定纵横断面的高程,并设置标记和挂线。利用锹耙按线整形,再用路拱板校正成型。如为水泥土,在拖拉机初压之后,可用重型框式路拱板(拖拉机牵引)进行整形。

(8) 在整形过程中,严禁任何车辆通行,并保持无明显的粗细集料离析现象。

11. 碾压

水泥稳定类混合料碾压结束与开始拌和的时间差通常称为"延迟时间"。需要强调的是,水泥稳定类材料的压实效果与延迟时间密切相关,应尽量缩短"延迟时间"。

施工中根据路宽、压路机的轮宽和轮距的不同制订碾压方案,应使各部分碾压到的次数尽量相同,路面的两侧应多压 **2~3** 遍。整形完成后,当混合料的含水率为最佳含水率的(+1%~+2%)时,应立即用轻型压路机并配合 12 t 以上压路机在结构层全宽内进行碾压。

(1) 碾压组织应遵循的基本要求:

① 直线和不设超高的平曲线段,由两侧路肩向路中心碾压。

② 设超高的平曲线段,由内侧路肩向外侧路肩进行碾压。

③ 碾压时,应重叠 1/2 轮宽。后轮必须超过两段的接缝处,后轮压完路面全宽时,即为一遍。一般需碾压 6～8 遍。

④ 头两遍碾压速度以 1.5～1.7km/h 为宜,以后宜采用 2.0～2.5 km/h。

⑤ 采用人工摊铺和整形的稳定土层,宜先用拖拉机或 6～8 t 两轮压路机或轮胎压路机碾压 1～2 遍,然后再用重型压路机碾压。

(2) 碾压过程中应注意的事项:

① 严禁压路机在已完成的或正在碾压的路段上掉头或紧急制动,应保证稳定土层表面不受破坏。

② 碾压过程中,水泥稳定土的表面应始终保持湿润,如水分蒸发过快,应及时补洒少量的水,但严禁洒大水碾压。

③ 碾压过程中,如有"弹簧"、松散、起皮等现象,应及时翻开重新拌和(加适量的水泥)或用其他方法处理,使其达到质量要求。

④ 经过拌和、整形的水泥稳定土,宜在水泥初凝前并应在试验确定的延迟时间内完成碾压,并达到要求的密实度,同时没有明显的轮迹。

⑤ 在碾压结束之前,用平地机再终平一次,使其纵向顺适,路拱和超高符合设计要求。终平应仔细进行,必须将局部高出部分刮除并扫出路外;对于局部低洼之处,不再进行找补,可留待铺筑沥青面层时处理。

12. 接缝和掉头处的处理

(1) 同日施工的两工作段的衔接处,应采用搭接。前一段拌和整形后,留 5～8 m 不进行碾压,后一段施工时,前段留下未压部分,应再加部分水泥重新拌和,并与后一段一起碾压。

(2) 应注意每天最后一段末端缝(即工作缝)的处理。工作缝和掉头处可按下述方法处理:

① 在已碾压完成的水泥稳定土层末端,沿稳定土挖一条横贯铺筑层全宽的宽约 30 cm 的槽,直挖到下承层顶面。此槽应与路的中心线垂直,靠稳定土的一面应切成垂直面,并放两根与压实厚度等厚、长为全宽一半的方木紧贴其垂直面。

② 用挖出的素土回填槽内其余部分。

③ 如果拌和机械或其他机械必须到已压成的水泥稳定土层上掉头,应采取措施保护掉头作业段。一般可在准备用于掉头的约 8～10 m 长稳定土层上,先覆盖一张厚塑料布或油毡纸,然后铺上约 10 cm 厚的土、砂或砂砾。

④ 第二天,邻接作业段拌和后,除去方木,用混合料回填。靠近方木未能拌和的一小段,应人工进行补充拌和。整平时,接缝处的水泥稳定土应较已完成断面高出约 5 cm,以利形成一个平顺的接缝。

⑤ 整平后,用平地机将塑料布上大部分土除去(注意勿刮破塑料布),然后人工除去余下的土,并收起塑料布。

在新混合料碾压过程中,应将接缝修整平顺。

(3) 纵缝的处理。水泥稳定土层的施工应该避免纵向接缝,在必须分两幅施工时,纵缝必须垂直相接,不应斜接。纵缝应按下述方法处理:

① 在前一幅施工时,在靠中央一侧用方木或钢模板做支撑,方木或钢模板的高度与稳定土层的压实厚度相同。

② 混合料拌和结束后,靠近支撑木(或板)的一部分,应人工进行补充拌和,然后整形和

碾压。

③ 养生结束后,在铺筑另一幅之前,拆除支撑木(或板)。

④ 第二幅混合料拌和结束后,靠近第一幅的部分,应人工进行补充拌和,然后进行整形和碾压。

13. 养生与交通管制

水泥稳定土或集料经过拌和、压实后必须有一段养生时间,使稳定类结构层表面保持湿润,防止混合料中的水分蒸发。这是十分重要的步骤。

水泥稳定土或集料每一段碾压完成并经压实度检查合格后,应立即开始养生。养生的方法有湿砂养生、沥青乳液养生、洒水车洒水养生等方法。

养生期间未采用覆盖措施的水泥稳定土或集料层上,除洒水车外,应进行交通管制。在采用覆盖措施的水泥稳定土或集料层上,不能封闭交通时,应限制重车通行,其他车辆的车速不应超过 30 km/h。

养生期结束后,如其上层为沥青面层,应先清扫基层,并立即喷洒透层沥青。在喷洒透层沥青后,宜在其上均匀撒布 5~10 mm 的小碎(砾)石,用量约为全铺一层用量的 60%~70%。如喷洒的透层沥青能透入基层,且运料车辆和面层混合料摊铺机在其上行驶不会破坏沥青膜时,可以不撒小碎(砾)石。在撒小碎(砾)石的情况下,应尽早铺筑沥青面层的底面层。

在清扫干净的基层上,也可先做下封层,以防止基层干缩开裂,同时保护基层免遭施工车辆破坏。宜在铺设下封层后的 10~30 d 内开始铺筑沥青面层的底面层。如为水泥混凝土面层,也不宜让基层长期暴晒,以免开裂。

(1) 水泥稳定土底基层分层施工时,下层水泥稳定土碾压完后,在采用重型振动压路机碾压时,宜养生 7 d 后铺筑上层水泥稳定土。在铺筑上层稳定土之前,应始终保持下层表面湿润,在铺筑上层稳定土时,宜在下层表面撒少量水泥或水泥浆。底基层养生 7 d 后,方可铺筑基层。

水泥稳定级配碎石(或砾石)基层分两层用摊铺机铺筑时,下层分段摊铺和碾压密实后,在不采用重型振动压路机碾压时,宜立即摊铺上层,否则在下层顶面应撒少量水泥或水泥浆。

(2) 宜采用湿砂进行养生,砂层厚宜为 7~10 cm。砂铺匀后,应立即洒水,并在整个养生期间保持砂的潮湿状态。不得用湿黏性土覆盖。养生结束后,必须将覆盖物清除干净。

(3) 对于基层,也可用沥青乳液进行养生。沥青乳液的用量按 0.8~1.0 kg/m² (指沥青用量)选用,宜分两次喷洒。第一次喷洒沥青含量约 35% 的慢裂沥青乳液,使其能稍透入基层表层。第二次喷洒浓度较大的沥青乳液。如不能避免施工车辆在养生层上通行,应在乳波分裂后撒布 3~8 mm 的小碎(砾)石,做成下封层。

(4) 无上述条件时,也可用洒水车经常洒水进行养生。每天洒水的次数应视气候而定。整个养生期间应始终保持稳定土或集料层表面潮湿,必要时,用两轮压路机压实。

(5) 对于高速公路和一级公路,基层的养生期不宜少于 7 d。对于二级和二级以下的公路,如养生期少于 7 d 即铺筑沥青面层,则应限制重型车辆通行。

(6) 对于二级和二级以下公路,如基层上为水泥混凝土面板,且面板是用小型机械施工的,则基层完成后可较早铺筑混凝土面层。

2.4.2 厂拌法施工

对于高速公路、一级公路,以及在居民区修筑道路,水泥稳定土或集料混合料应当在中心站(厂)采用专用稳定土拌和机械拌制,然后再运输到施工现场进行摊铺,以保证混合料的均匀性、水泥稳定土或集料混合料的施工质量,并可减轻对施工现场的环境污染。

1. 下承层准备、施工放样

参照路拌法施工相关叙述。

2. 备料

原材料选择要求与路拌法相同。

(1) 各种不同材料(水泥、土、外掺剂等)及不同规格集料(碎石、砾石、石屑、砂)应隔离,禁止混合堆放。

(2) 潮湿多雨地区或其他地区多雨季节施工时,应采取措施防止集料(特别是石屑和砂等细集料)遭受雨淋。

(3) 重视水泥防潮工作。

(4) 土块应予以粉碎,最大尺寸不得超过 15 mm。

3. 拌和

(1) 当采用连续式的稳定土厂拌设备拌和时,应保证集料的最大粒径和级配符合要求。

(2) 在正式拌制混合料之前,必须先调试所用的设备,使混合料的颗粒组成和含水率都达到规定的要求。原集料的颗粒组成发生变化时,应重新调试设备。

(3) 配料应准确,拌和应均匀。

(4) 拌和出厂的混合料含水率宜略大于最佳值,使混合料运到现场摊铺后,碾压时的含水率不小于最佳值;在拌和过程中,应根据集料和混合料含水率的大小及时调整加水量。

4. 运输

将拌制好的混合料从拌和机直接卸入自卸卡车,应尽快送到铺筑现场。车上的混合料应该覆盖,减少水分损失。一般运输时间宜限制在 30 min 内。

5. 摊铺

拌和机与摊铺机的生产能力应互相匹配。对于高速公路和一级公路,摊铺机宜连续摊铺,拌和机的产量宜大于 400 t/h。

(1) 高速公路和一级公路应采用沥青混凝土摊铺机或专用的稳定粒料摊铺机进行摊铺作业。对于其他公路,有条件时宜采用摊铺机作业,至少采用平地机进行摊铺作业。个别面积较小的路段可以采用人工摊铺。

(2) 最好采用两台摊铺机同时作业,两台摊铺机可以前后(相距 5～20 m)错列前进;若只有一台小型摊铺机工作时,可以在两条线或几个工作道上交替摊铺,但要注意任何一条工作道都不能比邻接的工作道摊铺得太前,要保证相邻工作道上任一地点摊铺混合料间隔时间不超过 25 min。摊铺均匀后立即碾压。

使用摊铺机铺筑水泥稳定土混合料,必须严格遵守操作技术规范,才能达到较好的平整度,为了得到一个平整的基层顶面,可以采取以下措施:

① 保持整平板前的混合料的高度不变。

② 保持螺旋分料器有 80% 的时间在工作状态。

③ 减少停机/开动的次数,避免运料卡车碰撞摊铺机。

④ 一次铺筑厚度不超过 25 cm,分层摊铺时,上层厚度取 10 cm。

⑤ 工程计划要减少横向接缝。

⑥ 做好横向接缝,立即用直尺检验。

⑦ 经常检验控高钢丝和调整传感器。

⑧ 经常用直尺检验表面。

⑨ 保持摊铺机在良好工作状态运转。

（3）要特别注意避免摊铺时混合料的离析，在摊铺机后面应设专人消除粗细集料离析现象，应该铲除局部粗集料"窝"，并用新拌混合料填补。

（4）在二、三、四级公路上，没有摊铺机时，可采用摊铺箱摊铺混合料，也可以用自动平地机按以下步骤摊铺混合料：

① 根据铺筑层的厚度和要求达到的压实干密度，计算每车混合料的摊铺面积。

② 将混合料均匀地卸在路幅中央，路幅宽时，也可将混合料卸成两行。

③ 用平地机将混合料按松铺厚度摊铺均匀。

④ 设一个 3～5 人的小组，携带一辆装有新拌混合料的小车，跟在平地机后面及时铲除粗集料"窝"和粗集料"带"，补以新拌的均匀混合料，或补撒拌和均匀的细混合料，并与粗集料拌和均匀。

（5）注意事项：

① 如拌和机的生产能力较小，在用摊铺机摊铺混合料时，应采用最低速度摊铺，减少摊铺机停机待料的情况。

② 若摊铺后平整度不好，只要粒料的最大粒径不超过 37.5 mm 和时间不太迟，就可以用平地机轻轻刮平，丢弃刮出的废料。平地机刮平后，需用轮胎压路机将表面碾压紧密。

6. 整形与碾压

摊铺机摊铺混合料后，宜先用轻型两轮压路机跟在摊铺机后及时进行碾压，后用重型振动压路机、三轮压路机或轮胎压路机继续碾压密实。

用平地机摊铺混合料后的整形和碾压均与路拌法相同。

7. 接缝处理

（1）横向接缝的设置要求：

① 用摊铺机摊铺混合料时，不宜中断，如因故中断时间超过 2 h，应设置横向接缝，摊铺机应驶离混合料末端。

② 人工将末端含水率合适的混合料修整整齐，紧靠混合料放两根方木，方木的高度应与混合料的压实厚度相同；整平紧靠方木的混合料。

③ 方木的另一侧用砂砾或碎石回填约 3 m 长，其高度应高出方木几厘米。

④ 将混合料碾压密实。

⑤ 在重新开始摊铺混合料之前，将砂砾或碎石和方木除去，并将下承层顶面清扫干净。

⑥ 摊铺机返回到已压实层的末端，重新开始摊铺混合料。

⑦ 如摊铺中断后，未按上述方法处理横向接缝，而中断时间已超过 2 h，则应将摊铺机附近及其下面未经压实的混合料铲除，并将已碾压密实且高程和平整度符合要求的末端挖成与路中心线垂直并向下的断面，然后再摊铺新的混合料。

（2）纵向接缝的设置要求。应避免纵向接缝。在不能避免纵向接缝的情况下，纵缝必须垂直相接，并符合下列规定：

① 在前一幅摊铺时，在靠中央的一侧用方木或钢模板做支撑，方木或钢模板的高度应与稳定土层的压实厚度相同。

② 养生结束后，在摊铺另一幅之前，拆除支撑木（或板）。

用平地机摊铺混合料时，横向接缝和纵向接缝的处理方法与路拌法相同。

8. 养生与交通管制

与路拌法相同。

2.5 施工过程质量控制

水稳基层施工方案

水泥稳定类结构层在铺筑过程中必须随时对铺筑质量进行检查、评定，质量检查的内容、频度、允许偏差参照表7-3的要求。

表7-3 水泥稳定类结构层施工过程中工程质的控制标准

项 目		检查频度及单点检验评价方法	质量要求或允许偏差	
			高速公路、一级公路	其他公路
级配		每2 000 m² 一次	在规定范围内	
水泥剂量		每2 000 m² 一次，至少6个样品	不小于设计值1‰	
含水率		据观察，随时	在规定范围内	
压实度	稳定细粒土	每一作业段或不超过2 000 m² 检查六次以上	≥95%	≥93%
	稳定中粒土或粗粒土		基层98%，底基层96%	基层97%，底基层95%
拌和均匀性		随时观察	无灰条、灰团、色泽均匀，无离析现象	
无侧限抗压强度		稳定细粒土，每一作业段或每2 000 m² 6个试件；稳定中粒土和粗粒土，每一作业段或每2 000 m² 6个或9个试件	符合规定要求	

任务3 石灰稳定类基层施工

3.1 一般规定

（1）石灰稳定类材料适用于各级公路的底基层，以及三、四级公路的基层。在冰冻地区的潮湿路段以及其他地区的过湿路段不宜采用石灰土作基层。

（2）石灰稳定类材料的压实度、7d龄期无侧限抗压强度代表值应符合《公路路面基层施工技术规范》(JTJ 034—2000)规定范围的要求。

（3）石灰稳定土结构层宜在春末和气温较高季节组织施工：施工期的日最低气温应在5℃以上；在有冰冻的地区，应在第一次重冰冻（−3～−5℃）到来之前一个月到一个半月完成。稳定土结构层宜经历半月以上温暖和热的气候养生。多雨地区，应避免在雨季进行石灰土结构层的施工。

（4）石灰稳定中粒土和粗粒土雨季施工时，应采用排除表面水的措施，防止运到路上的集料过分潮湿，并应采取措施保护石灰免遭雨淋。

（5）石灰稳定类结构层施工时，应遵循以下基本规定：

① 细粒土应尽可能粉碎，土块最大尺寸不应大于15 mm。

② 配料要准确。

③ 路拌法施工时，石灰应摊铺均匀。

④ 洒水、拌和要均匀。

⑤ 应严格控制基层厚度和高程，其路拱横坡应与面层一致。

⑥ 应在混合料处于最佳含水率或略小于最佳含水率(1%～2%)时进行碾压，直至达到按重型击实试验法确定的压实度要求。

(6) 石灰稳定类混合料碾压时，压实机械与压实厚度应遵循以下规定：

① 石灰稳定类结构层应采用 12 t 以上的压路机进行碾压。

② 采用 12～15 t 三轮压路机碾压时，每层的压实厚度不应超过 15 cm。

③ 用 18～20 t 三轮压路机和振动压路机碾压时，每层的压实厚度不应超过 20 cm。

④ 对于石灰稳定中粒土和粗粒土，采用能量大的振动压路机碾压时，或对于石灰土采用振动羊足碾与三轮压路机配合碾压时，每层的压实厚度可以根据试验适当增加。

⑤ 压实厚度超过上述规定时，应分层铺筑，每层的最小压实厚度为 10 cm，下层宜稍厚。

⑥ 对于石灰土，以及用摊铺机摊铺的混合料，都应采用先轻型、后重型压路机碾压。

3.2 材料要求及原材料检测

3.2.1 石灰

石灰的质量应符合Ⅰ、Ⅱ、Ⅲ级消石灰或生石灰的技术规定。施工中应尽量缩短石灰的存放时间。如在野外堆放时间较长，应采取覆盖封存措施。使用等外石灰、贝壳石灰、珊瑚石灰等，应进行试验，当其混合料的强度符合《公路路面基层施工技术规范》(JTJ 034—2000)中的标准时，可以采用。对于高速公路、一级公路，宜采用磨细生石灰粉。

3.2.2 土

(1) 塑性指数为 15～20 的黏性土以及含有一定数量黏性土的中粒土和粗粒土均适于用石灰稳定。

用石灰稳定无塑性指数的级配砂砾、级配碎石和未筛分碎石时，应添加 15%左右的黏性土。塑性指数在 15 以上的黏性土更适宜用石灰和水泥综合稳定。

塑性指数在 10 以下的亚砂土和砂土用石灰稳定时，应采取适当的措施或采用水泥稳定。

塑性指数偏大的黏性土，应加强粉碎，粉碎后土块的最大尺寸不应大于 15 mm。可以采用两次拌和法，第一次加部分石灰拌和后，闷放 1～2 d，再加入其余石灰，进行第二次拌和。

(2) 使用石灰稳定土时，应遵守下列规定：

① 石灰稳定土用做高速公路和一级公路的底基层时，颗粒的最大粒径不应超过 37.5 mm，用做其他等级公路的底基层时，颗粒的最大粒径不应超过 53 mm。

② 石灰稳定土用做基层时，颗粒的最大粒径不应超过 37.5 mm。

(3) 级配碎石、未筛分碎石、砂砾、碎石土、砂砾土、煤矸石和各种粒状矿渣等均适于用做石灰稳定土的材料。石灰稳定土中碎石、砂砾或其他粒状材料的含量应在 80%以上，并应具有良好的级配。

(4) 硫酸盐含量超过 0.8%的土和有机质含量超过 10%的土，不宜用石灰稳定。

(5) 土中碎石或砾石的压碎值，用做高速公路、一级公路的底基层时应不大于 35%；用

做二、三、四级公路的底基层时应不大于40%,用做三、四级公路的基层时不大于35%

3.2.3 水

凡是饮用水(含牲畜饮用水)均可用于石灰稳定类结构层施工。

3.3 施工工艺流程

石灰稳定类结构层施工的方法主要分为路拌法施工、厂拌法施工和人工沿路拌和法施工三种。用作高速公路、一级公路底基层的石灰稳定类结构层宜采用厂拌法施工;对于二、三、四级公路一般采用路拌法施工;对于三、四级公路,在无路拌机械的情况下,也可采用人工沿路拌和法施工。工艺流程如图7-6所示。

路拌法施工的工艺流程通常按图7-6的顺序进行。

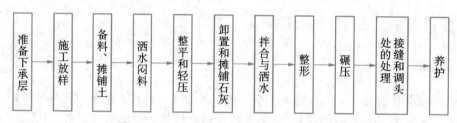

准备下承层 → 施工放样 → 备料、摊铺土 → 洒水闷料 → 整平和轻压 → 卸置和摊铺石灰 → 拌合与洒水 → 整形 → 碾压 → 接缝和调头的处理 → 养护

图7-6 石灰稳定土路拌法施工工艺流程图

3.4 施工技术要点

3.4.1 路拌法施工

1. 准备下承层

与水泥稳类结构层施工要求相同。

2. 施工放样

与水泥稳类结构层施工要求相同。

3. 备料

与二灰稳定类结构层路拌法施工的要求基本相同。

4. 摊铺土

应事先通过试验确定土的松铺系教。人工摊铺混合料时.其松铺系数可按表7-4选用。其他要求与水泥稳定类结构层路拌法施工要求相同。

表7-4 人工摊铺混合料松铺系数表

材料名称	松铺系数	备注
石灰土	1.53~1.58	现场人工摊铺土和石灰,机械拌和,人工整平
	1.65~1.70	路外集中拌和,运到现场人工摊铺
石灰土砂砾	1.52~1.56	路外集中拌和,运到现场人工摊铺

5. 洒水闷料

与水泥稳定类结构层路拌法施工要求相同。

6. 整平和轻压

与水泥稳定类结构层路拌法施工要求相同。

7. 卸置和摊铺石灰

（1）按计算所得的每车石灰的纵横间距，用石灰在土层上做标记，同时画出摊铺石灰的边线。

（2）用刮板将石灰均匀摊开，石灰摊铺完成后，表面应没有空白位置。量测石灰的松铺厚度，根据石灰的含水率和松密度，校核石灰用量是否合适。

8. 拌和与洒水

（1）对二级及二级以上公路，参照水泥稳定类结构层路拌法施工"8. 拌和"相关要求。只是当使用生石灰粉时，宜先用平地机或多铧犁将石灰翻到土层中间，但不能翻到底部。

（2）对于三、四级公路的石灰稳定细粒土和中粒土，在没有专用拌和机械的情况下，可用农用旋转耕作机与多铧型或平地机相配合拌和四遍。

先用旋转耕作机拌和两遍，后用多铧型或平地机将底部素土翻起，再用旋转耕作机拌和两遍，多铧型或平地机将底部料再翻起，并随时检查调整翻犁的深度，使稳定土层全部翻透。

严禁在稳定土层与下承层之间残留一层素土，但也应防止翻犁过深过多，破坏下承层的表面。也可以用缺口圆盘耙与多铧型或平地机相配合，拌和石灰稳定细粒土、中粒土和粗粒土。参照水泥稳定类结构层路拌法施工"8. 拌和"相关要求。

（3）拌和过程中混合料的含水率及检查应符合水泥稳类结构层路拌法施工"9. 加水并湿拌"的规定。

（4）用石灰稳定塑性指数大的黏性土时，应采用两次拌和。第一次加 $70\% \sim 100\%$ 预定剂量的石灰进行拌和，闷放 $1 \sim 2\,d$，此后补足需用的石灰，再进行第二次拌和。

9. 整形和碾压

均与水泥稳定类结构层路拌法施工要求相同。

10. 接缝和"掉头"处的处理

（1）同日施工的两工作段的衔接处，应采用搭接形式。前一段拌和整形后，留 $5 \sim 8\,m$ 不进行碾压，后一段施工时，应与前段留下未压部分起再进行拌和，并与后一段一起碾压。

（2）拌和机械或其他机械不宜在已压成的石灰稳定类结构层上掉头，如必须掉头，应采取措施保护掉头作业段，使石灰稳定类结构层不受破坏。

（3）纵缝的处理与水泥稳定类结构层施工纵缝处理的要求相同。

11. 养生与交通管制

（1）石灰土结构层需要保湿养生，养生期要符合规范要求。

（2）在采用石灰土做基层时，必须采取措施防止表面水透入基层，同时应经历一个月以上的温暖和热的气候养生。作为三、四级公路沥青路面的基层时，还应采取措施加强基层与面层的联结。

（3）石灰稳定土在养生期间应保持一定的湿度，不应过湿或忽干忽湿。养生期不宜少于 $7\,d$。每次洒水后，应用两轮压路机将表层压实。石灰稳定土基层碾压结束后 $1 \sim 2\,d$，当其表层较干燥（石灰土的含水率不大于 10%，石灰粒料土的含水率为 $5\% \sim 6\%$）时，可以立即喷洒透层沥青，然后做下封层或铺筑面层，但初期应禁止重型车辆通行。

（4）在养生期间未采用覆盖措施的石灰稳定土层上，除洒水车外，应封闭交通。在采用覆盖措施的石灰稳定土层上,不能封闭交通时,应限制车速不得超过 30 km/h,禁止重型卡车通行。

(5) 养生期结束后,在铺筑沥青面层前,应清扫基层并喷洒透层沥青或做下封层。如面层是沥青混凝土,在喷洒透层沥青后,应撒布 4.75~9.5 mm 的小碎(砾)石,小碎(砾)石应均匀撒布约 60% 的面积。如喷洒透层沥青能透入基层,其上作业车辆不会破坏沥青膜时,可以不撒小碎(砾)石。在喷洒沥青时,石灰稳定土层的上层应比较湿润。

(6) 石灰稳定土分层施工时,下层石灰稳定土碾压完成后,可以立即铺筑上一层石灰稳定土,不需专门的养生期。

3.4.2 厂拌法施工

与水泥稳定类结构层厂拌法施工要求相同。

3.4.3 人工沿路拌和法施工

对于二级以下公路的小工程可以采用人工沿路拌和法施工,其主要程序、要点如下:

1. 备料

将需稳定的土料按事先计算的数量运到路上分堆堆放,应每隔一定距离留一缺口。再将消石灰按事先计算的数量运到路上,并直接卸在土堆上或土堆旁。

2. 拌和

(1) 筛拌法。将土和石灰混合或交替过孔径 15 mm 的筛,筛余土块应随时打碎随时过筛。过筛后,适当加水,拌和到均匀为止。

(2) 翻拌法。将过筛的土和石灰先干拌 1~2 遍,然后加水拌和,应不小于 3 遍,直到均匀为止。为了使混合料的水分充分渗透均匀,可在当天拌和后堆放闷料,第二天再摊铺使用。

3. 摊铺

将拌好的石灰土混合料按松铺厚度在路段上摊铺均匀。

4. 整形与碾压

与水泥稳定土路拌法施工中的相应工序要求相同。

3.5 施工过程质量控制

石灰稳定类结构层在铺筑过程中必须随时对铺筑质量进行检查、评定,质量检查的内容、频度、允许偏差参照表 7-5 的要求。

表 7-5　石灰稳定类结构层施工过程中工程质的控制标准

项　目	检查频度及单点检验评价方法	质量要求或允许偏差	
		高速、一级公路	其他公路
级配	每 2 000 m² 一次	在规定范围内	
石灰剂量	每 3 000 m² 一次,至少 6 个样品	不小于设计值 1%	
含水率	据观察,随时	在规定范围内	

项　目		检查频度及单点检验评价方法	质量要求或允许偏差	
			高速、一级公路	其他公路
压实土	稳定细粒土	每一次作业段或不超过 2 000 m² 检查六次以上	≥95%	≥93%
	确定中粒土或粗粒土		基层 98%，底基层 96%	基层 98%，底基层 96%
拌和均匀性		随时观察	无灰茶、灰团，色泽均匀，无离析现象	
无侧限抗压强度		稳定细粒土，每一作业段或每 2 000 m² 6 个试件；稳定中粒土和粗粒土，每一作业段或每 2 000 m² 6 个或 9 个试件	符合规定要求	

任务 4　工业废渣稳定类基层施工

4.1　一般规定

（1）材料适用于各级公路的基层和底基层，二灰、二灰土、二灰砂可用于各级公路的底基层以及三、四级公路的基层。冰冻地区、多雨潮湿地区，石灰粉煤灰稳定集料类材料宜用于高速公路、一级公路的下基层或底基层。

微课扫一扫

（2）高速公路、一级公路的基层或上基层宜选用骨架密实型混合料。二级及二级以下公路的基层和各级公路的底基层可采用悬浮密实型混合料。均匀密实型混合料适用于高速公路、一级公路的底基层，以及二级及二级以下公路的基层。骨架空隙型混合料具有较高的空隙率，适用于需要考虑路面内部排水要求的基层。

（3）石灰粉煤灰稳定类结构层混合料的配合比设计按无侧限抗压强度试验方法确定。

（4）材料的压实度、7d 龄期无侧限抗压强度代表值应符合规定范围的要求。

（5）二灰稳定类混合料采用质量配合比计算，以石灰∶粉煤灰∶集料（或土）的质量比表示。

（6）二灰稳定类结构层宜在春末和气温较高季节组织施工。施工期的日最低气温应在 5℃ 以上，在有冰冻的地区应在第一次重冰冻（−3～−5℃）到来之前半个月到一个月完成。

（7）二灰稳定类结构层施工时，应遵循以下基本规定：

① 配料要准确。

② 石灰应摊铺均匀。

③ 洒水、拌和要均匀。

④ 应严格控制基层厚度和高程，其路拱横坡应与面层一致。

⑤ 应在混合料处于最佳含水率或略大于最佳含水率时进行碾压，直至达到要求的压实度。

（8）二灰稳定类混合料碾压时，压实机械与压实厚度应遵循以下规定：

① 二灰稳定类结构层应采用 12 t 以上的压路机进行碾压。

② 采用 12～15 t 三轮压路机碾压时，每层的压实厚度不应超过 15 cm。

③ 用 18～20 t 三轮压路机和振动压路机碾压时，每层的压实厚度不应超过 20 cm。

④ 对于二灰级配集料，采用能量大的振动压路机碾压时，或对于二灰土，采用振动羊足

碾与三轮压路机配合碾压时,每层的压实厚度可以根据试验适当增加。

⑤ 压实厚度超过上述规定时,应分层铺筑,每层的最小压实厚度为 10 cm,下层宜稍厚。

⑥ 对于稳定细粒土,以及用摊铺机摊铺的混合料,都应采用先轻型、后重型压路机碾压。

4.2 材料要求及原材料检测

4.2.1 石灰

石灰的质量应符合Ⅲ级消石灰或Ⅲ级生石灰的技术规定。施工中应尽量缩短石灰的存放时间。如存放时间较长,应采取覆盖封存措施,妥善保管。

有效钙含量在 20% 以上的等外石灰、贝壳石灰、珊瑚石灰、电石渣等,当其混合料的强度通过试验符合标准时,可以采用。

4.2.2 粉煤灰

粉煤灰中 SiO_2,Al_2O_3 和 Fe_2O_3 的总含最应大于 70%,粉煤灰的烧失量不应超过 20%;粉煤灰的比表面积宜大于 2 500 cm^2/g(或 90% 通过 0.3 mm 筛孔,70% 通过 0.075 mm 筛孔)。

根据工程实践,当粉煤灰中的 SiO_2 含量超过 25% 时,成型的二灰土或二灰碎石会产生一定的膨胀,致使结构层发生破坏,应引起重视。

干粉煤灰和湿粉煤灰都可以应用。湿粉煤灰的含水率不宜超过 35%。

4.2.3 土

(1) 宜采用塑性指数 12~20 的黏性土(亚黏土),土块的最大粒径不应大于 15 mm。有机质含量超过 10% 的土不宜选用。

(2) 二灰稳定的中粒土和粗粒土不宜含有塑性指数的土。

(3) 用于二级及二级以下公路的二灰稳定土应符合下列要求:

① 二灰稳定土用做底基层时,石料颗粒的最大粒径不应超过 53 mm。

② 二灰稳定土用做基层时,石粒颗粒的最大粒径不应超过 37.5 mm。

(4) 二灰稳定土用做高速公路和一级公路的底基层时,土中碎石、砾石颗粒的最大粒径不应超过 37.5 mm。各种细粒土、中粒土和粗粒土都可用二灰稳定后用做底基层。

(5) 二灰稳定类基层、底基层集料的压碎值,对于高速公路、一级公路不大于 30%,对于二级及二级以下公路不大于 35%。

(6) 骨架密实型二灰稳定类基层集料的最大粒径不大于 31.5 mm;悬浮密实型二灰稳定类基层集料的最大粒径不大于 31.5 mm,底基层集料的最大粒径不大于 37.5 mm。

4.2.4 水

凡是饮用水(含牲畜饮用水)均可用于工业废渣稳定类结构层施工。

4.3 施工工艺流程

二灰稳定类结构层施工的方法主要分为路拌法施工和厂拌法施工两种。用作高速公路、一级公路底基层和二级及二级以下公路基层的二灰稳定类结构层一般采用路拌法施工;

用作高速公路、一级公路基层的二灰稳定集料时应采用厂拌法施工,用作高速公路、一级公路底基层时宜采用厂拌法施工。由于二灰稳定类结构层施工方法的相似性,故本教材以二灰稳定土施工为例进行讲解。

4.3.1　路拌法施工

二灰稳定土路拌法施工的工艺流程通常按图7-7的顺序进行。

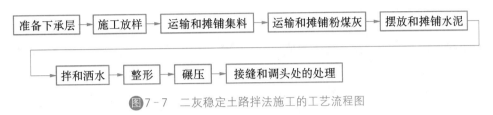

图7-7　二灰稳定土路拌法施工的工艺流程图

4.3.2　厂拌法施工

二灰稳定土厂拌法施工的工艺流程通常按图7-8的顺序进行。

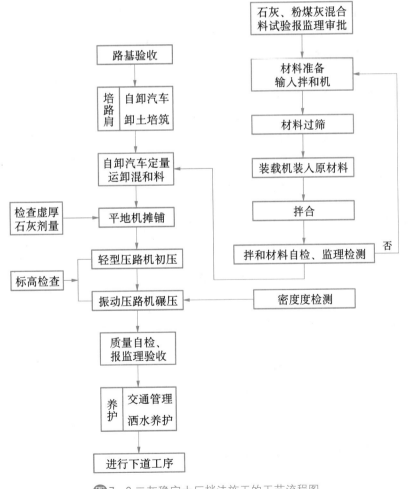

图7-8　二灰稳定土厂拌法施工的工艺流程图

4.4 施工技术要点

4.4.1 路拌法施工

1. 准备下承层

与水泥稳定类结构层施工要求相同。

2. 施工放样

与水泥稳定类结构层施工要求相同。

3. 备料

除符合水泥稳定类结构层路拌法施工"3. 备料"的要求外,还应符合下列要求:

(1)当需分层采集土时,应将土先分层堆放在一一场地上,然后从前到后将上下层土一起装车运送到现场。

(2)对于塑性指数小于15的黏性土,机械拌和时,可视土质和机械性能确定是否需要过筛。人工拌和时,应筛除15 mm以上的土块。

(3)运到现场的粉煤灰应含有足够的水分,防止扬尘。在干燥和多风季节,应使料堆表面保持湿润或者覆盖。如在堆放过程中部分粉煤灰出现结块,使用时应将其打碎。场地集中堆放的粉煤灰应予以覆盖,避免雨淋过分潮湿。

(4)石灰应选择公路两侧宽敞、临近水源且地势较高的场地集中堆放。当堆放时间较长时,应覆盖封存。石灰堆放在集中拌和场地时间较长时,也应覆盖封存。

(5)生石灰块应在使用前7～10 d充分消解。消解后的石灰应保持一定的湿度,不得产生扬尘,也不可过湿成团。

(6)消石灰宜过10 mm孔径的筛,并尽快使用。

(7)计算材料用量。根据各路段二灰稳定类结构层的宽度、厚度及预定的干密度,计算各路段需要的干混合料质量;根据混合料的配合比、材料的含水率以及所用运料车辆的吨位,计算各种材料每车料的堆放距离。

(8)如路肩用料与二灰稳定类结构层用料不同,应采取培肩措施,先将两侧路肩培好。路肩料层的压实厚度应与稳定土层的压实厚度相同。

4. 运输和摊铺

(1)材料装车时,应控制每车装料量基本相等。

(2)采用二灰时,应先将粉煤灰运到现场;采用二灰稳定土或集料时,应先将土或集料运到现场。在同一料场供料的路段内,由远到近按计算的距离卸置材料于下承层上,卸料距离应均匀。

(3)料堆每隔定距离应留一缺口。材料在下承层上的堆置时间不应过长。

(4)应通过试验确定各种材料及混合料的松铺系数。

(5)采用机械路拌时,应采用层铺法,即先摊铺土或集料,再摊铺粉煤灰,最后摊铺石灰。每种材料摊铺均匀后,宜先用两轮压路机碾压1～2遍,然后再运送并摊铺下一种材料。摊铺每层材料时,应力求平整,并具有规定的路拱。集料应较湿润,必要时先洒少量水。

5. 拌和及洒水

(1)对于二级和二级以上公路,应采用专用稳定土拌和机械进行拌和,并应先干拌两遍。用稳定土拌和机拌和时,拌和深度应达稳定层底并宜侵入下承层5～10 mm(不应过深)。应设专人跟随拌和机后,随时检查拌和深度并配合拌和机操作员调整拌和深度。如直接铺于土基上的拌和层应避免素土夹层,其余各层严禁在拌和层底部留有素土夹层。最后一遍拌和之前,必要时先用多铧犁紧贴底面翻拌遍。

(2)对于三、四级公路,在没有专用拌和机械的情况下,如为二灰稳定细粒土和中粒土,可用旋转耕作机与多铧犁或平地机相配合进行拌和,先干拌四遍。先用旋转耕作机拌和两遍,后用平地机或多铧犁将底部素土翻起;再用旋转耕作机拌和一遍,用平地机或多铧犁将底部料再翻起,随时检查调整翻犁的深度,使稳定土层全部翻透;用旋转耕作机再拌和一遍。严禁在稳定土层与下承层之间残留素土夹层,也应防止翻犁过深或过多破坏下承层的表面。

(3)对于三四级公路,在没有专用拌和机械的情况下,如拌和二灰稳定中粒土和粗粒土,也可以用缺口圆盘耙与多铧犁或平地机相配合干拌四遍。用平地机或多铧犁在前面翻拌,用圆盘耙跟在后面拌和。圆盘耙的速度应尽量快,使二灰与集料拌和均匀。开始的两遍不应翻犁到底,以防水泥落到底部;后面的两遍应翻犁到底,随时检查调整翻犁的深度,要求同前述。

(4)用喷管式洒水车将水均匀地喷洒在干拌后的混合料上,洒水距离应长些,水车起洒处利另一头掉头处均应超出拌和段 2 m 以上。洒水车不应在正在进行拌和的以及当天计划拌和的路段上掉头或停留,并防止局部水量过大。

(5)拌和机应紧跟在洒水车后面进行拌和,尤其在纵坡大的路段上应配合紧密,以减少水分流失或造成水分分布不匀。

在洒水拌和过程中,应及时检查混合料的含水率,并宜大于最佳含水率1%左右。检查拌和深度和均匀性。拌和完成的标志是:混合料色泽致,无灰条、灰团和花面,无粗细颗粒"窝"或"带",且水分合适、均匀。

(6)对二灰级配集料,应先将石灰和粉煤灰拌和均匀,然后均匀摊铺在集料层上,再一起进行拌和。

6. 整形

(1)平地机整形操作要点。混合料拌和均匀后,先用平地机初步整平和整形。在直线段及不设超高的平曲线段,平地机由两侧向路中心进行刮平;在设超高的平曲线段,由内侧向外侧进行刮平。必要时再返回刮遍。之后用拖拉机、平地机或轮胎压路机快速碾压1～2遍,以暴露潜在的不平整。再用平地机按上述方法进行整形,并用上述机械再碾压遍。整形过程中应及时消除粗细集料离析现象。对局部低洼处,应用齿耙将其表层 5 cm 以上耙松,并用新拌的二灰级配料找补平整,再用平地机整形次。

(2)人工整形操作要点。人工用锹和耙先将混合料摊平,用路拱板进行初步整形。用拖拉机初压1～2遍后,根据试验确定的松铺系数,确定纵横断面的高程,并钉桩、挂线。利用锹耙按线形整形,再用路拱板校正成型。初步整形后,检查混合料的松铺厚度。

二灰土的松铺系数为 1.5～1.7;二灰集料的松铺系数为 1.3～1.5。用机械拌和及机械整形时集料松铺系数为 1.2～1.3。每次整形都要按照规定的坡度和路拱进行,并应注意接缝顺适平整。在整形过程中,必须禁止任何车辆通行。

7. 碾压

与水泥稳定类结构层路拌法施工"11. 碾压"要求相同。

8. 接缝和掉头处的处理

与水泥稳定类结构层施工"12. 接缝和掉头处的处理"要求相同。

9. 养生及交通管制

（1）二灰稳定类结构层碾压完成后的第二天或第三天开始养生。通常采用洒水养生法，每天洒水次数视天气而定，应始终保持表面潮湿，养生期不宜少于 7 d。也可采用泡水养生法，养生期应为 14 d。对于二灰稳定粗、中粒土的基层，也可用沥青乳液和沥青下封层进行养生，养生期一般为 7 d。

（2）在养生期间，除洒水车外，应封闭交通。

（3）对于二灰集料基层，养生结束后，宜先让施工车辆慢速通行 7～10 d，磨去表面的二灰薄层，或用带钢丝刷的机械扫去表面的二灰薄层。清扫和冲洗干净后再喷洒透层沥青。其后宜撒布 5～10 mm 的小碎（砾）石，均匀撒布 60％～70％的面积（如喷洒的透层沥青能透入基层，当运料车辆和面层混合料摊铺机在其上行驶不会破坏沥青膜时，可以不撒小碎石、小砾石）。

在清扫干净的基层上，也可先做下封层，防止基层干缩开裂，同时保护基层免受施工车辆破坏。宜在铺设下封层后的 10～30 d 内开始铺筑沥青面层的底面层。

（4）二灰稳定类底基层分层施工时，下层碾压完毕后，可以立即铺筑上一层，不需专门的养生期。也可养生 7 d 后铺筑上一层。

4.4.2　厂拌法施工

二灰稳定类混合料可以在中心站用多种机械进行集中拌和，也可用路拌机械或人工在现场进行分批集中拌和。

对于高速公路、一级公路，应当在中心站（厂）采用专用稳定土拌和机械拌制混合料，然后再运输到施工现场进行摊铺。

中心站集中拌和时，应符合以下要求：

（1）土块最大尺寸不应大于 15 mm；粉煤灰块不应大于 12 mm，且 9.5 mm 和 2.36 mm 筛孔的通过量应分别大于 95％和 75％。

（2）各种粒级集料应分开堆放。

（3）石灰、粉煤灰和细集料都应覆盖，防止雨淋过湿。

（4）配料准确，拌和均匀。

（5）混合料含水率应略大于最佳含水率，使其运到现场碾压时的含水率能接近最佳值。

二灰稳定类混合料厂拌法施工技术要求，除以下两点外，其他要求与水泥稳定类混合料厂拌法施工相同：

① 拌成混合料的堆放时间不宜超过 **24 h**，宜在当天将拌成的混合料运至铺筑现场，不应将拌成的混合料长时间堆放。

② 第一天铺筑的压实层如末端未用方木作支撑处理，在碾压后末端成斜坡，则在第二天开始摊铺新混合料之前.应将末端斜坡挖除，并挖成横向（与路中线垂直）垂直向下的断面。挖出的混合料加水到最佳含水率拌匀后仍可使用。

4.5　施工过程质量控制

二灰稳定类结构层在铺筑过程中必须随时对铺筑质量进行检查、评定，质量检查的内容、频度、允许偏差可参照表 7-6 的要求。

石灰粉煤灰
基层施工方案

表 7-6　二灰稳定类结构层施工过程中工程质量的控制标准

项　目		检查频度及单点检验评价方法	质量要求或允许偏差	
			高速、一级公路	其他公路
级配		每 2 000 m² 一次	在规定范围内	
配合比		每 2 000 m² 一次	满足设计要求	
含水率		据观察，随时	最佳含水率±1%（二灰土为±2%）	
压实度	二灰土	每一作业段或不超过 2 000 m² 检查六次以上	≥95%	≥93%
	其他含粒料的石灰工业废渣		基层≥98%，底基层 97%或 95%	基层≥97%，底基层 95%或 93%
拌和均匀性		随时观察	无灰条、灰团，色泽均匀，无离析现象	
无侧限抗压强度		稳定细粒土，每一作业段或每 2 000 m²6 个试件；稳定中粒土和粗粒土，每一作业段或每 2 000 m²6 个或 9 个试件	符合规定要求	

复习思考题

一、选择题

1. 当级配碎石用做高速公路和一级公路的基层以及半刚性路面的中间层时，其最大粒径宜控制在（　　）以下。

A. 31.5　　　　　　　　B. 26.5　　　　　　　　C. 37.5

2. 级配碎石施工应事先通过试验确定集料的松铺系数及松铺厚度。人工摊铺混合料时，其松铺系数约为 1.40～1.50；平地机摊铺混合料时，其松铺系数约为（　　）。

A. 1.0～1.2　　　　　　B. 1.25～1.35　　　　　C. 1.4～1.5

3. 对于二级及二级以上公路，应采用（　　）专用拌和级配碎石。

A. 稳定土拌和机　　　　B. 装载机　　　　　　　C. 拖拉机

4. 用稳定土拌和机应拌和（　　）以上。

A. 一遍　　　　　　　　B. 两遍　　　　　　　　C. 三遍

二、简答题

1. 简述填隙碎石施工工艺流程及施工要点。

2. 简述泥结碎石的施工流程（灌浆法）。

3. 简述级配碎石路拌法施工流程，并分析每个步骤的施工要点。

4. 简述级配砾石施工流程及施工要点。

5. 半刚性材料结构层施工中原材料检测需要进行哪些试验项目？

6. 水泥稳定土路拌法施工要点有哪些？

7. 石灰稳定土路拌法施工要点有哪些？

8. 石灰稳定土人工沿路拌和法的施工程序及施工技术要点是什么？

9. 半刚性材料结构层施工对气候温度有哪些要求？

学习情境 8
沥青类路面施工

课程思政

中国制造 民族自豪

学习目标

1. 能描述常用沥青类结构层原材料及其混合料的技术要求。
2. 能描述各类沥青混合料结构层的施工工艺流程和施工技术要点。
3. 能完成各类沥青混合料结构层的施工。
4. 能对各类沥青混合料结构层的施工质量进行检测和控制。

重 点

1. 各类沥青混合料结构层的施工工艺流程和施工技术要点。
2. 各类沥青混合料结构层的施工质量控制要点。

难 点

1. 各类沥青混合料对其原材料和混合料的技术要求。
2. 热拌沥青混合料的施工技术要点。

案例导入

某城市主干道,设计使用年限 15 年,工程全长 1 863.046 m,设计速度 60 km/h。标准横断面如下:

4 m 人行道＋4 m 非机动车道＋3 m 绿化带＋15 m 机动车道＋6 m 中央分隔带＋15 m 机动车道＋3 m 绿化带＋4 m 非机动车道＋4 m 人行道

主线机动车道结构层如下:

请编制该路面工程施工方案。

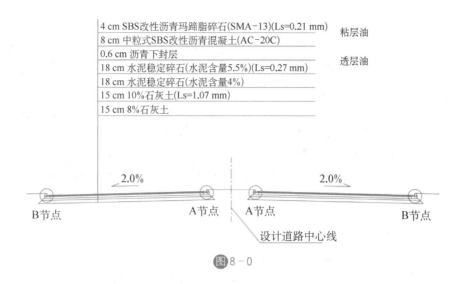

4 cm SBS改性沥青玛蹄脂碎石(SMA-13)(Ls=0.21 mm)　粘层油
8 cm 中粒式SBS改性沥青混凝土(AC-20C)
0.6 cm 沥青下封层　透层油
18 cm 水泥稳定碎石(水泥含量5.5%)(Ls=0.27 mm)
18 cm 水泥稳定碎石(水泥含量4%)
15 cm 10%石灰土(Ls=1.07 mm)
15 cm 8%石灰土

2.0%　　2.0%

B节点　A节点　A节点　B节点

设计道路中心线

图 8 - 0

任务 1　认识沥青类路面

1.1　沥青路面的分类

微课扫一扫

沥青类结构层可按沥青面层强度构成原理、施工工艺、面层的使用品质进行分类。

1.1.1　按沥青面层强度构成原理分类

沥青路面按沥青面层强度构成原理可分为密实型、嵌挤型和嵌挤密实型三大类。

密实型沥青结构层的集料级配按最大密实原则设计,颗粒尺寸连续多样,其强度和稳定性主要取决于沥青混合料的黏聚力和内摩阻力。此类路面的主要特点是空隙率较小(小于10%),沥青混合料致密耐久,但热稳定性较差。

嵌挤型沥青结构层要求采用颗粒尺寸较为均一的集料与沥青分层铺筑,或采用开级配(半开级配)沥青碎石混合料铺筑,结构层的强度和稳定性主要依靠集料之间相互嵌挤产生的内摩阻力,而黏聚力则起次要作用。此类路面的主要特点是热稳定性较好,但因空隙率较大(大于10%),易渗水,因而耐久性较差。

嵌挤密实型沥青结构层的粗集料嵌挤作用较好,设计孔隙率较小(小于10%),其强度和稳定性主要取决于沥青混合料的内摩阻力和黏聚力。此类路面的主要特点是沥青混合料致密耐久,热稳定性也较好。

1.1.2　按施工工艺分类

按施工工艺的不同,沥青路面可分为层铺法、路拌法和厂拌法三类。

层铺法是指用分层洒布沥青,分层铺撒矿料和碾压的方法修筑。其主要优点是工艺和设备简便、功效较高、施工进度快、造价较低,缺点是路面成型期较长,需要经过炎热季节行车碾压之后路面方能成型。用这种方法修筑的沥青路面有沥青表面处治和沥青贯入式两种。

路拌法是在路上用机械将矿料和沥青材料就地拌和摊铺经碾压密实而成的沥青面层。此类面层所用的矿料为碎(砾)石者称为路拌沥青碎(砾)石,所用的矿料为土者则称为路拌沥青稳定土。路拌沥青面层,通过就地拌和,沥青材料在矿料中分布比层铺法均匀,可以缩短路面的成型期。但因所用的矿料为冷料,需使用黏稠度较低的沥青材料,故沥青混合料的强度较低。

厂拌法是将规定级配的矿料和沥青材料在工厂用专用设备加热拌和,然后送到工地摊铺碾压而成的沥青路面。厂拌法按照沥青混合料铺筑时温度的不同又可以分为热拌热铺和热拌冷铺两种,热拌热铺沥青混合料是在专用设备中加热拌和后立即趁热运到路上摊铺压实,如果沥青混合料加热拌和后储存一段时间再在常温下运到路上摊铺压实,即为热拌冷铺。厂拌法使用较黏稠的沥青材料,且矿料经过精选,因而沥青混合料质量高,使用寿命长,但修建费用也较高。

1.1.3 按面层的使用品质分类

沥青路面按面层的使用品质可分为沥青混凝土(AC)路面、沥青碎石(AM)路面、沥青玛蹄脂碎石(SMA)路面、沥青贯入式路面、沥青表面处治路面等类型。此外,近年来采用的新型路面结构有多碎石沥青混凝土(SAC)路面、大粒径沥青混凝土(LSAM)路面、开级配排水式抗滑磨耗层(OGFC)路面等。

1. 沥青混凝土路面

沥青混凝土路面是指按级配原理选配的矿料与适量的沥青在严格控制条件下均匀拌和,经摊铺压实而成型的沥青路面。

沥青混凝土是按密级配原理严格配制的混合料。它含有较多的细料,特别是一定数量的矿粉,使矿料同沥青相互作用的表面积大大增加,因而混合料的黏聚力增强,构成上占有主导地位。但黏聚力受温度影响大,如配料不当,特别是沥青用量过多,热稳性就较差,抗滑性能也不好。沥青混凝土由于本身的结构强度高,若基层坚实,路面结构合理,可以承受繁重交通,又因其空隙率小,受水和空气等的侵蚀作用小,故耐久性好,使用寿命长。

沥青混凝土路面适用于各级公路,设计时可按不同等级的公路来选用不同厚度的沥青面层。

2. 沥青碎石路面

沥青碎石路面是指由一定级配的集料与适量的沥青在要求的控制条件下均匀拌和,经摊铺压实而成型的沥青路面。

沥青碎石路面的空隙率较大(大于10%),且混合料中仅有少量的矿粉或没有矿粉,其强度以石料间的嵌挤为主,黏结为辅。沥青碎石与沥青混凝土的主要区别仅在于是否加矿粉填料及矿料级配比例是否严格,其实质是混合料的空隙率不同。沥青碎石路面的热稳性较好,但因其空隙较大,易渗水,因而耐久性较差。

沥青碎石路面适用于三级、四级公路。沥青碎石(AM)还适宜做中等交通及以上公路沥青混凝土路面的基层、底基层和改建工程的调平层。

3. 沥青玛蹄脂碎石路面

沥青玛蹄脂碎石路面是指用沥青马蹄脂碎石混合料(SMA)做面层或抗滑层的沥青路面。沥青玛蹄脂碎石混合料是一种以沥青、矿粉及纤维稳定剂组成的沥青玛蹄脂结合料,填充于间断级配的矿料骨架中所形成的沥青混合料。结构组成可概括为"三多一少",即粗集料多、矿粉多、沥青多、细集料少。由于粗集料良好的嵌挤作用,混合料有非常好的高温抗车辙能力,同时由于沥青玛蹄脂良好的黏结作用,混合料的低温变形性能和水稳定性也有较大的改善。添加纤维稳定剂,使沥青结合料保持高黏度,其摊铺和压实效果较好。间断级配在表面形成大孔隙,构造深度大,抗滑性能好。同时,混合料的空隙率很小,耐老化性及耐久性都很好,从而全面提高了沥青混合料的路面性能。

沥青玛蹄脂碎石路面适用于高速公路、一级公路的抗滑表层,厚度一般为 3.5~4 cm。

4. 沥青贯入式路面

沥青贯入式路面是在初步压实的碎石层上,分层浇洒沥青、撒布嵌缝料,或再在上部铺筑热拌沥青混合料封层,经压实而成的沥青路面。

沥青贯入式结构层是一种多孔结构,它的强度主要依靠碎石之间的嵌挤锁结作用,沥青只起黏结碎石的作用,故温度稳定性较好,抗滑性能也好。其厚度宜为 40~80 mm。为了防止路表水的浸入,沥青贯入式路面应设置封层(封层可分为上封层和下封层,厚度约 10 mm,封层材料可选用单层式沥青表面处治或沥青砂)。沥青贯入式路面施工较简便,不需要复杂的机具,但对碎石材料的要求较高,沥青用量也不宜控制,并且施工质量同操作者的技术水平和经验有很大关系。

下部采用层铺法施工,上部铺筑热拌沥青混合料封层形成的沥青路面也叫作上拌下贯沥青路面。其总厚度宜为 70~100 mm,其中拌和层的厚度宜为 25~40 mm。它属于贯入式结构层,但综合了贯入式和热拌沥青混合料的施工特点,具有成型快、质量易控制、平整度较好等优点。

沥青贯入式路面适用于三、四级公路。沥青贯入式结构层还适宜做中、重等交通公路沥青混凝土路面的基层、底基层和改建工程的调平层。

5. 沥青表面处治路面

沥青表面处治路面是指用沥青和集料按层铺法铺筑而成的厚度不超过 30 mm 的沥青面层。

当采用乳化沥青做结合料时,称为乳化沥青表面处治路面。

沥青表面处治结构层按层铺的次数及厚度可分为单层式(厚度 10~15 mm)、双层式(厚度 15~25 mm)、三层式(厚度 25~30 mm)。

沥青表面处治结构层按嵌锁原则修筑而成。它的主要作用是抵抗车轮磨耗,增强抗滑和防水能力,提高平整度,改善路面的行车条件。为了保证石料间有良好的锁结作用,同一层石料的颗粒尺寸要均匀。为防止石料松散,所用沥青必须有足够的稠度。层铺法表面处治在施工完毕后,需经过行车,特别是夏季行车的作用,使石料取得最稳定的嵌紧位置,并同沥青黏结牢固,这一过程称为成型阶段。由于成型期较长,加之质量不易保证,层铺法表面处治应注意初期养护。

沥青表面处治路面适用于三、四级公路和各级施工便道。

6. 多碎石沥青混凝土路面

多碎石沥青混合料是采用较多的粗碎石形成骨架,沥青胶砂填充骨架中的孔隙并使骨架胶合在一起而形成的沥青混合料形式。具体组成为粗集料含量 69%~78%,矿粉 6%~10%,油石比 5%左右。实践证明,多碎石沥青混凝土面层既能提供较深的表面构造,又具有较小的空隙率和透水性,同时还具有较大的抗形变能力和表面构造深度。

7. 大粒径沥青混凝土路面

通常所说的大粒径沥青混合料(LSAM)一般是指含有最大粒径为 25~63 mm 的矿料的热拌热铺沥青混合料。该类混合料是为重交通荷载而开发的,粗集料嵌锁成骨架,细集料填充空隙而构成密实型或骨架空隙型结构,以抵抗较大的永久变形。适用于做柔性基层,其上的细集料表面层在保证必需的铺筑厚度和压实的前提下,应当尽可能减薄其厚度,以便最大限度地发挥 LSAM 的能力。LSAM 的铺筑厚度一般为矿料粒径的 2.5 倍,或者为最大公称粒径的 3 倍。当集料的最大粒径为 38 mm 时,路面厚度通常为 96~100 mm;集料的最大粒径为 53 mm 时,路面厚度通常为 110～130 mm。

8. 开级配排水式抗滑磨耗层路面

开级配抗滑磨耗层路面是指用大孔隙的沥青混合料铺筑,能迅速从其内部排走路表雨水,具有抗滑、抗车辙及降低噪声的沥青路面。其设计孔隙率大于 18%,具有较强的结构排水能力,适用于多雨地区修筑沥青路面的表层或磨耗层。

1.2 沥青路面的功能结构层

为加强沥青路面各结构层的层间接触,避免层间滑动位移的产生,保持路面结构的整体性,在基层表面以及面层间设置沥青或沥青混合料联结层,也称为功能结构层。这些功能调节层不作为路面力学计算模型中的结构层,在路面厚度计算中不计其厚度。

1.2.1 透层

为使沥青面层与非沥青材料基层良好结合,在基层上喷洒液体石油沥青、乳化沥青或煤沥青而形成的透入基层表面一定深度的薄层,称为透层,或称为透层沥青或透层油。

沥青类面层下的级配砂砾、级配碎石基层,以及水泥、石灰、粉煤灰等无机结合料稳定土或粒料的半刚性基层上必须浇洒透层沥青。基层上设置下封层时,透层油不宜省略。

1.2.2 黏层

为加强路面沥青层与沥青层之间、沥青层与水泥混凝土路面之间的黏结而洒布的沥青材料薄层,称为黏层,或称为黏层沥青或黏层油。

黏层是加强面层间结合的一种措施。当符合下列情况之一时,必须喷洒黏层油。

(1) 双层式或三层式热拌热铺沥青混合料路面的沥青层之间。

(2) 水泥混凝土路面、沥青稳定碎石基层或旧沥青路面上加铺沥青层。

(3) 路缘石、雨水口、检查井等构造物与新铺沥青混合料接触的侧面。

1.2.3 封层

为封闭路面表面空隙、防止水分浸入而在沥青面层或基层上铺筑的有一定厚度的沥青混合料薄层,称为封层。其中,铺筑在沥青面层表面的封层称为上封层,铺筑在沥青面层下面、基层表面的封层称为下封层。当前广泛使用的封层有稀浆封层和微表处两种类型。稀浆封层是指用适当级配的石屑或砂、填料(水泥、石灰、粉煤灰、石粉等)与乳化沥青、外掺剂和水,按一定比例拌和而成的流动状态的沥青混合料,均匀地摊铺在路面上形成的沥青封层。微表处是指采用适当级配的石屑或砂、填料(水泥、石灰、粉煤灰、石粉等)与聚合物改性乳化沥青、外掺剂和水按一定比例拌和而成的流动状态的沥青混合料,均匀地摊铺在路面上形成的沥青封层。稀浆封层和微表处在材料组成和使用功能上有差异,它们的主要作用有如下几个方面

(1) 混合料较细,具有较好的流动性,很容易进入微裂缝和小坑槽中,将路面填充密实成为整体。因此,它具有封闭裂缝和提高路面平整度的作用。

(2) 混合料中集料级配合理,能均匀、牢固、密实地黏附在路面上,具有较好的水稳定性,并能防止水分渗透,保持基层稳定。

(3) 集料的强度、压碎值、磨光值、含泥量等性能指标均达到标准要求,不论是酸性和碱性石料都能很好地黏附在路面上,有一定的耐磨性,在路面上形成磨耗层。

（4）由于选择了坚硬而有棱角的集料，沥青能均匀地裹覆集料。封层后纹理深度较佳，摩擦系数显著增加，具有良好的抗滑性能。

（5）可恢复路面性能，延长路面使用寿命，在路面养护中具有施工简单、造价低廉、功能恢复强的特点。

稀浆封层按照矿料粒径的不同，可分为 ES-1 型（公称最大粒径 2.36 mm），ES-2 型（公称最大粒径 4.75 mm），ES-3 型（公称最大粒径 9.5 mm）三种，单层厚度分别为 2.5～3 mm，4～7 mm，8～10 mm；微表处按照矿料粒径的不同，可分为 MS-2 型（公称最大粒径 4.75 mm）和 MS-3（公称最大粒径 9.5 mm）两种，单层厚度分别为 4～7 mm，8～10 mm。

任务2　沥青路面透层、黏层、封层施工

2.1　施工准备

1. 材料

乳化石油沥青、液体石油沥青和煤沥青的质量应符合《公路沥青路面施工技术规范》（JTG F40—2004）的有关规定。乳化石油沥青可利用胶体磨或匀油机等乳化机械在沥青拌和厂制备，乳化剂用量（按有效含量计）宜为沥青用量的 0.3%～0.8%。制备乳化石油沥青的温度应通过试验确定，乳化剂水溶液的温度宜为 40～70℃，石油沥青宜加热至 120～160℃，乳化沥青制成后应及时使用，存放期以不离析、不冻结、不破乳为度。煤沥青使用期间在储油池或沥青罐中储存温度宜为 70～90℃，并应避免长期储存。经较长时间存放的煤沥青在使用前应抽样检测，质量不合格不得使用。

2. 集料

集料质量应符合《公路沥青路面施工技术规范》（JTG F40—2004）的矿料要求，颗粒状集料（大于 1 mm）应选用强度高、硬度大、耐磨耗的砂石集料。稀浆封层所需集料适宜用矿渣、碎石，不适宜用轻质材料、页岩及泥岩等。对于小于 5 mm 的细集料，应选用坚硬、干燥、洁净、无泥土和有机杂质、级配适当、砂当量不低于 45% 的石屑或砂。填料可用水泥、石灰或粉煤灰等，要求松散、干燥、不含泥土。

3. 水

水质应满足洁净水标准，盐水、工业废水及含泥水不能使用。

2.2　施工流程

沥青透层、黏层与封层施工流程见图 8-1。

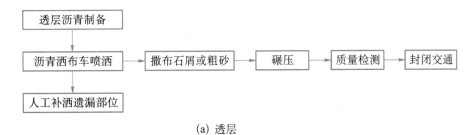

（a）透层

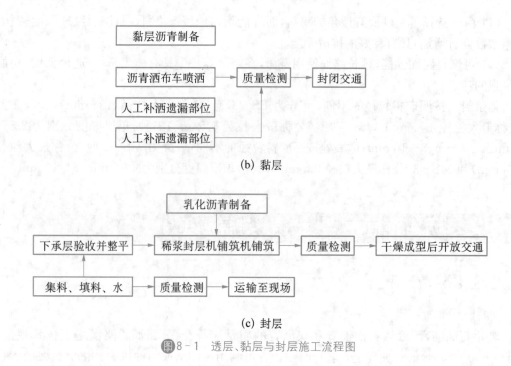

(b) 黏层

(c) 封层

图 8-1 透层、黏层与封层施工流程图

2.3 施工技术要点

2.3.1 透层施工技术要点

（1）沥青路面各类基层都必须喷洒透层油，沥青层必须在透层油完全渗透入基层后方可作铺筑。基层上设置下封层时，透层油不宜省略。气温低于 10℃ 或大风或即将降雨时不得喷洒透层油。

（2）根据基层类型选择渗透性好的液体沥青、乳化沥青、煤沥青作透层油，喷洒后通过钻孔或挖掘确认透层油渗透入基层的深度宜不小于 5 mm（无机结合料稳定集料基层）或 10 mm（无结合料基层），并能与基层联结成为一体。透层油的质量应符合要求。

（3）透层油的黏度通过调节稀释剂的用量或乳化沥青的浓度得到适宜的黏度，基质沥青的针入度通常宜不小于 100。透层用乳化沥青的蒸发残留物含量允许根据渗透情况适当调整，当使用成品乳化沥青时可通过稀释得到要求的黏度。透层用液体沥青的黏度通过调节煤油或轻柴油等稀释剂的品种和掺量经试验确定。

（4）透层油的用量通过试洒确定，不宜超出表 8-1 的要求。

表 8-1 沥青路面透层材料的规格和用量表

用 途	液体沥青		乳化沥青		煤沥青	
	规格	用量 /L·m⁻²	规格	用量 /L·m⁻²	规格	用量 /L·m⁻²
无结合料粒料基层	AL(M)-1,2 或 3 AL(S)-1,2 或 3	1.0~2.3	PC-2 PA-2	1.0~2.0	T-1 T-2	1.0~1.5
半刚性基层	AL(M)-1 或 2 AL(S)-1 或 2	0.6~1.5	PC-2 PA-2	0.7~1.5	T-1 T-2	0.7~1.0

（5）用于半刚性基层的透层油宜紧接在基层碾压成型后表面稍变干燥但尚未硬化的情况下喷洒。

（6）在无结合料粒料基层上洒布透层油时，宜在铺筑沥青层前 1～2 d 洒布。

（7）透层油宜采用沥青洒布车一次喷洒均匀，使用的喷嘴宜根据透层油的种类和黏度选择并保证均匀喷洒，沥青洒布车喷洒不均匀时宜改用手工沥青洒布机喷洒。

（8）喷洒透层油前应清扫路面，遮挡防护路缘石及人工构造物，避免污染，透层油必须洒布均匀，有花白遗漏应人工补洒，喷洒过量的立即撒布石屑或砂吸油，必要时作适当碾压。透层油洒布后不得在表面形成能被运料车和摊铺机黏起的油皮，透层油达不到渗透深度要求时，应更换透层油稠度或品种。

（9）透层油洒布后的养生时间随透层油的品种和气候条件由试验确定，确保液体沥青中的稀释剂全部挥发，乳化沥青渗透且水分蒸发，然后尽早铺筑沥青面层，防止工程车辆损坏透层。

2.3.2　黏层施工技术要点

（1）符合下列情况之一时，必须喷洒黏层油。

① 双层式或三层式热拌热铺沥青混合料路面的沥青层之间。

② 水泥混凝土路面、沥青稳定碎石基层或旧沥青路面层上加铺沥青层。

③ 路缘石、雨水口、检查井等构造物与新铺沥青混合料接触的侧面。

（2）黏层油宜采用快裂或中裂乳化沥青、改性乳化沥青，也可采用快、中凝液体石油沥青，其规格和质量应符合本规范的要求，所使用的基质沥青标号宜与主层沥青混合料相同。

（3）黏层油品种和用量，应根据下卧层的类型通过试洒确定，并符合表 8-2 的要求。当黏层油上铺筑薄层大空隙排水路面时，黏层油的用量宜增加到 $0.6～1.0\ \mathrm{L/m^2}$。在沥青层之间兼作封层而喷洒的黏层油宜采用改性沥青或改性乳化沥青，其用量宜不少于 $1.0\ \mathrm{L/m^2}$。

表 8-2　沥青路面黏层材料的规格和用量表

下卧层类型	液体沥青		乳化沥青	
	规格	用量/L·m⁻²	规格	用量/L·m⁻²
新建沥青层或旧沥青路面	AL(R)-3 或 AL(R)-6 AL(M)-3 或 AL(M)-6	0.3～0.5	PC-3 PA-3	0.3～0.6
水泥混凝土	AL(M)-3 或 AL(M)-6 AL(S)-3 或 AL(S)-6	0.2～0.4	PC-3 PA-3	0.3～0.5

（4）黏层油宜采用沥青洒布车喷洒，并选择适宜的喷嘴，洒布速度和喷洒量保持稳定。当采用机动或手摇的手工沥青洒布机喷洒时，必须由熟练的技术工人操作，均匀洒布。气温低于 10℃时不得喷洒黏层油，寒冷季节施工不得不喷洒时可以分成两次喷洒。路面潮湿时不得喷洒黏层油，用水洗刷后需待表面干燥后喷洒。

（5）喷洒的黏层油必须成均匀雾状，在路面全宽度内均匀分布成一薄层，不得有洒花漏空或成条状，也不得有堆积。喷洒不足的要补洒，喷洒过量处应予刮除。喷洒黏层油后，严禁运料车外的其他车辆和行人通过。

（6）黏层油宜在当天洒布，待乳化沥青破乳、水分蒸发完成，或稀释沥青中的稀释剂基本挥发完成后，紧跟着铺筑沥青层，确保黏层不受污染。

2.3.3 封层施工技术要点

（1）下承层的准备。稀浆封层和微表处施工前，应彻底清除原路面的泥土、杂物，修补坑槽、凹陷，较宽的裂缝宜清理灌缝。在水泥混凝土路面上铺筑微表处时宜洒布黏层油，过于光滑的表面需拉毛处理。

（2）混合料拌制。混合料的拌制宜采用拌和厂机械拌和的方式。当采用阳离子乳化沥青拌和时，宜先用水使集料湿润，若湿润后仍难于与乳液拌和均匀时，应改用破乳速度更慢的乳液，或用 1%～3% 浓度的氯化钙水溶液代替水润湿集料表面。混合料适宜的拌和时间应根据实际情况调节并通过试拌确定，矿料中加进乳液后的机械拌和时间不宜超过 30 s，人工拌和时间不宜超过 60 s。

（3）混合料摊铺。稀浆封层和微表处必须使用专用的摊铺机进行摊铺。单层微表处适用于旧路面车辙深度不大于 15 mm 的情况，超过 15 mm 的必须分两层铺筑，或先用 V 字形车辙摊铺箱摊铺，深度大于 40 mm 时不适宜微表处处理。

（4）接缝处理。稀浆封层和微表处两幅纵缝搭接的宽度不宜超过 80 mm，横向接缝宜做成对接缝。分两层摊铺时，第一层摊铺后至少应开放交通 24 h 后方可进行第二层摊铺。

（5）施工气温控制。稀浆封层和微表处的最低施工温度不得低于 10℃，严禁在雨天施工，摊铺后尚未成型混合料遇雨时应予铲除。

（6）施工过程质量控制。稀浆封层和微表处铺筑后的表面不得有超粒径料拖拉的严重划痕，横向接缝和纵向接缝处不得出现余料堆积或缺料现象，用 3 m 直尺测量接缝处的不平整度不得大于 6 mm。对微表处不得有横向波浪和深度超过 6 mm 的纵向条纹。经养生和初期交通碾压稳定的稀浆封层和微表处，在行车作用下应不飞散且完全密水。

2.3.4 沥青同步碎石封层施工技术要点

沥青同步碎石封层即用同步碎石封层车将沥青与一定规格、干净的碎石同步喷洒在原路面上，经过胶轮压路机和行驶车辆的自然碾压，形成一种以沥青为结合料的碎石封层（磨耗层）。与传统的碎石封层相比，其主要的特点有：良好的防滑性、防水性，对原路面病害的修复作用好，施工工期短，施工工艺简单，实用性强，应用范围广，同时降低了道路养护成本。

1. 沥青同步碎石封层的施工工艺流程

原有旧路面的处理→施工材料的准备→沥青同步碎石封层车现场喷洒→胶轮压路机碾压→开放交通→清扫路面、回收剩余集料。

2. 施工技术要点

（1）封层前要对原路面进行认真清扫，作业过程中应保证足够数量的胶轮压路机，以便在沥青温度降低之前或乳化沥青破乳后能及时完成碾压工序。另外，封层后即可通车，但在初期应限制车速，待 2 h 后可完全开放交通，从而防止快速行车造成石子飞溅。

（2）使用改性沥青作为黏结料时，为保证雾状喷洒而形成均匀、等厚度的沥青膜，必须保证沥青的温度在 160～170℃ 范围内。

（3）同步碎石封层车的喷油嘴高度不同，所形成的沥青膜厚度会不同（因为各个喷嘴喷出的扇形雾状沥青重叠情况不同），通过调整喷嘴高度使得沥青膜的厚度符合要求。

（4）同步碎石封层车应以适宜的速度均匀行驶，在此前提下石料和黏结料两者的撒布率必须匹配。

（5）作为表面处治层或磨耗层的碎石封层，其使用条件是原路面平整度和强度满足要求。

任务3　热拌沥青混合料施工

热拌沥青混合料包括沥青混凝土（AC）、密级配沥青稳定碎石（ATB）、半开级配沥青稳定碎石（AM）、开级配排水式沥青稳定碎石基层（ATPB）、沥青玛蹄脂碎石混合料（SMA）排水式沥青磨耗层（OGFC）等类型。其种类按集料最大公称粒径、矿料级配、空隙率划分，分类见表8－3。它们的施工工艺大同小异，故对它们的施工技术进行综合阐述，但由于SMA施工工艺要求较高且和一般的热拌沥青混合料有较大的不同，又是目前路面施工常用的类型，本书将在任务4中详细介绍。

微课扫一扫

表8－3　热拌沥青混合料种类

混合料种类	密级配			开级配		半开级配	公称最大粒径（mm）	最大粒径（mm）
	连续级配		间断级配	间断级配		沥青稳定碎石		
	沥青混凝土	沥青稳定碎石	沥青玛蹄脂碎石	排水式沥青磨耗层	排水式沥青碎石基层			
特粗式	—	ATB－40	—	ATPB－40	—	—	37.5	53.0
粗粒式	—	ATB－30	—	ATPB－30	—	—	31.5	37.5
	AC－25	—	—	ATPB－25	—	—	26.5	31.5
中粒式	AC－20	—	SMA－20	—	—	AM－20	19.0	26.5
	AC－16	—	SMA－16	OGFC－16	—	AM－16	16.0	19.0
细粒式	AC－13	—	SMA－13	OGFC－13	—	AM－13	13.2	16.0
	AC－10	—	SMA－10	OGFC－10	—	AM－10	9.5	13.2
砂粒式	AC－5	—	—	—	—	AM－5	4.75	9.5
设计空隙率注（%）	3～5	3～6	3～4	＞18	＞18	6～12		

注：空隙率可按配合比设计要求适当调整。

3.1　一般规定

1. 施工前必须检查各种原材料的来源和质量

对经招标程序购进的沥青、集料等重要材料，供货单位必须提交最新检测的正式试验报告。从国外进口的材料应提供该批材料的船运单。对首次使用的集料，应检查生产单位的生产条件、加工机械、覆盖层的清理情况。所有材料都应按有关规定取样检测，经质量认可后方可订货。

2. 材料运至现场后必须取样进行质量检验

各种材料都必须在施工前或施工过程中以"批"为单位进行质量检验，经评定合格后方可使用，不得以供应商提供的检测报告或商检报告代替现场检测。不符合现行的《公路沥面施工技术规范》(JTG F40—2004)技术要求的材料不得进场。

3. 不同料源、品种、规格的材料不得混杂堆放

工程开始前或施工过程中,必须对集料的存放场地、防雨和排水措施进行确认。采取适当的措施防止对集料的污染。对各种矿料是以同一料源、同一次购入并运至生产现场的相同规格材料为一"批",对沥青是指从同一来源、同一次购入且储入同一沥青罐的同一规格的沥青为一"批"。

4. 各层沥青混合料的要求

各层沥青混合料应满足所在层位的功能性要求,便于施工,不容易离析。各层应连续施工并结合成为一个整体。当发现混合料结构组合及级配类型的设计不合理时应进行修改、调整以确保沥青路面的使用性能。

5. 热拌沥青混合料的配合比设计按马歇尔试验方法确定

具体步骤见《公路工程沥青及沥青混合料试验规程》(JTG E20—2011)和《公路沥青路面施工技术规范》(JTG F40—2004)的有关规定。

3.2 原材料要求

3.2.1 沥青

沥青路面使用的沥青包括道路石油沥青、乳化沥青、液体石油沥青、煤沥青、改性沥性、改性乳化沥青等。其适用范围应符合现行《公路沥青路面施工技术规范》(JTG F40—2004)的规定。

(1) 道路石油沥青使用广泛,它的标号以针入度为指标分为 160 号、130 号、110 号、90号、70 号、50 号,共 7 个标号,每个标号的道路石油沥青又分为 A、B、C 3 个等级,分别适用于不同等级的公路和不同的结构层次,见表 8‐4。

表 8‐4　道路石油沥青的适用范围

沥青等级	适用范围
A 级沥青	各个等级的公路,适用于任何场合和层次
B 级沥青	高速公路、一级公路沥青下面层及以下的层次,二级及二级以下公路的各个层次;用做改性沥青、乳化沥青、改性乳化沥青、稀释沥青的基质沥青
C 级沥青	三级及三级以下公路的各个层次

(2) 沥青路面采用的沥青标号,宜按照公路等级、气候条件、交通条件、路面类型及在结构层中的层位及受力特点、施工方法等,结合当地的使用经验,经技术论证后确定。

(3) 道路石油沥青在储运、使用及存放过程中应有良好的防水措施,避免雨水或加热管道蒸汽进入沥青中。

(4) 沥青必须按品种、标号分开存放。除长期不使用的沥青可放在自然温度下存储外,沥青在储罐中的储存温度不宜低于 130℃,并不得高于 170℃。桶装沥青应直立堆放,加盖苫布。

使用成品改性沥青的工程,应要求供应商提供所使用的改性剂型号、基质沥青的质量检测报告。使用现场改性沥青的工程,应对试生产的改性沥青进行检测,质量不合格的不可

使用。

3.2.2　粗集料

（1）沥青层用粗集料包括碎石、破碎砾石、筛选砾石、钢渣、矿渣等。高速公路和一级公路不得使用筛选砾石和矿渣。粗集料必须由具有生产许可证的采石场生产或施工单位自行加工。

（2）粗集料应该洁净、干燥、表面粗糙，其质量检测项目、技术要求及试验方法见表8-5。当单一规格集料的质量指标达不到有关规定要求，而按照集料配合比计算的质量指标符合要求时，工程上允许使用。对受热易变质的集料，宜采用经拌和机烘干后的集料进行检验。

表8-5　沥青混合料用粗集料质量技术要求

指　　标		单位	高速公路及一级公路		其他等级公路	试验方法
			表面层	其他层次		
石料压碎值	不大于	%	26	28	30	T0316
洛杉矶磨耗损失	不大于	%	28	30	35	T0317
表观相对密度	不小于	t·m⁻³	2.60	2.50	2.45	T0304
吸水率	不大于	%	2.0	3.0	3.0	T0304
坚固性	不大于	%	12	12	—	T0314
针片状颗粒含量（混合料） 其中粒径大于9.5 mm 其中粒径小于9.5 mm	不大于 不大于 不大于	% % %	15 12 18	18 15 20	20 — —	T0312
水洗法＜0.075 mm颗粒含量	不大于	%	1	1	1	T0310
软石含量	不大于	%	3	5	5	T0320

（3）粗集料的粒径规格应按表8-6的规定生产和使用。

表8-6　沥青混合料用粗集料用规格

规格名称	公称粒径/mm	通过下列筛孔/mm的质量百分率(%)												
		106	75	63	53	37.5	31.5	26.5	19.0	13.2	9.5	4.75	2.36	0.6
S1	40～75	100	90～100	—	—	0～15	—	0～5						
S2	40～60		100	90～100	—	0～15	—	0～5						
S3	30～60			100	90～100	—	0～15	—	0～5					
S4	25～50				100	90～100	—	0～15	—	0～5				
S5	20～40					100	90～100	—	0～15	—	0～5			
S6	15～30						100	90～100	—	0～15	—	0～5		

规格名称	公称粒径 /mm	通过下列筛孔 /mm 的质量百分率(%)												
		106	75	63	53	37.5	31.5	26.5	19.0	13.2	9.5	4.75	2.36	0.6
S7	10~30					100	90~100	—			0~15	0~5		
S8	10~25						100	90~100	—	0~15		0~5		
S9	10~20							100	90~100	—	0~15	0~5		
S10	10~15								100	90~100	0~15	0~5		
S11	5~15								100	90~100	40~70	0~15	0~5	
S12	5~10									100	90~100	0~15	0~5	
S13	3~10									100	90~100	40~70	0~20	0~5
S14	3~5										100	90~100	0~15	0~3

（4）高速公路、一级公路沥青路面表面层（或磨耗层）粗集料的磨光值应符合要求。除SMA、OGFC路面外，允许在硬质粗集料中掺加部分较小粒径的、磨光值达不到要求的粗集料，其最大掺加比例由磨光值试验确定。

（5）粗集料与沥青的黏附性应符合《公路沥青路面施工技术规范》(JTG F40—2004）的要求。当使用不符合要求的粗集料时，宜掺加消石灰、水泥或用饱和石灰水处理后使用，必要时可同时在沥青中掺加耐热、耐水、长期性能好的抗剥落剂，也可采用改性沥青的措施，使沥青混合料的水稳定性检验达到要求。掺加外加剂的剂量由沥青混合料的水稳定性检验确定。

（6）破碎砾石应采用粒径大于 50 mm、含泥量不大于 1% 的砾石轧制，破碎砾石的破碎面应符合要求。

（7）经过破碎且存放期超过 6 个月以上的钢渣可作为粗集料使用。除吸水率允许适当放宽外，各项质量指标应符合《公路沥青路面施工技术规范》(JTG F40—2004）的要求。钢渣在使用前应进行活性检验，要求钢渣中的游离氧化钙含量不大于 3%，浸水膨胀率不大于 2%。

3.2.3　细集料

（1）沥青路面的细集料包括天然砂、机制砂、石屑。细集料必须由具有生产许可证的采石场、采砂场生产。

（2）细集料应洁净、干燥、无风化、无杂，并有适当的颗粒级配。

（3）细集料的洁净程度，天然砂以小于 0.075 mm 含量的百分数表示，石屑和机制砂以砂当量（适用于 0~4.75 mm）或亚甲蓝值（适用于 0~2.36 mm 或 0~0.15 mm）表示。细集料质量要求见表 8-7。

表 8-7　沥青混合料用细集料质量要求

指　　标	单位	高速公路及一级公路	其他等级公路	试验方法
表观相对密度　不小于	t·m^{-3}	2.50	2.45	T0328
坚固性(>0.3 mm)　不小于	%	12	—	T0340
含泥量(<0.075 mm)不大于	%	3	5	T0333
砂当量　不大于	%	60	50	T0334
亚甲蓝值　不大于	g·kg^{-1}	25	—	T0349
棱角性(流动时间),不小于	%	30	—	T0345

注:坚固性试验可根据需要进行。

（4）天然砂可采用河砂或海砂,通常宜采用粗、中砂,规格应符合规定。砂的含泥量超过规定时应水洗后使用,海砂中的贝壳类材料必须筛除。热拌密级配沥青混合料中天然砂的用量不宜超过集料总量的 20%,SMA 和 OGFC 混合料不宜使用天然砂。

（5）石屑是指采石场破碎石料时通过 4.75 mm 或 2.36 mm 的筛子的筛下部分,其规格应符合要求。高速公路和一级公路的沥青混合料,宜将 S14（公称粒径 3~5 mm）与 S16（公称粒径 0~3 mm）组合使用,S15（公称粒径 0~5 mm）可在沥青稳定碎石基层或其他等级公路中使用。机制砂宜采用专用的制砂机制造,并选用优质石料生产,其级配应符合 S16 的要求。

3.2.4　填料

（1）沥青混合料的矿粉必须采用石灰岩或岩浆岩中的强基性岩石等憎水性石料经磨细得到,原石料中的泥土杂质应除净,生产的矿粉应干燥、洁净,其质量要求见表 8-8。

表 8-8　沥青混合料用矿粉质量要求

指　　标		单位	高速公路及一级公路	其他等级公路	试验方法
表观相对密度	不小于	t·m^{-3}	2.50	2.45	T0352
含水量	不大于	%	1	1	T0103 烘干法
粒度范围　<0.6 mm		%	100	100	
<0.15 mm		%	90~100	90~100	T0351
<0.075 mm		%	75~100	70~100	
外观			无团粒,不结块		
亲水系数	不大于		<1		T0353
塑性指数		%	<4		T0354
加热安定性			实测记录		T0355

（2）拌和机的粉尘可作为矿粉的一部分回收使用,但每盘用量不得超过填料总量的 25%,掺有粉尘填料的塑性指数不得大于 4%。

（3）粉煤灰作为填料使用时,用量不得超过填料总量 50%,粉煤灰的烧失量应小于 12%,与矿粉混合后的塑性指数应小于 4%,其余质量要求与矿粉相同。高速公路、一级公路的沥青面层不宜采用粉煤灰做填料。

3.2.5 纤维稳定剂

（1）在沥青混合料中掺加的纤维稳定剂宜选用木质素纤维、矿物纤维等，其质量要求见表8-9。

表8-9 木质素纤维质量技术要求

试验项目	指 标	试 验 方 法
纤维长度	<6 mm	水溶液用显微镜观测
灰分含量	18%±5%，无挥发物	高温590～650℃燃烧后，测定残留物
pH值	7.5±1.0	水溶液用PH试纸或PH计测定
吸油率	不小于纤维质量的5倍	用煤油浸泡后，放在筛上，经振敲后称重
含水率	<5%（以质量计）	105℃烘箱烘2h后，冷却称重

（2）纤维应在250℃的干拌温度下不变质、不发脆，使用纤维必须符合环保要求，不危害身体健康。矿物纤维宜采用玄武岩等矿石制造，易影响环境及造成人体伤害的石棉纤维不宜直接使用。纤维必须在混合料拌和过程中充分分散均匀。纤维应存放在室内或有棚盖的地方，松散纤维在运输及使用过程中应避免受潮、结团。

（3）纤维稳定剂的掺加比例以沥青混合料总量的质量百分率计算，通常情况下用于SMA路面的木质素纤维不宜低于0.3%，矿物纤维不宜低于0.4%，必要时可适当增加纤维用量。纤维掺加量的允许误差宜不超过±5%。

3.3 施工工艺流程

热拌沥青混合料施工工艺流程如图8-2所示。

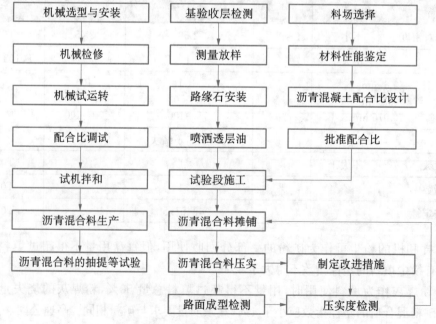

图8-2 沥青路面面层施工工艺流程图

施工动画

3.4　施工技术要点

3.4.1　施工准备

热拌沥青混合料结构层施工前的准备工作包括料源的确定及进场材料的质量检验、机械选型与配套、下承层的准备、施工放样、混合料配合比设计、铺筑试验路段等。在本课程其他"学习情境"中或"道路建筑材料检测与应用"等课程中介绍的内容不再赘述。

1. 料源的确定及进场材料的质量检验

对沥青、石料、砂、石屑和矿粉等原材料,从技术和经济等方面选定材料质量合格的沥青厂家及石料场。对进场的原材料,每批到货均应检查生产厂家所附的试验报告,检查装运数量、装运日期、订货数量等。对每批进场的原材料按《公路沥青路面施工技术规范》(JTG F40—2004)的要求对相应技术指标进行抽样检测,检测合格方可使用。

2. 施工机械的检查

施工前应对沥青混合料拌和机、摊铺机、压路机等各种施工机械和设备进行调试,对机械设备的配套情况、技术性能、传感器计量精度等进行认真检查、标定,以保证施工期间施工机具的正常运行,并需得到监理工程师的认可。

3. 配合比设计检验

热拌沥青混合料的质量很大程度上取决于其配合比设计,施工前应高度重视沥青混合料的配合比设计工作。热拌沥青混合料的配合比设计宜在对同类公路配合比设计和使用情况调查研究的基础上,充分借鉴成功的经验,选用符合要求的材料,进行配合比设计。沥青混合料的配合比设计应通过目标配合比设计、生产配合比设计及生产配合比验证三个阶段,确定沥青混合料的材料品种及配比、矿料级配、最佳沥青用量。热拌沥青混合料的配合比设计步骤见相关技术规范。

正式开工前,各种原材料的试验结果,及据此进行的目标配合比设计和生产配合比设计结果,应在规定的期限内向建设单位及监理工程师提出正式报告,待取得正式认可后,方可使用。

经设计确定的标准配合比在施工过程中不得随意变更。生产过程中应加强跟踪检测,严格控制进场材料的质量。生产过程中如遇材料发生变化并经检测沥青混合料的矿料级配、马歇尔技术指标不符合要求时,应及时调整配合比,使沥青混合料的质量符合要求并保持相对稳定,必要时重新进行配合比设计。

4. 修筑试验路段

正式开工前,应根据计划使用的机械设备和混合料的配合比铺筑试验路段,以确定合适的拌和时间和温度,摊铺温度和速度,压实机械的合理组合,碾压温度、速度及遍数,松铺系数和合适的作业长度,制定施工进度计划等。

5. 施工温度的确定

石油沥青加工及沥青混合料施工温度应根据沥青标号及黏度、气候条件、铺装层的厚度确定。

(1)普通沥青混合料的施工温度宜通过在135℃及175℃条件下测定的黏度——温度曲线确定。缺乏黏度——温度曲线数据时,可参照表8-10的范围选择,并根据实际情况确定使用高值或低值。当表中温度不符实际情况时,容许作适当调整。

表 8-10　热拌沥青混合料的施工温度(℃)

施工工序		石油沥青的标号			
		50 号	70 号	90 号	110 号
沥青加热温度		160～170	155～165	150～160	145～155
矿料加热温度	间歇强度式拌和机	集料加热温度比沥青温度高 10～30			
	连续滚筒式拌和机	矿料加热温度比沥青温度高 5～10			
	沥青混合料出料温度	150～170	145～165	140～160	135～155
混合料储料仓储存温度		储料过程中温度降低不超过 10			
混合料废弃温度(高于)		200	195	190	185
运输到现场温度(不低于)		150	145	140	135
混合料摊铺温度(不低于)	正常施工	140	135	130	125
	低温施工	160	150	140	135
碾压开始温度(不低于)	正常施工	135	130	125	120
	低温施工	150	145	135	130
碾压终了温度(不低于)	钢轮压路机	80	70	65	60
	轮胎压路机	85	80	75	70
	振动压路机	75	70	60	55
开放交通的路表温度(不高于)		50	50	50	45

注:表中未列入的 130 号、160 号及 30 号沥青的施工温度由试验确定。

(2)聚合物改性沥青混合料的施工温度根据实践经验并参照表 8-11 选择。通常宜较普通沥青混合料的施工温度提高 10%～20%。对采用冷态胶乳直接喷入法制作的改性沥青混合料,集料烘干温度应进一步提高。

表 8-11　聚合物改性沥青混合料的正常施工温度范围(℃)

施工工序	聚合物改性沥青品种		
	SBS 类	SBR 胶乳类	EVA、PE 类
沥青加热温度	160～165		
改性沥青现场制作温度	165～170	——	165～170
成品改性沥青加热温度(不大于)	175		175
集料加热温度	190～220	200～210	185～195
改性沥青 SMA 混合料出厂温度	170～185	160～180	165～180
混合料废弃温度(高于)	195		
混合料储存温度	拌和出料后降低不超过 10		
摊铺温度(不低于)	160		
初压开始温度(不低于)	150		
碾压终了的表面温度(不低于)	90		
开放交通时的路表温度(不高于)	50		

注:当采用列表以外的聚合物或天然沥青改性沥青时,施工温度由试验确定。

6. 下承层的准备

铺筑沥青层前,应检查基层或下层沥青层的质量,不符合要求的不得铺筑沥青面层。旧沥青路面或下卧层已被污染时,必须清洗或经铣刨处理后方可铺筑沥青混合料。

沥青混合料的下承层可能是基层、底面层或中面层。当下承层上为新喷洒的透层、黏层沥青或新做的下封层,没有被污染时,可直接在其上铺筑沥青混合料;当下承层或其上浇洒的透层、黏层沥青膜已被杂物、泥土等污染时,应将表面的杂物、泥土等清除干净,再次浇洒透层或黏层沥青。

7. 施工放样

(1) 按每 5～10 m 一个断面,每个断面三个点测量下承层的顶面高程,即为下承层的顶面实测高程。

(2) 将下承层的顶面实测高程与设计高程作比较,当两者高程相差在厚度允许范围内或某些点高程低于设计高程时,以设计高程计算本层的挂线高程,并进行放样;当某些点高程高于设计高程时,按本层厚度放样。

(3) 挂线后摊铺前垂直路中线用拉绳置于两侧的基准线上,量测拉绳与下承层顶面之间的高度,以保证各点都满足设计厚度的要求。

3.4.2　沥青混合料拌制

沥青混合料的拌制是把一定级配的集料与沥青按规定比例在给定温度下拌和均匀而制成混合料,而沥青混合料拌制的质量直接关系着沥青混合料的质量。因此,沥青混合料的拌制是沥青路面施工中非常重要的一个环节。

1. 对拌和设备的要求

我国《公路沥青路面施工技术规范》(JTG F40—2004)规定:沥青混合料必须在拌和厂(场、站)采用拌和机械拌制。沥青混合料可采用间歇式拌和机或连续式拌和机拌制。高速公路和一级公路的沥青混凝土宜采用间歇式拌和机拌制。连续式拌和机使用的集料必须稳定不变,一个工程从多处进料、料源或质量等不稳定时,不得使用连续式拌和机。

2. 沥青混合料拌制程序

沥青混合料拌制的工艺流程如图 8-3 所示。

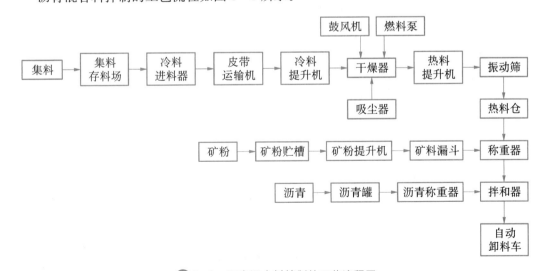

图 8-3　沥青混合料拌制的工艺流程图

3. 拌制混合料的技术要点

（1）取样。集料与沥青混合料取样应符合现行试验规程的要求。从沥青混合料运料车上取样时必须在设置取样台分几处采集一定深度下的样品。

（2）卸料。集料进场宜在料堆顶部平台卸料，经推土机推平后，铲运机从底部按顺序竖直装料，减小集料离析。

（3）试拌。通过试拌和抽样检验确定每盘热拌混合料的配合比及其总重、适宜的沥青用量、拌和时间、矿料和沥青加热温度，以及沥青混合料出厂的温度等，均得满足《公路沥青路面施工技术规范》(JTG F40—2004)的规定。

（4）拌和时间。沥青混合料拌和时间根据具体情况经试拌确定，以沥青均匀裹覆集料为度。间歇式拌和设备每盘的生产周期不宜少于 45 s（其中干拌时间不少于 5～10 s）。改性沥青和 SMA 混合料的拌和时间应适当延长。

（5）拌和过程控制。高速公路和一级公路使用的沥青混合料拌和过程中应逐盘采集并打印各个传感器测定的材料用量和沥青混合料拌和量、拌和温度等各种参数。每个台班结束时打印一个台班的统计量，按"沥青路面质量过程控制及总量检验方法"进行沥青混合料生产质量及铺筑厚度的总量检验。总量检验的数据有异常波动时，应立即停止生产，分析原因。

（6）热拌沥青混合料的储存。储存过程中混合料温降不得大于 10℃ 且不能有沥青滴漏。普通沥青混合料的储存时间不得超过 72 h，改性沥青混合料的储存时间不宜超过 24 h，SMA 混合料及 OGFC 混合料宜随拌随用。

（7）注意事项：

① 烘干集料的残余含水率不得大于 1%。每天开始几盘集料应提高加热温度，并干拌几锅集料废弃，再正式加沥青拌和混合料。

② 添加消石灰、水泥等外掺剂时，宜增加粉料仓，也可由专用管线和螺旋升送器直接加入拌和锅，若与矿粉混合使用时应注意两者因密度不同发生离析。

③ 拌和机二级除尘装置中的粉尘，经一级除尘部分可直接回收使用，二级除尘部分可进入回收粉仓使用（或废弃。）对因除尘造成的粉料损失应补充等量的新矿粉。

④ SMA 在拌和过程中，特别要注意冷料仓的搭配和纤维投入的均匀性，防止粗集料、矿粉供应不足，而细集料又过剩的现象发生。

⑤ 生产添加纤维的沥青混合料时，纤维必须在混合料中充分分散，拌和均匀。拌和机应配备同步添加投料装置，松散的絮状纤维可在喷入沥青的同时或稍后采用风送设备喷入拌和锅，拌和时间宜延长 5 s 以上。颗粒纤维可在粗集料投入的同时自动加入，经 5～10 s 的干拌后，再投入矿粉。工程量很小时也可分装成塑料小包或由人工量取直接投入拌和锅。

4. 沥青混合料出厂检验项目和频率

沥青混合料出厂时应逐车检测沥青混合料的重量和温度，记录出厂时间，签发运料单。沥青混合料拌和厂（场、站）应按下列步骤对沥青混合料生产过程进行质量控制，并按规定的项目和频度检查沥青混合料产品的质量，如实计算产品的合格率。

（1）观察料堆和皮带输送机各种材料的质量和均匀性，检查泥块及超粒径碎石，检查冷料仓有无窜仓。目测混合料拌和是否均匀、有无花白料、油石比是否合适，检查集料和混合料的离析情况。

（2）检查沥青混合料拌和厂（场、站）控制室各项设定数参、显示屏的示值，核对计算机采集和打印记录的数据与显示值是否一致。进行沥青混合料生产过程的在线监测、总量检验,对沥青混合料的生产质量实施动态管理。

（3）检测沥青混合料的材料加热温度、混合料出厂温度,取样抽提、筛分检测混合料的矿料级配、油石比。抽提筛分应至少检查 0.075 mm、2.36 mm、4.75 mm、公称最大粒径及中间粒径等 5 个筛孔的通过率。

（4）取样成型沥青混合料试件进行马歇尔试验,测定空隙率、稳定度、流值,计算合格率。对 VMA、VFA 指标可只作记录,同时按规范确定标准密度。

（5）注意事项。沥青混合料的存放时间对体积指标有一定影响,施工质量检验的马歇尔试验以拌和厂取样后立即成型的试件为准,但成型温度和试件高度必须符合试验要求。

3.4.3　沥青混合料运输

1. 运输车辆要求

厂(场、站)拌沥青混合料通常采用自卸汽车运往铺筑现场。热拌沥青混合料宜采用较大吨位的运料车运输,但不得超载运输,或紧急制动、急弯掉头使透层、封层造成损伤。运料车的运力应稍有富余,施工过程中摊铺机前方应有运料车等候,对高速公路、一级公路,待等候的运料车宜多于 5 辆后开始摊铺。

2. 运输混合料的技术要点

（1）运输车辆每次使用前后必须清扫干净,装料前在车厢板上涂一薄层防止沥青黏结的隔离剂或防黏剂(可以是柴油与水的混合液,比例为 1∶3),但不能有余液积聚在车厢底部。

（2）从拌和机向运料车放料时,运料汽车应前后移动进行分层装料,移动次数应尽可能多,并至少移动三次,以减少混合料的离析。

（3）运料车运输混合料宜用笆布覆盖,保温、防雨、防污染。

（4）运料车进入摊铺现场时,轮胎上不得沾有泥土等可能污染路面的脏物,否则宜设水池洗净轮胎后进入工程现场。沥青混合料在摊铺地点凭运料单接收,若混合料不符合施工温度要求,或已经结成团块、已遭雨淋的不得铺筑。

（5）连续摊铺过程中,运料车应在摊铺机前 10～30 cm 处停住,空挡等候,由摊铺机推动前进开始缓缓卸料,避免撞击摊铺机。在有条件时,运料车可将混合料卸入转运车经二次拌和后向摊铺机连续均匀的供料。

（6）运料车每次卸料必须倒净,尤其是对改性沥青或 SMA 混合料,如有剩余,应及时清除,防止硬结。

（7）SMA 及 OGFC 混合料在运输、等候过程中,如发现有沥青结合料沿车厢板滴漏时,应采取措施阻止。

3.4.4　沥青混合料摊铺

沥青混合料的摊铺可采用摊铺机摊铺或人工摊铺。除在路面狭窄部分、平曲线半径过小的匝道或加宽部分,以及小规模工程不能采用摊铺机铺筑时可采用人工摊铺外,热拌沥青混合料应采用机械摊铺。

1. 摊铺机摊铺技术要点

沥青混合料摊铺机有履带式和轮胎式两种,两者的构造和技术性能大致相同。在喷洒有黏层油的路面上铺筑改性沥青混合料或 SMA 时,宜使用履带式摊铺机。摊铺机的受料斗应刷涂薄层隔离剂或防黏剂。

沥青混合料摊铺机摊铺的过程是自动倾卸汽车将沥青混合料卸到摊铺机料斗后,经链式传送器将混合料往后传到螺旋摊铺器,随后摊铺机向前行驶,螺旋摊铺器即在摊铺带宽度上均匀地摊铺混合料,随后由振捣板捣实,并由熨平板整平,如图8-4所示。摊铺机摊铺的技术要点如下:

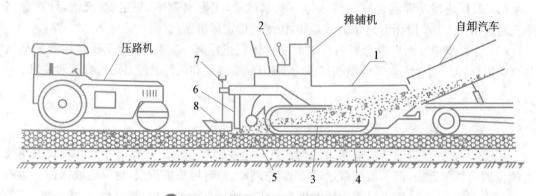

图8-4 沥青混合料摊铺工艺流程示意图

1—料斗;2—驾驶台;3—送料器;4—履带;5—螺旋摊铺器;6—振捣器;7—厚度调节杆;8—摊平板

(1)铺筑高速公路、一级公路沥青混合料时,一台摊铺机的铺筑宽度不宜超过6~7.5 m,通常宜采用两台或更多台数的摊铺机前后错开10~20 m成梯队方式同步摊铺,两幅之间应有30~60 mm宽度的搭接,并避开车道轮迹带,上下层的搭接位置宜错开200 mm以上。

(2)摊铺机开工前应提前0.5~1 h预热熨平板,使其不低于100℃。铺筑过程中应根据铺筑厚度选择熨平板的振捣或夯锤压实装置,并具有适宜的振动频率和振幅,以提高路面的初始压实度。熨平板加宽连接应仔细调节,至摊铺的混合料没有明显的离析痕迹为止。

(3)摊铺机必须缓慢、均匀、连续不间断地摊铺,不得随意变换速度或中途停顿,以提高平整度,减少混合料的离析。摊铺速度应根据拌和机的产量、施工机械配套情况及摊铺厚度、摊铺宽度求得,一般宜控制在2~6 m/min的范围内。对改性沥青混合料及SMA混合料宜放慢至1~3 m/min。当发现混合料出现明显的离析、波浪、裂缝、拖痕时,应分析原因,予以消除。

(4)摊铺机应采用自动找平方式,下面层或基层宜采用钢丝绳引导的高程控制方式,上面层宜采用平衡梁或雪橇式摊铺厚度控制方式,中面层根据情况选用找平方式。直接接触式平衡梁的轮子不得黏附沥青。铺筑改性沥青或SMA路面时宜采用非接触式平衡梁。

(5)沥青路面施工的最低气温应符合要求,寒冷季节遇大风降温,不能保证迅速压实时不得铺筑沥青混合料。热拌沥青混合料的最低摊铺温度根据铺筑层厚度、气温、风速及下卧层表面温度按表8-12执行。每天施工开始阶段宜采用较高温度的混合料。

表8-12 沥青混合料的最低摊铺温度

下卧层的表面温度(℃)	相应于下列不同摊铺层厚度的最低摊铺温度(℃)					
	普通沥青混合料			改性沥青混合料或SMA沥青混合料		
	<50 mm	50~80 mm	>80 mm	<50 mm	50~80 mm	>80 mm
<5	不允许	不允许	140	不允许	不允许	不允许
5~10	不允许	140	135	不允许	不允许	不允许

下卧层的表面温度(℃)	相应于下列不同摊铺层厚度的最低摊铺温度(℃)					
	普通沥青混合料			改性沥青混合料或 SMA 沥青混合料		
	<50 mm	50～80 mm	>80 mm	<50 mm	50～80 mm	>80 mm
10～15	145	138	132	165	155	150
15～20	140	135	130	158	150	145
20～25	138	132	128	153	147	143
25～30	132	130	126	147	145	141
>30	130	125	124	145	140	139

（6）沥青混合料的松铺系数应根据混合料类型由试铺试压确定。摊铺过程中应随时检查摊铺层厚度及路拱、横坡，并利用一个评定周期的沥青混合料总生产量、施工总面积、沥青混合料密度校验该摊铺层的平均压实厚度。

（7）摊铺机的螺旋布料器应相应于摊铺速度调整到保持一个稳定的速度均衡地转动，两侧应保持有不少于送料器 2/3 高度的混合料，以减少在摊铺过程中混合料的离析。

（8）用机械摊铺的混合料，不宜用人工反复修整。当不得不由人工做局部找补或更换混合料时，需仔细进行，特别严重的缺陷应整层铲除。

（9）在雨季铺筑沥青路面时，应加强与气象台(站)的联系，已摊铺的沥青层因遇雨未行压实的应予铲除。

2. 人工摊铺技术要点

（1）将运料车运来的沥青混合料先卸到铁板上，随即用人工铲运，以扣铲方式均匀摊铺在路槽中，摊铺时不得扬铲远甩，以免造成粗细料分离。铁铲等工具宜涂防黏结剂或加热使用。

（2）边摊铺边用刮板刮平。刮平时做到轻重一致，防止反复多刮使粗粒料刮出表面。

（3）摊铺过程中要随时检查摊铺厚度、平整度和路拱。摊铺厚度为沥青路面设计厚度乘以压实系数，用人工摊铺时，沥青混凝土混合料的压实系数为 1.25～1.50。

（4）摊铺时不得中途停顿，并加快碾压。

（5）半幅施工时，路中一侧宜事先设置挡板。

3.4.5　沥青混合料压实及成型

压实是沥青路面施工的最后一道工序，良好的路面质量最终要通过碾压来体现。压实工作的主要内容包括辗压机械的选型与组合、压实层厚、压实温度、速度、遍数、压实方式的确定。

1. 碾压机械的选型与组合

常用的压路机有静载作用光面钢轮压路机、轮胎压路机和振动压路机。应综合考虑摊铺机的生产率、混合料特性、摊铺厚度、施工现场的具体条件等因素，结合实际工程，选择压路机种类、大小和数量。高速公路铺筑双车道沥青路面的压路机数量不宜少于 5 台。施工气温低、风大、碾压层薄时，压路机数队应适当增加。

2. 压实层厚度控制

沥青混凝土的压实层最大厚度不宜大于 100 mm，沥青稳定碎石混合料的压实层厚度不宜大于 120 mm，但当采用大功率压路机且经试验证明能达到压实度时允许增大到 150 mm。

3. 压实温度控制

沥青混合料的碾压温度应符合表 8-10 的要求，并根据混合料种类、压路机、气温、层厚等情况经试压确定。在不产生严重推移和裂缝的前提下，初压、复压、终压都应在尽可能高的温度下进行。同时不得在低温状况下作反复碾压，使石料棱角磨损、压碎，破坏集料嵌挤。

4. 选择合理的碾压速度

合理的碾压速度，对减少碾压时间、提高作业效率有十分重要的意义。在施工中，压路机应以缓慢而均匀的速度碾压。压路机的碾压速度应符合《公路沥青路面施工技术规范》(JTG F40—2004)的规定。

5. 压实程序

热拌压实程序分为初压、复压和终压三道工序，每一道程序都应严格按照要求进行。

(1) 初压。初压的目的是整平和稳定混合料，同时为复压创造有利条件，因此要注意压实的平整性。初压在混合料摊铺后较高温度下进行，并不应产生推移、发裂，压实温度应符合《公路沥青路面施工技术规范》(JTG F40—2004)的规定。初压应紧跟在摊铺机后碾压，并保持较短的初压区长度，以尽快使表面压实，减少热量散失。通常采用双轮 6～15 t 钢筒式压路机(振动压路机关闭振动)静压 1～2 遍。碾压时应将压路机的驱动轮面向摊铺机，从外侧向中心辗压，在超高路段则由低向高碾压，在坡道上应将驱动轮从低处向高处碾压。相邻碾压带应重叠 1/3～1/2 轮宽，压完全幅为一遍。初压折返路线宜采用曲线方式，且减速进行。初压后应检查平整度、路拱，有严重缺陷时要进行修整乃至返工。

(2) 复压。复压的目的是使混合料密实、稳定、成型，混合料的密实度取决于这道工序，因此复压应紧跟在初压后开始，且不得随意停顿。压路机碾压段的总长度应尽量缩短，通常不超过 60～80 m。采用不同型号的压路机组合碾压时宜安排每一台压路机做全幅碾压，防止不同部位的压实度不均匀。

密级配沥青混凝土的复压优先采用重型轮胎压路机进行搓揉碾压，以增加密水性，其总质量不宜小于 25 t，吨位不足时宜附加重物，使每一个轮胎的压力不小于 15 kN。相邻碾压带应重叠 1/3～1/2 碾压轮宽度，压完全幅为一遍。总的碾压遍数由试压确定，且不宜少于 4遍。碾压至要求的压实度，且无显著轮迹为止。

对粗集料为主的较大粒径的混合料，尤其是大粒径沥青稳定碎石基层，优先采用振动压路机复压。厚度小于 30 mm 的薄沥青层不宜采用振动压路机碾压。振动压路机的振动频率宜为 35～50 Hz，振幅宜为 0.3～0.8 mm。层厚较大时选用较小频率和较大振幅，以产生较大的激振力；层厚较薄时选用高频率和低振幅，以防止集料破碎。相邻辗压带重叠宽度为100～200 mm。振动压路机折返时应先停止振动。

当采用三轮钢筒式压路机时，总质量不宜小于 12 t，相邻碾压带宜重叠后轮的 1/2 宽度，并不应少于 200 mm。

对路面边缘、加宽及港湾式停车带等大型压路机难于碾压的部位，宜采用小型振动压路机或振动夯板作补充的碾压。

(3) 终压。终压的目的是消除轮迹，最后形成平整的压实面，因此该道工序不宜采用重型压路机在高温下完成。终压应紧接在复压后进行，终压可选用双轮钢筒式压路机或关闭振动的振动压路机碾压不宜少于 2 遍，至无明显轮迹为止。如经复压后已无明显轮迹时可免去终压。

6. 压实注意事项

(1) 碾压轮在碾压过程中应保持清洁,有沥青混合料黏轮时应立即清除。对钢轮可涂刷隔离剂或防黏结剂,但严禁刷柴油。当采用向碾压轮喷水(可添加少量表面活性剂)的方式时,必须严格控制喷水量且成雾状,不得漫流,以防混合料降温过快。轮胎压路机开始辗压阶段,可适当烘烤、涂刷少量隔离剂或防黏结剂,也可少量喷水,并先到高温区碾压使轮胎尽快升温,之后停止洒水。轮胎压路机轮胎外围宜加设围裙保温。

(2) 在碾压过程中,压路机每次应由两端折回的位置阶梯形的随摊铺机向前推进,使折回处不在同一横断面上。压路机不得在未碾压成型路段上转向、掉头、加水或停留。在当天成型的路面上,不得停放各种机械设备或车辆,不得散落矿料、油料等杂物。

3.4.6　接缝处理

沥青路面的各种施工缝(包括纵缝、横缝、新旧路面的接缝等)处,往往由于压实不足,容易产生台阶、裂缝、松散等病害,影响路面的平整度和耐久性,施工时必须十分注意。

沥青路面的施工必须接缝紧密、连接平顺,不得产生明显的接缝离析。上、下层的纵缝应错开 150 mm(热接缝)或 300～400 mm(冷接缝)以上。相邻两幅及上、下层的横向接缝均应错开 1 m 以上。

1. 纵向接缝施工要求

(1) 摊铺时采用梯队作业的纵缝属于热接缝,其压实方法是:先摊铺部分留下 100～200 mm 宽暂不碾压,作为后续摊铺部分的基准面,待后续摊铺部分碾压时采用跨缝碾压以消除缝迹。

(2) 当半幅施工或因特殊原因而产生纵向冷接缝时,宜采用加设挡板或加设切刀切齐,也可在沥青混合料尚未冷却前用镐刨除边缘留下毛茬的方式,但不宜在冷却后采用切割机做纵向切缝。加铺另半幅前应在接缝处涂刷少量沥青,摊铺时重叠在已铺层上 50～100 mm,再铲走铺在前半幅上面的混合料。冷接缝有两种碾压方法:第一种方法是压路机位于热混合料上,由边向中进行碾压,接缝处留下 100～150 mm,再做跨缝挤紧压实;第二种方法是在碾压开始时,压路机在已压实路面上行走,碾压新铺热混合料宽度为 150 mm 左右,然后碾压新铺部分。

2. 横向接缝施工要求

(1) 横向接缝的形式有斜接缝、阶梯形接缝和平接缝,如图 8-5 所示。

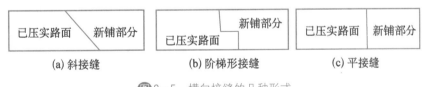

图 8-5　横向接缝的几种形式

(2) 横向接缝宜采用垂直的平接缝。高速公路和一级公路的表面层横向接缝应采用垂直的平接缝,以下各层可采用自然碾压的斜接缝,沥青层较厚时也可作阶梯形接缝。其他等级公路的各层均可采用斜接缝。

(3) 斜接缝的搭接长度与层厚有关,宜为 0.4～0.8 m。搭接处应洒少量沥青,混合料中的粗集料颗粒应予剔除,并补上细料,搭接平整,充分压实。阶梯形接缝的台阶经铣刨而成,并洒黏层沥青,搭接长度不宜小于 3 m。

（4）平接缝应在沥青混合料尚未冷透时用凿岩机或人工垂直刨除端部层厚不足的部分，使工作缝成直角连接。当采用切割机制作平接缝时，宜在铺设当天混合料冷却但尚未结硬时进行。刨除或切割不得损伤下层路面。切割时留下的泥水必须冲洗干净，待干燥后涂刷黏层油。铺筑新混合料前应加热接茬使其软化，碾压开始时先用钢筒压路机进行横向辗压，可将压路机位于已压实的混合料层上，跨缝伸入新铺层宽 150 mm 碾压，每压一遍向新铺混合料移动 150～200 mm，直至全部在新铺路面上为止。然后改为纵向碾压，此时应注意不要在横接缝上垂直辗压，以免引起新旧层错台。

3.4.7　开放交通

热拌沥青混合料路面应待摊铺层完全自然冷却、混合料表面温度低于 50℃后，方可开放交通。需要提早开放交通时，可洒水冷却，降低混合料温度。

3.5　施工过程质量控制

热拌沥青混合料路面在铺筑过程中必须随时对铺筑质量进行检查、评定，质量检查的内容、频度、允许偏差应符合《公路工程质量检验评定标准》(JTG F80/1—2004)的规定。

3.5.1　施工厚度的控制

沥青面层的厚度是沥青路面结构强度的基本保证，因此，沥青面层施工厚度的检测显得尤为重要。施工过程中厚度的检测应按以下方法进行，检测结果应相互校核，当差值较大时通常以总量检验为准。

（1）利用摊铺过程在线控制，即不断地用插尺或其他工具插入摊铺层测量松铺厚度。

（2）利用拌和厂沥青混合料总生产量与实际铺筑的面积计算平均厚度进行总量检验。

（3）当具有地质雷达等无破损检验设备时，可利用其连续检测路面厚度，但其测试精度需经标定认可。

（4）待路面完全冷却后，在钻孔检测压实度的同时测量沥青层的厚度。

3.5.2　压实度的控制

沥青面层的压实度是指用规定方法采取的混合料试件毛体积密度与标准密度百分比。沥青混合料面层的压实度应采取重点对碾压工艺进行过程控制、适度钻孔抽检压实度的方法。

（1）碾压工艺的控制包括压路机的配置（台数、吨位及机型）、碾压方式的排列、压路机与摊铺机的距离、压温度、碾压速度、压路机洒水（雾化）情况、碾压段长度、掉头方式等。

（2）碾压过程中宜采用核子密度仪等无破损检测设备进行压实密度过程控制，测点随机选择，一组不少于 13 点，取平均值，与标定值或试验路段测定值比较评定。测定温度应与试验路段测定时一致，检测精度通过试验路段与钻孔试件标定。

（3）在路面完全冷却后，随机选点钻孔取样，如一次钻孔同时有多层沥青层时需用切割机切割，待试件充分干燥后（在第 2 d 之后），分别测定密度。钻孔后应及时将孔中灰浆淘净，吸净余水，待干燥后以相同的沥青混合料分层填充夯实。为减少钻孔数量，有关施工、监理、监督各方宜合作进行钻孔检测，避免重复钻孔。

3.5.3 渗水情况检测

压实成型的沥青路面应随机选点检测渗水情况,渗水系数的平均值宜符合《公路沥青路面施工技术规范》(JTG F40—2004)的要求。如需要测定构造深度时,宜在测定渗水的同时在附近选点测定,记录实测结果。

3.5.4 平整度控制

沥青面层的平整度关系到沥青路面的使用性能,施工过程中必须随时用3 m直尺对接缝及与构造物的连接处进行平整度检测,正常路段的平整度采用连续式平整度仪或颠簸累积仪测定。

3.5.5 外观检查

施工过程中应随时对沥青路面进行外观评定,尤其特别注意防止粗细集料的离析和沥青混合料温度不均匀,以免造成路面局部渗水严重或压实不足,酿成隐患。外观检查的主要项目包括色泽、油膜厚度、表面空隙等。

3.5.6 施工动态质量管理

高速公路和一级公路沥青路面的施工,应利用计算机实行动态质量管理,计算平均值、极差、标准差、变异系数及各项指标的合格率。施工的关键工序或重要部位宜拍摄照片或进行录像,作为实态记录及保存资料的一部分。

3.6 施工质量标准

沥青混合料路面工程完工后,施工单位、工程监理单位和建设单位应按相同的工程项目划分进行工程质量的监控和管理。按照《公路工程质量检验评定标准》(JTG F80/1—2017)的规定,进行热拌沥青混合料路面的检查。

施工单位应将全线以1~3 km作为一个评定路段,每一侧车行道按规定频度随机选取测点,对沥青面层进行全线自检,将单个测定值与规定的质量要求或允许偏差进行比较,计算合格率,然后计算一个评定路段的平均值、极差、标准差及变异系数。施工单位应在规定时间内提交全线检测结果及施工总结报告,申请交工验收。

任务4　沥青玛蹄脂碎石(SMA)混合料施工

4.1　一般规定

(1)沥青玛蹄脂碎石混合料SMA适用于高速、一级公路的表面层。

(2)粗集料不得使用筛选砾石和矿渣。粗集料必须由具有生产许可证的采石场生产或施工单位自行加工。

(3)不允许在硬质粗集料中掺加部分较小粒径的、磨光值达不到要求的粗集料。

(4)SMA的配合比设计不是完全依靠马歇尔配合比设计方法,主要由体积指标确定。

在马歇尔试验中试件成型是双面各击 50 次,目标孔隙率为 2%~4%,稳定度、流值不是主要指标;车辙试验是设计控制的手段,沥青的用量可以参考高温析漏试验确定。

（5）SMA 对材料要求高。粗集料必须特别坚硬,表面粗糙,针片状含量少,细集料不用天然砂,宜用坚硬的人工砂,矿粉必须使用磨细石灰粉,最好不使用回收矿粉。

（6）SMA 集料的松铺厚度不宜小于公称最大粒径的 2~2.5 倍,以减少离析,便于压实。

（7）SMA 的施工工艺要求高,特别是拌和时间要适当延长,施工温度要提高,压实时不能采用胶轮压路机碾压。

4.2 材料要求及原材料检测

4.2.1 粗集料

（1）用于 SMA 的粗集料应采用质地坚硬,表面粗糙,形状接近立方体,有良好的嵌挤能力的破碎集料,其质量应符合《公路沥青路面施工技术规范》(JTG F40—2004) 的要求。

（2）用于 SMA 的粗集料在细破作业时不得采用颚式破碎机加工。

（3）当采用酸性石料作粗集料,沥青与石料的黏附性和沥青混合料的水稳定性不符合要求时,应采用改性沥青掺加适量消石灰粉或水泥等措施。如使用抗剥落剂时,必须确认抗剥落剂具有长期的抗水损害效果。

4.2.2 细集料

（1）细集料宜采用专用的细料破碎机(制砂机)生产的机制砂。当采用普通石屑代替时,宜采用与沥青黏附性好的石灰岩石屑,且不得含有泥土、杂物。与天然砂混用时,天然砂的用量不宜超过机制砂或石屑的用量。细集料的质量,应符合《公路沥青路面施工技术规范》(JTG F40—2004) 的要求。天然砂中水洗法小于 0.075 mm 颗粒含量不得大于 5%。

（2）当采用砂作为细集料使用时,必须测定其粗糙度指标,以表示砂粒的棱角性和表面构造状况。

4.2.3 填料

（1）填料必须采用由石灰石等碱性岩石磨细的矿粉。矿粉必须保持干燥,能从石粉仓自由流出,其质量应符合《公路沥青路面施工技术规范》(JTG F40—2004) 的要求。为改善沥青结合料与集料的黏附性,使用消石灰粉和水泥时,其用量不宜超过矿料总质量的 2%。粉煤灰不得作为 SMA 的填料使用。

（2）SMA 使用除尘装置回收的粉尘时,回收粉用量不得大于矿粉总量的 25%,混用回收粉后的 0.075 mm 通过部分的塑性指数不得大于 4。

4.2.4 沥青结合料

（1）用于 SMA 的沥青结合料必须具有较高的黏度,与集料有良好的黏附性,以保证有足够的高温稳定性和低温韧性。对高速公路等承受繁重交通的重大工程,夏季特别炎热或冬季特别寒冷的地区,宜采用改性沥青。

（2）当不使用改性沥青结合料时,沥青的质量必须符合《重交通道路石油沥青》(GB/T 15180—2010)的技术要求,并采用比当地常用沥青标号稍硬 1 级或 2 级的沥青。

（3）当使用改性沥青时，用于改性沥青的基质沥青，必须符合《重交通道路石油沥青》（GB/T 15180—2010）的技术要求。基质沥青的标号应通过试验确定，通常采用与普通沥青标号相当或针入度稍大的等级，沥青改性以后的针入度等级，在南方和中部地区宜为40～60，北方地区宜为40～80，东北寒冷地区宜为60～100。

（4）用于SMA的聚合物改性沥青的质量应符合《公路沥青面施工技术规范》（JTG F40—2004）规定的技术要求。以提高沥青混合料的抗车辙能力作为主要目的时，宜要求改性沥青的软化点温度高于年最高路面温度。各类改性沥青改性剂的合理剂量，除特殊情况外，宜在下列范围内选择：对SBS及SBR类改性沥青，按内插法计算的改性剂剂量宜为3.5%～5%，对EVA或PE类改性沥青，剂量宜为4%～6%。

（5）当采用其他材料作为改性剂或采用几种改性剂混合使用时，应经过试验论证后使用。采用湖沥青、岩沥青等天然沥青作改性沥青时，天然沥青的质量参照相关国家标准执行，天然沥青与石油沥青的混合比例通过试验确定。

4.2.5　纤维稳定剂

（1）用于SMA的纤维稳定剂包括木质素纤维、矿物纤维、聚合物化学纤维等，以改善沥青混合料性能，吸附沥青，减少析漏。木质素纤维的质量，应符合《公路沥青路面施工技术规范》（JTGF40—2004）规定的技术要求。其他纤维品种的质量可参照国内外相关的技术要求执行，其长度也不宜大于6 mm。

（2）纤维应能承受250℃以上的环境温度不变质，且对环境不造成公害，不危害身体健康。

（3）纤维可采用松散的絮状纤维或预先与沥青混合制成的颗粒状纤维。施工过程中应保证纤维不受潮、结块，并确认纤维能在沥青混合料拌和过程中均匀地分散开。

（4）纤维应存放在室内或有棚盖的地方，在运输及使用过程中应防止受潮、结团，已经受潮、结团不能在拌和时充分分散的纤维，不得使用。

（5）纤维稳定剂的掺加比例，以沥青混合料总量的质量百分率计算，用量根据沥青混合料的种类由试验确定。通常情况下用于SMA路面的木质素纤维不宜少0.3%，矿物纤维不宜少于0.4%，必要时可适当增加。掺加比例的允许误差为±5%。

4.3　施工工艺流程

同热拌沥青混合料。

4.4　施工技术要点

在热拌沥青混合料的基础上，从施工温度、拌和、运输、摊铺、压实、接缝等几方面做了相应的补充。

4.4.1　施工温度

（1）SMA路面宜在较高的温度条件下施工，当气温或下卧层表面温度低于10℃时不得铺筑SMA路面。施工温度应根据沥青标号、黏度、改性剂的品种及剂量、气候条件及铺装层的厚度确定。非改性沥青结合料缺乏黏温曲线数据或采用改性沥青结合料时，可按表8-13

规定的范围选择。但经试验段或施工实践证明表中规定温度不符合实际情况时,容许作适当调整。较稠的沥青、改性剂剂量高、厚度较薄,选时用高值,反之选低值。气温或下卧层温度较低时,施工温度应适当提高。

表 8-13　SMA 路面的正常施工温度范围(℃)

工序	不使用改性沥青	使用改性沥青			测量部位
		SBS 类	SBR 类	EVA、PE 类	
沥青加热温度	150～160	160～165			沥青加热罐
改性沥青现场制作温度	—	165～170	—	165～170	改性沥青车
改性沥青加工最高温度	—	175	—	175	改性沥青车或储油罐
集料加热温度	180～190	190～200	200～210	185～195	热料提升车
SMA 混合料出厂温度	155～170	170～185	160～180	165～180	运料车
混合料最高温度(废弃温度)	190	195			运料车
混合料储存温度	拌和出料后降低不超过 10				储存罐及运料车
摊铺温度	不低于 150	不低于 160			摊铺机
初压开始温度	不低于 140	不低于 150			摊铺层内部
复压开始温度	不低于 120	不低于 130			碾压层内部
开放交通时的路表温度	不高于 50	不高于 50			路表面

(2) 沥青结合料(含改性沥青)的加热温度或改性沥青的加工温度不得超过 175℃。

(3) 沥青混合料的温度应采用具有金属探测针的插入式数显温度计测量,不得采用玻璃温度计测量。在运料车上测量时宜在车厢侧板下方打一个小孔插入温度计,插入长度不少于 15 cm。辗压温度可借助于金属改锥在路面上打洞后迅速插入温度计测量得到(必要时应移动位置)。

4.4.2　拌和

(1) 生产 SMA 应采用间隙式沥青拌和机拌和,且必须配备有材料配比和施工温度的自动检测和记录设备,逐盘打印各传感器的数据,每个台班做出统计,计算矿料级配、油石比、施工温度、铺装层厚度的平均值、标准差和变异系数,进行总量检验,并作为施工质量检测的依据。

(2) 使用于 SMA 的改性沥青可以采用成品改性沥青或在现场制作改性沥青。当使用成品改性沥青时,应经常检验改性沥青的离析情况,各项指标应符合《公路沥青玛蹄脂碎石路面技术指南》(SHC F40-01—2002)规定的技术要求。当为现场制作时,加工工艺根据改性剂的品种和基质沥青确定。改性剂必须存放在室内,不得受潮或老化变色。拌和厂的电力条件应满足现场制作改性沥青的生产需要。基质沥青的导热油加热炉应具有足够的功率。改性沥青生产后宜进入储存罐,经过不少于半小时的继续搅拌发育后使用,储存和运输过程中不得发生离析。

(3) 拌和机应配备专用的纤维稳定剂投料装置,直接将纤维自动加入拌和机的拌和锅或称量斗中。根据纤维的品种和形状的不同,可采取不同的添加方式。添加纤维应与拌和机的拌和周期同步进行。松散的絮状纤维应采用风送设备自动打散上料,并在矿料投入后干拌及喷入沥青的同时一次性喷入拌和机内。颗粒纤维宜在集料投入后立即加入,经 5～8 s 的干拌,再投入矿粉,总的干拌时间应比普通沥青混合料增加 **5～10 s**。

(4) 喷入沥青后的湿拌时间,应根据拌和情况适当增加,通常不得少于 5 s,保证纤维能充分均匀地分散在混合料中。由于增加拌和时间,投放矿粉时间加长,废弃回收粉尘等原因而降低拌和机生产率的情况,应在计算拌和能力时充分考虑到,以保证不影响摊铺速度,造成停顿。

(5) 各种原材料都必须堆放在硬质地面上,在多雨潮湿地区,细集料(含石屑)应堆放在有棚盖的干燥条件下,当细集料潮湿使冷料仓供料困难时,应采取措施。

(6) 矿粉必须存放在室内,保持干燥,不结块,能自由流动。拌和时,矿粉投入能力应符合配合比设计数量的需要,原有矿粉仓不能使用时,宜增加投入矿粉的设备,或将矿粉投料口扩大,以减少矿粉投入时间。

(7) 拌和过程中,回收粉尘的用量不得超过矿粉总用量的 25%。对逸出及废弃的粉尘,应添加矿粉补足,使 0.075 mm 通过率达到配合比设计要求。当抽提筛分试验的 0.075 mm 通过率由干筛得到时,与配合比设计时矿粉采用水洗法筛分有差别,此时应该通过比较试验进行调整。

(8) 拌和的 SMA 混合料应立即使用,需在储料仓中存放时,以不发生沥青析漏为度,且不得储存至第二天使用。

(9) 当采用直接投入法制作改性沥青混合料时,改性剂必须计量准确,拌和均匀。胶乳类改性剂必须采用专用的计量投料装置按使用比例在喷入沥青后 10 s 内投入拌和锅中,供应胶乳的泵、管道和喷嘴必须经常检查,保持畅通。颗粒状改性剂可在投放矿料后直接投入拌和锅中。

(10) 沥青拌和厂宜设置专用的取样台,供在运料车上对混合料取样、测量温度、盖笘布使用。

4.4.3　运输

(1) SMA 宜采用大吨位运料车运输。运料车在开始运输前,应在车厢及底板上涂刷一层油水混合物,使混合料不致与车厢黏结。

(2) 任何情况下,运料车在运输过程中都应加盖苫布,以防表面混合料降温结成硬壳。

(3) 运料车在运输途中,不得随意停歇。

(4) 运料车卸料必须倒净,如发现有剩余的残留物,应及时清除。

(5) 运料车到达现场后,应严格检查 SMA 混合料的温度,不得低于摊铺温度的要求。

4.4.4　摊铺

(1) 在铺筑 SMA 之前应对下层表面作以下处理:

① 用硬扫帚或电动工具清扫路面,有泥土等不洁物沾污时,应一边清扫一边用高压水冲洗干净,并待进入路面中的水分蒸发后铺筑。

② 若旧路面表面不平整,应铣刨或用热拌沥青混合料铺筑整平层,恢复横断面。

③ 必须喷洒符合要求的黏层油,用量宜为 0.3～0.4 L/m²。

(2) SMA 可采用常规的沥青混合料摊铺方法进行摊铺,一台摊铺机的摊铺宽度不宜超过 6 m,最大不得超过 8 m,高速公路的沥青面层应采用两台以上相同型号的摊铺机成梯队形式摊铺,相邻两台摊铺机应具有相同的摊铺能力,摊铺间距不超过 20 m,保证纵向接缝为热接缝。改性沥青 SMA 混合料宜使用履带式摊铺机铺筑。

（3）摊铺机开始铺筑前应对熨平板预热至 100℃以上，铺筑过程中应开动熨平板的振动或捶击等夯实装置。

（4）SMA 混合料的摊铺速度应调整到与供料速度平衡，必须缓慢、均匀、连续不间断地摊铺。摊铺过程中不得随意变换速度或中途停顿。由于改性沥青或 SMA 生产影响拌和机生产率，摊铺机的摊铺速度应放慢，通常不超过 3~4 m/min，容许放慢到 1~2 m/min。当供料不足时，宜采用运料车集中等候、集中摊铺的方式，尽量减少摊铺机的停顿次数。此时摊铺机每次均应将剩余的混合料铺完，做好临时接头。如等料时间过长、混合料温度降低、表面结成硬壳，影响继续摊铺时，必须将硬壳去除。

（5）改性沥青 SMA 混合料的摊铺温度应比普通沥青混合料的摊铺温度高 10~20℃，混合料温度的测量在卸料到摊铺机上时进行。当气温低于 15℃时，不得摊铺改性沥青 SMA 混合料。

（6）SMA 混合料的松铺系数应通过试铺确定。

（7）SMA 混合料在运输、等候及铺筑过程中，应注意观察，如发现有沥青析漏情况，应停止卸料，分析原因，采取降低施工温度、减少沥青用量或增加纤维用量等措施。

（8）不得在雨天或下层潮湿的情况下铺筑 SMA 路面。

（9）SMA 表面层铺筑时宜采用平衡梁自动找平方式，平衡梁的橡胶轮应适当涂刷废机油等防黏结材料，在每次铺筑结束后必须清理干净。当同时使用改性沥青时宜采用非接触式平衡梁。

4.4.5 压实

（1）SMA 施工必须有足够数量的压路机，压路机的最少数量根据与铺筑速度匹配的原则由压路机的碾压宽度、碾压速度、要求的碾压遍数计算配置。铺筑双车道高速公路沥青路面时，用于初压、复压和终压的各种压路机数量不得少于 4~5 台。

（2）混合料摊铺后，必须紧跟着在尽可能高的温度状态下开始辗压，不得等候。除必要的加水等短暂歇息外，压路机在各阶段的碾压过程中应连续不间断地进行。同时也不得在低温度状态下反复碾压 SMA，以防止磨掉石料棱角或压碎石料，破坏集料嵌挤。碾压温度应符合《公路沥青路面施工技术规范》（JTG F40—2004）的要求。

（3）SMA 路面的初压宜采用刚性碾静压。每次碾压应直至摊铺机跟前，初压区的长度通过计算确定以便与摊铺机的速度匹配，一般不宜大于 20 m。高速公路宜采用两台压路机同时进行，初压遍数一般为 1 遍，以保证尽快进入复压。摊铺机的铺筑宽度越宽，摊铺机自身的碾压效果越差，初压的要求也越高。

（4）SMA 路面的复压应紧跟在初压后进行，经试验证明直接使用振动压路机初碾不造成推拥，也可直接用振动压路机初压。如发现初压有明显推拥，应检查混合料的矿料级配及油石比是否合适。压路机的吨位以不压碎集料，又能达到压实度为度。复压宜采用重型的振动压路机进行，碾压遍数不少于 3~4 遍，也可用刚性碾静压，碾压遍数不少于 6 遍。

（5）终压采用刚性碾紧接在复压后进行，以消除轮迹，终压遍数通常为 1 遍。若复压后已无明显轮迹或终压看不出明显效果时可不再终压，即允许采用振动压路机同时进行初压、复压、终压。

（6）通常情况下 SMA 不宜采用轮胎压路机碾压，以防搓揉过度造成沥青玛蹄脂挤到表面而达不到压实效果。在极易造成车辙变形的路段及其他特殊情况下，由于减少沥青用量必须使用轮胎压路机碾压时，必须通过试验论证，确定压实工艺，但不得发生沥青玛蹄脂上浮或挤出等现象。

（7）振动压路机碾压 SMA 应遵循"紧跟、慢压、高频、低幅"的原则。即压路机必须紧跟在摊铺机后面碾压，碾压速度要慢，要均匀，并采取高频率、低振幅的方式碾压。

（8）压路机应该紧跟摊铺机向前推进碾压，碾压段长度大体相同，每次碾压到摊铺机跟前后折返碾压。**SMA 的碾压速度不得超过 5 km/h。**

（9）SMA 路面应防止过度碾压，在压实度达到 98% 以上或者现场取样的空隙率不大于 6% 后，宜中止碾压，如碾压过程中发现有沥青玛蹄脂部分上浮或石料压碎、棱角明显磨损等过碾压的现象时，碾压应停止并分析原因。

（10）为了防止混合料黏附在轮子上，应适当洒水使轮子保持湿润，水中可掺加少量的清洁剂。但应该严格控制水量以不粘轮为度，且喷水必须是雾状的，不得采用自流洒水的压路机。

（11）压路机碾压过程中不得在当天铺筑的路面上长时间停留或过夜。

4.4.6 接缝

（1）SMA 混合料的铺筑应避免产生纵向冷接缝，横向施工缝应采用平接缝。平接缝切缝应在混合料尚未完全冷却结硬之前进行，切缝后必须用水冲洗干净，待干燥后涂刷黏层油，方可铺筑新混合料。

（2）应特别注意横向接缝的平整度，刨除端部或切缝的位置应通过 3 m 直尺测量确定。

4.4.7 开放交通及其他

（1）SMA 路面施工结束后，应在路表温度下降到 50℃ 以下，方允许开放交通。如急需开放交通时，应洒水冷却。

（2）当发现某些改性沥青 SMA 面层在开放交通后，有发软的迹象，或大吨位运料车转弯时出现掉粒、轮印等情况时，应加强早期交通的控制。

4.5　施工过程质量控制

SMA 路面在铺筑过程中必须随时对铺筑质量进行检查、评定，质量检查的内容、频度、允许偏差应符合表 8 - 14 的规定，对聚合物改性剂沥青质量的检测要求应符合表 8 - 15 的规定。

表 8 - 14　SMA 路面施工质量检验要求

项　目	检查频度	质量要求或允许差	试验方法
外观	随时	无油斑、离析、轮迹等现象	目测
接缝	随时	紧密、平整、顺直、无跳车	目测、3 m 直尺
施工温度	1 次/车	符合规范要求	数显式温度计
矿料级配	每台拌和机 1～2/日	下列筛孔与设计标准配合比的容许差 0.075 mm　±2% 4.75 mm　±4% ≥9.5 mm　±5%	抽提筛分

项　目	检查频度	质量要求或允许差	试验方法
油石比	同上	±0.3%	抽提筛分
马歇尔试验:稳定度、流值、密度、空隙率	同上	符合设计要求	拌和厂取样成型试验
车辙试验	必要时	不小于设计要求	拌和厂或现场取样成型送实验室试验
渗水试验	随时	基本上不渗水或渗水非常慢	向路面倒水观察
	4次/日	SMA-13及SMA-10:不大于200 ml/min SMA-13及SMA-10:宜不大于200 ml/min或记录实测	用渗水仪测定
构造深度	不少于5处/日	0.8～1.3	铺砂法
压实度	每2000 m²检查1处	不小于马歇尔密度的98%或不小于真空法实测的最大相对密度的94%(单点检验)	钻孔法或核子仪
空隙率	必要时	不大于6%	钻孔法
平整度	对每日铺筑的路段全线测定1～2次	不大于设计要求	整车式颠簸累积仪或3 m连续式平整度仪

注:① 制件方式可采用:a. 拌和厂取样,装在保温桶内快速送达实验室,立即制件,若温度稍有降低,试样可在烘箱中适当加热,但不得用电炉或明火加热;b. 在摊铺现场直接取样装入试模,用现场成型机或小型压路机等适宜的方式碾压成型;c. 不得采用取样后冷,在实验室长时间保存,二次加热重塑的试件进行车辙试验。
② 如果确实证明不渗水,构造深度容许超出上限。
③ 若试件不规准或与下层有粘连时,应对钻孔试样的两端切割,然后用表干法测定试件空隙率,设计空隙率大于4%时,路面残余空隙率要求不得放宽。

表 8-15　施工过程中聚合物改性沥青质量的检测要求

项　目	聚合物改性剂类型			检测频度
	SBS 类	SBR 类	EVA、PE 类	
针入度	√	√	√	1～2次/日
软化点	√	√	√	1～2次/日
低温延度	√	√	—	必要时
弹性恢复	√	—	√	必要时
显微镜观察	√	—	√	必要时

上述符合要求外,SMA 路面在施工过程应注意以下事项:

(1) 对 SMA 面层,应特别重视材料质量、施工温度和压实工序的管理,使混合料充分嵌挤并达到稳定的状态,切忌片面追求平整度而降低压实度。

(2) SMA 路面如出现"油盯",应分析原因,仔细检查纤维添加的方式、数量、时间,是否漏放及拌和是否均匀等,严重的应予铲除。

(3) 重交通道路沥青和成品改性沥青应具有产品质量检验单。产品到场后,应按照规定取样检查,不得以样品的质检报告代替。检验不符合要求的成品改性沥青不得使用。

（4）现场制作的改性沥青,应随机取样,检查改性沥青质量,确认是否符合聚合物改性沥青质量技术要求。

① 改性沥青试样制作必须在改性沥青设备现场进行,不得二次加热,以防改性剂离析。

② 当采用聚合物胶乳作改性剂时,应检测固体物含量,按要求剂量用预混法制作改性沥青试样并检查质量。

③ 改性沥青质量的日常检查按有关规定的项目和频度进行。采用放大 100 倍以上的显微镜观察后宜制作照片留存备查,改性剂在基质沥青中应分散均匀,细度达到制作要求（通常为 $1\sim10\mu$）。

（5）沥青混合料拌和厂的质量管理和检查按下列规定进行:

① 随时检查沥青、集料的加热温度,逐车检查并记录 SMA 混合料的出厂温度。

② 路面钻孔取样或用核子密度仪检查压实度和空隙率。但当使用改性沥青,在钻孔取样过程中发生下列情况时,可减少钻孔次数至每公里 1 个孔,甚至不予钻孔。减少钻孔次数或不钻孔时,必须增加核子密度仪的检测次数。核子密度仪检测时应先用砂子将表面铺平并经过标定。

③ 随时在碾压成型的路面上倒少量水,观察水的渗透情况,应基本上不透水（看不出透水或者透水很慢）。并按《公路路基路面现场测试规程》（JTG E60—2008）规定的方法用渗水仪检测路面渗水系数。

④ 用铺砂法检测路表构造深度。良好的 SMA 结构在碾压成型后,应该是基本上不透水或者透水很慢的,表面具有足够的构造深度,是不是基本上不透水是鉴别是不是真正的SMA 的重要标志。

⑤ 按规定随机取样,检查工地混合料的矿料级配和油石比。在对改性沥青混合料进行抽提试验时,应注意对某些不溶于溶剂的改性剂（如 PE）的数量作计算修正。

⑥ 拌和厂逐盘打印的结果必须保存备查,每天进行总量检验,并作为施工质量管理的依据。

⑦ 按要求进行马歇尔试验,计算空隙率等体积指标。

4.6　施工质量标准

（1）沥青材料的各项指标应符合设计要求和施工规范。

（2）各种材料的规格和用量应符合设计要求和施工规范。

（3）按照《公路工程质量检验评定标准》（JTG F80/1—2017）的规定进行检验。

任务 5　改性沥青混合料施工

5.1　基本概念

改性沥青是基质沥青与一种或数种改性剂通过适宜的加工工艺形成的混合物。改性沥青混合料是由改性沥青（或由改性剂、基质沥青）与矿料按一定比例拌和而成的混合料的总称。改性沥青路面是指沥青面层中任一层采用改性沥青为结合料铺筑的路面。

5.2 材料要求

5.2.1 基质沥青

（1）基质沥青一般应采用道路石油沥青。

（2）高速公路、一级公路或某些特殊重要工程的沥青面层，当采用改性沥青时，其基质沥青应采用符合现行规范《重交通道路石油沥青》（GB/T 15180—2010）规定的石油沥青。

（3）选择基质沥青的标号时，宜在根据当地气候条件、交通情况等确定道路石油沥青标号的基础上，采用稠度相当或稠度降低一个等级的沥青。

5.2.2 粗集料

用于改性沥青混合料面层的粗集料宜采用碎石或破碎砾石，其粒径规格和质量要求应符合《公路沥青路面施工技术规范》（JTG F40—2004）的规定。

（1）粗集料应洁净、干燥、无风化、无有害杂质，且具有一定硬度和强度。

（2）粗集料应具有良好的颗粒形状。破碎砾石用于高速公路、一级公路时，应采用较大颗粒的破碎砾石，并至少应有两个以上破碎面。

（3）酸性石料用于铺筑公路路面时，应按《公路工程沥青及沥青混合料试验规程》（JTG E20—2011）规定的方法检验其与改性沥青的黏附性，不符合要求时应采取必要的抗剥离措施。

5.2.3 细集料

用于改性沥青混合料面层的细集料可采用天然砂、机制砂和石屑。细集料应洁净、干燥、无风化、无有害杂质，有适当的颗粒组成，并与改性沥青有良好的黏附性。细集料的粒径规格与质量要求应符合《公路沥青路面施工技术规范》（JTG F40—2004）的规定。

5.2.4 填料

用于改性沥青混合料面层的填料应洁净、干燥，其质量应符合《公路沥青路面施工技术规范》（JTG F40—2004）规定的技术要求。

（1）改性沥青混合料的填料必须采用石灰岩或岩浆岩中的强基性岩石或其他憎水性石料经磨细得到的矿粉，矿粉中不应含有泥土等杂质。

（2）采用水泥、消石灰粉做填料时，其用量不宜超过矿料总量的 2%。

（3）采用沥青混合料拌和厂的回收粉尘做填料时，回收粉尘必须洁净、无杂质，塑性指数应小于 4，其用量不得超过填料总量的 50%。

5.2.5 改性剂

（1）根据拟改善的路面性能，可对改性剂作如下初步选择：

① 为提高抗永久变形能力，宜使用热塑性橡胶类或热塑性树脂类改性剂。

② 为提高抗低温开裂能力，宜使用热塑性橡胶类或橡胶类改性剂。

③ 为提高抗疲劳开裂能力，宜使用热塑性橡胶类、橡胶类或热塑性树脂类改性剂。

④ 为提高抗水损害能力，宜使用各类抗剥落的外掺剂。

（2）应考虑改性剂的处理与储存条件、生产与施工方法的难程易度、对基质沥青与集料的要求等。

（3）应考虑改性剂与基质沥青的相容性，在热储存或使用温度下的离析程度应符合规范的规定。

（4）应考虑改性剂及其辅助材料、专用设备的价格，改性沥青混合料生产及其路面施工成本。

（5）改性剂生产者或供应商应提供产品的名称、代号、号标与质量检验单，以及运输、储存、使用方法和涉及健康、环保、安全等有关的资料。

（6）根据需要，在改性沥青中还可加入稳定剂类、分散剂类等辅助外掺剂。

（7）各类改性剂及辅助外接剂应符合有关行业标准的技术与质量要求。

（8）制备改性沥青可采用一种改性剂，根据需要也可同时采用几种不同的改性剂进行复合改性。

（9）应根据不同的基质沥青与使用要求确定适宜的改性剂剂量。

5.2.6　改性沥青

（1）当确定采用改性沥青铺筑路面时，首先应根据工程所在地的气候、交通及其他特殊使用要求选定设计的改性沥青技术要求，然后选择适宜的基质沥青、改性剂类型，根据已有经验初步确定改性剂剂量，并制备改性沥青进行试验，再根据试验结果确定改性沥青的相应等级，如该相应等级改性沥青的技术指标符合设计要求，则接受选定的基质沥青、改性剂及其剂量。当该技术指标不满足设计要求时，应重新选择基质沥青、改性剂类型或调整改性剂剂量，直到符合设计要求为止。

（2）制备改性沥青时，应采用适宜的生产条件和方法进行，通过试验确定合理的改性剂剂量和适宜的加工温度，制定详细的生产工艺和操作规程。改性剂在基质沥青中应分散均匀并达到一定的细度。

（3）在现场制造的改性沥青宜随配随用；需作短时间保存时，应保持适宜的温度，并进行不间断的搅拌或泵送循环，以保证改性沥青具有足够的稳定性和使用质量。

（4）工厂生产改性沥青作为成品出厂时，在使用改性剂的同时还必须使用合适的分散剂、稳定剂，以防止改性沥青在使用前发生分离。

（5）聚合物改性沥青的各项指标应符合《公路工程沥青及沥青混合料试验规程》（JTG E20—2011）规定中有关要求。

（6）改性沥青制备可以采用一次掺配法，也可以采用二次掺配法。搅拌法、混融法、胶乳法适用于采用一次掺配法制备改性沥青，母体法适用于采用二次掺配法制备改性沥青。

5.2.7　改性沥青混合料

（1）根据各种不同的使用目的，改性沥青混合料应有适宜的矿料级配，可以采用密级配沥青混合料或 SMA、OGFC 等间断级配沥青混合料。

（2）在进行改性沥青混合料配合比设计与施工时，宜通过改性沥青的黏湿关系，确定改性沥青混合料拌和与压实的等黏温度和操作条件。

（3）改性沥青混合料的配合比设计，应遵循《公路沥青路面施工技术规范》（JTC F40—2004）中关于热拌沥青混合料配合比设计的目标配合比、生产配合比及试拌试铺验证三个阶段的要求，确定矿料级配及最佳改性沥青用量。

5.3 改性沥青路面施工

5.3.1 施工准备

施工前应按以下要求备好各类材料。

1. 集料

（1）应按设计要求准备各种不同规格的集料，对不同料场、批次的材料应进行筛析验收。

（2）集料应堆放于清洁、干燥、地基稳定、排水良好、有硬质铺面的场地上，不同规格的集料应分开堆放。

（3）集料宜采取分层堆放的方法，在整个堆料区逐层向上堆放，以防止集料离析。

2. 结合料

（1）沥青宜储存在可加热与保温的储藏罐中，根据不同沥青类型和等级采用不同的储存温度，使用前应加热到适宜的加工温度。

（2）改性沥青应按规定的技术要求进行生产，宜随配随用，不符合要求的不得使用。

（3）对购置的成品改性沥青，在使用前应按技术要求进行质量检验，不符合要求的不得使用。

（4）正式施工前应准备好需用的改性沥青混合料的生产、输运、摊铺、压实等设备，并进行必要的校验工作。

3. 下承层准备

（1）进行下承层的质量检验和测量放样。

（2）铺筑改性沥青混合料前，应检查其下层的质量，按规定喷洒透层或黏层油。

（3）在旧沥青路面或水泥混凝土路面上加铺改性沥青面层时，应修补破损的路面、填补坑洞、封填裂缝或失效的水泥路面接缝；松动的水泥混凝土板应清除或进行稳定处理；表面应整平摊铺前应清扫干净，喷洒黏层油。

（4）喷洒透层油或黏层油时，宜采用沥青洒布机，喷油管宜与路表面形成约 30°角，并有适当高度，以使路面上喷洒的透层油或黏层油形成重叠。

5.3.2 改性沥青混合料生产

（1）生产改性沥青混合料时，应按该类改性剂或改性沥青所要求的工艺条件和生产方法进行。当需要改变生产条件或生产方法时，应通过试验研究确定。

（2）改性沥青混合料宜随拌随用，若因生产或其他原因需要短时间储存时，储存时间不宜超过 24 h，储存期间温降不应超过 10℃，且不得发生结合料老化、滴漏以及粗细集料颗粒离析现象。当由于储存而引起结合料老化、滴漏、混合料温降过多、粗细集料颗粒离析以及其他影响产品质量的情况时，应予废弃并找出原因，采取纠正措施。

（3）当在拌和厂采用将胶乳直接喷入拌和机的方法生产改性沥青混合料时，胶乳喷射量应准确计量，胶乳供给系统的工作压力宜为 0.2～0.4 MPa，同时应经常检查胶乳的乳化状况，已破乳的胶乳不得使用。

（4）改性沥青混合料生产温度应根据改性沥青品种、黏度、气候条件、铺装层的厚度确定，改性沥青混合料的正常生产温度根据实践经验并参照表选择。通常宜较普通沥青混合料的生产温度提高 10～20℃。当采用表 8-16 以外的聚合物或天然沥青改性沥青时，生产温度由试验确定。

表 8－16 改性沥青混合料的正常生产温度范围(℃)

工　　序	改性沥青品种		
	SBS 类	SBR 胶乳类	EVA.PE 类
基质沥青加热温度		160～165	
改性沥青现场制作温度	165～170		165～170
成品改性沥青加热温度(不大于)	175		175
骨料加热温度	190～220	200～210	185～195
改性沥青混合料出厂温度	170～185	100～180	165～180
混合料最高温度(废弃温度)		195	
混合料储存温度		拌和出料后降低不超过 10	

5.3.3　改性沥青混合料运输

(1)改性沥青混合料应采用自卸车辆运输,车辆的数量应与摊铺机的数量、摊铺能力、运输距离相适应,在摊铺机前应形成一个不间断的供料车流。

(2)为便于卸料,改性沥青混合料运输车的车厢底板和侧板应抹一层隔离剂,并排除可见游离余液。使用油水混合液作隔离剂时,应严格控制油与水的比例,严禁使用纯石油制品。

(3)运料车装料时,应通过前后移动运料车来消除粗细料的离析现象。一车料最少应分三次装载,对于大型运料车,可分多次装载。

(4)雨季施工时,改性沥青混合料在运输过程中应采用防水的篷布遮盖,防水苫布应覆盖整个运料车。

5.3.4　改性沥青混合料摊铺

(1)改性沥青混合料的摊铺应符合《公路沥青路面施工技术规范》(JTG F40—2004)的有关规定。

(2)改性沥青混合料应保持连续、均匀、不间断的摊铺。

5.3.5　改性沥青混合料压实

(1)改性沥青混合料的压实应根据路面宽度、厚度,改性沥青与混合料类型,混合料温度,气温、拌和、运输、铺摊能力等条件综合确定压路机数量、质量、类型以及压路机的组合、编队等。

(2)改性沥青混合料压实应在摊铺以后紧接着进行,不得等混合料冷却以后碾压。在初压和复压过程中,宜采用同类压路机并列成梯队压实,不宜采用首尾相接的纵列方式。

(3)采用振动压路机压实改性沥青混合料路面时,压路机轮迹的重叠宽度不应超过20 cm,但采用静载钢轮压路机时,压路机轮迹的重叠宽度不应少于 20 cm。

(4)压路机碾压速度的选择应根据压路机本身的能力、压实厚度、在压路机队列中的位置等确定。压路机的碾压速度可按《公路沥青路面施工技术规范》(JTG F40—2004)中规定执行。

(5)采用振动压路机时,压路机的振动频率、振幅大小应与路面铺筑厚度协调,厚度较薄时宜采用高频低振幅,终压时不得振动。

(6) 在低温条件下进行碾压施工时,应根据混合料的温度和降温速率掌握好碾压时间,应在混合料温度降到120℃前结束碾压作业,见表8-17。

表8-17 改性沥青混合料压实温度(℃)

工　　序	不使用改性沥青	使用改性沥青 SBS类 SBR类 EVA PE类	测量部位
初压开始温度	不低于140	不低于150	摊铺层内部
复压开始温度	不低于120	不低于130	碾压层内部
开放交通时的路表温度	不高于50	不高于50	路表面

(7) 在有超高的路段施工时,应先从低的一边开始碾压,逐步向高的一边碾压。

(8) 当改性沥青混合料路面由于在碾压过程中操作不当而造成损坏,或达不到要求时,应予铲除并分析原因,采取措施纠正。

(9) 对SMA及OGFC混合料不得采用轮胎压路机碾压。

5.3.6 接缝施工

1. 纵向接缝

(1) 当采用两台摊铺机成并列梯队方式进行摊铺作业时,纵向接缝应采用热接缝,两台摊铺机相距宜为15～30 m,整平板设置在同一水平。

(2) 当不得不采用冷接时宜采用平接缝,也可采用自然缝。

① 平接缝:施工时采用挡板或施工后用切割机切齐可形成平接缝。

② 自然缝:在施工中自然形成的缝,若具有较整齐的边时可以不切割直接采用,但应清除松散的混合料,若混合料未受污染可以不涂黏层油。自然缝宜通过试验段试验确定施工方法,并严格控制搭接材料的数量。

(3) 摊铺前切缝应涂上黏层油,摊铺时,搭接宽度不应大于10 cm,新铺层的厚度应通过松铺系数计算获得。

(4) 当摊铺搭接宽度合适时,可将搭接部分新摊铺的热混合料回推,在缝边形成一小的凸脊形。如果搭接材料过多,则应直接用平头铲沿缝边刮齐,刮掉的多余混合料应废弃,不得抛撒于尚未压实的热混合料上。

2. 横向接缝

(1) 改性沥青混合料路面铺筑期间,当需要暂停施工时,中、下面层可采用平接或斜接缝;上面层应采用平接缝,宜在当天施工结束后切割、清扫、成缝。

(2) 接续摊铺前应先用直尺检查接缝处已压实的路面,如果不平整、厚度不符合要求时,应切除后再摊铺新的混合料。

(3) 横向缝接续施工前应涂刷黏层油并用熨平板预热。

(4) 重新开始摊铺前,应在摊铺机的整平板下放置起始垫板,垫板的厚度应等于混合料松铺厚度与已压实路面厚度之差,其长度应超过整平板的前后边距。

(5) 横向接缝处摊铺混合料后应先清缝,然后检查新摊铺的混合料松铺厚度是否合适。清缝时不得向新铺混合料方向过分推刮。

(6) 横向接缝碾压时宜按垂直车道方向沿接缝进行,并应在路面纵向边处放置支承木板,其长度应足够压路机驶离碾压区。如果因为施工现场限制或相邻车道不能中断交通时,也可沿纵向碾压,但应在摊铺机驶离接缝后尽快进行,且不得在接缝处转向。

5.3.7　施工质量标准

(1) 按照《公路工程质量检验评定标准》(JTG F80/1—2017) 规定的有关指标进行检验。

(2) 改性沥青应在尽量靠近供拌和混合料使用的部位取样,对现场制作的改性沥青,取样后应立即灌制试样并进行试验,不得在冷却后重新加热或用室内改性沥青制作机械加工后再做试验。

(3) 当采用钻孔取样法检测改性沥青混合料路面的压实度有困难时,可以不钻孔检查,但应增加核子密度仪的检测数量、范围和额度,并严格控制碾压遍数,以保证压实度符合设计要求。

(4) 当采用抽提试验方法检测沥青混合料中的改性沥青结合料含量时,对不溶于试验溶剂的改性剂,如 PE,应根据生产改性沥青时投放的改性剂剂量和抽提试验结果进行计算,以确定实际的结合料含量。

任务6　沥青贯入式路面施工

6.1　一般规定

(1) 沥青贯入式路面适用于三级及三级以下公路,也可作为沥青路面的联结层或基层。

(2) 沥青贯入式路面的厚度宜为 4～8 cm,但乳化沥青贯入式路面的厚度不宜超过 5 cm。当贯入层上部加铺拌和的沥青混合料面层成为上拌下贯式路面时,拌和层的厚度宜不小于 1.5 cm。

(3) 沥青贯入式路面的最上层应撒布封层料或加铺拌和层。沥青贯入层作为联结层使用时,可不撒表面封层料。

(4) 沥青贯入式路面宜选择在干燥和较热的季节施工,并宜在日最高温度降低至 15℃ 以前半个月结束,使贯入式结构层通过开放交通碾压成型。

6.2　材料要求

6.2.1　集料

(1) 沥青贯入层的集料应选择有棱角、嵌挤性好的坚硬石料,其规格和用量宜根据贯入层厚度,按上拌下贯式路面的材料规格和用量选用。当使用破碎砾石时,其破碎面应符合要求。沥青贯入层主层集料中大于粒径范围中值的数量不宜少于 50%。表面不加铺拌和层的贯入式路面在施工结束后每 1 000 m² 宜另备 2～3 m³ 与最后一层嵌缝料规格相同的细集料等供初期养护使用。

(2) 沥青贯入层的主层集料最大粒径宜与贯入层厚度相当。当采用乳化沥青时,主层集料最大粒径可采用厚度的 0.8～0.85,数量宜按压实系数 1.25～1.3 计算。

6.2.2　结合料

沥青贯入层的结合料可采用道路石油沥青、煤沥青或乳化沥青,用量和标号应按《公路沥青路面施工技术规范》(JTG F40—2004)中有关规定选用。

6.2.3　材料规格和用量

贯入式路面各层分次沥青用量应根据施工气温及沥青标号等在规定范围内选用。在寒冷地带或当施工季节气温较低、沥青针入度较小时,沥青用量宜用高限。在低温潮湿气候下用乳化沥青贯入时,应按乳液总用量不变的原则进行调整,上层较正常情况适当增加,下层较正常情况适当减少。

6.2.4　施工过程中对原材料的检测

沥青贯入式在生产过程中,应按照相关规范所列的检查项目与频度对各种原材料进行抽样试验,质量应符合现行施工技术规范规定的技术要求,每个检查项目的平行试验次数或一次试验的试样数必须按相关试验规程的规定进行,并以平均值评价是否合格。

6.3　施工工艺流程

贯入式路面施工工艺流程(实际施工时根据撒布嵌缝料和洒布沥青的遍数予以调整),如图8-6所示。

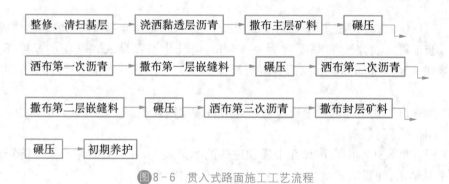

图8-6　贯入式路面施工工艺流程

6.4　施工技术要点

(1)沥青贯入式路面施工前,基层必须清扫干净。当需要安装路缘石时,应在路缘石安装完成后施工。路缘石应予遮盖。

(2)"喷洒透层或黏层沥青施工"在任务2中已学习。

(3)摊铺主层集料。采用碎石摊铺机、平地机或人工摊铺主层集料。铺筑后严禁车辆通行。

(4)碾压主层集料。撒布后应采用6~8 t的轻型钢筒式压路机自路两侧向路中心碾压,碾压速度宜为2 km/h,每次轮迹重叠约30 cm,碾压一遍后检验路拱和纵向坡度,当不符合要求时,应调整找平后再压。然后用重型的钢轮压路机碾压,每次轮迹重叠轮宽的1/2左右,宜碾压 4～6 遍,直至主层集料嵌挤稳定,无显著轮迹为止。

(5)浇洒第一层沥青。浇洒方法与沥青表面处治施工相同。采用乳化沥青贯入时,为防止乳液下漏过多,可在主层集料碾压稳定后,先撒布一部分上一层嵌缝料,再浇洒主层沥青。

(6)撒布第一层嵌缝料。采用集料撒布机或人工撒布,撒布后尽量扫匀,不足处应找补。当使用乳化沥青时,石料撒布必须在乳液破乳前完成。

(7)碾压第一层嵌缝料。立即用 8～12 t 钢筒式压路机碾压嵌缝料,轮迹重叠轮宽的 1/2 左右,宜碾压 4～6 遍,直至稳定为止。碾压时随压随扫,使嵌缝料均匀嵌入。因气温较高使碾压过程中发生较大推移现象时,应立即停止碾压,待气温稍低时再继续碾压。

(8)按上述方法浇洒第二层沥青、撒布第二层嵌缝料,然后碾压,再浇洒第三层沥青。

(9)按撒布嵌缝料方法撒布封层料。

(10)采用 6～8 t 压路机做最后碾压,宜碾压 2～4 遍,然后开放交通。

沥青贯入式路面开放交通后应按现行施工技术规范的要求控制交通,作初期养护。

铺筑上拌下贯式路面时,贯入层不撒布封层料,拌和层应紧跟贯入层施工,使上下成为一整体。贯入部分采用乳化沥青时应待其破乳、水分蒸发且成型稳定后方可铺筑拌和,当拌和层与贯入部分不能连续施工,且要在短期内通行施工车辆时贯入层部分的第二遍嵌缝料应增加用量 2～3 m³/1 000 m²,在摊铺拌和层沥青混合料前,应作补充碾压,并浇洒黏层沥青。

6.5　施工过程质量控制

沥青贯入式路面施工过程中工程质量检查的内容、频度、允许偏差应符合表 8-18 的规定。

表 8-18　沥青贯入式路面施工过程中工程质量的控制标准

项　目	检查频度及单点检验评价方法	质量要求或允许偏差
外观	随时	集料嵌挤密实,沥青撒布均匀,无花白料,接头无油包
集料及沥青用量	每日 1 次,总量评定	±10%
沥青洒布温度	每日 1 次,逐点评定	符合施工技术规范规定
厚度	每 2 000 m² 1 点,逐点评定	-5 mm 或 -8%设计厚度
平整度(最大间隙)	随时,以连续 10 尺的平均值评定	8 mm
宽度	检测每个断面	±30 mm
横坡度	检测每个断面	±0.5%

6.6　施工质量标准

(1)沥青材料的各项指标应符合设计要求和施工规范。

(2)各种材料的规格和用量应符合设计要求和施工规范,热拌沥青混凝土混合料每日应做抽提试验和马歇尔稳定度试验。

（3）碎石层必须平整坚实，嵌挤稳定，沥青贯入应深透，浇洒应均匀，不得污染其他构筑物。

（4）嵌缝料必须趁热撒铺，扫料均匀，不应有重叠现象。

（5）上层采用拌和料时，混合料应均匀一致，无花白和粗细分离现象，摊铺平整，接茬平顺，及时碾压密实。

（6）沥青贯入式面层施工前，应先做好路面结构层与路肩的排水。

（7）沥青贯入式路面的检查项目、检查频度、质量要求或允许偏差等按有关规定执行。

任务 7　沥青表面处治施工

7.1　一般规定

（1）沥青表面处治适用于三级及三级以下公路的沥青面层和各种封层，适用于加铺薄层罩面、磨耗层、水泥混凝土路面上的应力缓冲层、各种防水和密水层、预防性养护罩面层。

微课扫一扫

（2）沥青表面处治与封层宜选择在干燥和较热的季节施工，并在最高温度低于 15℃ 到来以前半个月及雨季前结束。

7.2　材料要求

7.2.1　材料规格与用量

沥青表面处治可采用道路石油沥青、乳化沥青、煤沥青铺筑，沥青标号应按施工技术有关规定选用。沥青表面处治的集料最大粒径应与处治层的厚度相等，其规格和用量宜按施工技术规定选用；沥青表面处治施工后，应在路侧另备 S12（5～10 mm）碎石或 S14（3～5 mm）石屑、粗砂或小砾石（2～3 m³/1 000 m²）作为初期养护用料。

7.2.2　原材料的检测

沥青表面处治在生产过程中，应按照有关规定的检查项目与频度对各种原材料进行抽样试验，质量应符合现行施工技术规范规定的技术要求，每个检查项目的平行试验次数或一次试验的试样数必须按相关试验规程的规定进行，并以平均值评价是否合格。

7.3　施工工艺流程

（1）施工准备

根据施工计划安排，准备足够数量的矿料、沥青，进场前对其质量进行严格检查，质量不合格坚决不允许进入施工现场。施工前对下承层清扫、冲洗，按质量标准进行验收，合格后方可施工。对工程的各种机具进行检查维修，确保机械完好率，确保路面工程连续均衡顺利施工。

（2）施工工艺

沥青表面处治层铺法施工按施工工序的不同，可分为先油后料法和先料后油法两种方法。一般多用先油后料法,但当路肩过窄无法堆放全部矿料,采用人工撒料施工或在低温施工时,为加速石油成型,可采用先料后油方法施工。先料后油法的优点是节省一道洒油工序,但由于没有底层油,可能会产生路面脱皮现象。故施工前应严格清扫底层,同时初期养护时应加强控制行车速度,防止上述病害发生。

一般采用所谓"先油后料"法,即先洒布一层沥青,后铺撒一层矿料。以三层式沥青表面处治为例,其施工工艺流程如下:

备料→清理基层及放样→浇洒透层沥青→洒布第一层沥青→铺撒第一层矿料→碾压→洒布第二层沥青→铺撒第二层矿料→碾压→洒布第三层沥青→铺撒第三层矿料→碾压→初期养护。

单层式和双层式沥青表面处治的施工程序与三层式相同,仅需相应地减少一次或二次洒布沥青、铺撒矿料和碾压的工序。

7.4 施工技术要点

下面以三层式沥青表面处治为例来说明层铺法沥青表面处治的施工工艺及技术要点。

(1) 清扫基层、喷洒透层油。在清扫干净的碎(砾)石路面上或各类基层上铺筑沥青表面处治时,应喷洒透层油。在旧沥青路面、水泥混凝土路面、块石路面上铺筑沥青表面处治路面时,可在第一层沥青用量中增加 10%~20%,不再另洒透层或黏层油。

(2) 洒布第一层沥青。施工时应采用沥青洒布车喷洒沥青。其洒布长度应与矿料撒布能力相协调。沥青要洒布均匀,当发现洒布沥青后有空白、缺边时,应立即用人工补洒,有积聚时应立即刮除。洒布设备的喷嘴应适用于沥青的稠度,确保能成雾状,与洒油管成 15°~25°的夹角,洒油管的高度应使同一地点接受 2~3 个喷油嘴喷洒的沥青,不得出现花白条。

沥青洒布温度应根据施工气温以及沥青标号确定,一般情况下,石油沥青宜为 130~170℃,煤沥青宜为 80~120℃,乳化沥青宜在常温下洒布。加温洒布的乳液温度不得超过60℃。前后两车喷洒的接茬处用铁板或建筑纸铺 1~1.5 m,使搭接良好。分几幅浇洒时,纵向搭接宽度宜为 100~150 mm。洒布第二、三层沥青的搭接缝应错开。

(3) 铺撒第一层矿料。洒布主层沥青后应立即用集料撒布机或人工撒布第一层主集料。撒布集料后应及时扫匀,达到全面覆盖,厚度一致,集料不重叠,也不露出沥青的要求。局部有缺料时适当找补,积料过多的将多余集料扫出。两幅搭接处,第一幅洒布沥青应暂留100~150 mm 宽度不撒布石料,待第二幅一起撒布。

(4) 碾压。撒布主集料后,不必等全段撒布完,立即用 6~8 t 钢筒双轮压路机从路边向路中心碾压 3~4 遍,每次轮迹重叠约 300 mm。碾压速度开始不宜超过 2 km/h,以后可适当增加。

(5) 第二、三层的施工。方法和要求应与第一层相同,但可以采用8 t 以上的压路机碾压。

(6) 初期养护。沥青表面处治施工后,应进行初期养护。当发现有泛油时,应在泛油部位补撒与最后一层矿料规格相同的嵌缝料并扫匀;当有过多的浮动矿料时,应扫出路外。

在施工过程中还应注意以下事项:

(1) 双层式或单层式沥青表面处治浇洒沥青及撒布集料的次数应相应减少。

(2) 喷洒沥青材料时应对道路人工构造物、路缘石等外露部分作防污染遮盖。

(3) 沥青表面处治施工应确保各工序紧密衔接,每个作业段长度应根据施工能力确定,并在当天完成。人工撒布集料时应等距离划分段落备料。

（4）除乳化沥青表面处治应待破乳、水分蒸发并基本成型后方可通车外，沥青表面处治在碾压结束后即可开放交通，并通过开放交通补充压实，成型稳定。在通车初期应设专人指挥交通或设置障碍物控制行车，限制行车速度不超过 20 km/h，严禁畜力车及铁轮车行驶，使路面全部宽度均匀压实。

7.5　施工质量标准

（1）在新建或旧路的表面进行表面处治时，应将表面的泥砂及一切杂物清除干净，底层必须坚实、稳定、平整，保持干燥后才可施工。

（2）沥青材料的各项指标和石料的质量、规格、用量应符合设计要求和施工规范的规定。

（3）沥青浇洒应均匀，无露白，不得污染其他构造物。

（4）嵌缝料必须趁热撒铺，扫布均匀，不得有重叠现象，压实平整。

（5）沥青表面处治施工后的检查项目、检查频度、质量要求或允许偏差等符合有关规定要求。

任务8　其他沥青路面施工技术简介

8.1　冷拌沥青混合料路面

冷拌沥青混合料适用于三级及三级以下的公路的沥青面层、二级公路的罩面层施工以及各级公路沥青路面的基层、联接层或整平层。冷拌改性沥青混合料可用于沥青路面的坑槽冷补。

冷拌沥青混合料宜采用乳化沥青或液体沥青拌制，也可采用改性乳化沥青，各种结合料类型及规格应符合规范要求。

冷拌沥青混合料宜采用密级配沥青混合料，当采用半开级配的冷拌沥青碎石混合料路面时应铺筑上封层。

（1）冷拌沥青混合料路面施工

冷拌沥青混合料宜采用拌和厂机械拌和及沥青摊铺机摊铺的方式。缺乏厂拌条件时也可采用现场路拌及人工摊铺方式。冷拌沥青混合料施工应注意防止混合料离析。

当采用阳离子乳化沥青拌和时，宜先用水使集料湿润，若湿润后仍难于与乳液拌和均匀时，应改用破乳速度更慢的乳液，或用 1%～3% 浓度的氯化钙水溶液代替水润湿集料表面。

混合料适宜的拌和时间应根据实际情况调节并通过试拌确定，矿料中加进乳液后的机械拌和时间不宜超过 30 s，人工拌和时间不宜超过 60 s。

已拌好的混合料应立即运至现场进行摊铺，并在乳液破乳前结束。在拌和与摊铺过程中已破乳的混合料，应予废弃。

乳化沥青冷拌混合料摊铺后宜采用 6 t 左右的轻型压路机初压 1～2 遍，使混合料初步稳定，再用轮胎压路机或钢筒式压路机辗压 1～2 遍。当乳化沥青开始破乳、混合料由褐色转变成黑色时，改用 12～15 t 轮胎压路机碾压，将水分挤出，复压 2～3 遍后停止，待晾晒一段时间，水分基本蒸发后继续复压至密实为止。当压实过程中有推移现象时应停止碾压，待稳定后再碾压。当天不能完全压实时，可在较高气温状态下补充碾压。当缺乏轮胎压路机时，也可采用钢筒式压路机或较轻的振动压路机碾压。

乳化沥青混合料路面的上封层应在压实成型、路面水分完全蒸发后加铺。

乳化沥青混合料路面施工结束后宜封闭交通 2~6 h，并注意做好早期养护。开放交通初期，应设专人指挥，车速不得超过 20 km/h，不得采取制动措施或掉头。

冷拌沥青混合料施工遇雨应立即停止铺筑，以防雨水将乳液冲走。

（2）冷补沥青混合料

用于修补沥青路面坑槽的冷补沥青混合料宜采用适宜的改性沥青结合料制造，并具有良好的耐水性。

冷补沥青混合料的矿料级配宜参照表 8-19 的要求执行。沥青用量通过试验并根据实际使用效果确定，通常宜为 4%~6%。其级配应符合补坑的需要，粗集料级配必须具有充分的嵌挤能力，以便在未经充分碾压的条件下可开放通车碾压而不松散。

表 8-19 冷补沥青混合料的矿料级配

类 型	通过下列筛孔(mm)的百分率(%)											
	26.5	19.0	16.0	13.2	9.5	4.75	2.36	1.18	0.6	0.3	0.15	0.075
细粒式 LB-10	—	—	—	100	80~100	30~60	10~40	5~20	0~15	0~12	0~8	0~5
细粒式 LB-13	—	—	100	90~100	60~95	30~60	10~40	5~20	0~15	0~12	0~8	0~5
中粒式 LB-16	—	100	90~100	50~90	40~75	30~60	10~40	5~20	0~15	0~12	0~8	0~5
中粒式 LB-19	100	95~100	80~100	70~100	60~90	30~70	10~40	5~20	0~15	0~12	0~8	0~5

冷补沥青混合料的质量宜符合下列要求：

（1）制造冷补沥青混合料的集料必须符合热拌沥青混合料集料的质量要求。

（2）有良好的低温操作和易性。用于冬季寒冷季节补坑的混合料，应在松散状态下经 -10℃ 的冰箱保持 24 h 无明显的凝聚结块现象，且能用铁铲方便地拌和操作。

（3）有良好的耐水性，混合料按水煮法或水浸法检验的抗水剥落性能（裹复面积）不得小于 95%。

（4）冷补沥青混合料应有足够的黏聚性，马歇尔试验稳定度宜不小于 3 kN。

8.2 旧沥青路面再生

8.2.1 现场冷再生法

现场冷再生法是用大功率路面铣刨拌和机将路面混合料在原路面上就地铣刨、翻挖、破碎，再加入稳定剂、水泥、水（或加入乳化沥青）和集料同时就地拌和，用路拌机原地拌和，最后碾压成型。就地冷再生工艺一般适用于病害严重的一级以下公路沥青路面的翻修、重建，冷再生后的路面一般需要加铺一定厚度的沥青罩面。目前应用类型已从最初的单纯水泥冷再生，逐步丰富形成泡沫沥青、乳化沥青冷再生。

现场冷再生工艺的优点有：原路面材料就地实现再生利用，节省了材料转运费用；施工过程能耗低、污染小；适用范围广。缺点是：施工质量较难控制；一般需要加铺沥青面层，再生利用的经济性不太明显。

现场冷再生中关键技术是添加的胶黏剂(如乳化沥青、泡沫沥青、水泥)与旧混合料的均匀拌和技术,其余如旧沥青混合料的铣刨、破碎技术,胶黏剂配比性能也很关键。

8.2.2 现场热再生法

现场热再生是一种就地修复破损路面的过程,它通过加热软化路面,铲起路面废料,再和沥青黏合剂混合,有时可能还需要添加一些新的集料,然后将再生料重新铺在原来的路面上。就地热再生方面,可以一次性实现就地旧沥青路面再生,把原材料和需翻修的路面重新结合;或者是通过两阶段完成,即先将再生料重新压实,然后在上面再铺一层磨耗层。这种工艺方法简单方便,多用于基层承载能力良好、面层因疲劳而龟裂的路段,特别适用于老化不太严重,但平整度较差的高等级公路沥青路面上面层病害的修复,可恢复沥青上面层物理力学性能,修复沥青路面的车辙。

现场热再生工艺的优点是施工速度快,而且原路面材料就地实现再生利用,节省了材料转运费用。但这种工艺的缺点是再生深度通常在 2.5~6 cm,难以深入;对原路面材料的级配调整幅度有限,也难以去除不适合再生的旧料;再生后路面的质量稳定性和耐久性有所减弱。

现场热再生中旧沥青混合料的加热重熔技术,新加沥青、再生剂与旧混合料的均匀复拌技术是关键问题,在施工工艺中应充分考虑加热设备和拌和摊铺设备的作业性能。

根据路面破损情况的不同和对修复后路面质量等级的不同要求,现场再生技术应用的施工工艺主要有三种,扫右侧二维码获取详细内容。

现场热再生施工工艺

8.2.3 厂拌热再生法

厂拌热再生法就是将旧沥青路面经过翻挖后运回拌和厂,再集中破碎,根据路面不同层次的质量要求,进行配比设计,确定旧沥青混合料的添加比例,再生剂、新沥青材料、新集料等在拌和机中按一定比例重新拌和成新的混合料,从而获得优良的再生沥青混凝土,铺筑成再生沥青路面。厂拌热再生技术利用旧沥青回收料一般不超过 50%,通常用 10%~30%,新集料和新沥青掺入量较大,因此,采用厂拌热再生工艺能够修复沥青路面面层病害,恢复甚至改善原沥青混合料的性能,所以这种工艺适用范围较广,各等级沥青路面铣刨料都可用来再生利用。再生后的沥青混合料可用来铺筑各种等级的沥青路面,或者用来维修养护旧路。

利用这种方法,可以方便对已被翻挖的基层甚至路基的一些地段进行有效的补强,沥青层的重铺则可以像新路施工一样,分别按下面层、中面层、上面层(磨耗层)的不同技术要求进行配合比设计,确定旧沥青回收料的添加比例。

厂拌热再生工艺的优点是再生工艺易于控制,再生后的沥青混合料性能也比较理想,若采用适当的配合比设计和严格的质量控制措施,再生路面具有与普通沥青路面相同或相近的路用性能和耐久性。但其缺点是再生成本较高。

厂拌热再生中的关键技术是必须解决旧沥青混合料中沥青的加热重熔问题与旧沥青混合料的精确计量问题。

任务9 沥青路面施工质量控制与检查验收

沥青路面施工应根据全面质量管理的要求,建立健全有效的质量保证体系,对施工各工序的质量进行检查评定,达到规定的质量标准,确保施工质量的稳定性。高速公路、一级公路沥青路面应加强施工过程质量控制,实行动态质量管理。

所有与工程建设有关的原始记录、试验检测及计算数据、汇总表格,必须如实记录和保存。对已经采取措施进行返工和补救的项目,可在原记录和数据上注明,但不得销毁。

9.1 施工前的材料与设备检查

(1) 施工前必须检查各种材料的来源和质量。对经招标程序购进的沥青、集料等重要材料,供货单位必须提交最新检测的正式试验报告。从国外进口的材料应提供该批材料的船运单。对首次使用的集料,应检查生产单位的生产条件、加工机械、覆盖层的清理情况。所有材料都应按规定取样检测,经质量认可后方可订货。

(2) 各种材料都必须在施工前以"批"为单位进行检查,不符合规范技术要求的材料不得进场。对各种矿料是以同一料源、同一次购入并运至生产现场的相同规格材料为一"批";对沥青是指从同一来源、同一次购入且储入同一沥青罐的同一规格的沥青为一"批"。材料试样的取样数量与频度按现行试验规程的规定进行。

(3) 工程开始前,必须对材料的存放场地、防雨和排水措施进行确认,不符合规范要求时材料不得进场。进场的各种材料的来源、品种、质量应与招标及提供的样品一致,不符合要求的材料严禁使用。

(4) 使用成品改性沥青的工程,应要求供应商提供所使用的改性剂型号、基质沥青的质量检测报告。使用现场改性沥青的工程,应对试生产的改性沥青进行检测。质量不合格的不可使用。

(5) 施工前应对沥青拌和机、摊铺机、压路机等各种施工机械和设备进行调试,对机械设备的配套情况、技术性能、传感器计量精度等进行认真检查、标定,并得到监理人的认可。

(6) 正式开工前,各种原材料的试验结果,及据此进行的目标配合比设计和生产配合比设计结果,应在规定的期限内向建设单位及监理人提出正式报告,待取得正式认可后,方可使用。

9.2 施工过程中的质量管理与检查

(1) 沥青面层施工前应对基层进行检查,基层质量不符合要求的不得铺筑沥青面层。层铺法沥青路面需要采用沥青洒布车喷洒沥青时应保持稳定速度和喷洒量,并保持整个洒布宽度喷洒均匀。小规模工程可采用机动或手摇的手工沥青洒布机洒布沥青。洒布设备的喷嘴应适用于沥青的稠度,确保能成雾状,洒油管成 $15°\sim25°$ 的夹角,洒油管的高度应使同一地点接受 $2\sim3$ 个喷油嘴喷洒的沥青,不得出现花白条。

(2) 施工单位在施工过程中应随时对施工质量进行自检。监理人应按规定要求自主地进行试验,并对承包人的试验结果进行认定,如实评定质量,计算合格率。当发现有质量低劣等异常情况时,应立即追加检查。施工过程中无论是否已经返工补救,所有数据均必须如实记录,不得丢弃。

(3) 沥青混合料生产过程中,必须按表 8-20 规定的检查项目与频度,对各种原材料进行抽样试验,其质量应符合本规范规定的技术要求。每个检查项目的平行试验次数或一次试验的试样数必须按相关试验规程的规定执行,并以平均值评价是否合格。未列入表 8-20中的材料的检查项目和频度按材料质量要求确定。

表 8-20 施工过程中材料质量检查的项目与频度

材料	检查项目	检查频度		试验规程规定的平行试验次数或一次试验的试样数
		高速公路、一级公路	其他等级公路	
粗集料	外观(石料品种、含泥量等)	随时	随时	—
	针片状颗粒含量	随时	随时	2~3
	颗粒组成(筛分)	随时	必要时	2
	压碎值	必要时	必要时	2
	磨光值	必要时	必要时	4
	洛杉矶磨耗值	必要时	必要时	2
	含水率	必要时	必要时	2
细集料	颗粒组成(筛分)	随时	必要时	2
	砂当量	必要时	必要时	2
	含水率	必要时	必要时	2
	松方单位重	必要时	必要时	2
矿粉	外观	随时	随时	—
	<0.075 mm含量	必要时	必要时	2
	含水率	必要时	必要时	2
石油沥青	针入度	每2~3天1次	每周1次	3
	软化点	每2~3天1次	每周1次	2
	延度	每2~3天1次	每周1次	3
	含蜡量	必要时	必要时	2~3
改性沥青	针入度	每天1次	每天1次	3
	软化点	每天1次	每天1次	2
	离析试验(对成品改性沥青)	每周1次	每周1次	2
	低温延度	必要时	必要时	2
	弹性恢复	必要时	必要时	2
	显微镜观察(对现场改性沥青)	随时	随时	—
乳化沥青	蒸发残留物含量	每2~3天1次	每周1次	2
	蒸发残留物针入度	每2~3天1次	每周1次	2
改性乳化沥青	蒸发残留物含量	每2~3天1次	每天1次	2
	蒸发残留物针入度	每2~3天1次	每天1次	3
	蒸发残留物软化点	每2~3天1次	每周1次	2
	蒸发残留物延度	必要时	必要时	3

注:① 表列内容是在材料进场时已按"批"进行了全面检查的基础上,日常施工过程中质量检查的项目与要求。

② "随时"是指需要经常检查的项目,其检查频度可根据材料来源及质量波动情况由建设单位及监理人确定;"必要时"是指施工各方任何一个部门对其质量发生怀疑,提出需要检查时,或是根据需要商定的检查频度。

(4)沥青拌和厂必须按下列步骤对沥青混合料生产过程进行质量控制,并按表8-21规定的项目和频度检查沥青混合料产品的质量,如实计算产品的合格率。单点检验评价方法应符合相关试验规程的试样平行试验的要求。

表 8-21 热拌沥青混合料的频度和质量要求

项目	检查频度及单点检验评价方法	质量要求或允许偏差		试验方法
		高速公路、一级公路	其他等级公路	
混合料外观	随时	观察集料粗细、均匀性、离析、油油石比、色泽、冒烟有无花白料、油团等各种现象		目测

项 目		检查频度及单点检验评价方法	质量要求或允许偏差		试 验 方 法
			高速公路、一级公路	其他等级公路	
拌和温度	沥青、集料的加热温度	逐检盘测评定	符合《公路沥青路面施工技术规范》(JTG F40—2004)规定		传感器自动检测、显示并打印
	混合料出厂温度	逐车检测评定	符合《公路沥青路面施工技术规范》(JTG F40—2004)规定		传感器自动检测、显示并打印,出厂时逐车按T0981人工检测
		逐盘测量记录,每天取平均值评定	符合《公路沥青路面施工技术规范》(JTG F40—2004)规定		传感器自动检测、显示并打印
矿料级配(筛孔)	0.075 mm	逐盘在线检测	±2%(2%)	—	计算机采集数据计算
	≤2.36 mm		±5%(4%)	—	
	≥4.75 mm		±6%(5%)	—	
	0.075 mm	逐盘检查,每天汇总1次取平均值评定	±1%		附录C 总量检验
	≤2.36 mm		±2%		
	≥4.75 mm		±2%		
	0.075 mm	每台拌和机每天1~2次,以2个试样的平均值评定	±2%(2%)	±2%	T0725抽提筛分与标准级配比较的差
	≤2.36 mm		±5%(3%)	±6%	
	≥4.75 mm		±6%(4%)	±7%	
沥青用量(油石比)		逐盘在线检测	±0.3%	—	计算机采集数据计算
		逐盘检查,每天汇总1次取平均值评定	±0.1%	—	《公路沥青路面施工技术规范》(JTG F40—2004)附录F总量检验
		每台拌和机每天1~2次,以2个试样的平均值评定	±0.3%	±0.4%	抽提T0722,T0721
马歇尔试验:空隙率、稳定度、流值		每台拌和机每天1~2次,以4~6个试件的平均值评定	符合《公路沥青路面施工技术规范》(JTG F40—2004)规定		T0702、T0709、本规范附录B、附录C
浸水马歇尔试验		必要时(试件数同马歇尔试验)	符合《公路沥青路面施工技术规范》(JTG F40—2004)规定		T0702、T0709
车辙试验		必要时(以3个试件的平均值评定)	符合《公路沥青路面施工技术规范》(JTG F40—2004)规定		T0719

注:① 单点检验是指试验结果以一组试验结果的报告值为一个测点的评价依据,一组试验(如马歇尔试验、车辙试验)有多个试件时,报告值的取用按《公路工程沥青及沥青混合料试验规程》(JTG E20—2011)的规定执行。

② 对高速公路和一级公路,矿料级配和油石比必须进行总量检验和抽提筛分的双重检验控制,互相校核,表中括号内的数字是对SMA的要求。油石比抽提试验应事先进行空白试验标定,提高测试数据的准确度。

从料堆和皮带运输机随时目测各种材料的质量和均匀性,检查泥块及超粒径碎石,检查冷料仓有无窜仓。目测混合料拌和是否均匀,有无花白料,油石比是否合理,检查集料和混合料的离析情况。

检查控制室拌和机各项参数的设定值、控制屏的显示值,核对计算机采集和打印记录的数量动态管理。

检测沥青混合料的材料加热温度、混合料出厂温度,取样抽提、筛分检测混合料的矿料级配、油石比。抽提筛分应至少检查 0.075 mm、2.36 mm、4.75 mm、公称最大粒径及中间粒径等 5 个筛孔的通过率。

取样成型试件进行马歇尔试验,测定空隙率,以《公路沥青路面施工技术规范》(JTG F40—2004)附录的方法确定压实度的标准密度。沥青混合料的存放时间对体积指标有一定影响,施工质量检验的马歇尔试验以拌和厂取样后立即成型的试件为准,但成型温度和试件高度必须符合试验要求。

(5)沥青路面铺筑过程中必须随时对铺筑质量进行评定,质量检查的内容、频度、允许差应符合表 8-22～表 8-24 的规定。

表 8-22　公路热拌沥青混合料路面施工过程中工程质量的控制标准

项　目		检验频度及单点检验评价方法	质量要求或允许偏差		试 验 方 法
			高速公路、一级公路	其他等级公路	
外观		随时	表面平整密实,不得有明显轮迹、裂缝、推挤、油盯、油包等缺陷,且无明显离析		目测
接缝		随时	紧密平整、顺直、无跳车		目测
		逐条缝检测评定	3 mm	5 mm	T0931
施工温度	摊铺温度	逐车检测评定	符合《公路沥青路面施工技术规范》(JTG F40—2004) 规定		T0981
	碾压温度	随时			插入式温度计实测
厚度	每一层次	随时,厚度 50 mm 以下 厚度 50 mm 以上	设计值的 5% 设计值的 8%	设计值的 8% 设计值的 10%	施工时插入法量测松铺厚度及压实厚度
	每一层次	1 个台班区段的平均值 厚度 50 mm 以下 厚度 50 mm 以上	—3 mm —5 mm		《公路沥青路面施工技术规范》(JTG F40—2004)附录 G 总量检验
	总厚度	每 2 000 m² 一点单点评定	设计值的 —5%	设计值的 —8%	T0912
	上面层	每 2 000 m² 一点单点评定	设计值的 —10%	设计值的 —10%	
压实度		每 2000 m² 检查 1 组逐个试件评定并计算平均值	实验室标准密度的 97%(98%) 最大理论密度的 93%(94%) 试验段密度的 99%(99%)		T0924、T0922、《公路沥青路面施工技术规范》(JTG F40—2004)附录 E

项　目		检验频度及单点检验评价方法	质量要求或允许偏差		试　验　方　法
			高速公路、一级公路	其他等级公路	
平整度（最大间隙）	上面层	随时,接缝处单杆评定	3 mm	5 mm	T0931
	中下面层	随时,接缝处单杆评定	5 mm	7 mm	T0931
平整度（标准差）	上面层	连续测定	1.2 mm	2.5 mm	T0932
	中面层	连续测定	1.5 mm	2.8 mm	
	下面层	连续测定	1.8 mm	3.0 mm	
	基层	连续测定	2.4 mm	3.5 mm	
宽度	有侧石	检测每个断面	±20 mm	±20 mm	T0911
	无侧石	检测每个断面	不小于设计宽度	不小于设计宽度	
纵断面高程		检测每个断面	±10 mm	±15 mm	T0911
横坡度		检测每个断面	±0.3%	±0.5%	T0911
沥青层层面上的渗水系数		每1 km不少于5,每点3处取平均值	300 ml/min(普通密级配沥青混合料)、200 ml/min(SMA混合料)		T0971

注:① 表中厚度检测频度指高速公路和一级公路的钻坑频度,其他等级公路可酌情减少状况,且通常采用压实度钻孔试件测定。上面层的允许误差不适用于磨耗层。

② 压实度检测按《公路沥青路面施工技术规范》(JTG F40—2004)附录 E 的规定执行,钻孔试件的数量按规定执行。括号中的数值是对 SMA 路面的要求,对马歇尔成型试件采用 50 次或者 35 次击实的混合料,压实度应当适当提高要求。进行核子仪等无破损检测时,每 13 个测点的平均数作为一个测点进行评定是否符合要求。实验室密度是指与配合比设计相同方法成型的试件密度。以最大理论密度作标准密度时,对普通沥青混合料通过真空法实测确定,对改性沥青和 SMA 混合料,由每天的矿料级配和油石比计算得到。

③ 渗水系数适用于公称最大粒径等于或小于 19 mm 的沥青混合料,应在铺筑成型后未遭行车污染的情况下测定,且仅适用于要求密水的密级配沥青混合料、SMA 混合料。不适用于 OGFC 混合料,表中渗水系数以平均值评定,计算的合格率不得小于 90%。

④ 3 m 直尺主要用于接缝检测,对正常产路段,采用连续式平整度仪测定。

表 8–23　公路沥青表面处治及贯入式路面施工过程中工程质量的控制标准

路面类型	项　目	检查频度及单点检验评价方法	质量要求或允许偏差	试　验　方　法
沥青表面处治	外观	随时	集料嵌挤密实,沥青撒布均匀,无花白料,接头无油包	目测
	集料及沥青用量	每日1次逐日评定	±10%	每日施工长度的实际用量与计划用量比较,T0982
	沥青洒布温度	每车1次评定	符合(公路沥青路面施工技术规范)(JTG F40—2004)规定	温度计测量

路面类型	项 目	检查频度及单点检验评价方法	质量要求或允许偏差	试验方法
沥青表面处治	厚度（路中及路侧各1点）	不少于每 2000 m² 一点,逐点评定	−5 mm	T0912
	平整度（最大间隙）	随时,以连续 10 尺的平均值评定	10 mm	T093
	宽度	检测每个断面逐个评定	±30 mm	T0911
	横坡度	检测每个断面逐个评定	±0.5%	T0911
沥青贯入式路面	外观	随时	集料嵌挤密实,沥青撒布均匀,无花白料,接头无油包	目测
	集料及沥青用量	每日1次总量评定	±10%	每日施工长度的实际用量与计划用量比较,T0982

表 8-24 公路稀浆封层、微表处施工过程中工程质量的控制标准

项目		检查频度及单点检验评价方法	质量要求或允许差偏	试验方法
外观		随时	表面平整,均匀一致.无拖痕,无显著离析,接缝顺畅	目测
油石比		每日1次总量评定	±0.3%	每日实际沥青用量与总集料数量,总量检验
厚度		每公里5个断面	±10%	钢尺测量,每幅中间及两侧各1点
矿料级配	0.075 mm	每日1次取2个试样筛分的平均值	±2%	T0725
	0.15 mm		±3%	
	0.3 mm		±4%	
	≥0.3 mm		±5%	
湿轮磨耗试验		每周1次	符合设计要求	工程取样按 T0752 进行

（6）施工厚度的检测按以下方法执行,并相互校核,当差值较大时通常以总价格检验为准。

① 利用摊铺过程在线控制,即不断地用插尺或其他工具插入摊铺层测量松铺厚度。

② 利用拌和厂沥青混合料总生产量与实际铺筑的面积计算平均厚度进行总量检验。

③ 当具有地质雷达等无破损检验设备时,可利用其连续检测路面厚度,但其测试精度需经标定认可。

④ 待路面完全冷却后,在钻孔检测压实度的同时测量沥青层的厚度。

（7）沥青路面的压实度采取重点对碾压工艺进行过程控制，适度钻孔抽检压实度的方法。

① 碾压工艺的控制包括压路机的配置（台数、吨位及机型）、排列和碾压方式、压路机与摊铺机的距离、碾压温度、碾压速度、压路机洒水（雾化）情况、碾压段长度、掉头方式等。

② 碾压过程中宜采用核子密度仪等无破损检测设备进行压实密度过程控制，测点随机选择，一组不少于 13 点，取平均值，与标定值或试验段测定值比较评定。测定温度应与试验段测定时一致，检测精度通过试验路与钻孔试件标定。

③ 在路面完全冷却后，随机选点钻孔取样，如一次钻孔同时有多层沥青层时需用切割机切割，待试件充分干燥后（在第二天之后），分别测定密度。

④ 测试压实度的一组数据最少为 3 个钻孔试件，按规范要求方法进行评定。如仍然不能满足要求的应核查标准密度的准确性，以确定是否需要返工以及返工的范围。当所有钻孔试件检测的压实度持续稳定并符合要求时，钻孔频度可减少至每公里不少于一个孔。施工过程中钻孔的试件宜编号贴上标签予以保存，以备工程交工验收时使用。

⑤ 压实层厚度等于或小于 3 cm 的超薄表面层或磨耗层、厚度小于 4 cm 的 SMA 表面层、易发生温缩裂缝的严寒地区的表面层、桥面铺沥装青层，以及使用改性沥青后，钻孔试样表面形状改变，难以准确测定密度时，可免于钻孔取样，严格控制碾压。

（8）压实成型的路面应按《公路路基路面现场测试规程》（JTG E60—2008）规定的方法随机选点检测渗水情况。对排水式沥青混合料，应要求水能够迅速排走。如需要测定构造深度时，宜在测定渗水的同时在附近选点测定，记录实测结果。

（9）施工过程中应随时对路面进行外观（色泽、油膜厚度、表面空隙）评定，尤其特别注意防止粗细集料的离析和混合料温度不均，造成路面局部渗水严重或压实不足，酿成隐患。如果该路段确实严重离析、渗水，且经 2 次补充钻孔仍不能达到压实度要求，确属施工质量差的，应予铣刨或局部挖补，返工重铺。

（10）施工过程中必须随时用 3 m 直尺检测接缝及与构造物的连接处平整度的情况，正常路段的平整度采用连续式平整度仪或颠簸累积仪测定。

（11）高速公路和一级公路沥青路面的施工应利用计算机实行动态质量管理，并计算平均值、极差、标准差及变异系数以及各项指标的合格率。

（12）公路施工的关键工序或重要部位宜拍摄照片或进行录像，作为实态记录及保存资料的一部分。

9.3　交工验收阶段的工程质量检查与验收

（1）工程完工后，施工单位应将全线以 1～3 km 作为一个评定路段，按《公路工程质量检验评定标准》（JTG F80/1—2017）规定的频度，随机选取测点，对沥青面层进行全线自检，将单个测定值与表中的质量要求或允许偏差进行比较，计算合格率，然后计算一个评定路段的平均值、极差、标准差及变异系数。施工单位应在规定时间内提交全线检测结果及施工总结报告，申请交工验收。

（2）沥青路面交工时应检查验收沥青面层的各项质量指标，包括路面的厚度、压实度、平整度、渗水系数、构造深度、摩擦系数，具体见表 8-25。

表 8－25　沥青混凝土面层和沥青碎(砾)石面层实测项目

项次	检查项目		质量要求或允许偏差		检查方法和频率
			高速公路、一级公路	其他等级公路	
1	压实度①		实验室标准密度的 96%(＊98%) 最大理论密度的 92%(＊94%) 试验段密度的 98%(＊99%)		按附录 B 检查,每 200 m 测 1 点。核子(无核)密度仪每 200 m 测 1 处,每处 5 点
2	路表平整度	标准差 σ(mm)	≤1.2	≤2.5	平整度仪:全线每车道连续检测,按每 100 m 计算 IRI 或 σ
		IRI(m/km)	≤2.0	≤4.2	
		最大间隙(mm)	—	≤5	3 m 直尺:每 200 m 测 2 处×5 尺
3	弯沉值(0.01 mm)		不大于设计验收弯沉值		按附录 J 检查
4	渗水系数(mL/min)	SMA 路面	≤120		渗水试验仪:每 200 m 测 1 处
		其他沥青混凝土路面	≤200	—	
5	摩擦系数		满足设计要求		摆式仪:每 200 m 测 1 处 横向力系数测定车:全线连续检测,按附录 L 评定
6	构造深度		满足设计要求		铺砂法:每 200 m 测 1 处
7	厚度②	代表值	总厚度:－5%H 上面层:－10%h	－8%H	按附录 H 检查,每 200 m 测 1 点
		合格值	总厚度:－10%H 上面层:－20%h	－15%H	
8	中线平面偏位(mm)		20	30	全站仪:每 200 m 测 2 点
9	纵断面高程(mm)		±15	±20	水准仪:每 200 m 测 2 个断面
10	宽度(mm)	有侧石	±20	±30	尺量:每 200 m 测 4 个断面
		无侧石	不小于设计值		
11	横坡度(%)		±0.3	±0.5	水准仪:每 200 m 测 2 个断面
12	矿料级配		满足生产配合比要求		T0725 每台班 1 次
13	沥青含量		满足生产配合比要求		T0722、T0721、T0735,每台班 1 次
14	马歇尔稳定度		满足生产配合比要求		T0709,每台班 1 次

注:① 表内压实度,高速公路、一级公路应选用 2 个标准评定,以合格率低的作为评定结果,其他公路选用 1 个标准评定。带 ＊ 号者是指 SMA 路面。

② 表列沥青层厚度仅规定负允许偏差。H 为沥青层总厚度,h 为沥青上面层厚度;其他公路的厚度代表值和合格值允许偏差按总厚度计,当 H≤60 mm 时,允许偏差分别为－5 mm 和－10 mm;当 H>60 mm 时,允许偏差分别为－8%H 和－15%H。

9.4　工程施工总结及质量保证期管理

工程结束后,施工企业应根据国家竣工文件编制的规定,提出施工总结报告及若干个专项报告,连同竣工图表,形成完整的施工资料档案。

施工总结报告应包括工程概况(包括设计及变更情况)、工程基础资料、材料、施工组织、机械及人员配备、施工方法、施工进度、试验研究、工程质量评价、工程决算、工程使用服务计划等。

施工管理与质量检查报告应包括施工管理体制、质量保证体系、施工质量目标、试验段铺筑报告、施工前及施工中材料质量检查结果(测试报告)、施工过程中工程质量检查结果(测试报告)、工程交工验收质量自检结果(测试报告)、工程质量评价以及原始记录、相册、录像等各种附件。

施工企业在质保期内,应进行路面使用情况观测、局部损坏的原因分析和维修保养等。质量保证的期限根据国家规定或招标文件等要求确定。

表 8-26　沥青贯入式面层(上拌下贯入式面层)实测项目

项次	检 查 项 目		规定值或允许偏差	检查方法和频率
1	平整度	标准差 σ(mm)	≤3.5	平整度仪:全线每车道连续检测,按每 100 m 计算 IRI 或 σ
		IRI(m/km)	≤5.8	
		最大间隙(mm)	≤8	3 m 直尺:每 200 m 测 2 处×5 尺
2	弯沉值(0.01 mm)		不大于设计验收弯沉值	按附录 J 检查
3	厚度①	代表值	−8%H 或 −5	按附录 H 检查,每 200 m 测 2 点
		合格值	−15%H 或 −10	
4	沥青总用量		±0.5%	每台班每层洒布检查 1 次
5	中线平面偏位(mm)		30	全站仪:每 200 m 测 2 点
6	纵断面高程(mm)		±20	水准仪:每 200 m 测 2 个断面
7	宽度(mm)	有侧石	±30	尺量:每 200 m 测 4 个断面
		无侧石	不小于设计值	
8	横坡度(%)		±0.5	水准仪:每 200 m 测 2 个断面
9	矿料级配		满足生产配合比要求	T0725 每台班 1 次
10	沥青含量		满足生产配合比要求	T0722、T0721、T0735,每台班 1 次

表 8-27　沥青表面处治面层实测项目

项次	检 查 项 目		规定值或允许偏差	检查方法和频率
1	平整度	标准差 σ(mm)	≤4.5	平整度仪:全线每车道连续检测,按每 100 m 计算 IRI 或 σ
		IRI(m/km)	≤7.5	
		最大间隙(mm)	≤10	3 m 直尺:每 200 m 测 2 处×5 尺
2	弯沉值(0.01 mm)		不大于设计验收弯沉值	按附录 J 检查
3	厚度①	代表值	−5	按附录 H 检查,每 200 m 每车道测 1 点
		合格值	−10	
4	沥青用量		±0.5%	每工作日每层洒布检查 1 次

项次	检　查　项　目		规定值或允许偏差	检查方法和频率
5	中线平面偏位(mm)		30	全站仪:每200 m测2点
6	纵断面高程(mm)		±20	水准仪:每200 m测2个断面
7	宽度(mm)	有侧石	±30	尺量:每200 m测4个断面
		无侧石	不小于设计值	
8	横坡度(%)		±0.5	水准仪:每200 m测2个断面

复习思考题

一、填空题

1. 为了使沥青面层与基层牢固结合,一般在做沥青面层前都应在喷洒_____,保证结构的整体效应。

2. 封层可分为_____、_____。按其施工类型来分,可采用_____、_____的单层式表面处治;也可以采用乳化沥青稀浆封层。

3. 沥青表面处治用于_____的公路,各级施工临时便道及旧沥青路面层上加铺罩面层或磨耗层,其施工方法有两种,即_____与_____。

4. 细集料包括_____和_____。

5. 沥青混合料运输应考虑_____、_____、_____、_____、_____。

二、名词解释

1. 沥青贯入式路面

2. 沥青玛蹄脂碎石混合料

3. 透层

4. 封层

5. 柔性路面

三、简答题

1. 热拌沥青混合料路面选择混合料类型的原则是什么?

2. 热拌沥青混凝土拌和及存储注意事项有哪些?

3. 热拌沥青混凝土运输和林铺注意事项有哪些?

4. 热拌沥青混合料的压实分为哪几个阶段? 各阶段的压实目的是什么?

5. SMA路面的定义及SMA路面组成和特点是什么?

6. SMA路面和普通热拌沥青混凝土比较有哪些优点?

7. 沥青贯入式路面和沥青表面处治路面的区别有哪些?

8. 旧沥青路面再生的方法有哪些?

9. 简述交工验收阶段的热拌沥青混合料的工程质量检查与验收方法及步骤。

10. 透层、黏层与封层的主要作用是什么? 施工中应注意哪些事项?

学习目标

1. 熟悉水泥混凝土路面的类型和特点。
2. 掌握水泥混凝土路面的构造及对土基、基层的要求。
3. 掌握水泥混凝土路面的施工及质量控制。

重　点

1. 水泥混凝土路面的构造。
2. 水泥混凝土路面的施工技术及质量控制。

难　点

1. 水泥混凝土路面的接缝构造。
2. 水泥混凝土路面的施工技术及质量控制要点。

案例导入

某丘陵区二级公路,设计行车速度60公里/小时,路基宽 16.0 米,双向四车道。路幅组成为 1.0 m(土路肩)＋3.5 m(混合车道)＋2×3.5 m(机动车道)＋3.5 m(混合车道)＋1.0 m(土路肩),施工起点为 K2＋100、终点为 K3＋720.611,道路全长为 1 620.611 米,采用 30 cm 厚水泥混凝土面层结构。

图 9-0　水泥混凝土路面施工图

任务 1　认识水泥混凝土

1.1　水泥混凝土基本概念

以水泥混凝土作面层(配筋或不配筋)的路面,称为水泥混凝土路面,亦称刚性路面(俗称白色路面)。它包括普通混凝土路面(又称素混凝土路面)、钢筋混凝土路面、连续配筋混凝土路面、钢纤维混凝土路面、复合式路面、碾压水泥混凝土路面、水泥混凝土预制块路面等。

普通混凝土路面是指除接缝区和局部范围外面层内均不配筋的水泥混凝土路面,亦称素混凝土路面。钢筋混凝土路面指面层内配置纵、横向钢筋或钢筋网并设接缝的水泥混凝土路面。连续配筋混凝土路面指面层内配置纵向连续钢筋和横向钢筋,横向不设缩缝的水泥混凝土路面。钢纤维混凝土路面指在混凝土面层中掺入钢纤维的水泥混凝土路面。复合式路面指面层由两层不同材料类型和力学性质的结构层复合而成的路面。水泥混凝土预制块路面指面层由水泥混凝土预制块铺砌成的路面。

1.2　水泥混凝土优缺点

1. 优点

水泥混凝土路面与其他类型路面相比,具有以下优点:

(1) 强度高。混凝土路面具有较高的抗折抗压强度和抗磨耗的力学强度,能经受较重的车轮荷载和车轮重复作用引起的路面磨耗。

(2) 稳定性好。混凝土路面的物理—力学性能受自然因素作用的影响较小,特别是气候温度的影响,它不像沥青路面到了夏季会发软、强度降低,有时甚至引起车辙,在冬季会发脆,过了若干年又会产生"老化"现象而破坏。水泥混凝土路面突出的优点是它的强度能随着时间的增长而提高,又没有砂石路面的"衰退"现象,对各种油类侵蚀的抵抗力也较强,遇到水的侵入时其强度变化也比沥青混凝土小。

(3) 耐久性好。混凝土路面经久耐用,一般使用 30~50 年,而且它能通行包括履带式车辆等在内的各种运输工具。

(4) 造价适当,养护维修费用小。从两种路面的经济性比较出发,过去修筑沥青混凝土路面要比修筑水泥混凝土路面便宜,但是近 10 余年来由于石油价格的迅速上升,交通量和车辆轴重增大,两者之间的差距缩小。水泥混凝土与沥青混凝土路面相比,在前 20 年内,用于养护的投资、材料和人工都比沥青混凝土路面低 70% 左右,且国产沥青的性能差,沥青混合料的质量不易控制,新修筑的沥青混凝土路面使用不久,往往会出现裂缝、泛油、滑溜、拥包、车辙等缺陷,大大地降低了使用质量,缩短了维修周期,这样平均摊于每年的费用,水泥混凝土路面较沥青混凝土路面为小。

(5) 抗滑性能好。水泥混凝土路面由于表面粗糙度好,能保持车辆有较高的安全行驶速度,特别在下雨时虽然路面潮湿,但仍能保持较高的摩擦系数,使车辆不滑行,从而提高车辆行驶的稳定性。

(6) 有利于夜间行车。水泥混凝土路面色泽鲜明,反光能力强,对夜间行车有利。

2. 缺点

但水泥混凝土路面也存在着以下缺点:

（1）水泥和水的需要量大，这给水泥不足和缺水地区带来较大的困难。

（2）接缝多。一般混凝土路面要建造许多接缝，这些接缝有纵缝、横缝和施工缝，这样就增加了施工和养护的复杂性，而且容易引起行车的跳动，影响行车的舒适性，由于车轮不断冲击接缝，会造成边角容易损坏。

（3）铺筑后不能立即开放交通。水泥混凝土路面铺筑后，一般需经 2～3 个星期的湿养护，达到要求强度后，才能开放交通，不像沥青混凝土路面铺筑后能立即开放交通。

（4）在白天较强阳光照射下路面反光很强，使汽车驾驶员感觉不舒服。

（5）地基软弱处，需加铺钢筋网片。水泥混凝土路面板为脆性材料，其抗折强度远较抗压强度小，对地基的变形敏感，故对于可能产生不均匀沉陷的湿软地基、沟槽部位地基等，常需在路面的底层铺设层钢筋网以防路面损坏。同样，老路基拓宽时，有时要在路面的上、下层都要设置钢筋网。这些都给施工带来麻烦，同时增加了造价。

1.3　水泥混凝土路面的分类

（1）素水泥混凝土路面。包括普通混凝土路面，是指除接缝区和局部范围（边缘和角隅）外不配置钢筋的混凝土路面和全部缩缝设传力杆的混凝土路。

（2）钢筋混凝土路面。配置有钢筋的水泥混凝土路面。

（3）装配式混凝土路面。在工厂中把混凝土预制成板块，然后运至土地现场装配而成。

（4）钢纤维混凝土路面。在水泥混凝土中掺一入些低碳钢、不锈钢纤维或其他纤维（如塑料纤维、纤维网等）即成为一种均匀而多向配筋的混凝土。

任务2　水泥混凝土路面构造

水泥混凝土路面由混凝土面层、基层、垫层、路肩结构和排水设施等组成，如图 9-1 所示。图 9-1 中，左半侧为未设路面内部排水设施和采用沥青路肩的路面结构，右半侧为设置路面内部排水设施和采用水泥混凝土路肩的路面结构。

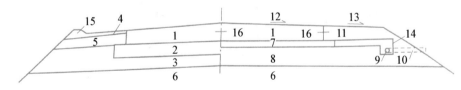

图 9-1　水泥混凝土路面的构造

1—混凝土面层；2—基层；3—垫层；4—沥青路肩；5—路肩基层；6—土基；7—排水基层；9—不透水垫层（或设反滤层）；9—集水管；10—排水管；11—混凝土路肩；12—路面横坡；13—路肩横坡；14—反滤织物；15—拦水带；16—拉杆

水泥混凝土路面以刚度大的水泥混凝土板作面层，因而采用较沥青面层简单的结构层：面层、基层、垫层；面层、基层或只有面层一个结构层。水泥混凝土路面结构组合设计应当将路基和路面各结构层看作一个整体综合考虑。

2.1　路基

路基是路面的基础，没有坚固、密实、稳定的路基，就没有优质的路面。理论分析表明，通过刚性面层和基层传到土基上的压力很小，一般不超过 0.05 MPa。然而，如果土基的稳定性不足，在水温变化的影响下出现较大的变形，特别是不均匀沉陷，则仍将给混凝土面板带来很不利的影响。实践证明，地基出现过量的塑性变形，特别是不均匀变形，会使板底局部脱空，从而使面板在受荷时在底部产生过大的弯拉应力，导致混凝土路面提早产生破坏。因此，混凝土路面下的路基必须密实稳定和均匀，从而为路面结构提供可靠的支承。

为控制路基的不均匀变形通常需在填料压实、排水等方面采取相应的措施。

选用优质填料（如粗粒土、低膨胀土、不易膨胀土等），合理安排填筑顺序。高液限黏土及含有机质细粒土，不能用作高速公路和一级公路的路床填料或二级和级以下公路和上路床填料；高液限粉土及塑性指数大于 16 或膨胀率大于 3% 的低液限黏土，不能用做高速公路和一级公路的上路床填料。因条件限制而必须采用上述土做填料时，应掺加石灰或水泥等结合料加以改善。

加强路基排水，改善路基干湿状态。地下水位高时，宜提高路堤设计高程和加深边沟，以增加路床顶面离地下水位的距离。在设计高程受限制，未能达到中湿状态的路基临界高度时，应选用粗粒土或低剂量石灰或水泥稳定细粒土做路床或上路床填料；未能达到潮湿状态的路基临界高度时，除采用上述填料措施外，还应采取在边沟下设置排水渗沟等拦截渗流水或降低地下水位等措施。

路基压实度应符合《公路路基设计规范》（JTG D30—2005）的要求控制压实时的含水率接近于最佳含水率。多雨潮湿地区，对于高液限土及塑性指数大于 16 或膨胀率大于 3% 的低液限黏土，宜采用由轻型压实标准确定的压实度，并在含水率略大于其最佳含水率时压实。

岩石或填石路床顶面应铺设整平层。整平层可采用未筛分碎石和石屑或低剂量水泥稳定粒料，其厚度视路床顶面不平整程度而定，一般为 100～150 mm。

2.2　混凝土路面垫层

垫层主要设置在温度和湿度状况不良的路段上，以减轻水温不良和路基不均匀变形对路面结构的影响。根据其功能不同可分为防冻垫层、排水垫层和加固垫层三类。

在季节性冰冻地区修建混凝土路面，为了防止或减轻路基不均匀冻胀对面层的不利影响，路面结构应达到一定的厚度。此最小厚度随当地的最大冰冻深度和路基土质而定，见表 9-1。当路面结构总厚度不能满足此表所示的最小防冻厚度要求时，应设置防冻垫层补足，保证总厚度满足最小防冻厚度的要求。

表 9-1　混凝土路面最小防冻厚度

路基干湿类型	路 基 土 质	当地最大冻深深度(m)			
		0.50～1.00	1.01～1.50	1.51～2.00	＞2.00
中湿路基	低、中、高液限黏土	0.30～0.50	0.40～0.60	0.50～0.70	0.60～0.95
	粉土、粉质土、中液限黏土	0.40～0.60	0.50～0.70	0.60～0.85	0.70～1.10
潮湿路基	低、中、高液限黏土	0.40～0.60	0.50～0.70	0.60～0.90	0.70～1.20
	粉土、粉质土、中液限黏土	0.45～0.70	0.55～0.80	0.70～1.00	0.80～1.30

注：1. 冻深小或填方路段，或者基、垫层为隔温性能良好的材料，可采用低值；冻深大或挖方及地下水位高的路段，或者基、垫层为隔温性能稍差的材料，应采用高值。2. 冻深小于 0.50 m 的地区，一般不考虑结构层防冻厚度。

对于水文地质不良的土质路基,路床土的湿度较大时,为防止地下水对路面结构的侵蚀,应设置排水垫层。

当路基土软弱,路基可能产生不均匀沉降或不均匀变形时,可加设加固垫层。

垫层具有一定的强度和良好的水稳性,在冰冻地区尚需具有较好的抗冻性(隔温性能)。垫层材料可选用粗砂、砂砾、碎石、煤渣、矿渣等粒料以及水泥或石灰煤渣稳定粗粒土、石灰粉煤灰稳定粗粒土等;若采用粗砂和砂砾料时,通过 0.074 mm 筛孔的颗粒含量不应大于 5%;采用煤渣时,小于 2 mm 的颗粒含量不宜大于 20%。防冻垫层和排水垫层宜采用粗砂、砂砾、碎石等颗粒材料。加固垫层可采用低剂量无机结合料稳定粒料或土。

垫层的宽度应与路基同宽,其最小厚度为 150 mm。

2.3　混凝土路面基层

由于混凝土面层的刚度大,路面结构的承载能力主要由混凝土面层提供,因此,对基层的强度要求不高。

混凝土面层下设置基层的目的是:

(1) 防唧泥。混凝土面层如直接放在路基上,会由于路基土塑性变形量大,细料含量多和抗冲刷能力低而极易产生唧泥现象。铺设基层后,可减轻以至消除唧泥的产生。但未经处治的砂砾基层,其细料含量和塑性指数不能太高,否则仍会产生唧泥。

(2) 防冰冻。在季节性冰冻地区,用对冰冻不敏感的粒状多孔材料铺筑基层,可以减少路基的冰冻深度,从而减轻冰冻的危害。

(3) 减小路基顶面的压应力,并缓和路基不均匀变形对面层的影响。

(4) 防水。在湿软土基上,铺筑开级配粒料基层,可以排除从路表面渗入面层板下的水分以及隔断地下毛细水上升。

(5) 为面层施工(如立侧模,运送混凝土混合料等)提供方便。

(6) 提高路面结构的承载能力,延长路面的使用寿命。

因此,基层应具有足够的抗冲刷能力、刚度和稳定性,且断面正确、表面平整。除土基本身就具有良好级配的砂砾类土,而且有良好排水条件的轻交通道路之外,都应设置基层。理论和实践都已证明,采用整体性好,具有较高的弹性模量(如贫混凝土、沥青混凝土、水泥稳定碎石、石灰粉煤灰稳定碎石、级配碎石等)的材料修筑基层,可以确保混凝土路面良好的使用特性和延长路面的使用寿命。基层类型宜依照交通等级按表 9-2 选用。混凝土预制块面层应采用水泥稳定粒料基层。

表 9-2　适宜各交通等级的基层类型

交　通　等　级	基　层　类　型
特重交通	贫混凝土、碾压混凝土或沥青混凝土
重交通	水泥稳定粒料或水泥稳定碎石
中等交通或轻交通	水泥稳定粒料、石灰粉煤灰稳定粒料或级配粒料

对于湿润和多雨地区,路基为低透水性细粒土的高速公路和一级公路或者承受特重或重交通的二级公路,宜采用排水基层。排水基层可选用多孔隙的开级配水泥稳定碎石、沥青稳定碎石或碎石,其孔隙率约为 20%。排水基层下应设置由水泥稳定粒料或者密级配粒料

组成的不透水底基层,厚度一般为 200 mm。底基层顶面宜铺设沥青封层或防水土工织物。

碾压混凝土基层应设置与混凝土面层相对应的接缝。贫混凝土基层在其弯拉强度超过 1.8 MPa 时,应设置与混凝土面层相对应的横向缩缝;一次摊铺宽度大于 7.5 m 时,应设置纵向缩缝。

基层下未设垫层,上路床为细粒土、黏土质砂或级配不良砂(承受特重或重交通时),或者为细粒土(承受中等交通时),应在基层下设置底基层。底基层可采用级配粒料、水泥稳定粒料或石灰粉煤灰稳定粒料,厚度一般为 200 mm。

基层的宽度应比混凝土面层每侧至少宽出 **300 mm**(采用小型机具施工时)或 500 mm(轨模式摊铺机施工时)或 650 mm(滑模式摊铺机施工时)。路肩采用混凝土面层,其厚度与行车道面层相同时,基层宽度宜与路基同宽。级配粒料基层的宽度也宜与路基同宽。

研究资料表明,通过增加基层厚度来提高土基的支承力,或者说借以降低面层应力或减薄面层厚度一般是不经济的。但是随着稳定类基层厚度的减小,基层底面的弯拉应力随之增大,因此基层厚度不宜太薄。各类基层厚度的适宜范围见表 9-3。

表 9-3　各类基层厚度的适宜范围

基 层 类 型	厚度适宜的范围(mm)
贫混凝土或碾压混凝土基层	120~200
水泥或石灰粉煤灰稳定粒料基层	150~250
沥青混凝土基层	40~60
沥青稳定碎石基层	80~100
级配粒料基层	150~200
多孔隙水泥稳定碎石排水基层	100~140
沥青稳定碎石排水基层	80~100

2.4　混凝土面层板

水泥混凝土面层应具有足够的强度耐久性,表面抗滑、耐磨、平整等路用性能。面层一般采用设接缝的普通混凝土,也就是除接缝区和局部范围外面层内均不配筋的水泥混凝土路面。若面层板的平面尺寸较大或形状不规则,路面结构下埋有地下设施,高填方、软土地基、填挖交界段的路基等有可能产生不均匀沉降时,应采用设置接缝的钢筋混凝土面层。其他面层类型可根据适用条件按表 9-4 选用。

表 9-4　其他面层类型选择

面 层 类 型	适 用 条 件
连续配筋混凝土面层	高速公路
沥青上面层与连续配筋混凝土或横缝设传力杆的普通混凝土下面层组成的复合式路面	特重交通的高速公路
碾压混凝土面层	二级及二级以下公路、服务区停车场
钢纤维混凝土面层	高程受限制路段、收费站、混凝土加铺层及桥面铺装
矩形或异形混凝土预制块面层	服务区停车场、二级及二级以下公路桥头引道沉降未稳定段

普通混凝土、钢筋混凝土碾压混凝土或钢纤维混凝土面层板一般由横向和纵向接缝划分为矩形板块。其横向和纵向接缝应垂直相交，纵横两侧的横缝不得相互错位。

纵向接缝的间距按路面宽度在 3～4.5 m 范围内确定。碾压混凝土、钢纤维混凝土面层在全幅摊铺时，可不设纵向伸缩缝。横向接缝的间距按面层板类型和厚度选定，普通混凝土面层一般为 4～6 m，面层板的长宽比不宜超过 1.3∶1，平面尺寸不宜大于 25 m²；碾压混凝土或钢纤维混凝土面层一般为 6～10 m；钢筋混凝土面层一般为 6～15 m。

根据理论分析，轮载作用于板中部时，板所产生的最大应力约为轮载作用于板边部时的 2/3。因此，面层板的横断面应采用中间薄两边厚的型式。但厚边式路面对土基和基层的施工带来不便，而且在厚度变化转折处易出现板的折裂。因此，目前国内外需采用等厚式断面。

水泥混凝土上面层的厚度，视公路等级而定，一般在 180～300 mm 范围内。普通混凝土、钢筋混凝土、碾压式混凝土或连续配筋混凝土面层所需的厚度，可参考表 9-5 所示范围。

表 9-5　混凝土面板的初估厚度的参考范围

交通等级	特重			重			
公路等级	高速	一级		二级	高速	一级		二级
变异水平系数	低	中	低	中	低	中	低	中
面层厚度(mm)	≥260	≥250	≥240	≥240	240～270	230～260	220～250	220～250
交通等级	中等			轻			
公路等级	二级		三、四级		三、四级		
变异水平系数	高	中	高	中	高	中	
面层厚度(mm)	210～240	200～230	200～230	200～220	≤230	≤210	

钢纤维混凝土面层的厚度按钢纤维掺量确定，钢纤维体积率为 0.6%～1.0% 时，其厚度为普通混凝土面层厚度的 0.65～0.75 倍。特重或重交通时，其最小厚度为 160 mm；中等或轻交通时，其最小厚度为 140 mm。复合式路面沥青上面层的厚度一般为 25～80 mm。

为提高路面的行车安全性，路面表面应采用刻槽、压槽、拉槽或拉毛等方法进行处理。其构造深度在使用初期应满足表 9-6 的要求。

表 9-6　各级公路水泥混凝土面层的表面构造深度要求(单位:mm)

公路等级	高速公路、一级公路·	二、三、四级公路
一般路段	0.70～1.10	0.50～0.90
特殊路段	0.80～1.20	0.60～1.00

注:① 特殊路段对于高速公路和级公路系指立交平交或变速车道等处,对于其他等级公路系指急弯、陡坡、交叉口或集镇附近。
② 年降雨量 600 m 以下的地区,表列数值可适当降低。

2.5　路肩

路肩铺面结构应具有一定的承载能力,其结构层组合和材料选用应与行车道路面相协调,并保证进入路面结构中的水的排除。路肩铺面可选用水泥混凝土面层或沥青面层。

路肩水泥混凝土面层的厚度通常采用与行车道面层等厚,其基层宜与行车道基层相同。选用薄面层时,其厚度不宜小于 150 mm,基层应采用开级配粒料。

路肩沥青面层宜选用密实型沥青混合料。其基层可选用无机结合料稳定粒料或级配粒料。行车道路面结构不设内部排水设施时,沥青面层和不透水基层总厚度不宜超过行车道面层的厚度,基层下应选用透水性材料填筑,并保证进入路面结构中的水的排除。

2.6 接缝的构造与布置

2.6.1 横缝的构造与布置

横向接缝是垂直于行车方向的接缝,共有三种:缩缝、胀缝和施工缝。缩缝保证板因温度和湿度的降低而收缩时沿该薄弱断面缩裂,从而避免产生不规则的裂缝。胀缝保证板在温度升高时能部分伸张,从而避免产生路面板在热天的拱胀和折断破坏,同时胀缝也能起到缩缝的作用。混凝土路面每天完工以及因雨天或其他原因需中断浇筑时,应设置施工缝。

1. 横向缩缝

普通水泥混凝土面层的横向缩缝一般等间距布置,通常都垂直于路中线,相邻横向缩缝间距一般为 4～6 m(即板长),在昼夜气温变化较大的地区,或地基水文情况不良路段,应取低限值,反之限高限值。横缝与纵缝一般做成垂直正交,使混凝土板具有 90°的角隅,纵缝两旁的横缝一般成一条直线。为改善行驶质量,也可采用变间距缩缝,并倾斜于路中线布置,缩缝倾斜的斜率一般采用 1∶6,缩缝间距可按 4.8～5.7～3.6 m 或 3.0～4.2～3.9～2.7 m 或 5.1～6.9～6.6～4.8 m 等方案变化。

横向缩缝一般采用假缝形式,即只在板的上部设缝隙,而板在收缩和翘曲时会使缝槽下的混凝土自行断裂,由于断裂表面凹凸不平、互相嵌锁,使这类接缝具有一定的传荷能力。横向缩缝包括设传力杆假缝型和不设传力杆假缝型,特重和重交通公路、收费广场以及邻近胀缝或自由端部的 3 条缩缝,应采用设传力杆假缝形式,其构造如图 9-2(a)所示。其他情况可采用不设传力杆假缝形式,其构造如图 9-2(b)所示。

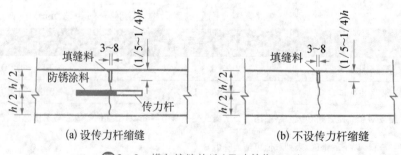

(a) 设传力杆缩缝　　　　　　　　(b) 不设传力杆缩缝

图 9-2　横向缩缝构造(尺寸单位:mm)

横向缩缝顶部应锯切槽口,深度为面层厚度的 **1/5～1/4**,宽度为 **3～8 mm**,槽内填塞填缝料,以防地面水下渗及石砂杂物进入缝内。高速公路的横向缩缝槽口宜增设深 **20 mm**、宽 **6～10 mm** 的浅槽口,其构造如图 9-3 所示。

传力杆应采用光面钢筋,设在板厚中央。其设置目的是当行车荷载作用于一块板边时,传力杆可以将部分荷载传到另一块板上,从而减轻板体内产生的应力,减少破坏并保证路面的平整度。最外侧传力杆距纵向接缝或自由边的距离为150～250 mm。传力杆一般全部锚固在混凝土内,以使缩缝下部凹凸面的传荷作用有所保证,但为便于板的翘曲,有时也将传力杆半段涂以沥青,称为滑动传力杆,而这种缝称为翘曲缝。采用变间距缩缝时,传力杆仍与路中线平行,使车辆的两侧车轮不会同时驶经横缝,以达到减轻颠簸的作用。其尺寸和间距可按表9-7选用,最外侧传力杆距纵向接缝式自由边的距离为150～250 mm。

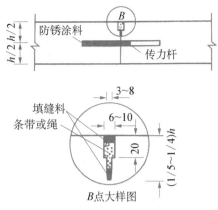

图9-3 浅槽口构造(尺寸单位:mm)

表9-7 传力杆尺寸和间距(单位:mm)

面层厚度	传力杆直径	传力杆最小长度	传力杆最大间距
220	28	400	300
240	30	400	300
260	32	450	300
280	35	450	300
300	38	500	300

2. 胀缝

胀缝是混凝土路面的薄弱环节,它不仅给施工带来不便,同时也常出现唧泥、错台、挤碎、拱胀等病害。因此我国路面设计规范规定胀缝应尽量少设或不设,但在邻近桥梁或其他固定构造物处或与其他道路相交处均应设置横向胀缝。设置胀缝的条数,视膨胀量大小而定。低温浇筑混凝土面层或选用膨胀性高的集料时,宜酌情确定是否设置胀缝。

胀缝处混凝土板完全断开,因而也称之为真缝,胀缝必须上下贯穿,缝壁竖直,缝隙宽20～25 mm。如施工气温较高,或胀缝间距较短,应采用低限,反之用高限。缝隙上部3～4 cm深度内浇灌填缝料,下部则设置富有弹性的嵌缝板,它可由油浸或沥青浸制的软木板制成。胀缝的构造如图9-4所示。

对于交通繁重的道路,为保证混凝土板之间能有效地传递荷载,防止形成错台,应在胀缝处板厚中央设置传力杆。传力杆采用光面钢筋。杆的半段固定在混凝土内,另半段涂以沥青,套上长为8～10 cm的铁皮或塑料套筒,套子应能罩住传力杆5 cm以上,并在筒底与杆端之间留出宽为3～4 cm的空隙,并用泡沫塑料或纱头等弹性材料填充,以利板膨胀时的自由伸缩(图9-4)。传力杆加套端按图示长度,表面涂敷沥青膜(厚0.1 mm),外面再套0.4 cm厚的聚乙烯膜,以防止传力杆与混凝土黏结而无法自由滑动。在同一条胀缝上的传力杆,设有套筒的活动端最好在缝的两边交错布置。

3. 横向施工缝

每日施工结束或因临时原因中断施工时,必须设置横向施工缝,其位置应尽可能选在缩缝或胀缝处。设在缩缝处的施工缝,应采用传力杆的平缝形式,其构造如图9-5(a)所示;设在胀缝处的施工缝,其构造与胀缝相同。遇有困难需设在缩缝之间时,施工继采用设拉杆的企口缝形式,其构造如图9-5(b)所示。

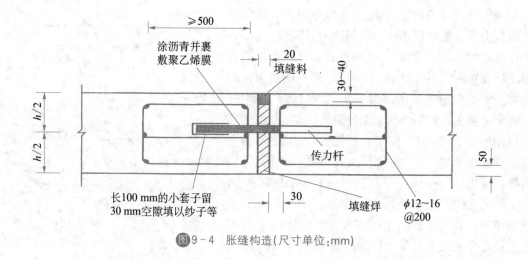

图9-4 胀缝构造(尺寸单位:mm)

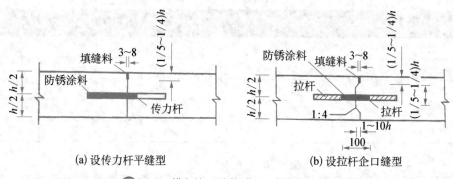

(a) 设传力杆平缝型 (b) 设拉杆企口缝型

图9-5 横向施工缝构造(尺寸单位:mm)

　　施工缝采用平缝或企口缝的构造形式。平缝上部应设置深为 **3～4 cm**,宽为 **5～10 mm** 的沟槽,内浇灌填缝料。为利于板间传递荷载,在板厚的中央也应设置传力杆[图9-5(a)],传力杆应采用光面钢筋。半段锚固在混凝土中,另半段涂沥青或润滑油,亦称滑动传力杆。另一种形式是企口缝如图9-5(b)所示,设在缩缝之间的横向施工缝采用设拉杆企口缝形式,可提高接缝的传荷能力,使之接近于无接缝的整体板。

2.6.2　纵缝的构造与布置

　　纵缝是指平行于混凝土路面行车方向的那些接缝。纵向接缝的布设,应视路面宽度和施工铺筑宽度而定。纵缝主要有纵向施工缝和纵向缩缝两种。

　　纵缝间距为板宽,通常按车道宽度确定。但带有路缘带的高速公路和一级公路,板宽可按车道和路缘带的宽度确定。纵缝间距一般采用 3～4.5 m 设置。纵缝间距由于板块过宽易产生纵向断裂,特别是在旧路加宽或半填半挖的路段上,最大间距一般不超过 4.5 m。

　　纵缝应与路线中线平行。在路面等宽的路段内或路面变宽路段的等宽部分,纵缝的间距和形式应保持一致。路面变宽段的加宽部分与等宽部分之间,应以纵向施工缝隔开。加宽板在变宽段起终点处的宽度不应小于 1 m。

　　1. 纵向缩缝

　　当一次铺筑宽度大于 **4.5 m** 时,应增设纵向缩缝。缩缝做成假缝形式,并宜在板厚中央设置拉杆。缝槽深度要适中。过浅,混凝土截面的强度削弱得不够,从而不能保证以后的断裂发生在接缝位置。如过深，不规则断裂面积过少，接缝的传荷能力就会降低。锯切的槽口深度应大于施工缝的槽口深度。采用粒料基层时，槽口深度应为板厚的 **1/3**，采用半刚性基层时，槽口深度为板厚的 **2/5**。槽宽根据施工条件，宜尽可能窄些，通常为 3～8 mm。其构造如图 9-6 所示。

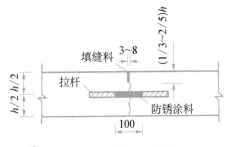

图 9-6　纵向缩缝(尺寸单位:mm)

拉杆应采用螺纹钢筋，锚固在混凝土内，避免板块横向位移并保证接缝的传荷能力。拉杆设在板厚中央，并应对拉杆中部 100 m 范围内进行防锈处理。拉杆的直径、长度和间距，可参照表 9-8 选用。施工布设时，拉杆间距应按横向接缝的实际位置予以调整，最外侧的拉杆距横向接缝的距离不得小于 100 m。

表 9-8　拉杆的直径、长度和间距(单位:mm)

面层厚度	到自由边或未设拉杆纵缝的距离					
	3.00	3.50	3.75	4.50	6.00	7.5
200～250	14 * 700 * 900	14 * 700 * 800	14 * 700 * 700	14 * 700 * 600	14 * 700 * 500	14 * 700 * 400
260～300	16 * 800 * 900	16 * 800 * 800	16 * 800 * 700	16 * 800 * 600	16 * 800 * 500	16 * 800 * 400

2. 纵向施工缝

当一次铺筑宽度小于路面宽度时，应沿着施工纵向边缘设置施工缝。纵向施工缝采用平缝形式(图 9-7)。缝壁应涂沥青，上部应锯切槽口，深度为 **30～40 mm**，宽度为 **3～8 mm**，槽内应灌塞填缝料，以免渗水和落入硬屑。为防止板块出现位移，而使接缝张开和板块上下错动，应在接缝处板厚中央设置拉杆，并与缝壁垂直。

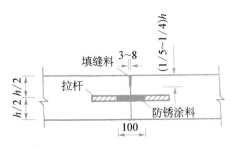

图 9-7　纵向施工缝(尺寸单位:mm)

对于多车道路面，应每隔 3～4 个车道设一条纵向胀缝，其构造与横向胀缝相同。当路旁有路缘石时，缘石与路面板之间也应设置胀缝，但不必设置传力杆。

2.6.3　交叉口接缝布设

交叉口接缝设置，应与交通流方向相适应，并易于排水，整齐美观，方便施工。混凝土板板角不宜小于 90°，当出现锐角时，应尽量放在非主要行车部位，接缝边长不宜小于 1 m。布置时分清相交道路的主次，保持主要道路的接缝位置和形式全线贯通，使次要道路的接缝布设与主要道路相协调，必要时可适当调整主要道路的横缝位置。

两条道路正交时，各条道路和直道部分均保持本身纵缝的连贯，而相交路段内各条道路的横缝位置应按相对道路的纵缝间距作相应变动，保证两条道路的纵横缝垂直相交，互不错位。两条道路斜交时，主要道路的直道部分保持纵缝的连贯，而相交路段内的横缝位置应按次要道路的纵缝间距作相应变动，保证与次要道路的纵缝相连接。

相交道路弯道加宽部分的接缝布置，应不出现或少出现错缝和锐角板。在次要道路弯道加宽段起终点断面处的横向接缝，应采用胀缝形式。膨胀量大时，应在直线段连续布置 2～3 条胀缝。

2.7　补强钢筋的布置

　　混凝土面层自由边缘下基础薄弱或接缝为未设传力杆的平缝时,可在面层边缘的下部配置钢筋。通常选用 2 根直径为 12~16 mm 的螺纹钢筋,置于面层底面之上 1/4 厚度处并不小于 50 mm,间距为 100 mm,钢筋两端向上弯起,如图 9-8 所示。

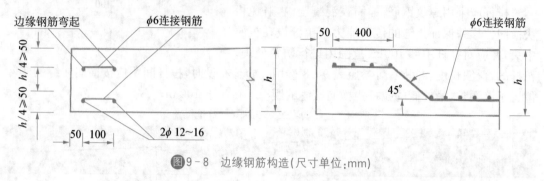

图9-8　边缘钢筋构造(尺寸单位:mm)

　　承受特重交通的胀缝、施工缝和自由边的面层角隅及锐角面层角隅,宜配置角隅钢筋。通常选用 2 根直径为 12~16 mm 的螺纹钢筋,置于面层上部,距顶面不小于 50 mm,如图 9-9 所示。

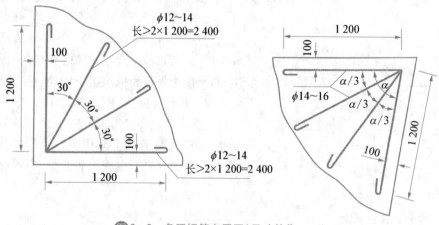

图9-9　角隅钢筋布置图(尺寸单位:mm)

　　混凝土面层下有箱形构造物横向穿越,其顶面至面层底面的距离小于 400 mm 或嵌入基时,在构造物顶宽及两侧各(H+1)m.且不小平 4 m 的范围内,混凝土面层内应布设双层钢肋网,上下层钢筋网各距面层顶面和底面 1/4~1/3 厚度处,如图 9-10 所示。构造物顶面全面层底面的距离在 400~1 200 mm 时,则在上述长度范围内的混凝土面层中应布设单层钢筋网。

　　钢筋网设在距顶面 1/4~1/3 厚度处,如图 9-10 所示。钢筋直径 12 mm,纵向钢筋同距 100 mm,横向钢筋间距 200 mm。配筋混凝土面层与相邻混凝土面层之间设置传力杆缩缝。

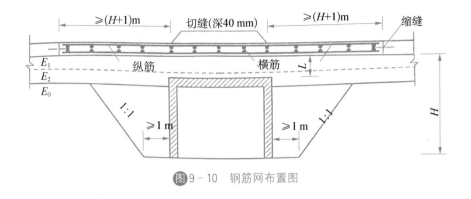

图 9-10　钢筋网布置图

2.7　水泥混凝土路面接头的处理

1. 与构造物接头的处理

混凝土路面与固定构造物相衔接的胀缝无法设置传力杆时,可在毗邻构造物的板端部内配置双层钢筋网,或在长度为 6～10 倍板厚的范围内逐渐将板厚增加 **20%**。

2. 桥梁接头的处理

混凝土路面与桥梁相接,桥头设有搭板时,应在搭板与混凝土面层板之间设置长 **6～10 m** 的钢筋混凝土面层过渡板。后者与搭板间的横缝采用设拉杆半缝形式,与混凝土面层间的横缝采用设传力杆胀缝形式。膨胀量大时,应连续设置 2～3 条设传力杆胀缝。当桥梁为斜交时,钢筋混凝土板的锐角部分应采用钢筋网补强。桥头未设搭板时,宜在混凝土面层与桥台之间设置长 10～15 m 的钢筋混凝土面层板,或设置由混凝土预制块面层或沥青面层铺筑的过渡段.其长度不小于 8 m。

3. 与沥青路面接头的处理

混凝土路面与沥青路面相接时,其间应设置至少 **3 m** 长的过渡段。过渡段的路面采用两种路面呈阶梯状叠合布置,其下面铺设的变厚度混凝土过渡板的厚度不得小于 200 mm,如图 9-11 所示。过渡板与混凝土面层相接处的接缝内设置直径 25 mm、长 700 mm 间距 400 mm 的拉杆。混凝土面层毗邻该接缝的 1～2 条横向接缝应设置胀缝。

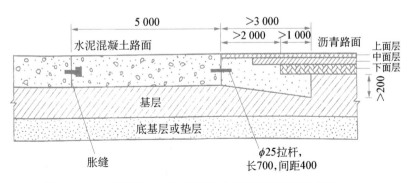

图 9-11　混凝土路面与沥青路面过渡段构造图(尺寸单位:mm)

任务 3　水泥混凝土路面施工

3.1　材料选择

3.1.1　水泥

特重、重交通路面宜采用旋窑道路硅酸盐水泥,也可采用旋窑硅酸盐水泥或普通硅酸盐水泥;中、轻交通路面可采用矿渣硅酸盐水泥;低温天气施工或有快通要求的路段可采用 R 型水泥,此外宜采用普通型水泥。各交通等级路面水泥抗折强度、抗压强度应符合表 9-9 的规定。

表 9-9　各交通等级路面水泥各龄期的抗折强度、抗压强度

交通等级	特重交通		重交通		中、轻交通	
龄期/d	3	28	3	28	3	28
抗压强度/MPa	≥25.5	≥57.5	≥22.0	≥52.5	≥16.0	≥42.5
抗折强度/MPa	≥4.5	≥7.5	≥4.0	≥7.0	≥3.5	≥6.5

水泥进场时每批量应附有化学成分、物理、力学指标合格的检验证明。各交通等级路面所使用水泥的化学成分、物理性能等路用品质要求应符合有关规范的规定。

选用水泥时,还应通过混凝土配合比试验,根据其配制弯拉强度、耐久性和工作性优选适宜的水泥品种、强度等级。

采用机械化铺筑时,宜选用散装水泥。散装水泥的夏季出厂温度:南方不宜高于 65℃,北方不宜高于 55℃。混凝土搅拌时的水泥温度:南方不宜高于 60℃,北方不宜高于 50℃,且不宜低于 10℃。当贫混凝土和碾压混凝土用做基层时,可使用各种硅酸盐类水泥。不掺用粉煤灰时,宜使用强度等级 32.5 级以下的水泥。掺用粉煤灰时,只能使用道路水泥、硅酸盐水泥、普通水泥。水泥的抗压强度、抗折强度、安定性和凝结时间必须检验合格。

3.1.2　粗集料

粗集料应使用质地坚硬、耐久、洁净的碎石、碎卵石和卵石,并应符合《公路水泥混凝土路面施工技术细则》(JTG/T F30—2014)的规定。高速公路、一级公路、二级公路及有抗(盐)冻要求的三、四级公路混凝土路面使用的粗集料级别应不低于Ⅱ级,无抗(盐)冻要求的三、四级公路混凝土路面、碾压混凝土及贫混凝土基层可使用Ⅲ级粗集料。有抗(盐)冻要求时,Ⅰ级集料吸水率不应大于 1.0%;Ⅱ级集料吸水率不应大于 2.0%。

用做路面和桥面混凝土的粗集料不得使用不分级的统料,应按最大公称粒径的不同采用 2～4 个粒级的集料进行掺配,并应符合《公路水泥混凝土路面施工技术细则》(JTG/TF30—2014)的要求。卵石最大公称粒径不宜大于 19 mm;碎卵石最大公称粒径不宜大于 26.5 mm;碎石最大公称粒径不应大于 31.5 mm。贫混凝土基层粗集料最大公称粒径不应大于 31.5 mm;钢纤维混凝土与碾压混凝土粗集料最大公称粒径不宜大于 19 mm。碎卵石或碎石中粒径小于 75 um 的石粉含量不宜大于 1%。

3.1.3 细集料

细集料应采用质地坚硬、耐久、洁净的天然砂、机制砂或混合砂,并应符合《公路水泥混凝土路面施工技术规范》(JTGF30—2003)的规定。高速公路、一级公路、二级公路及有抗(盐)冻要求的三、四级公路混凝土路面使用的砂应不低于Ⅱ级,无抗(盐)冻要求的三、四级公路混凝土路面、碾压混凝土及贫混凝土基层可使用Ⅲ级砂。特重、重交通混凝土路面宜使用河砂,砂的硅质含量不应低于25%。细集料的级配要求应符合《公路水泥混凝土路面施工技术细则》(JTG/T F30—2014)的规定,面层水泥混凝土使用的天然砂细度模数宜在2.0~3.7之间。同一配合比用砂的细度模数变化范围不应超过0.3,否则,应分别堆放,并调整配合比中的砂率后再使用。

路面和桥面混凝土所使用的机制砂除应符合规定外,还应检验砂浆磨光值,其值宜大于35,不宜使用抗磨性较差的泥岩、页岩,板岩等水成岩类母岩品种生产机制砂。配制机制砂混凝土应同时掺高效引气减水剂。在河砂资源紧缺的沿海地区,一级及一级以下公路混凝土路面和基层可使用淡化海砂,缩缝设传力杆混凝土路面不宜使用淡化海砂,钢筋混凝土及钢纤维混凝土路面和桥面不得使用淡化海砂。淡化海砂除应符合要求外,尚应符合下述规定:

(1) 淡化海砂带入每立方米混凝土中的含盐量不应大于1.0 kg。

(2) 淡化海砂中碎贝壳等甲壳类动物残留物含量不应大于1.0%。

(3) 淡化海砂应对砂浆磨光值混凝土凝结时间耐磨性弯拉强度等无不利影响。

3.1.4 水

饮用水可直接作为混凝土搅拌和养护用水。对水质有疑同时应检验下列指标、合格者方可使用。

(1) 硫酸盐含量(按SO_4^{2-}计)小于0.007 mg/mm^2。

(2) 含盐量不得超过0.005 mg/mm^2。

(3) pH值不得小于4。

(4) 不得含有油污、泥和其他有害杂质。

3.1.5 粉煤灰及其他掺和料

混凝土路面在掺用粉煤灰时,应掺用质量指标符合表9-10规定的电收尘Ⅰ,Ⅱ级干排或磨细粉煤灰,不得使用Ⅲ级粉煤灰。贫混凝土、碾压混凝土基层或复合式路面下面层应掺用符合表9-10规定的Ⅰ级或Ⅰ级以上粉煤灰,不得使用等外粉煤灰。

表9-10 粉煤灰分级和质量指标

粉煤灰等级	细度[1](45 μm气流筛,筛余量)(%)	烧失量(%)	需水量比(%)	含水率(%)	Ci$^-$(%)	SO3(%)	混合砂浆活性指数[2]	
							7 d	28 d
Ⅰ	≤12	≤5	≤95	≤1.0	<0.02	≤3	≥75	≥85(75)
Ⅱ	≤20	≤8	≤105	≤1.0	<0.02	≤3	≥70	≥80(62)
Ⅲ	≤45	≤15	≤115	≤1.5	—	≤3	—	—

注:① 45 μm气流筛的筛余量换算为80 μm水泥筛的筛余量时换算系数约为2.4。

② 混合砂浆的活性指数为掺粉煤灰的砂浆与水泥砂浆的抗压强度比的百分数,适用于所配制混凝土强度等级大于或等于C40的混凝土;当配制的混凝土强度等级小于C40时,混合砂浆的活性指数要求应满足28 d括号中的数值。

宜采用散装灰,进货应有等级检验报告。应确切了解所用水泥中已经加入的掺和料种类和数量。

3.1.6 外加剂

外加剂的产品质量应符合表9-11的各项技术指标。供应商应提供有相应资质外加剂检测机构的品质检测报告,检验报告应说明外加剂的主要化学成分,认定对人员无毒副作用。

表9-11 混凝土外加剂产品的技术性能指标表

试 验 项 目		普通减水剂	高效减水剂	早强减水剂	缓凝高效减水剂	缓凝减水剂	引气减水剂	早强剂	缓凝剂	引气剂
减水率(%),≥		8	15	8	15	8	12	—	—	6
泌水率(%),≥		95	90	95	100	100	70	100	100	70
含气量(%)		≤3.0	≤4.0	≤3.0	<4.5	<5.5	>3.0			>3.0
凝结时间(mm)	初凝	−90~+120	−90~+120	−90~+90	>+90	>+90	−90~+120	−90~+90	>+90	−90~+120
	终凝									
抗压强度比(%),≥	1 d	—	140	140				135		
	3 d	115	130	130	125	100	115	130	100	95
	7 d	115	125	115	125	110	110	110	100	95
	28 d	110	120	105	120	110	100	100	100	90
收缩率比(%)28 d,≤		120	120	120	120	120	120	120	120	120
抗冻标号		50	50	50	50	50	200	50	50	200
对钢筋锈蚀作用		应说明对钢筋无锈蚀危害								

注:① 除含气量外,表中数据为掺外加剂混凝土基准混凝土值或比值。
② 凝结时间指标"—"表示提前,"+"表示延缓。

引气剂应选用表面张力降低值大、水泥稀浆中起泡容量多而细密、泡沫稳定时间长、不溶残渣少的产品。有抗冰(盐)冻要求地区,各交通等级路面、桥面、路缘石、路肩及贫混凝土层必须使用引气剂;无抗冰(盐)冻要求地区,二级及二级以上公路路面混凝土中应使用引气剂。

各通等级路面、桥面混凝土宜选用减水率大坍落度损失小、可调控凝结时间的复合型减水剂。高温施工宜使用引气缓凝(保塑、高效)减水剂;低温施工宜使用引气早强(高效)减水剂。选定减水剂品种前,必须与所用的水泥进行适应性检验。

处在海水、海风、氯离子、硫酸根离子环境的或冬季洒除冰盐的路面或桥面钢筋混凝土,钢纤维混凝土宜掺阻锈剂。

3.1.7 钢筋

各交通等级混凝土路面桥面和搭板所用钢筋网传力杆、拉杆等钢筋应符合国家有关标准的技术要求。

各交通等级混凝土路面、桥面和搭板所用钢筋应顺直,不得有裂纹、断伤、刻痕、表面油污和锈蚀。传力杆钢筋加工应锯断,不得挤压切断;断口应垂直、光圆,用砂轮打磨掉毛刺,并加工成 2~3 mm 圆倒角。

3.2　水泥混凝土路面的施工准备

1. 选择摊铺成型施工机械

目前国在实际水泥混凝土面工程建设中,高速公路、一级公路基本上使用滑模摊铺装备和工艺,二级及其以下公路水泥混凝土面的施工,大多采用三辊轴机组施工设备与工艺,小型机具施工工艺多用于三、四级公路。

根据公路等级的不同,混凝土路面的施工宜符合表 9-12 规定的机械装备要求。

表 9-12　与路等级相适用的机械装备

摊铺机械装备	高速公路	一级公路	二级公路	三级公路	四级公路
滑模摊铺机	√	√	√	—	○
轨道摊铺机	▲	√	√	√	○
三辊轴机组	○	▲	√	√	√
小型机具	×	○	▲	√	√
碾压混凝土机械	—	○	√	√	▲
计算机自动控制强制搅拌楼(站)	√	√	√	▲	○
强制搅拌楼(站)	×	○	▲	√	√

注:① 符号含义:√应使用;▲有条件使用;○不宜使用;×不得使用。
② 各等级公路均不得使用体积计量、小型自落筒式搅拌机,严禁使用人工控制加水量。
③ 碾压混凝土可用于高速公路、级公路复合式路面的下面层和贫混凝土层。

2. 施工组织

施工单位应根据设计图纸、合同文件摊铺方式施工条件等,确定混凝土路面施工工艺流程、施工方案,编制详细的切实可行的施工组织设计;对平面和高程进行复测和恢复性测量;建立具备资质要求的现场实验室;铺设必要的施工便道及对相关的技术人员进行培训。

3. 选择混凝土拌和场地和拌和机械

根据施工路线的长短和所采用的运输工具,混凝土可集中在一个场地拌制,也可以在沿线选择几个场地,随工程进展情况迁移。拌和场地的选择首先要考虑使运送混合料的运距最短同时拌和场还要接近水源和电源。此外,拌和场应有足够的面积,以供堆放砂石材料和搭建水泥库房。

4. 基层的检查与整修所行

基层的宽度路拱与高程、表面平整度和压实度均应检在其是否符合要求。

3.3　滑模摊铺机施工技术

滑模摊铺机施工技术适用于二级以上新建、改扩建公路、城市道路、机场跑道、停机坪、货场停车场等水泥混凝面板厚度在 500 mm 内的工程,也可用于桥面混凝土工程的施工。

3.3.1 施工准备

1. 技术准备

(1)审核图纸、设计文件和熟悉施工技术规范,编制路面施工组织设计。

(2)校核并计算平面及高程控制桩,桩间距为直线段 10 m,缓和曲线和圆曲线段为 5 m。

(3)人员培训与技术交底:在摊铺开始前,对施工.试验、机械管理等岗位的技术人员进行技术交底,对各工种技术工人进行技术操作培训及二次技术交底。技术人员、操作工人对序衔接,各工序技术要求做到心中有数,把握操作要点。

2. 机具准备

(1)钢筋加工设备:钢筋切断机、折弯机、电焊机。

(2)测量设备:水准仪、全站仪。

(3)摊铺成型配套设备:布料机(或挖掘机)、滑模摊铺机、拉毛养生机、刻槽机、锯缝机电机及振捣设备等。

(4)拌和设备:强制式混凝土搅拌机装载机、发电机供水泵、蓄水池、外加剂池等。

(5)运输设备:自卸车。

(6)成品保护设备:防雨棚、路障、警戒线等。

3. 材料准备

(1)原材料:水泥、石子、砂、外加剂、钢筋等大宗材料按施工进度要求,在有一定储量的情况下,确保正常施工供应,并由实验人员按规范规定标准进行检验,确保原材料质量符合设计标准要求。

(2)施工配合比设计:配合比设计要满足混凝土抗弯拉强度、工作性、耐久性和经济性的要求,应特别注意的是,要保证滑模施工的最佳工作性、稳定性和可滑性的独特工艺要求。施工配合比应根据天气、季节及运距等的变化,微调减水剂的掺量,保证施工现场混凝土的振动黏度系数、坍落度等工作性能适合于滑模摊铺,且波动最小。同时,根据当天不同时间的气温变化微调加水量,维持坍落度等工作性能适合于滑模摊铺,且波动最小,其他配合比参数不得随意改变。应做坍落度随时间、温度损失的试验,最终确定拌和坍落度。

(3)路面摊铺前,应进行不少于 200 m 长的试验铺筑段,以便检验机械性能、机械配套组合、施工工艺、施工工艺参数、路面的成型质量控制生产时拌和站与摊铺现场之间的协调能力等能否达到路面质量要求,否则加以调整。高速公路、级公路宜在主线路面以外地段进行试验段摊铺。路面厚度、摊铺宽度、基准线设置、接缝设置、钢筋设置等均应与实际工程相同。

4. 作业条件

(1)拌和站设置:一般宜设置在摊铺路段的中间位置,并能使拌和站的布置满足材料储运、存放、混合料拌和、运输、供电、供水及场地防水、排水等使用要求。

(2)拌和站及配套设备应安装、检测、调试保养完毕并处于良好状态,备齐可供使用 15 d 以上的材料,水泥储备量应满足 2 d 以上连续摊铺施工需要。

(3)基层,封层的检查验收及修补:检测基层的强度、压实度结构层厚度、平整度高程、横坡等各项指标均应满足规范要求,否则应修整使之符合要求为止。对于基层裂缝,根据情况可采用沥青材料灌缝等方法处理,对于表面松散处,则在凿除后并用 C20 混凝土进行修补。封层如出现局部损坏,则采用相同的封层材料进行修补。

　　(4) 道路、通信准备:确保施工时运送混凝土的道路畅通,不得延误运输时间和损坏基层。要在摊铺现场和拌和站之间建立快速有效的通信指挥系统,有专人不间断值班,进行生产协调和指挥。

3.3.2　施工流程

　　水泥混凝土滑模摊铺机施工工艺流程见图 9-12。

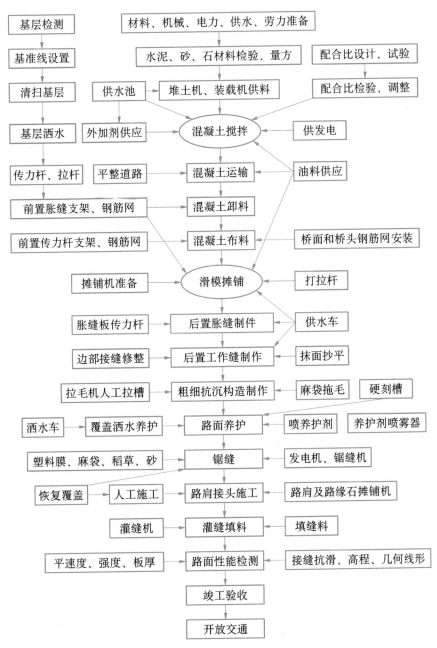

图 9-12　水泥混凝土滑模摊铺机施工工艺流程图

3.3.3 施工要点

1. 拉线测量设置

(1) 用全站仪按设计坐标准确放出挂线点的位置,挂线桩间距为:平面直线段每 10 m 圆曲线缓和曲线段、纵面竖曲线加密应视曲线半径大小确定一般 5 m,最小 2.5 m 一桩,并做好标志;测量放样的质量要求和允许偏差符合相应测量规范的规定,并不能超出规范对路面精确度的规定。

(2) 挂线:准备安装设置基准线是为摊铺机提供一个精确的与路面平行方向的平面参考系。

(3) 传力杆支架固定点放样(摊铺机无传力杆插入装置时):一个传力杆支架用 2×4 个点来固定。可以制作一个放样模,借助放好的挂线点,用模板来放出固定点,并在固定点处用神击钻钻孔,钻孔直径 14 mm,钻深 70 mm,在钻好的孔中打入木钉。

2. 混凝土拌和

(1) 拌和站的实际生产能力至少应满足滑模摊铺机连续摊铺的要求。

(2) 拌和站需经过检测、标定、并配备有计算机自动称料和砂含水率自动反馈控制系统拌和料计量精度应符合要求。如发现配料误差大于精确要求,要分析原因,排除故障。定期测定集料含水率,并进行混凝土的配合比调整。

(3) 最短拌和时间:根据拌和物的黏聚性、均匀性及强度稳定性由试拌确定最短拌和时间。一般情况下,最佳拌和时间宜为 120 s。

(4) 外加剂应以稀释溶液加入:溶液于施工前一天按要求配制好,施工中连续不断地拌和均匀,并每隔一段时间清除池底沉淀。

(5) 拌和质量检验和控制:按规范要求检验混凝土的各项指标,预留抗弯拉强度和抗压强度试件控制混凝土出厂温度在 10～35℃之间。混凝土拌和物均匀一致,每盘料之间的坍落度最大允许偏差为±10 mm。

3. 混凝土运输

(1) 车辆选择:通常选用 10～15 t 的自卸卡车,根据施工进度、运量、运距及路况,确定车型及车辆总数。

(2) 运输时间:保证混凝土运到现场适宜摊铺,并宜小于拌和物的初凝时间 1 h,同时也短于摊铺允许最长时间 0.5 h。

(3) 运输技术要求:运送混凝土的车辆,在装卸料时防止混凝土产生离析。驾驶员要了解混凝土的运输、摊铺、振实、成型完成的允许最长时间。运输过程中要防止漏浆、漏料和污染路面,为避免水分散失应遮盖混合物表面。装车前,要冲洗干净车厢并洒水湿润,但不允许积水。

4. 安装钢筋网及传力杆

(1) 传力杆安装:按设计位置先放样打好木钉,摆放传力杆支架。具体操作为:两人将沿线摆放在一边的传力杆支架抬放到木钉处,在木钉中钉入圆钢钉并将其打成"r"形将其固定。用脚轻推传力杆支架,以不摆动为合格。

(2) 传力杆支架检查合格后,人工配合挖掘机将混凝土布入传力杆支架中,以刚能盖平传力杆为限,再用插入式振捣器振捣,切忌传力杆支架上过多覆盖混凝土与过分振实,以免摊铺机布料经过时,因松铺密实度不均,造成经摊铺机振捣后传力杆处面板厚度不均,收缩不致,平整度受到影响。

（3）补强段路面连续钢筋网安装：在没配套的侧向布料机摊铺时，在摊铺路面补强地段的连续钢筋网地段时，不能直接先布好钢筋网，而是把事先预置绑扎好的钢筋网运到施工路段堆放在两边，施工时按钢筋距离底面的高度绑好架立筋。架立筋采用"n"形状，接地处向两边相反方向弯曲一小段，防止倾覆。为保证钢筋在板中的准确位置，切忌把钢筋网先安放在应放的位置，影响卸料或被卸料车压坏。

5. 滑模摊铺普通水泥混凝土路面的布料

（1）布料前应清扫洒水湿润基层：为防止过干的基层吸附混合料中的水分，造成面板底部混凝土失水强度降低产生收缩裂缝，在上料前必须洒水湿润基层。这样做在高温天气时，还可以降低基层表面温度有利于混凝土的施工。

（2）滑模摊铺普通水泥混凝土路面必须有专人指挥车辆均匀卸料。滑模摊铺时，机前的最高料位不得高于滑模摊铺机前松方控制板顶面，料位的正常高度，在螺旋布料器叶片最高位置以下，亦不得缺料。机前缺料或料位过高时，宜采用挖掘机适当布料和送料，布料应与摊铺速度相协调。

（3）采用布料机施工，松铺系数应视坍落度大小由试铺确定，当坍落度在 $10\sim50$ mm 时，松铺系数宜在 $1.08\sim1.15$ 之间。坍落度为 30 mm 时，松铺系数宜控制在 1.1 左右。布料机与滑模摊铺机之间的施工距离应控制在 $5\sim10$ m。热天，日照强，风大，取小值；阴天，湿度大、无风，可取大值。

（4）采用布料机以外的布料方式摊铺钢筋混凝土路面、桥面或搭板时，禁止任何机械直接开上钢筋网。宜在钢筋网外侧使用挖掘机或吊车均衡卸料布料，也可使用便桥板凳加吊车汽车直接卸料挖掘机布料，但均不得缺料。

6. 水泥混凝土路面滑模摊铺前的检查项目

（1）检查板厚：每 20 m 在垂直于两侧基准线上拉横线，用钢尺测量，单车道测 3 点、双车道测 5 点的垂直高度，减去基准线设定高度即为单个板厚，$3\sim5$ 个值平均为该断面平均板厚。每 200 m 10 个断面均值为该路段平均板厚。

（2）检查辅助施工设备机具：拉毛养生机端模板、布料机械、发电机等应全部到场并试运转正常。端模板、手持振捣棒、抄平梁、传力杆定位支架、拉杆、拉毛耙、工作凳、拖行工具、养生剂及其喷洒工具等所有施工器具和工具应全部到位，状态良好。

（3）横向连接摊铺检查：前次摊铺路面纵缝的溜肩、胀宽部位应切割顺直。前次摊铺安装的侧边拉杆应校正、扳直，缺少的拉杆应钻孔锚固植入。纵向施工缝的缝壁上半部，应涂刷沥青。

7. 滑模摊铺机工作参数设置

应对滑模摊铺机工作参数进行初步设定，并将这些正确的施工参数通过试铺作业调整固定下来，正式摊铺时宜根据情况变化进行微调。

（1）振捣棒下缘位置应在挤压板最低点以上，横向间距不宜大于 450 mm，均匀排列，两侧最边缘振捣棒与摊铺边缘距离不宜大于 250 mm。

（2）挤压底板前倾角宜设置为 3°左右。提浆夯板位置宜在挤压底板前缘以下 $5\sim10$ m 之间。无须设前仰角的滑模摊铺机可将挤压底板前后调平。

（3）滑模摊铺机两边缘超铺高程根据拌和物的稠度应在 $3\sim8$ mm 间调整。带振动搓平梁压板后沿高程相同，搓平梁的后沿比挤压板后沿低的滑模摊铺机应将搓平梁前沿调整到与挤 $1\sim2$ mm，并与路面高程相同。

8. 滑模摊铺机首次摊铺位置校准

首次摊铺前,应在线路段采用钉桩或基准线法校准滑模摊铺机挤压底板 4 角点的高程和侧模前进方向。4 个水平传感器控制挤压底板 4 角高程;2 个方向传感器进行导问控制。按路面设计高程、横坡度或路拱测量设定 2～3 根基准线或 4～6 个桩,将 6 个传感器全挂上两侧基准线,并检查传感器的灵敏度和反映方向,开动滑模摊铺机进入设好的桩位或线位,调整水平传感器立柱高度,使滑模摊铺机挤压底板恰好落在精确测量设置好的木桩或基准线上,同时,调整好滑模摊铺机机架前、后、左、右的水平度。令滑模摊铺机挂线自行行走,再返回校核 1～2 遍,正确无误后,方可开始摊铺。

9. 初始摊铺路面参数校正

在开始摊铺的 5 m 内,应对摊铺出的路面高程、边缘厚度、中线、横坡度等技术参数进行复核测量。操作手应根据测量结果及时缓慢地在滑模摊铺机行进中反向旋转滑模摊铺机上水平传感器立柱手柄,校准挤压底板摊铺路面的高程和横坡,误差应在规定值范围内。及时调整拉杆打入深度、压力、抹平板压力及边缘位置。检查摊铺中线时,应在设方向传感器的侧,通过钢尺测量基准线到滑模摊铺机侧模前后的横向距离有误差时,缓慢微调前后两个方向传感器架立横梁伸出的水平距离,消除误差。禁止停机剧烈调整高程、中线及横坡等,以免严重影响平整度等质量指标。从滑模摊铺机起步—调整—正常摊铺,应在 10 m 内完成,并应将滑模摊铺机工作参数设置固定保护起来,不允许非操作手更改或撞动。第二天的连续摊铺,应先检查滑模摊铺机挤压底板 4 个角点的位置,再将滑模摊铺机后退到前一天做了侧向收口工作缝的路面内,到挤压底板前缘对齐工作缝端部,开始摊铺。

10. 滑模摊铺机混凝土路面纵向接缝施工

(1) 纵向接缝:混凝土板的纵缝必须与路中线平行。纵缝间距(即板宽)应根据滑模摊铺机摊铺宽度、路面总宽、车道分隔线和硬路肩位置综合确定。

(2) 纵向缩缝:当水泥混凝土路面使用滑模摊铺机一次摊铺两个车道宽度时,应设置纵向缩缝,其位置宜按车道宽度设置。拉杆靠滑模摊铺机配备的中间拉杆插入装置在滑模摊铺过程中自动控制间距压入,其构造采用假缝拉杆型,缩缝上部的槽口,用硬切缝法施工,切缝技术要求应符合切缝规定。

(3) 纵向施工缝:当滑模摊铺机一次摊铺宽度小于路面总宽度时,有纵向缝。位置宜与车道线一致,其构造采用平缝加拉杆型,纵向施工缝的拉杆,在前一次摊铺时,应采用滑模摊铺机的侧向拉杆装置插入。根据滑模摊铺机打拉杆装置的方式,插入拉杆或为直的或为"L"形的。连接摊铺前,应将 L 形拉杆扳直,再摊铺连接部分路面。

(4) 横向接缝:

① 横向施工缝:每天摊铺结束或摊铺中因故中断,且中断时间超过初凝的 2/3 时,应设置横向施工缝。横向施工缝的位置与胀缝或缩缝相重合。

横向施工缝应与路中线垂直。横向施工缝构造一般采用平缝加传力杆型。横向施工缝应采用焊接牢固的钢制端头模板;每 1.5 m 不应少于 1 个钉钢钎的垂直固定孔;插入传力杆的水平孔间距为 300 mm,内径 33 mm,边侧传力杆到边缘距离不宜小于 150 mm,每根传力杆必须在端模上离孔口外侧 100 mm 处通过横梁焊接内径 33 mm,长度 50 mm 的短钢管进行位置固定。

② 胀缝施工:滑模摊铺水泥混凝土路面的胀缝宜采用前置法施工,也可预留胀缝位置,热天再施工胀缝,但应设胀缝加强传力杆钢筋支架。前置法施工时,应预先加工好胀

缝钢筋支架,传力杆无沥青涂层的一端焊接在支架上,接缝板夹在两支架之间。施工前运至现场,无布料机时,待摊铺至胀缝位置前方 1～2 m 处,将支架准确定位,用钢钎将支架和胀缝板锚固在基层上,保证支架不推移,胀缝板不倾斜然后卸料或布料,用手持振捣棒振实胀缝板两侧的混凝土,滑模摊铺机通过;有布料机时,应将传力杆的缩缝支架和胀缝支架提前安装固定,采用侧向上料方式施工。中间胀缝位置宜与缩缝重合。连接搭板的胀缝,在滑模连续铺装搭板和桥面前应与钢筋网同时加工安装好。胀缝宜不待混凝土硬化,即剔除胀缝板上部的混凝土,嵌入 20 mm * 20 mm 的木条,修整好表面。在填缝之前,凿去接缝板顶部的木条,涂黏结剂后,嵌入多孔橡胶条或灌填缝料。胀缝板及钢筋支架两侧,宜各短于摊铺宽度 30 mm。胀缝板应连续贯通整个路面板宽度。

③ 传力杆及胀缝板设置应符合规范的要求。

④ 横向缩缝:缩缝应**等间距**布置,一般采用 **5 m** 板长。不宜采用 1/6 斜缩缝和不等间距的缩缝。当不得不调整板长时,最大板长应小于或等于 5.5 m,最小板长不宜小于板宽。在路面上的平面交叉口横向变宽度处的缩缝,可以设计并切割成小转角的折线,在有拉杆的纵缝处,缩缝切口必须缝对缝。板锐角处,应设角隅钢筋补强。在重、中、轻交通的公路水泥混凝土路面上,横向缩缝采用假缝加传力杆型,前置式传力杆钢筋支架的构造。传力杆无涂料一侧焊接,有涂料一侧绑扎。

在特重交通量的水泥混凝土路面上或渠化交通严重的收费站广场,全部缩缝宜设传力杆。传力杆可用滑模摊铺机配备的传力杆自动插入装置在摊铺时植入,或使用钢筋定位支架前置法施工。无论哪种方式,都应在路侧缩缝切割位置做标记,保证切缝在传力杆上方中间位置。前置式缩缝的钢筋定位支架必须有足够的刚度,传力杆应准确定位,应于摊铺之前在基层表面放样,并用钢钎将其锚固在基层上,用手持振捣棒振实传力杆高度以下的混凝土,然后进行滑模摊铺。

⑤ 切缝:横向缩缝、施工缝上部的槽口,应采用**切缝法**施工。切缝方式有全部硬切缝、软硬结合切缝和全部软切缝 3 种。采用哪种切缝方式施工,应视施工地区下午 1:00～3:00 最高温度与凌晨 1:00～3:00 时最低温度的温差决定。

11. 抗滑构造施工

滑模摊铺水泥混凝土路面抗滑构造的施工制作应符合下述规定:① 滑模摊铺机后宜设钢支架,拖挂 1～3 层叠合麻布或棉布,洒水湿润后,软拖制作细观抗滑构造,布片接触路面的拖行长度以 0.7～1.5 m 为宜,细度模数偏大的粗砂,拖行长度取小值,偏细中砂取大值。② 人工修整过的路面,微观抗滑构造已被抹掉,必须再拖麻袋处理,以恢复微观抗滑构造。③ 采用硬刻槽方式制作宏观抗滑构造时,其几何尺寸应满足规范要求。硬刻槽机重量**宜重不宜轻**,最小整刻宽度**不应小于 500 mm**。硬刻槽时不应掉边角,路面摊铺 **3 d** 后可开始硬刻槽,并宜于**两周内**完成。

12. 混凝土路面养生

(1) 养生方式的选择:混凝土板抗滑构造软拉制作完毕后应**立即**养生。滑模摊铺水泥混凝土路面宜采用喷洒养生剂及保湿覆盖的方式养生。在雨季或养生用水充足的情况下,也可采用覆盖土工布、旧麻袋等洒水湿养生方式。不宜使用围水养生方式。昼夜温差较大的地区,路面摊铺后 3 d 内宜采取覆盖保湿措施防止发生裂缝和断板。

(2) 养生剂养生:水泥混凝土路面采用喷洒养生剂方式养生时,养生剂喷洒量、成膜厚度适宜的喷洒时间应通过现场实验确定。喷洒养生剂的厚度应足以形成完全封闭的薄膜;

喷洒应均匀,成膜厚度应一致;喷洒时间宜在表面混凝土泌水完毕后进行;喷洒高度宜控制在 0.5～1 m。除喷洒上表面外,面板两侧也应喷洒。单独采用一种养生剂养生时,保水率应达到 90%以上,一般不应小于 300 mL/m 的原液,也可采用两种养生剂喷洒两层或喷一层养生剂再加覆盖。当水泥混凝土路面泌水较多,延迟喷洒养生剂的时间时,待泌水基本结束后再喷洒养生剂。

(3) 盖塑料薄膜养生:盖塑料薄膜的时间,以不压没微观抗滑构造为准。薄膜厚度(韧度)应合适,宽度应大于覆盖面积 600 mm。两条薄膜对接时,宽度不应小于 400 mm,薄膜在路面上应加细土或砂盖严实,并防止被钢筋刮烂及被风吹破或掀走。养生期间应始终保持薄膜完整,薄膜破裂时应立即补盖或补修。

(4) 覆盖洒水湿养生:使用土工布、麻袋、草袋等覆盖物养生,应及时洒水,在任何气候条件下,均应保证覆盖物底部在养生期间始终处于潮湿状态,并由此确定每天洒水遍数。

(5) 养生时间:一般养生天数宜为 **14～21 d**,不应少于 **14 d**。掺粉煤灰的水泥混凝土路面,最短养生时间不宜少于 **28 d**。

(6) 养生期保护:混凝土板在养生期间和填缝前,严禁人、畜、车辆通行,在达到设计强度 40%,撤除养生覆盖物后,行人方可通行。在确需行人、牲畜、畜力车、人力车汽车横穿平面道口时,在路面养生期间,应搭建临时便桥。

13. 填缝

(1) 混凝土板养生期满后,缝槽口应及时填缝。在填缝时,必须保持缝内清洁,防止砂石等杂物掉入缝内。填缝材料应符合设计的技术要求。

(2) 采用常温施工式或加热施工式填缝料填缝,应符合下列规定:

① 填缝前,应采用压缩水和压缩空气彻底清除接缝中砂石及其他污染物,确保缝壁及内部清洁、干燥。

② 当使用常温施工式聚(氨)酯和硅树脂等填缝料时,按规定比例将两组分材料按 1 h 所需灌缝量混合均匀,并应随拌随用。当使用加热施工式填缝料时,将填缝料加热至规定温度。加热过程中应不断搅拌均匀,将填缝料熔化并保温使用。

③ 灌注填缝料必须在缝槽口干燥清洁状态下进行,缝壁检查擦不出灰尘为可灌标准。适宜的缩缝填缝形状系数应在 2～4 之间,填缝灌注深度宜为 20～30 mm。高速公路、一级公路应使用专用工具,先挤压填入多孔泡沫塑料柔性背衬材料,再填缝。二、三级公路料的灌注高度,夏天宜与板面齐平,冬天宜低于板面 1～2 mm。填缝必须饱满均匀、连续贯通。填缝材料应与缝壁黏结好,不开裂,不渗水。

④ 常温施工式填缝料的养生期,冬季宜为 **24 h**,夏季宜为 **12 h**;加热施工式填缝料的养生期,冬季宜为 **2 h**,夏季宜为 **6 h**。在填缝料养生期内(特别是反应型常温填缝料在固化前),应封闭交通。

(3) 采用预制嵌缝条填缝,应符合下列规定:

① 嵌入嵌缝条必须在缝槽口干燥清洁状态下进行。

② 黏结剂应均匀地涂在缝壁上部(1/2 以上深度),形成一层连续的约 1 mm 厚的黏结剂膜,以便黏结紧密,不渗水。

③ 嵌缝条在嵌入过程中应使用专用工具,在长度方向既不拉伸也不压缩,保持自然状态;在宽度方向应压缩 40%～60%嵌入。嵌缝条高度宜为 25 mm。

④ 填缝黏结剂固化后,应将胀缝两端多余的嵌缝条齐路面边缘裁掉。⑤ 嵌缝条施工期

间和黏结剂固化前,应封闭交通。

(4)纵缝填缝,纵向缩缝填缝应与横向缩缝相同。

14. 季节性施工

(1)雨季施工:雨季施工应备有足够的防雨篷、塑料薄膜。摊铺过程遭遇降雨,当降雨影响路面质量时停止施工。已被雨轻微冲刷过的路面,平整度和微观抗滑构造满足要求者,宏观抗滑构造硬刻槽恢复。对被暴雨冲刷后,路面平整度严重劣化的部分,尽早铲除重铺。

(2)夏季施工:当现场气温≥30℃时,避开中午施工。若不能避开,采取对砂石料遮盖,抽用地下冷水拌和,自卸车加遮盖,加缓凝剂、保塑剂或适当加大缓凝减水剂剂量等技术措施施工。无论任何条件,拌和物温度不得超过35℃。

(3)冬季施工:拌和站出料温度不得低于109℃,摊铺时温度不低于5℃。养生方式为先洒养生剂,再加盖塑料薄膜保温,再盖保温材料保温。养生期混凝土板的温度不低于5℃。

15. 成品检测及交工验收

路面施工完工后,对全线进行包括平整度、弯拉强度和板厚3大关键指标的检测,并提交全线检测结果施工总结报告及全部原始记录等齐全资料,申请交工验收。

3.3.4　质量标准

为保证水泥混凝土路面的施工质量,滑模摊铺机施工时需满足以下要求:

(1)水泥强度、物理性能和化学成分应符合国家标准及有关规范的规定。

(2)粗细集料、水、外掺剂及接缝填缝料符合设计和施工规范要求。

(3)接缝的位置、规格、尺寸及传力杆、拉力杆的设置应符合设计要求。

(4)路面拉毛或机具压槽等抗滑措施,其构造深度符合施工规范要求。

(5)面层与其他构造物相接应平顺,检查井井盖顶面高程高于周边路面 1～3 mm。雨水口高程按设计比路面低 5～8 mm,路面边缘无积水现象。

(6)混凝土里面铺筑后按施工规范要求养生。

(7)公路混凝土路面质量应按规范执行。

3.4　轨道摊铺机施工技术

3.4.1　材料要求

对材料的要求同滑模摊铺法施工技术。

3.4.2　轨道摊铺机施工工艺流程

水泥混凝土路面轨道摊铺机施工工艺流程图如图 9-13 所示。

3.4.3　机械选型与配套

采用轨道摊铺机施工时,应根据路面设计及轨道摊铺机具体技术参数进行选型与配套:

(1)轨道摊铺机的选型应根据路面车道数或设计宽度按表 9-13 的技术参数选择。最小摊铺宽度不得小于单车道 3.75 m。

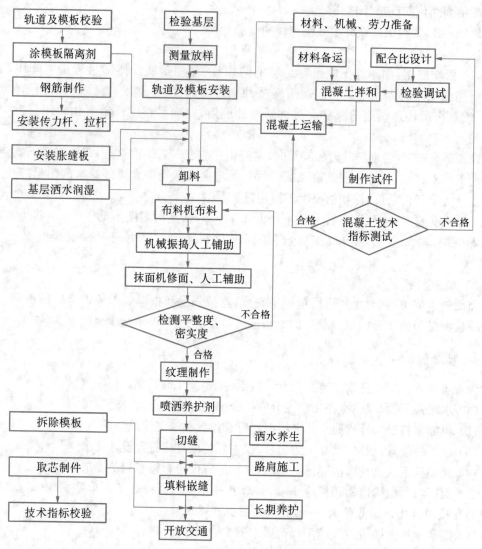

图 9-13　水泥混凝土路面轨道摊铺机施工工艺流程图

表 9-13　轨道摊铺机的基本技术参数表

项　　目	发动机功率(kW)	最大摊铺宽度(m)	摊铺厚度(mm)	摊铺速度(m·min⁻¹)	整机质量(t)
三车道轨道摊铺机	33～45	11.75～18.3	250～600	1～3	13～38
双车道轨道摊铺机	15～33	7.5～9.0	250～600	1～3	7～13
单车道轨道摊铺机	8～22	8～22	250～450	1～4	≤7

（2）轨道摊铺机按布料方式不同,可选用刮板式、箱式和螺旋式布料机械。

（3）其他设备

3.4.4　轨道摊铺机铺筑作业要点

1. 布料

（1）基层处理:布料前应将基层清扫干净,并洒水润湿。

（2）布料方式：使用轨道摊铺机前部配备的螺旋布料器或可上下左右移动的刮板布料，料堆不得过高过大，亦不得缺料。可使用挖掘机、装载机或人工辅助布料。螺旋布料器前的拌和物应保持在面板以上 100 mm 左右，布料器后宜配备松铺高度控制刮板。也可使用有布料箱的轨道摊铺机精确布料，箱式轨道摊铺机的料斗出料口关闭时，装进拌和物并运到布料位置后，轻轻打开料斗出料口，待拌和物堆成"堤状"，左右移动料斗布料。

（3）坍落度与松铺控制：轨道摊铺时的适宜坍落度按振捣密实情况宜控制在 20～40 mm 之间。不同坍落度时的松铺系数 K 可参考表 9 - 14 确定，并按此计算出松铺高度。

表 9 - 14　松铺系数 K 与坍落度 S_L 的关系

坍落度 S_L (mm)	5	10	20	30	40	50	60
松铺系数 K	1.3	1.25	1.22	1.19	1.17	1.15	1.12

（4）钢筋混凝土路面布料：当施工钢筋混凝土路面时，宜选用（两台）箱型轨道摊铺机分两层两次布料，可在第一层布料完成后，将钢筋网片安装好，再进行表面第二层布料，然后一次振实，也可两次布料两次振实，中间安装钢筋网。采用双层两遍摊铺钢筋混凝土路面时，下部混凝土的布料与摊铺长度应根据钢筋网片长度和第一层混凝土凝结情况而定，且不宜超过 20 m。

2. 振实作业

（1）振捣棒组作业：轨道摊铺机应配备振捣棒组，振捣方式有斜插连续拖行及间歇垂直插入两种，当面板厚度超过 150 mm、坍落度小于 30 mm 时，必须插入振捣；连续拖行振捣时，宜将作业速度控制在 0.5～1.0 m/min 之间，并随着坍落度的大小而增减。间歇振捣时，当一处混凝土振捣密实后，将振捣棒组缓慢拔出，再移动到下一处振实，移动距离不宜大于 500 mm。

（2）振动板或振动梁作业：轨道摊铺机应配备振动板或振动梁对混凝土表面进行振捣和修整，振动梁的振捣频率宜控制在 50～100 Hz，偏心轴转速调节到 2 500～3 500 r/min。经振捣棒组振实的混凝土，宜使用振动板振动提浆，并密实饰面，提浆厚度宜控制在 (4±1)mm。

3. 整平饰面

（1）整平滚筒作业面：往复式整平滚筒前的混凝土堆积物应推向横坡高的一侧，保证路面横坡高端有足够的料找平。

（2）清理与整平：及时清理因整平推挤到路面边缘的余料，以保证整平精度和整平机械在轨道上的作业行驶。

（3）抹平作业：轨道摊铺机上宜配备纵向或斜向抹平板。纵向抹平板随轨道摊铺机作业行进可左右贴表面滑动并完成表面修整；斜向修整抹平板作业时，抹平板沿斜向左右滑动，同时随机身行进，完成表面修整。

4. 精平饰面

应采用 3～5 m 刮尺，在纵、横两个方向精平饰面，每个方向不少于两遍。也可采用旋转抹面机密实精平饰面两遍。刮尺、刮板、抹面机、抹刀饰面的最迟时间不得迟于规定的铺筑完毕允许最长时间。

其他施工要点同滑模法施工相同。

3.5 水泥混凝土路面的接缝施工技术

3.5.1 接缝设置原因及类型

混凝土面层是由一定厚度的混凝土板所组成,它具有热胀冷缩的性质。由于一年四季气温的变化,混凝土板会产生不同程度的膨胀和收缩。而在一昼夜中,白天气温升高,混凝土板顶面温度较底面为高,这种温度差会形成板的中部隆起的趋势;夜间气温降低,板顶面温度较底面为低,会使板的周边和角隅发生翘起的趋势[图 9 - 14(a)]。这些变形会受到板与基础之间的摩阻力和黏结力,以及板的自重、车轮荷载等的约束,致使板内产生过大的应力,造成板的断裂[图 9 - 14(b)]或拱胀等破坏。板体温度均匀下降引起收缩,也会将两块板体拉开[图 9 - 14(c)]形成裂缝,从而失去荷载传递作用。为避免这些缺陷,混凝土路面不得不在纵横两个方向设置许多接缝,把整个路面分割成许多板块。

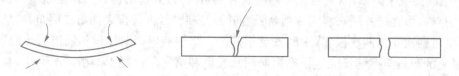

(a) 温度坡差引起的变形　　(b) 温度坡差引起的断裂　　(c) 温度均匀下降引起的开裂

图 9 - 14　混凝土的变形与破坏

接缝可减小混凝土板因变形受到约束而产生的内应力,并满足施工的需要。但接缝是路面结构的薄弱部位,又会影响行车平稳,而且很容易产生唧泥、错台等损坏现象。因此,接缝设置的位置和构造应能实现三方面的要求:

(1) 控制温度伸缩应力和翘曲应力所引起的开裂出现的位置。

(2) 能提供一定的荷载传递能力。

(3) 防止路表水下渗和坚硬杂物贯入缝隙内。

接缝按照与行车方向之间的关系,可分为横向接缝和纵向接缝。

3.5.2 接缝施工

1. 纵缝施工

(1) 当一次铺筑宽度小于路面和硬路肩总宽度时,应设纵向施工缝,其位置应避开轮迹带,并重合或靠近车道线,构造可采用平缝加拉杆型。采用滑模施工时,纵向施工缝的拉杆可用摊铺机的侧向拉杆装置插入。采用固定模板施工方式时,应在振实过程中从侧模预留孔中手工插入拉杆。

(2) 当一次铺筑宽度大于 4.5 m 时,应采用假缝拉杆型纵向缩缝,即锯切纵向缩缝。纵缝位置应按车道宽度设置,并在摊铺过程中用专用的拉杆插入装置插入拉杆。

(3) 钢筋混凝土路面、桥面和搭板的纵缝拉杆可由横向钢筋延伸穿过接缝代替。钢纤维混凝土路面切开的假纵缝可不设拉杆,纵向施工缝应设拉杆。

(4) 插入的侧向拉杆应牢固,不得松动、碰撞或拔出。若发现拉杆松脱或漏插,应在横向相邻路面摊铺前重新钻孔植入。当发现拉杆可能被拔出时,宜进行拉杆拔出力(握裹力)检验。

2. 横缝施工

（1）横向施工缝施工。每天摊铺结束或摊铺中断时间超过 **30 min** 时，应设置横向施工缝，其位置宜与胀缝或缩缝重合，确有困难不能重合时，施工缝应采用设螺纹传力杆的企口缝形式。横向施工缝应与路中心线垂直。横向施工缝在缩缝处采用平缝加传力杆型，在胀缝处其构造与胀缝相同。

（2）横向缩缝施工：

① 普通混凝土路面横向缩缝宜等间距布置，不宜采用斜缝，不得不调整板长时，最大板长不宜大于 **6 m**，最小板长不宜小于板宽。板长与板宽即面板平面尺寸的确定方法见《公路水泥混凝土路面设计规范》（JTG D40—2011）。

② 在中、轻交通的混凝土路面上，横向缩缝可采用不设传力杆的假缝型，如图 9-15(a) 所示。

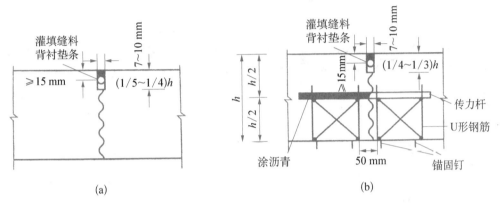

图 9-15　横向缩缝构造示意图

③ 在特重和重交通公路、收费广场、邻近胀缝或路面自由端的 3 条缩缝应采用假缝加传力杆型。缩缝传力杆的施工方法可采用前置钢筋支架法或传力杆插入装置（DBI）法，支架法的构造见图 9-15(b)。钢筋支架应具有足够的刚度，传力杆应准确定位，摊铺之前应在基层表面放样，并用钢钎锚固，宜使用手持振捣棒振实传力杆高度以下的混凝土，然后机械摊铺。传力杆无防黏涂层一侧应焊接，有涂料一侧应绑扎。用 DBI 法置入传力杆时，应在路侧缩缝切割位置作标记，保证切缝位于传力杆中部。

（3）胀缝施工：

① 普通混凝土路面的胀缝应设置胀缝补强钢筋支架、胀缝板和传力杆，胀缝构造如图 9-16 所示。钢筋混凝土和钢纤维混凝土路面可不设钢筋支架。胀缝宽 20~25 mm，使用沥青或塑料薄膜滑动封闭层时，胀缝板及填缝宽度宜加宽到 **25~30 mm**。传力杆一半以上长度的表面应涂防黏涂层，端部应戴活动套帽。胀缝板应与路中心线垂直，与缝壁垂直，缝隙宽度一致；缝中完全不连浆。

② 胀缝应采用前置钢筋支架法施工，也可预留一块面板，高温时再铺封。前置法施工，应预先加工、安装和固定胀缝钢筋支架，并在使用手持振捣棒振实胀缝板两侧的混凝土后再摊铺。宜在混凝土未硬化时，剔除胀缝板上部的混凝土，嵌入（20~25）mm×20 mm 的木条，整平表面。胀缝板应连续贯通整个路面板宽度。

3. 拉杆、胀缝板、传力杆等设置精度

拉杆、胀缝板、传力杆及其套帽、滑移端设置精确度应符合表 9-15 的要求。

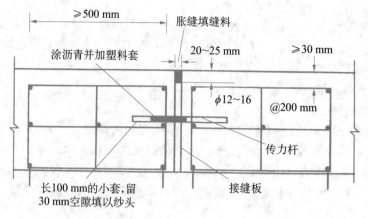

图 9－16　胀缝构造示意图

表 9－15　拉杆、胀缝板、传力杆及其套帽滑移端设置精确度

项　　目	允许偏差(mm)	测 量 位 置
传力杆端上下左右偏斜偏差	10	在传力杆两端测量
传力杆在板中心上下左右偏差	20	以面板为基准测量
传力杆	30	以缝中心线为准
拉杆深度偏差及上下左右偏斜偏差	10	以板厚和杆端为基准测量
拉杆端及在板中上下左右偏差	20	杆两端和板面测量
拉杆沿路面纵向前后偏位	30	纵向测量
胀缝传力杆套帽长度不小于 100 mm	10	以封堵帽端起测
缩缝传力杆滑移端长度大于 1/2 杆长	20	以传力杆长度中间起测
胀缝板倾斜偏差	20	以板底为准
胀缝板的弯曲和位移偏差	10	以缝中心线为准

注：胀缝板不允许混凝土连浆，必须完全隔断。

4. 切缝

贫混凝土基层、各种混凝土面层、加铺层、桥面和搭板的纵、横向缩缝均应采用切缝法施工。切缝作业应符合下列规定：

（1）切横向缩缝：

① 横向缩缝的切缝方式有全部硬切缝、软硬结合切缝和全部软切缝三种，切缝方式的选用应由施工期间该地区路面摊铺完毕到切缝时的昼夜温差确定.宜参照表 9－16 选用。

表 9－16　根据施工气温所推荐的切缝方式

昼夜温差/℃	切 缝 方 式	缩 缝 切 深
<10	最长时间不得超过 24 h	硬切缝 1/5～1/4 板厚
10～15	软硬结合切缝，每隔 1～2 条提前软切缝，其余用硬切缝补切	软切深度不应小于 60 mm，不足者应硬切补深到 1/3 板厚，已断开的缝不补切
昼夜温差/℃	切缝方式	缩缝切深

昼夜温差/℃	切 缝 方 式	缩缝切深
>15	宜全部软切键,抗压强度约为 1~1.5 MPa,人可行走,软切缝不宜超过 6h	软切缝深大于等于 60 mm,未断开的接缝,应硬切补深到不小于 1/4 板厚

注:降雨后刮风会引起路面温度骤降,若面板昼夜温差在表中规定的范围内,则应按表中方法提早切缝。

② 对分幅摊铺的路面,应在先摊铺的混凝土板横缩缝已断开的部位作标记,后摊铺的路面应对齐已断开的横缩缝提前软切缝。

③ 有传力杆缩缝的切缝深度应为 1/4~1/3 板厚,最浅不得小于 70 mm,无传力杆缩缝的切缝深度应为 1/5~1/4 板厚,最浅不得小于 60 mm。

(2) 切纵向施工缝与涂沥青。高速公路和一级公路及路基高度大于等于 10 m 的高边坡、软基及填挖交界路段、桥头搭板、桥面板的纵向施工缝,应在上半部涂满沥青,然后硬切缝,并填缝。二级及其以下公路一般路段的纵向施工缝在上半部涂满沥青后,可不切缝。

(3) 切纵向缩缝。对已插入拉杆的纵向假缩缝,切缝深度不应小于 1/4~1/3 板厚,最浅切缝深度不应小于 70 mm,纵、横缩缝宜同时切缝。

(4) 缩缝结构。缩缝切缝宽度宜控制在 4~6 mm,切缝时锯片晃度不应大于 2 mm。可先用薄锯片锯切到要求深度,再使用 6~8 mm 厚锯片或叠合锯片扩宽填缝槽,填缝槽深度宜为 25~30 mm,宽度宜为 7~10 mm。缩缝切缝、填缝(槽)、垫条细部尺寸如图 9-17 所示。

(5) 变宽度路面的切缝要求。在变宽度路面上,宜先切缝划分板宽。匝道上的纵缝宜避开轮迹带位置。横缝应垂直于每块面板的中心线。变宽度路面缩缝,允许切割成小转角的折线,相邻板的横向缩缝切口必须对齐,允许偏差不得大于 5 mm。

5. 灌缝

混凝土板养生期满后,应及时灌缝。

(1) 灌缝技术要求:

① 清缝:应先采用切缝机清除接缝中夹杂的砂石、凝结的泥浆等,再使用压力大于等于 0.5 MPa 的压力水和压缩空气彻底清除接缝中的尘土及其他污染物,确保缝壁及内部清洁、干燥。缝壁检验以擦不出灰尘为灌缝标准。

② 配填缝料:使用常温聚氨酯和硅树脂等填缝料时,应按规定比例将两组分材料按 1 h 灌缝量混拌均匀后使用。

③ 热灌填缝料应保温使用:使用加热填缝料时应将填缝料加热至规定温度。加热过程中应将镇缝料融化,搅拌均匀,并保温使用。

④ 灌缝的形状系数控制:灌缝的形状系数(即灌缝槽的深宽比)宜控制在 2 左右,灌缝深度宜为 15~20 mm,最浅不得小于 15 mm,见图 9-21。先挤压嵌入直径 9~12 mm 多孔泡沫塑料背村条,再灌缝。灌缝顶面热天应与板面齐平,冷天应填为凹液面,中心低于板面 1~2 mm。填缝必须饱满、均匀、厚度一致,并连续贯通,填缝料不得缺失、开裂和渗水。

⑤ 填缝料的养生与保护:常温施工式填缝料的养生期,低温天宜为 24 h,高温天宜

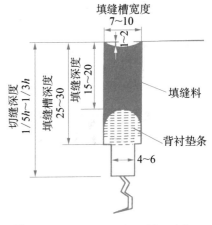

图 9-17 缩缝切缝、填缝(槽)、垫条细部尺寸(尺寸单位:mm)

为 12 h。

加热施工式填缝料的养生期，低温天宜为 2 h，高温天宜为 6 h。在灌缝料养生期间应封闭交通。

（2）胀缝和桥台隔离缝的填缝：路面胀缝和桥台隔离缝等应在填缝前凿去接缝板顶部嵌入的木条，涂黏结剂后，嵌入胀缝专用多孔橡胶条或灌进适宜的填缝料，当胀缝的宽度不一致或有啃边、掉角等现象时，必须灌缝。

任务 4　水泥混凝土路面施工质量控制与检查验收

4.1　施工过程施工质量控制

施工质量的控制、管理与检查应贯穿整个施工过程，应对每个施工环节严格把关，对出现的问题立即进行纠正甚至停工整顿。

施工全过程的质量动态检测、控制和管理内容应包括施工准备、铺筑试验路段和施工过程中各项技术指标的检验，出现施工技术问题的报告、论证和解决等。

施工单位应随时对施工质量进行自检。混凝土路面铺筑过程中的自检项目和频率按表9-17 和表 9-18 的规定进行。当施工、监理、监督人员发现异常情况，应加大检测频率，找出原因，及时处理。

表 9-17　混凝土路面的检验项目方法和频率

项次	检查项目	检验方法和频率	
		高速公路、一级公路	其他公路
1	弯拉强度	每班留 2～4 组试件，日进度＜500 m 取 2 组；≥500 m 取 3 组；≥1 000 取 4 组，测 f_{cs}、f_{min}、VC	每班留 2～3 组试件，日进度＜500 m 取 1 组；≥500 m 取 2 组；≥1 000 取 3 组，测 f_{cs}、f_{min}、VC
	钻芯劈裂强度	每车道每 3 km 钻取 1 个芯样，硬路肩为 1 个车道，测平均板厚 h	每车道每 3 km 钻取 1 个芯样，硬路肩为 1 个车道，测平均板厚 h
2	板厚度	路面摊铺宽度内每 100 m 左右各 2 处，连接摊铺每 100 m 单边 1 处，参考芯样	路面摊铺宽度内每 100 m 左右各 1 处，连接摊铺每 100 m 单边 1 处，参考芯样
3	3 m 直尺平整度	每半幅车道 100 m，2 处 10 尺	每半幅车道 200 m，2 处 10 尺
	动态平整度	所有车道连续检测	所有车道连续检测
4	抗滑构造深度	铺砂法：每幅 200 m，2 处	铺砂法：每幅 200 m，1 处
5	相邻板高差	尺测：每 200 m 纵横缝 2 条，每条 3 处	尺测：每 200 m 纵横缝 2 条，每条 2 处
6	连接摊铺纵缝高差	尺测：每 200 m 纵向工作缝，每条 3 处，每处间隔 2 m 3 尺，共 9 尺	尺测：每 200 m 纵向工作缝，每条 2 处，每处间隔 2 m 3 尺，共 9 尺
7	接缝顺直度	20 m 拉线测：每 200 m，6 条	20 m 拉线测：每 200 m，4 条
8	中心平面偏位	经纬仪：每 200 m，6 点	经纬仪：每 200 m，4 点

项次	检查项目	检验方法和频率	
		高速公路、一级公路	其他公路
9	路面宽度	尺侧:每200 m,6处	尺侧:每200 m,4处
10	纵断高程	水准仪:每200 m,6点	水准仪:每200 m,4点
11	横坡度	水准仪:每200 m,6个断面	水准仪:每200 m,4个断面
12	断板率	数断板面板块占总块数比例	数断板面板块占总块数比例
13	脱皮裂纹露石缺边掉角	量实际面积,并计算与总面积比	量实际面积,并计算与总面积比
14	路缘石顺直度和高度	20 m拉线测:每200 m,4处	20 m拉线测:每200 m,2处
15	灌缝饱满度	尺测:每200接缝测6处	尺测:每200 m接缝测4处
16	切缝深度	尺测:每200 m,6处	尺测:每200 m.4处
17	胀缝表面缺陷	每条观察填缝及啃边断角	每条观察填缝及啃边断角
18	胀缝板连浆	每条胀缝板安装时测量	每条胀缝板安装时测量
	胀缝板倾斜	尺测:每块胀缝板得条两侧	尺测:每块胀缝板得条两侧
	胀缝板弯曲和位移	尺测:每块胀缝板每条3处	尺测:每块胀缝板每条3处
19	传力杆偏斜	钢筋保护层仪:每车道4根	钢筋保护层仪:每车道3根

注:路面钻芯劈裂强度应换算为实际面板弯拉强度进行质量评定。

表 9－18　各级公路混凝土路面铺筑质量要求

项次	检查项目		允　许　值	
			高速公路、一级公路	其他公路
1	弯拉强度①(MPa)		100%符合规范《公路水泥混凝土路面施工技术组则》(JTG/T F30—2014)的规定	
2	板厚度(mm)		代表值≥－5;极值≥－10,CV值符合设计规定	
3	平整度	σ(mm)	≤1.2	≤2.0
		IRI(m·km⁻¹)	≤2.0	≤3.2
		3 m直尺最大间隙 Δh(mm)	≤3(合格率应≥90%)	≤5(合格率应≥90%)
4	杭滑构造深度(mm)	一般路段	0.70～1.10	0.50～0.90
		特殊路段②	0.80～1.20	0.60～1.00
5	相邻板高差(mm)		≤2	≤3
6	连接摊铺纵缝高差(mm)		平均值≤3;极值≤5	平均值≤5;极值≤7
7	接缝顺直度(mm)		≤10	
8	中线平面偏位(mm)		≤20	
9	路面宽度(mm)		≤±20	
10	纵断高程(mm)		±10	±15
11	横坡度(%)		±0.15	±0.25

项次	检 查 项 目	允 许 值	
		高速公路、一级公路	其他公路
12	断板率(%)	≤0.2	≤0.4
13	脱皮印痕裂纹露石缺边掉角(%)	≤0.2	≤0.3
14	路缘石顺直度和高度(mm)	≤20	≤20
15	灌缝饱满度(mm)	≤2	≤3
16	切缝深度(mm)	≥50	≥50
17	胀缝表面缺陷	不应有	不宜有
18	胀缝板连装(mm)	≤20	≤30
	胀缝板倾斜(mm)	≤20	≤25
	胀缝板弯曲和位移(mm)	≤10	≤15
19	传力杆偏斜(mm)	≤10	≤13

注:① 路面钻芯劈裂强度应换算为实际面板弯拉强度进行质量评定。
② 特殊路段指高速公路、一级公路的立交、平交、变速车道等处,以及其他公路的急弯、陡坡、交叉口或集镇附近。

4.2 施工质量标准

施工单位的质检结果应按表 9 - 20 的规定,以 1 km 为单位进行整理。混凝土路面完工后,施工单位应提交全线检测结果、施工总结报告及全部原始记录等齐全资料,以《公路工程质量检验评定标准》(JTG F80/1—2017)为依据,申请交工验收。

4.2.1 基本要求

(1)基层质量必须符合规定要求,并应进行弯沉测定,验算的基层整体模量应满足设计要求。

(2)水泥强度、物理性能和化学成分应符合国家标准及有关规范的规定。

(3)粗细集料、水、外掺剂及接缝填缝料应符合设计和施工规范要求。

(4)施工配合比应根据现场测定水泥的实际强度进行计算,并经试验选择采用最佳配合比。

(5)接缝的位置、规格、尺寸及传力杆、拉力杆的设置应符合设计要求。

(6)路面拉毛或机具压槽等抗滑措施,其构造深度应符合施工规范要求。

(7)面层与其他构造物相接应平顺,检查井井盖顶面高程应高于周边路面 1~3 mm。雨水口高程按设计比路面低 5~8 mm,路面边缘无积水现象。

(8)混凝土路面铺筑后按施工规范要求养生。

4.2.2 实测项目

水泥混凝土面层交工验收阶段的检查项目、检查频度、质量要求或允许偏差等见表 9 - 19。

表 9-19 水泥混凝土面层实测项目

项次	检查项目		规定值或允许偏差		检查方法和频率
			高速公路 一级公路	其他公路	
1△	弯拉强度（MPa）		在合格标准内		按附录 C 检查
2△	板厚度（mm）	代表值	−5		按附录 H 检查 每 200 m 测 2 点
		合格值	−10		
		极值	−15		
3	平整度①	σ(mm)	≤1.32	≤2.0	平整度仪:全线每车道连续检测,每 100 m 计算 IRI
		IRI(m·km⁻¹)	≤2.2	≤3.3	
		最大间隙 h(mm)	3	5	3 m 直尺,每半幅车道每 200 m 测两处＊5 尺
4	抗滑构造深度(mm)	一般路段	0.7~1.1	0.5~1.0	辅砂法:每 200 m 测 1 处
		特殊路段②	0.8~1.2	0.6~1.1	
5	横向力系数 SFC	一般路段	≥50	—	按附录 L 检查:每 200 m 测 1 点
		特殊路段②	≥55	≤3	
6	相邻板高差(mm)		≤2	≤2	尺量:胀缝每条测 2 点;纵,横缝每 200 m 抽查 2 条,每条测 2 点
7	纵,横顺直度(mm)		≤10		纵缝 20 m 拉线尺量每 200 m 测 4 处;横缝沿板宽拉线尺量;每 200 m 测 4 条
8	中线平面偏位(mm)		20		全站仪:每 200 m 测 2 点
9	路面宽度(mm)		±20		尺量:每 200 m 测 4 点
10	纵断高程(mm)		±10	±15	水准仪:每 200 m 测 2 个断面
11	横坡(%)		±0.15	±0.25	水准仪:每 200 m 测 2 个断面
12	断板率(%)③		≤0.2	≤0.4	目测:全部检查,数断板面板块数占总数比例

注:① 表中 σ 为平整度仪测定的标准差;IRI 为国际平整度指数;h 为 3 m 直尺与面层的最大间隙。

② 特殊路段:高速公路,一级公路特殊路段包括立体交叉匝道,平面交叉口,弯道,变速车道,组合坡度不小于 3%的坡度段,桥面,隧道路面及收费站广场等处;其他公路特殊路段包括设特超高路段,组合坡度大于或等于 4%坡度段,交叉口路段,桥面及上下坡段 1,隧道路面及集镇附近路段等处。

③ 断板率中包含断角率,应统计车道与超车道面板,不计硬路肩板,不计入修复后的面板。

4.2.3 外观鉴定

（1）混凝土板的断裂块数,高速公路和一级公路不得超过评定路段混凝土板总块数的 **0.2%**,其他公路不得超过 **0.4%**。不符合要求时,**每超过 0.1%减 2 分**。对于断裂板应采取适当措施予以处理。

（2）混凝土板表面的脱皮、印痕、裂纹和缺边掉角等病害现象,对于高速公路和一级公路,有上述缺陷的面积不得超过受检面积的 **0.2%**,其他公路不得超过 **0.3%**。不符合要求时,每超过 0.1‰减 2 分。对于连续配筋的混凝土路面和钢筋混凝土路面,因干缩、温缩产生的裂缝,可不减分。

（3）路面侧石直顺、曲线圆滑,越位 20 mm 以上者每处减 1～2 分。

（4）接缝填筑饱满密实,不污染路面。不符合要求时,累计长度每 100 m 减 2 分。

（5）胀缝有明显缺陷时,每条减 1～2 分。

知识链接

小型机具施工技术

复习思考题

一、选择题

1. 高速公路混凝土路面摊铺机械应选（　　）
   A. 滑模摊铺机　　　　B. 轨道摊铺机　　　　C. 三辊轴机组

2. （　　）可直接作为混凝土搅拌和养护用水。
   A. 河水　　　　　　　B. 饮用水　　　　　　C. 雪水

3. 各交通等级路面、桥面混凝土宜选用减水率大、坍落度损失小、可调控凝结时间的（　　）。
   A. 复合型减水剂　　　B. 减水剂　　　　　　C. 早强剂

4. 胀缝板应选用能适应混凝土面板（　　）、施工时不变形、弹性复原率高、耐久性好的。
   A. 膨胀　　　　　　　B. 收缩　　　　　　　C. 膨胀和收缩

二、简答题

1. 水泥混凝土路面有哪些特点?

2. 水泥混凝土路面纵向接缝有几种? 什么时候设置?

3. 水泥混凝土路面横向接缝有几种? 什么时候设置?

4. 水泥混凝土路面垫层材料有哪些? 适合于何种情况?

5. 水泥混凝土路面对面层材料有哪些要求?

6. 水泥混凝土路面常用的施工方法有哪些?

7. 为什么要铺筑试验路段? 什么时候铺筑?

8. 简述在什么情况下设置钢筋混凝土路面。

9. 水泥混凝土路面冬季与夏季施工措施有哪些?

10. 水泥混凝土路面的质量控制检查项目有哪些?

11. 水泥路面施工中应注意哪些安全事项?

12. 水泥混凝土路面接头的处理措施有哪些?

参考文献

1. 黄晓明.路基路面工程[M].北京:人民交通出版社,2017.

2. 邓学均.路基路面工程[M].北京:人民交通出版社,2008.

3. 金桃.公路工程检测技术[M].北京:人民交通出版社,2017.

4. 栗振锋.路基路面工程[M].北京:人民交通出版社,2010.

5. 李永成.路基路面工程[M].北京:人民交通出版社,2014.

6. 中华人民共和国交通运输部.中华人民共和国行业标准,公路路面基层施工技术规范:JTJ034-2015 [S].北京:人民交通出版社,2015.

7. 中华人民共和国交通运输部.中华人民共和国行业标准,公路水泥混凝土路面施工技术规范:JTG/T F30-2014[S].北京:人民交通出版社,2014.

8. 中华人民共和国交通部.中华人民共和国行业标准,公路水泥混凝土路面设计规范:JTG D40-2002[S]. 北京:人民交通出版社,2003.

9. 中华人民共和国交通运输部.中华人民共和国行业标准,公路工程质量检验评定标准:JTG F80/1-2017 [S].北京:人民交通出版社,2017.

10. 中华人民共和国交通部.中华人民共和国行业标准,公路沥青路面施工技术规范:JTG F40-2004[S].北京:人民交通出版社,2004.

11. 中华人民共和国交通运输部.中华人民共和国行业标准,公路工程技术标准:JTG B01-2014[S].北京: 人民交通出版社,2014.

12. 中华人民共和国交通运输部.中华人民共和国行业标准,公路路基设计规范:JTG D30-2015[S].北京: 人民交通出版社,2015.

13. 中华人民共和国交通部.中华人民共和国行业标准,公路路基施工技术规范:JTG F10-2006[S].北京: 人民交通出版社,2006.

14. 中华人民共和国交通运输部.中华人民共和国行业标准,公路排水设计规范:JTG TD33-2012[S].北京: 人民交通出版社,2012.

15. 中华人民共和国交通运输部.中华人民共和国行业标准,公路土工试验规程:JTG E40-2017[S].北京: 人民交通出版社,2017.

16. 中华人民共和国交通部.中华人民共和国行业标准,公路自然区划标准:JTJ 003-86[S].北京:人民交通 出版社,1986.

17. 中华人民共和国交通部.中华人民共和国行业标准,公路环境保护设计规范:JTJ/T 006-98[S].北京:人 民交通出版社,1998.

18. 中华人民共和国交通部.中华人民共和国行业标准,公路工程集料试验规程:JTG E42-2005[S].北京: 人民交通出版社,2005.